“十三五”高等职业教育规划教材

商品学基础与实务

（第3版）

主编　孙参运

U0833030

中国财经出版传媒集团
中国财政经济出版社

图书在版编目（CIP）数据

商品学基础与实务／孙参运主编．—3 版．—北京：中国财政经济出版社，2019. 2（2022.1重印）
“十三五”高等职业教育规划教材
ISBN 978 - 7 - 5095 - 8704 - 1

Ⅰ．①商…　Ⅱ．①孙…　Ⅲ．①商品学 - 高等职业教育 - 教材　Ⅳ．①F76

中国版本图书馆 CIP 数据核字（2018）第 301887 号

责任编辑：康　苗　　　　责任校对：胡永立
封面设计：华乐功　　　　版式设计：董生萍

中国财政经济出版社 出版
URL：http：//www. cfeph. cn
E - mail：jiaoyu @ cfeph. cn
（版权所有　翻印必究）
社址：北京市海淀区阜成路甲 28 号　邮政编码：100142
营销中心电话：010 - 88191537　编辑部门电话：010 - 88190639
北京中兴印刷有限公司印刷　各地新华书店经销
787 × 1092 毫米　16 开　20. 75 印张　499 000 字
2019 年 1 月第 3 版　2022 年 1 月北京第 4 次印刷
定价：46. 00 元
ISBN 978 - 7 - 5095 - 8704 - 1
（图书出现印装问题，本社负责调换）
本社质量投诉电话：010 - 88190744
打击盗版举报热线：010 - 88191661　QQ：2242791300

第3版前言

"不香不艳兀自开，我心向阳明镜台。求得天赐一滴露，劳蜂还恩蜜甜来"，转眼间2015年出版的《商品学基础与实务（第2版）》已过三载。感谢广大同行以及莘莘学子对于本书的认可和选用。

高等职业教育是培养高素质的应用型人才的教育。高职专科层次的教育主要培养一般企事业部门的技术应用型人才，尤其是培养大量一线需要的技术人才。高职本科层次的教育，即应用本科教育主要培养技术密集产业的高级技术应用型人才，并担负培养生产第一线需要的管理者、组织者以及职业学校的师资等任务。

十九大报告指出，"完善职业教育和培训体系，深化产教融合、校企合作"，"建设知识型、技能型、创新型劳动者大军，弘扬劳模精神和工匠精神，营造劳动光荣的社会风尚和精益求精的敬业风气"，为职业教育发展指明了方向，规划了前景。

为了响应十九大号召，与时俱进，结合期间许多院校的老师和学生关于该书的反馈，我们既兼顾教师教学之便，又着眼于学生学习之利，同时兼顾高职专科和高职本科层次的教学要求，进行了第3版的编写。

近几年随着立体化教材的兴起，笔者也有幸参与立体化教材的编写，因此，此次编写借鉴了立体化教材的编写模式，结合商品学课程的特征力争在课程资源上丰富起来，包括纸质教材、电子课件、电子资料库等多元化内容。本书依然延续第2版的架构体系，把全书分为四个模块，即认知篇、管理篇、监督篇、提升篇；共十一章，即商品与商品学、商品与环境、商品质量管理、商品分类管理、商品包装管理、商品养护管理、商品标准与标准化、商品检验与分级、商品监督与认证、商品选购与介绍、假冒伪劣商品的识别和消费者权益保护。其中，对一些章节的局部进行了增减，如删除了免检的申请、香烟的选购，增加了市场监管体系新阶段、黄金首饰和钻石的选购等。

本教材电子教案、案例、习题以及答案等相关学习资料可登录央财传媒在线教育网站（edu. cfemg. cn）下载。

本书教学指南

模块	章节	主要内容	实训	课时分配
模块一 认知篇	第一章	商品与商品学	商品参观实习	4
	第二章	商品与环境	商品与环境演讲会 商品与环境社会调查活动	4

续表

模块	章节	主要内容	实训	课时分配
模块二 管理篇	第三章	商品质量管理	企业质量管理专项调研	6
	第四章	商品分类管理	超市商品分类专项调研	6
	第五章	商品包装管理	商品包装竞赛 包装标志绘画	6
	第六章	商品养护管理	仓储公司养护管理实习	4
模块三 监督篇	第七章	商品标准与标准化	电动车标准讨论与修订	6
	第八章	商品检验与分级	酒类商品质量检验	6
	第九章	商品监督与认证	认证申请书的填写	6
模块四 提升篇	第十章	商品选购与介绍	商品介绍会 营业员实习	6
	第十一章	假冒伪劣商品的识别和消费者权益保护	校园“3·15”晚会 校园打假宣传活动	6
复习				2
考试				2
合计				64

孙参运

2019年2月于古城商丘

目　录 contents

模块一

认　知　篇

第一章 商品与商品学 / 3

第一节　商品 / 5

第二节　商品学 / 9

第二章 商品与环境 / 17

第一节　环境 / 19

第二节　资源 / 25

第三节　发展 / 28

模块二

管　理　篇

第三章 商品质量管理 / 39

第一节　商品质量概述 / 41

第二节　商品质量的基本要求和表示 / 45

第三节　商品质量管理 / 50

第四章 商品分类管理 / 62

第一节　商品分类概述 / 64

第二节　商品目录识读 / 69

第三节　商品条码 / 72

第四节　商品分类管理 / 83

第五章 商品包装管理 / 95

第一节　商品包装概述 / 97

第二节　商品包装要求和策略 / 100

第三节　商品包装技法 / 109

第四节　商品包装标志的识读 / 114
第五节　包装装潢和商标 / 120
第六章　商品养护管理 / 131
第一节　商品质量变化及影响因素分析 / 133
第二节　商品的养护管理 / 141
第三节　商品仓储管理 / 156

模块三

监　督　篇

第七章　商品标准与标准化 / 165
第一节　商品标准概述 / 167
第二节　商品标准识读 / 177
第三节　商品标准的制定和复审 / 181
第四节　商品标准化 / 185
第八章　商品检验与分级 / 190
第一节　商品检验概述 / 192
第二节　商品检验的内容和程序 / 196
第三节　商品检验的方法 / 198
第四节　商品品级 / 204
第九章　商品监督与认证 / 213
第一节　商品质量监督 / 215
第二节　产品质量认证 / 219
第三节　认证申请 / 226

模块四

提　升　篇

第十章　商品选购与介绍 / 259
第一节　商品了解 / 260
第二节　商品选购 / 282
第三节　商品介绍 / 296
第十一章　假冒伪劣商品的识别和消费者权益保护 / 308
第一节　假冒伪劣商品的识别 / 309
第二节　消费者权益保护 / 315
参考文献 / 325

模块一 认知篇

第一章

商品与商品学

教学指南

单元名称	商品与商品学	课时	课内 4/课外 6
单元内容	本章介绍了商品的定义及其整体概念、商品的属性和区分方法，还介绍了中外商品学的形成与发展，商品学研究的对象、内容及任务，商品学三大学派和学习商品学的意义。		
学习目标	(1) 掌握商品的整体概念； (2) 了解商品的基本属性和其他属性； (3) 掌握商品学的形成与发展； (4) 了解商品学的三大学派及各派的主张； (5) 能分析商品学形成与经济发展的关系； (6) 能分析商品的整体概念与产品营销之间的关系。		
学习重点	(1) 商品的整体概念； (2) 商品的属性； (3) 商品学的形成与发展； (4) 商品学的三大学派及各派的主张； (5) 商品学研究的任务。		
实训内容	商品参观实习		
课时分布	第一节　商品 一、什么是商品…………0.5 课时 二、商品的属性…………0.5 课时 三、商品的区分原则…………0.5 课时 第二节　商品学 一、商品学的形成与发展…………1 课时 二、商品学界的主要学派及主张…………0.5 课时 三、商品学研究的对象、内容及任务…………0.5 课时 四、商品学学科性质和学习的意义…………0.5 课时 实训（课外）…………6 课时		

导入案例

陆羽与《茶经》

陆羽（公元733年—804年），名疾，字鸿渐，号季疵，唐复州竟陵（今湖北天门）人。陆羽一生嗜茶，精于茶道，以著世界第一部茶叶专著——《茶经》闻名于世，对中国茶业和世界茶业的发展做出了卓越贡献，被誉为“茶仙”，尊为“茶圣”，祀为“茶神”。

《茶经》是一部历史和实际考察相结合的关于茶的专著。全书分为十经，七千余字。观其内容主要有两个方面：其一，茶树的植物学特性及其加工制造，“一之原”记茶的名称考订、茶树的性状特征、生境、栽培、品种鉴定和利用；“二之具”记采茶工具；“三之造”记茶叶的加工；“八之地”记茶树的地理分布。其二，烹茶和饮茶。“四之器”记煮茶和饮茶工具；“五之煮”记饼茶的烹茶（烤、煮、酌）法；“六之饮”记饮茶法；“七之事”为历史资料汇编。前者与农学有关，而以“一之原”为其主要内容；后者则与饮茶有关，而以“五之煮”为其主要内容。

《茶经》系统地总结了当时的茶叶采制和饮用经验，全面论述了有关茶叶起源、生产、饮用等各方面的问题，传播了茶业科学知识，促进了茶叶生产的发展，开中国茶道的先河。《茶经》还是中国古代最完备的茶书，除茶法外，凡与茶有关的各种内容都有叙述。以后茶书皆本于此。

（资料来源：摘自中国侨都网 http：//www.chinaoverseas.org/show.asp？id=1706。）

问题：

1. 《茶经》是如何形成的？
2. 《茶经》的作用有哪些？

延伸问题：

1. 商品学是如何形成的？
2. 商品学的作用有哪些？

第一节 商品

一、什么是商品

（一）商品的定义

在马克思主义政治经济学中，商品的定义是“用于交换的劳动产品”。随着经济的发展，许多自然资源以及非劳动产品也进入交换领域，因此现代经济学家在原定义的基础上对商品定义进行了扩展与外延，得出了广义的商品定义，即“商品是用于交换的使用价值”，其中特别强调“必须通过交换过程，实现使用价值的转移才叫商品”。

商品具备经济的和金融的两种意义。经济意义上的商品，指专门用来交换的产品，即生产者本身并不消费，而是用来向其他生产者交换自己需要的其他产品。在社会化大生产时代，几乎所有工业产品和绝大部分农产品都属于商品。金融意义上的商品，实际上是指商品期货，即标准化的商品远期合约。本书研究和探讨的商品是经济意义的商品。

（二）商品的整体概念

商品的概念是随着人们消费观念的不同而逐步改变的。根据马斯洛的需要层次理论，人们的需要分为五个层次，即生理需要、安全需要、社交需要、尊重需要和自我实现的需要，而且这五个层次是由低到高逐步发展的。体现这种需要的消费当然也会有不同的要求，这便形成了不同的消费观念。随着人们需要层次的不断发展和消费观念的不断更新，商品的概念也就不断地变换着内涵。一般来说，商品的整体概念包括三个层次：商品实质层、商品实体层和商品延伸层。

1. 商品实质层

即商品的功能和效用。消费者购买某种商品，不仅仅是为了获得商品本身，更主要的是要获得商品给他带来的某种需求的满足。例如：消费者购买电视机实质上是为了满足其闲暇时休息和娱乐的需要；购买化妆品是为了改善自己的皮肤，获得美丽的需求。商品的实质层是商品的效用给消费者带来的满足，缺少这一层，消费者就不会去购买这种商品。这也是企业在开发产品和制定营销策略时首先要考虑的重要因素。

2. 商品实体层

商品的功能和效用总是通过一定的具体形式反映出来。商品的实体层向人们展示的是商品实质的外在特征，包括外观形式和内在质量以及促销成分，即品质、包装、品牌、造型、款式、色调等。在消费水平不高或商品供给不足的情况下，消费者购买商品主要考虑的是功能和效用，而对商品的形式的要求居次。随着消费观念的提高和买方市场的出现，消费者的要求越来越高，选择余地也越来越大，除了考虑商品的效能外，商品的质量、造型、颜色、品牌等也是消费者所要考虑的因素。

3. 商品延伸层

它是指消费者在购买和使用商品时获得的各种附加利益的总和。这一层次包括售前的咨询服务、售中的交易条件（如赊购、提供信贷或各种担保等）以及售后的送货、维修服务等。

商品的整体概念是以消费者的基本利益为核心，强调服务是商品的组成部分，体现了现代市场营销思想。对于企业而言，也应认识到：伴随着商品销售提供的各种服务不但不是额外负担或可有可无的点缀，恰恰相反，对商品延伸层的精心策划和管理，是企业提高市场竞争力的保证。特别是当商品的实质层和实体层与竞争者相仿的情况下，企业竞争的高下往往取决于商品的延伸层。因此，正确认识商品的整体概念，提高服务质量，使消费者购买商品时得到更多的附加利益是商品开发和管理中的一项重要的基础工作。

二、商品的属性

（一）商品的基本属性

商品的基本属性是价值和使用价值。其中，价值是商品的本质属性，而使用价值是商品的自然属性。

1. 商品的价值

凝结在商品中的无差别的人类劳动就是商品的价值。商品的价值是商品的本质属性、共同属性。商品的价值是商品所特有的。

2. 商品的使用价值

商品的使用价值是商品能够满足人们需要的物品的有用性。不同的商品具有不同的使用价值，不同的使用价值是由物品本身的自然属性决定的；同一种商品具有多种自然属性，因而具有多方面的有用性。商品的使用价值是维持人类的生存和繁衍、维持社会的生存和发展所必需的。因此，不论财富的社会形式如何，使用价值总是构成财富的物质内容。

3. 商品的交换价值

一种使用价值与另一种使用价值相交换的量的关系或比例，是商品的交换价值。两种不同的使用价值之所以能按一定的比例相交换，表明它们之间存在着某种共同的东西，这种共同的东西在质上应是相同的，从而在量上才可以进行比较。这种同质的共同东西，就是凝结在商品中的无差别的一般人类劳动。商品中的这种无差别的一般人类劳动的凝结，就是商品的价值。因此，交换价值是价值的表现形式，价值是交换价值的内容。价值反映了商品的社会属性，体现了商品生产者之间互相交换劳动的社会生产关系。

（二）商品的其他属性

商品的其他属性可以分为以下几类：

1. 固定属性

固定属性主要是指一种商品的相对不变的属性，如商品编码、商品名称、生产厂家、商品条码、商品类别等。一般情况下，这些属性不发生变化。特殊情况下有一些变化，如商品类别，同一种商品在小类划分的时候，对于不同的商场，可能有不同的归属。商品编码，一般也不会变化，但在商场的经营部门发生变化的时候，可能发生变化，这主要取决于商场现有计算机系统的商品编码规则。

固定属性还可以进一步分成经营属性和管理属性。经营属性主要是指在日常商品流转过程中涉及的种种属性，如商品编码、名称、生产厂家、条码等，都属于这一属性。它们是在正常的经营过程中必不可少的。商品的管理属性是指为满足在经营过程中的进一步要求而设置的属性，如商品保质期、保修期、某些商品的最高和最低库存、商品的各种损耗率等。这些属性的作用需要一定的条件，比如企业的日常经营管理应比较成熟、基础数据要全面和稳定、经营管理人员对计算机系统要比较熟悉等。

2. 变化属性

变化属性指在经营过程中会发生变化的属性，如商品价格、商品数量、进货人员、供货单位等。同样，对于变化属性，也有经营和管理性质之分。

商品变化属性中的经营属性有：进货价格、销售价格、商品批次、进货数量、所属库房、经销代销性质、进货价格含税与否等。商品变化属性中的管理属性有：商品保本保利期、商品库存位置、商品陈列位置、商品建议进货量、商品供货周期、商品进货费用、商品建议零售价格、竞争对手商品售价等。

商品的经营属性是基础属性，管理属性是高级属性。管理属性依赖基础属性的正确性和系统性。商品固定属性是更加基础的属性，它又是商品变化属性的基础。可以说，商品的固定属性是最基础的部分。另外，商品的各种属性在某些条件下可以互相转化，比如商品的隶属关系。商品的最高和最低库存也有类似性质。销售波动小、不太受季节影响的商品，它的最高和最低库存就可以放在固定属性内。

三、商品的区分原则

商品形形色色、多种多样，对其进行区分有以下四条基本原则：

（一）物质原则

具体地区分一种商品，首先要从商品的物质性上考虑。商品是物质，是客观存在，不同商品的物质内容及存在形式都会不同。商品的物质内容与存在形式，称为商品的物质特征。物质特征不同的商品是不同种的商品，这就是区分商品的物质原则。

商品的外形、装潢及商标等是商品的存在形式，而质量、性能、工艺及用途等是商品的物质内容。按照物质原则区分，同一数量的同种商品必须同质。如果严格细分，商品的物质特征就有无限多种，尤其是手工产品。实际中人们并不严格细分，而是定出几条标准，然后依据这些标准把商品分为有限多种。例如，人们根据面粉的精细程度，把面粉区分为标准粉和精粉两种；彩色电视机与黑白电视机虽然都能收看电视节目，但由于性能上的差异而成为不同的电视机；矿泉水与自来水虽然主要成分都是H_2O，但因所含的其他矿物质的不同而成为不同的商品。把商品从物质特征上加以区分，这在商业竞争中是非常重要的。厂家为了在竞争中立于不败之地，竭力标榜和宣传自己产品的物质特征，如优越的性能、精细的工艺、美的享受、舒适的感觉、不同的商标等，广告宣传就是如此。

（二）时间原则

商品还要从它的存在时间上加以区分。商品存在的时间，称为商品的时间特征。时间的变化，会带来生产与消费环境的变化，因而在不同时间内存在的商品是不同的商品，这就是区分商品的时间原则。例如，今天因天下雨雨伞销售量较大，而昨日晴空万里雨伞售不出去，因此，今天的雨伞不同于昨日的雨伞。对于食品之类的商品，就更重视时间性了。

（三）区域原则

商品所处的地理区域，称为商品的区域特征。商品也要从区域特征上加以区分，区域特征相同的商品可以直接进行交换，区域特征不同的商品则不能直接交换，因而要视为不同的商品。这就是区分商品的区域原则。

在交通往来不发达的地区之间，商品的直接交换不能实现，把商品从一个地区运往另一个地区，需要付出一定代价。因此，不同地区的商品应该区别对待。随着交通运输与通讯的迅速发展，商品的交换与流通渠道越来越畅通，地区差别对商品交换的阻碍越来越少，商品的区域特征越来越趋于一致。

（四）随机原则

现实生活中，人们的经济行为往往与某些不确定或随机的因素有关，例如自然灾害对农业生产的影响是随机的，交通事故对运输的影响是随机的，天气情况对雨伞销售的影响也是随机的。我们把影响商品的随机因素，称为商品的随机特征。商品还要从随机特征上加以区分，不同随机事件发生情况下的商品，应该区别为不同的商品，这就是区分商品的随机原则。

按照上述四条原则细分商品，商品种类就有无限多种。但实际中，人们通常总是把商品的物质特征划分为有限种，时间划分为有限个时期，如以月、季、年等为计时单位。对于影响经济活动的随机因素，也只考虑有限多种，而且每种随机因素的可能取值被认为是有限多个的。做了这样的简化以后，所考虑的商品就只有有限多种了。

第二节 商品学

一、商品学的形成与发展

商品学是商品经济发展到一定阶段的必然产物。在国外，首次开设商品学课程的年代是18 世纪。商品学的创始人是德国人约翰·贝克曼。1902 年，我国商业教育中把商品学作为一门必修课。

（一）国外商品学的形成与发展

国外在首次开设“商品学”这门课程以前，有关商品的研究和著述是作为商业的一部分来进行的。据西方和日本文献记载，现存世界上最早的商业著作，是公元 9—10 世纪间身居大马士革的阿拉伯人阿里·阿德·迪米斯基著的《商业之美》，该书的副标题是“关于优质商品和劣质商品的鉴别方法及对商品骗子伪货的识别指南”。从世界上早期的商业发展来看，识别商品质量优劣、真伪已成为当时经商人所必备的知识和技能。因此，广泛和深入的商品知识，作为培养与造就精明能干商人的基础理论，日益扩展到商业研究中来。在此之后，当时欧洲的商业中心——意大利各城市的商人也著述了大量的内容近似的著作。

16 世纪中叶，欧洲兴起了许多新的工业部门，如造纸、火药、制糖、棉织、军工和造船等。随着蒸汽机的出现、新技术的应用，自然科学在理论方面也取得了重大突破。社会化大生产和随之而来的新的生产关系极大地促进了商品生产和商品交换。在这种条件下，商品研究和商业研究更密不可分地结合起来，出现了意大利普那裴特药剂师著的药物商品学——《生药学》；俄国也出现了首批商品学书籍，叙述了商品及贸易的有关知识；法国官员沙瓦利著有《完美商人》，这是一部系统的并享有盛名的商业业务指导书，书中记述了关于纤维制品和染料为主的各种商品的产地、销路、包装和储藏方法等。

18 世纪，德国人约翰·贝克曼教授于 1780 年在德国哥廷根大学首先开设了商品学课程，并于 1793 年—1800 年出版了《商品学导论》。因此，约翰·贝克曼教授被西方称为《商品学》的创始人，他所创立的《商品学》被誉为“贝克曼商品学”。在东方，日本商品学的发展也经历了一个相当长的过程，可追溯到江户时代的物产学、物产志等，到 1891 年日本人户田翠香编著了《日本商品学》，并规定为学校的教材。

19 世纪中叶，由于自然科学和技术的飞速发展，不少学者运用物理、化学等方面的研究成果，开展了对商品学的研究，把研究商品的内在质量、确定质量标准、拟定检验和鉴定方法，作为商品学研究的主要内容，在建立商品学的自然科学体系方面取得了显著成果。

第二次世界大战以后，商品学的研究又有了新的发展，在西欧形成了“经济学体系”

的商品学，在苏联及东欧各国则形成了自然科学和技术科学的学派。此后，以美国、日本、意大利为代表，又形成了“经营商品学”这个新的理论体系。

1976年10月8日，在奥地利的萨尔斯堡成立了国际商品学会，以德文缩写“IGWT”为会徽标志，会刊为《商品论坛——科学与实践》，活动中心设在维也纳经济大学。从此，商品学在世界范围内巩固了地位。

（二）我国商品学的形成与发展

在我国，商品学是一门既古老又年轻的学科。

我国是一个具有悠久历史的文明古国，商品经济曾一度比较发达，为商品学的诞生奠定了物质基础。春秋时期的《禽经》、唐朝的《茶经》、宋朝的《荔枝谱》以及明朝的《本草纲目》和清代的《商贾便览》等，都记载了与商品经营有关的知识。其中，公元780年陆羽（见图1－1）所著的《茶经》一书，从学术角度看，可以说是商品学的萌芽。该书共三卷十篇，详细论述了各种茶叶的形状、品质、产地、采制、烹饮方法及用具。书中还对茶叶的评审、用途及储藏方法等方面的知识作了专门介绍。

图1－1　陆羽

清朝末年废除科举之后，学校式的商业教育肇始，一些学校在商业课程上就列有商品学。盛在垧于1925年撰写的《商品学》、1932年刘冠英著的《现代商品学》、1937年方嘉东著的《商品研究通论》等，这都是我国近代商品学研究中的早期著作。

新中国成立后，随着国民经济建设的发展，商品学学科也得到了蓬勃发展。许多高等院校相继开设了商品学课程，中国人民大学曾出版《商品学总论》等五个分册；黑龙江商学院出版《日用工业品商品学》《食品商品学》《五金商品学》；各有关商业、财经院校与商业部门共同编写了《纺织品商品学》《针织品商品学》《百货商品学》《棉花商品学》《茶叶商品学》等多种专业商品学。20世纪60年代初，原商业部还召开了全国商品学学术讨论会。此后，上海、北京、天津、广州等大型商业企业出版了定期的商品知识刊物，这对我国商品学的研究和发展起到了积极的推动作用。自1983年以来，天津、西安、黑龙江、内蒙古、河南、上海等省、自治区、直辖市相继成立了商品学会。1995年中国商品学会成立，标志着我国商品学已经进入一个崭新的发展时期。中国商品学会标志如图1－2所示。

图1－2　中国商品学会标志

二、商品学界的主要学派及主张

当今世界商品学界存在三大学派：一是技术学派，主张从自然科学方面研究商品学；二是经济学派，主张从社会科学方面研究商品学；三是融合学派，主张从技术和经济两个方面来研究和评价商品的使用价值。

（一）技术学派

技术学派也称为自然科学与技术派商品学，简称为第一商品学派。它主张从自然科学方面研究商品学，确立以商品检验和鉴定为主体的商品学，运用物理、化学、电子学等方面的研究成果，开展对商品质量的研究，把商品的有形内在质量、质量标准、检验和鉴定方法，作为商品学的主要研究内容。进入 20 世纪，技术学派的理论和体系趋于完善，在意大利、奥地利、俄罗斯、东欧一些国家以及日本和我国都先后开始讲授这一体系的商品学。

（二）经济学派

经济学派也称为社会科学与经济派商品学，简称为第二商品学派。它主张从社会科学方面研究商品学，主要从市场经济出发，建立以市场价值为中心的商品学，着重研究商品的经营管理、商品销售、商品广告、商品包装、消费者和市场信息等。1804 年德国尼恩贝格大学劳克斯教授，首次提出了经济商品学大纲和体系的设想，1947 年德国的珀施尔教授创立了“目的论”商品学，1958 年奥地利维也纳经济大学格伦斯洗特尔创立了“商品经济学”，1961 年德国科隆经济大学库兹尼格教授创立了“经济商品学”。

（三）融合学派

融合学派又称为第三商品学派。它折中发展了技术学派和经济学派的主张，主张从技术和经济两个方面研究来评价商品的使用价值，使商品学成为一门典型的边缘学科，成为一门具有较强实践性的应用技术科学。

三、商品学研究的对象、内容及任务

商品学研究的对象和任务是由商品的二重性决定的。商品的二重性是指商品的价值和使用价值。商品的价值范畴，如商品价值的形成和实现等问题，是由政治经济学、经济学及有关经济门类学科来研究的。关于商品的使用价值是商品学研究的范畴。

（一）商品学研究的对象

商品学研究的客体是商品。商品学是研究商品使用价值及其实现的一门科学。

商品的使用价值是指商品对其消费（使用）者的有用性或效用，是由商品本身能满足人们的某种需要的属性决定的，如粮食可充饥，衣服可御寒，钢铁可制造器械等。研究商品的使用价值，不仅要研究商品的外形、结构、成分、化学性质、生物学性质和物理学性质等商品的自然属性，还要研究商品的流行性、时代感、地区性、民族性和经济性等社会经济属性，满足人和社会在商品方面的物质需要和精神需要。

商品的使用价值随着科学技术的发展和人们经验的不断丰富而陆续被发现。商品的使用价值是一个动态的、综合性的概念。准确而全面地理解商品的使用价值，运用商品的使用价值学说指导商品的生产、经营和消费，对发展我国商品生产和经济具有重大的现实意义。

（二）商品学研究的内容

商品学的研究内容以商品客体为基础，研究商品在整个生命周期中的质量（固有质量、市场附加质量、形象质量）及其构成要素（技术、经济、社会、环境要求等）计量、检测、控制与管理活动。其主要包括以下内容：

（1）研究商品的自然属性，包括商品的成分、结构、形态、物理性质、化学性质、机械性质、生物学性质等。

（2）研究原材料、生产工艺对商品质量的影响，着重研究以商品固有属性为基础，利用工艺方法所形成的商品质量以及各工艺环节中对商品质量影响的因素。

（3）研究商品在流通和使用过程中质量的变化及其影响因素。

（4）研究流通领域对商品质量的评价、管理和保护方法。即通过研究商品分类与编码、商品质量与品种、商品标准及法规、商品质量认证与管理、商品包装装潢、商品运输与养护、商品资源与环境等来达到此目的。

（5）从社会和经济角度来研究商品使用价值的实现。

（6）研究大类商品知识，如日用百货、针纺织品、服装、家电、食品、电子商品等商品知识。

（三）商品学研究的任务

商品学是一门包括自然科学、技术科学、经济管理科学与人文社会科学相融合的交叉型、应用型的技术经济科学，主要侧重于流通、消费领域的商品（以生活资料商品为主）使用价值的研究，是为企业经营者、市场消费者及经济管理者服务的边缘性科学。它的任务是站在商品流通的角度，通过为商品流通服务促进工农业生产乃至整个国民经济的发展，指导社会对商品使用价值的消费。其任务如下：

1. 阐述商品的有用性和适用性

商品的有用性和适用性是构成商品使用价值的最基本条件，离开了对商品有用性和适用性的研究，就无从谈起商品的使用价值。只有对商品有用性和适用性进行全面阐述，才能发现和明确商品的用途和利用方法，从而扩大商品的适用范围。

2. 为评价商品质量奠定基础

商品质量是企业的生命，是消费者最关心的切身利益。通过对商品成分、结构和性质的分析，探讨与研究商品质量特性和检验商品质量的方法及方法的选择，可以更好地为制定、修订商品质量标准和商品检验标准提供依据，从而为评价商品质量奠定良好的基础。

3. 分析商品质量变化规律

商品质量虽然是在生产过程中形成的，但也会受到各种外界因素的影响，从而发生不同的质量变化。商品学不仅要研究商品质量变化的类型及其表征，更重要的是分析质量变化的原因，从中找到抑制商品质量劣变的有效办法。

4. 研究商品的科学系统分类

商品经营管理的目的不同，商品分类体系也不相同。通过对商品分类原则和商品分类方法的研究，提出明确的分类目的，选择适当的分类标志，才能进行科学系统的商品分类，将分类的商品集合体形成适应需要的商品分类体系、商品目录和商品代码。

5. 指导商品使用价值的形成

通过对商品各种属性的研究，从而给企业提供有效的商品需求信息，提出对商品质量的改进，保证商品适销对路。

6. 促进商品使用价值的实现

商品经营管理者学习、研究商品学，不仅可以掌握有关理论知识，经营管理好各种商品，实现商品使用价值的交换，而且可以向消费者大力普及商品知识；消费者学习、研究商品学，会更加认识和了解商品，学会科学地选购和使用商品，掌握正确的消费方式和方法，促进使用价值的最终实现。

四、商品学学科性质和学习的意义

（一）商品学学科的性质

从商品学研究的对象和内容看，商品学与许多学科的理论知识有着密切的联系，这一点也决定了商品学这门学科所涉及的理论知识具有广泛性。

如研究商品的成分、结构和性质，要以化学、物理学、植物学和微生物学等学科的基础理论和基本知识以及研究这些学科的基本方法为基础；研究商品质量的保养和维护，既要研究在外界因素影响下商品质量变化的形式及其规律，又要研究商品成分结构的变化等内在因素，还要研究影响质量变化的各种外界因素，这同样需要物理学、化学、气象学、微生物学、昆虫学等学科的理论知识；研究商品分类、商品品种类别及其构成，乃至品种发展规律需要分类学、统计学等学科的理论知识。研究商品名称、型号和系列，对其进行科学规范，需要标准化、数学等学科的理论知识。此外，在研究商品质量和品种的过程中，还需要市场学、物流学、经济学、管理学、广告学、心理学、美学和地理学中有关的理论知识。

综上所述，研究商品的使用价值不仅需要自然科学理论知识，还需要社会科学理论知识。因此，商品学既是一门边缘学科，又是一门综合性较强的应用技术学科。

（二）学习商品学的作用与意义

“生活离不开商品”，商品是企业经营的主要对象，更是人们消费中不可或缺的重要资源。所以，对于商品的认知、研究和管理不仅对于企业的经营、发展，而且对于普通消费者的消费和生活都有着重要的意义。

商品是经济的起点，商品学是经济学的基础。商品学是随着商品经济的产生与发展而诞生并发展起来的，它为发展商品经济服务，因而，发展商品学教育势必成为商品经济发展的客观需要。

随着商品的日益丰富，商品学显示了旺盛的生命力。该课程主要以商品质量为中心，研究商品的使用价值和使用价值实现规律，培养学生综合运用自然科学和经济、管理等多方面的基础知识，分析和解决流通领域中商品管理和经营问题的能力，为学好专业课及今后从事营销工作，进一步研究和掌握商品质量、营销管理奠定扎实的基础。

“商品学”虽然是一门传统的课程，但也是市场营销（商贸等）专业一门必不可缺的专业基础必修课，开设的时间一般早于专业核心课。它突出市场营销专业学生对专业的理性认识，增强职业意识，为后续专业课程的衔接和将来从事营销工作奠定良好的基础，因而，我们把它定位为市场营销专业基础必修课程。它主要培养市场营销（商贸等）专业商品管理和经营能力的核心能力，另外，对于专业其他核心能力如商品推销与谈判能力、营销管理与决策能力、营销策划和执行能力也起到铺垫和支撑作用。

本章导入案例点评

问题：

1. 《茶经》是如何形成的？

答：《茶经》的问世，是中国茶文化发展到一定阶段的重要标志，是唐代茶业发展的需要和产物，是当时中国人民关于茶的经验的总结。

2. 《茶经》的作用有哪些？

答：《茶经》对唐代及唐代以前的茶叶历史、产地，茶的功效、栽培、采制、煎煮、饮用的知识技术都做了阐述，是中国古代最完备的一部茶书，使茶叶生产从此有了比较完整的科学依据，对茶叶生产的发展起过一定积极的推动作用。

延伸问题：

1. 商品学是如何形成的？

答：商品学是随着商品经济的产生与发展而诞生并发展起来的，它为发展商品经济服务。

2. 商品学的作用有哪些？

答：商品学指导商品生产，指导消费。

思考与练习

一、选择题（1—5 题为单项选择题、6—10 题为多项选择题）

1. 经济意义上的商品指专门用来(　　)的产品。

A. 交换　　B. 消费　　C. 使用　　D. 出售

2. 据西方和日本文献记载，现存世界上最早的商业著作是(　　)。

A.《茶经》　　B.《商品学导论》
C.《商品研究通论》　　D.《商业之美》

3. (　　)被西方称为《商品学》的创始人。

A. 阿里·阿德·迪米斯基　　B. 约翰·贝克曼
C. 普那斐特　　D. 户田翠香

4. 我国古代(　　)一书，从学术角度看，可以说是商品学的萌芽。

A.《茶经》　　B.《荔枝谱》　　C.《禽经》　　D.《本草纲目》

5. 当今世界商品学界存在(　　)大学派。

A. 两　　B. 三　　C. 四　　D. 五

6. 一般来说，商品的整体概念包括的层次有(　　)。

A. 实质层　　B. 实体层　　C. 延伸层　　D. 核心层

7. 下列属于商品的固定属性的有(　　)。

A. 生产厂家　　B. 商品名称　　C. 商品条码　　D. 商品质量

8. 下列属于商品变化属性的有(　　)。

A. 生产厂家　　B. 供货单位　　C. 商品数量　　D. 商品价格

9. 商品学的技术学派主张从商品的(　　)研究商品学。

A. 内在质量　　B. 质量标准、检验
C. 鉴定方法　　D. 市场质量

10. 商品学是一门(　　)学科。

A. 边缘学科　　B. 应用技术　　C. 综合性较强　　D. 前沿

二、简答题

1. 商品的区分原则主要有哪些?
2. 商品学的研究内容主要有哪些?
3. 商品学研究的任务主要有哪些?

三、实务分析题

1. 试分析说明商品学形成和经济发展的关系。
2. 试举例分析商品的整体概念和产品营销之间的关系。

实习与实训

在本学习项目进行中可以组织学生进行企业商品参观实习活动，参观企业可以是商品生产企业和商品经销企业（如超市）。在商品参观实习活动中，让学生带着问题参观实习，实习后以课堂讨论的方式进行个人发言，最后每个学生就此问题形成不少于2000字的书面作业。

商品参观实习

1. 实训目的：加深对各类商品的认知，体会商品学与其他学科的联系。
2. 实训内容：超市商品参观，生产企业商品参观。
3. 环境要求：校外实训基地或校企合作企业的超市和生产企业。
4. 实训流程：准备——参观——总结。
5. 注意事项：①注意参观往返及过程中的安全事宜；
   ②遵守参观企业的作业、生产、经营管理纪律。
6. 实训作业：就商品学形成和经济发展的关系、商品的整体概念和产品营销之间的关系两个问题，完成不少于2000字的论文。

第二章

商品与环境

教学指南

单元名称	商品与环境	课时	课内 4 /课外 6
单元内容	本章介绍了环境和资源的概念以及商品对环境的影响、商品生产和消费带来的资源问题，还介绍了可持续发展与绿色发展问题。		
学习目标	（1）了解环境的定义，知道防治环境污染的意义； （2）了解自然资源的概念以及分类； （3）掌握可持续性发展的概念； （4）掌握绿色发展的内涵； （5）会分析商品生产对环境的影响； （6）能分析商品生产、消费与资源的关系； （7）能根据企业实际，科学制定企业的绿色战略，实施绿色营销。		
学习重点	（1）商品生产对环境的影响； （2）商品生产和消费带来的资源问题； （3）可持续发展； （4）绿色发展； （5）绿色认证与绿色标志。		
实训内容	商品与环境演讲会/商品与环境社会调查活动		
课时分布	第一节　环境 一、环境的概念与分类 …………………………………… 0. 25 课时 二、商品对环境的影响 …………………………………… 0. 25 课时 三、防治环境污染的意义 ………………………………… 0. 25 课时 第二节　资源 一、自然资源概述 ………………………………………… 0. 25 课时 二、商品生产和消费带来的资源问题 …………………… 0. 25 课时		

续表

课时分布	第三节　发展 一、可持续发展 …………………………………………… 0.25课时 二、绿色发展 ……………………………………………… 0.5课时 实训 商品与环境演讲会（课内） ………………………… 2课时 商品与环境社会调查活动（课外） ……………… 6课时

导入案例

一杯橙汁的代价

德国是世界上人均橙汁消费量最高的国家，每人年消费21升橙汁。德国消费的橙汁中80%以上来自世界上最主要的橙汁生产国巴西。橙汁从巴西到德国要经过12000公里的长途运输。为了运输的经济性，橙汁要浓缩成原来状态的8%的总量，然后在-18℃的条件下冷藏。这消耗了大量的能源和水，但更为重要的消耗发生在橙汁的生产过程中。

橙汁生产需要投入两大原料：水和石油。石油主要用于生产蒸汽，用于橙汁浓缩加工。就巴西而言，一半的能源来自蔗渣，另一半来自矿物燃料。生产1吨橙汁，相当于需要8.1千克石油。包括运输与冷藏在内，每吨橙汁约需要100千克石油。水的消耗同样不可小视。在德国，每饮用一杯橙汁，需要不少于22杯水，这些水主要用于浓缩过程中产生蒸汽和运到德国后稀释浓缩橙汁。这其中还不包括为了取得生产橙汁所需的石油和水而需要消耗的能源与原料。不过，即使这样，在德国生产1升橙汁需要至少25千克的其他物质消耗。如果要做全面的分析，就应该把这些也包括进去，同时，也应该把生产杀虫剂所耗用的原料与能源包括进去，同样也应该包括橙汁运输分销过程中用于适应航空与铁路运输需要的大量的小规格的包装物料以及最终由此产生的大量废料。

不过，能量流和物质流并不是生态效益的唯一尺度，所用的农耕地面积同样是一个十分重要的因素。就德国而言，每人每年喝掉21升橙汁，生产这21升橙汁相当于需要24平方米的土地。换言之，德国每年消费的橙汁总量，需要巴西的150000公顷良田，超过德国自身用于果园种植面积的3倍多。如果地球上所有居民都像德国人那样消费橙汁，那么，我们就需要130000平方公里的橙树园，相当于瑞士这样的小国家国土面积的3倍以上。

（资料来源：摘自《北京青年报》，2002年11月12日。）

问题：

1. 生产一杯橙汁耗费了多少资源？
2. 橙汁生产和资源的关系是什么？

延伸问题：

1. 商品生产与资源的关系是什么？
2. 怎样才能做到可持续性发展？

第一节 环境

人类社会在发展进程中，由于片面地追求经济增长，长期以来的高消耗、低产出、高污染、高浪费的生产方式，只顾加速资源、环境和商品的开发，而忽略了对环境的保护，已经造成了对环境的巨大破坏。随着科学技术水平的发展和全球环保意识的增强，环境保护与商品生产的协调发展已成为世界各个国家共同关注的课题。

一、环境的概念与分类

环境是指与某一体系有关的周围客观事物的总和。我国《环境保护法》对于环境的定义是："环境，是指影响人类生存和发展的各种天然的和经过人工改造的自然因素的总体，包括大气、水、海洋、土地、矿藏、森林、草原、野生生物、自然遗迹、人文遗迹、自然保护区、风景名胜区、城市和乡村等。"

对于环境的分类一般可以按照环境要素的属性和环境要素等依据来划分。

（1）按照环境要素的属性分为自然环境和社会环境。自然环境是指人类生存和发展所依赖的各种自然条件的总和；社会环境是指人类生存及活动范围内的社会物质和精神条件的总和。

（2）按照环境要素分为大气环境、水环境、地质环境、土壤环境、生物环境。大气环境是指生物赖以生存的空气的物理、化学和生物学特性；水环境是指生物赖以生存的水资源环境；地质环境是整个生态环境的基础，是自然资源主要的赋存系统，是人类最基本的栖息场所、活动空间及生活、生产所需物质来源的基本载体；土壤环境是指陆地表面具有肥力、能够生长植物的疏松表层，其厚度一般在 2 米左右；生物环境是指环境因素中其他的活着的生物，这是相对于由物理化学的环境因素所构成的非生物环境而言，与有机环境同义。

二、商品对环境的影响

环境污染主要是由大规模的工业生产造成的。在商品的生产流通过程中，需要开发资源，取得原料和能源，对自然环境造成了一定程度的破坏。而各种原料、能源在生产中由于不能全部成为产品，形成废气、废水和各种各样的固体废弃物排入环境，又对环境造成了污染。

（一）商品生产中的环境污染

众所周知，商品的生产需要开发资源，取得原料和能源，然后通过生产过程将其转化为产品。但从环境中获取资源的同时，对环境造成了一定的污染，如破坏植被环境、破坏水资源等。在生产过程中，又会产生许多废弃物排放到环境中，如 CO_2、NO、NO_2、SO_2 等，这些如果处理不当就会对环境造成不可估量的污染。

（二）商品流通中的环境污染

商品生产出来，为社会提供了使用价值，接下来就是如何将商品送到顾客手中，实现商品价值。商品需要被包装和运输才能到顾客手中，而在其过程中也造成了环境污染，如汽车尾气污染等。

（三）商品消费中的环境污染

在现代社会中，商品消费过程中所产生的垃圾和废旧物资以及其他物资对空气质量、水资源、土地等造成了严重的污染，但是我国对废旧物的回收率相当于世界先进水平的1/4—1/3，很多可再生资源尚未得到回收利用，流失严重，于是，就出现了“垃圾包围城市”的现象。据不完全统计，我国生活垃圾产生量增长快，尤其是城市生活垃圾，每年以8%—10%的速度增长，并且有进一步恶化的趋势。

阅读材料

2017年中国环保十大事件

1. 治理臭氧污染

事件：

3月，环保部印发《环境空气自动监测标准传递管理规定（试行）》，明确臭氧一级、二级和三级标准传递机构的定位和职责，初步构建了我国环境空气臭氧自动监测量值传递和溯源体系。

11月，环保部同时印发《环境空气自动监测臭氧标准传递工作实施方案（试行）》以及包括《环境空气臭氧一级校准作业指导书（试行）》在内的4项作业书。

点评：

近年来，部分地方臭氧浓度在逐渐升高，已经引起环保部门高度关注。臭氧污染是目前包括发达国家在内，仍然还没有完全解决的大气污染问题。

环保部环境监测司司长刘志全表示，《实施方案》和4项作业指导书健全了臭氧监测质量控制工作层面的运行机制，统一了全国各级环境监测机构和运维机构的臭氧传递标准和工作标准，使环境空气臭氧标准传递工作有据可依、有章可循。

2. 国家环保标准“十三五”发展规划发布

事件：

4月，为进一步完善环境保护标准体系，充分发挥标准对改善环境质量、防范环境风险的积极作用，在总结“十二五”环境保护标准工作基础上，环保部印发《国家环境保护标准“十三五”发展规划》。

点评：

该规划是落实环境保护法律法规的重要手段，是支撑环境保护工作的重要基础。

环保部科技标准司司长邹首民表示，环保标准是改善环境质量、减少污染物排放和防范环境风险的重要抓手，是环境管理和监督执法的重要依据。

3. 禁止洋垃圾进口

事件：

4月，我国审议通过《关于禁止洋垃圾入境推进固体废物进口管理制度改革实施方案》。该方案明确，要以维护国家生态环境安全和人民群众身体健康为核心，完善固体废物进口管理制度，分行业、分种类制定禁止固体废物进口的时间表。

7月20日，环保部在例行发布会上表示，我国已经向WTO进行通报，2017年底开始不再进口包括废弃塑胶、纸类、钒渣、纺织品等24类固体废物。

点评：

环保部国际合作司司长郭敬介绍说，在过去特定的发展阶段，有一部分进口原料的固体废物在弥补国内资源短缺方面发挥了一定作用。但是，随着我们国家经济社会发展水平的不断提高，进口可用作原料的固体废物暴露出不少问题，污染了环境，损害了群众的身体健康。“尤其是洋垃圾问题，已经到了人人喊打的地步”。

因此，环保部禁止进口环境污染风险较高，群众反映十分强烈的未经分拣废纸、废纺织原料、钒渣等24类固体废物。

4. 中央环保督查

事件：

5月，环保部表示，从今年二季度开始将对2016年督查目标省（区）的整改工作进行“回头看”复查。

8月，第三批7个中央环境保护督查组陆续向天津、山西、辽宁、安徽、福建、湖南、贵州等省（市）反馈督查意见，共交办环境问题31457件、约谈6657人、问责4660人。

8月，第四批中央环境保护督查全面启动，8个督查组分别对吉林、浙江、山东、海南、四川、西藏、青海、新疆（含兵团）开展督查进驻工作。截至9月15日，第四批督查组完成督查工作，在此期间，8省（区）因环境问题约谈4210人，问责5763人。

点评：

专家认为，地方各级人民政府应当对本行政区域的环境质量负责，“环保党政同责”，法律文件里这些新字眼让百姓对环境质量改善寄予极高期望。但是，对这些责任落实情况有无考核，谁来督察，是法律政策能否落到实处的重要推手。中央环保督查制度的建立，是改革现有环保监管机制、推动环保责任落实的重要举措。

5. 全国土壤详查

事件：

7月31日，环保部、国土部、农业部、财政部、卫生计生委等在北京联合召开全国土壤污染状况详查工作动员部署会议，计划于2020年底前摸清农用地和重点行业企业用地污染状况。

点评：

2017年是“土十条”的落地之年。环保部土壤环境管理司司长邱启文表示，土壤污染防治要坚持预防为主，保护优先，风险管控的方针。他认为，目前国内土壤修复行业才刚刚起步，需要从环境评估、环境调查、风险管控等环节，构建和完善整个产业链条，需要形成若干综合能力强的龙头企业和一批有活力的中小企业来推动土壤污染治理与修复工作。据环保部对“土十条”影响做的预测评估，土壤修复市场带动的投资规模将超过5.7万亿元。

6. 国务院批复重点流域水污染防治规划

事件：

8月，国务院正式批复《重点流域水污染防治规划（2016—2020年）》（简称《规划》），为各地水污染防治工作提供了指南。《规划》将“水十条”水质目标分解到各流域，明确了各流域污染防治重点方向和京津冀区域、长江经济带水环境保护重点，第一次形成覆盖全国范围的重点流域水污染防治规划。《规划》提出了优先控制单元主要防治任务，实施分级分类精细化管理。

点评：

环保部水环境管理司有关负责人介绍说，此次《规划》出台，是第一次形成全国地表水环境“一盘棋”管理，对于促进“水十条”实施、夯实全面建成小康社会的水环境基础具有十分重要的意义。

业内人士分析认为，《规划》立足水污染长期防治，全面落实“水十条”，首次形成覆盖全国范围的工作规划。受此影响，全国范围的水污染防治工作将加速推进。

7. 治理秋冬大气污染攻坚行动

事件：

9月，环保部等10部门联合京津冀、山东、山西、河南等6省市政府公布了“1+6”的治理秋冬大气污染“组合拳”方案，包括《京津冀及周边地区2017—2018年秋冬季大气污染综合治理攻坚行动方案》和强化督查、巡查、专项督察等6个配套方案。

方案提出，“2+26”城市将实施更加严格的措施，包括燃煤、工业、机动车、扬尘、重污染天气应对等方面共11大项、32小项措施。

点评：

环保部大气环境管理司司长刘炳江表示，与往年相比，这是我国首次针对秋冬季制定专门的治理方案，并第一次提出秋冬季大气质量改善目标，即“2+26”城市PM2.5平均浓度和重污染天数双双同比下降15%以上；第一次为“2+26”城市“量身定做”了量化任务，以往任务是原则性的多，这次量化具体到区、县层面，有利于抓好贯彻实施。

8. 十九大报告描绘美丽中国新画卷

事件：

党的十九大报告中明确指出，加快生态文明体制改革，建设美丽中国。

近年来，中国的生态文明建设成效显著，生态文明制度体系加快形成，全面节约资源有效推进，生态环境治理明显加强。中国坚持贯彻和践行绿色发展理念，努力绘就一幅绿水青山、人与自然和谐发展的美丽中国新画卷，赢得国际社会积极评价。

点评：

环保行业专家认为，党的十九大报告浓墨重彩对生态文明建设和生态环境保护提出了一系列新要求、新目标和新部署。这些新理念充分体现了党中央对新时代加强社会主义生态文明建设和生态环境保护的高度重视，为建设美丽中国提供了根本遵循和行动指南。对环保系统而言，最重要的是把党的十九大关于生态环境保护和生态文明建设的路线图落实为施工图，让党的十九大精神在环保系统落地生根、开花结果。

9. 雾霾“爽约”

事件：

11月3日，北京、天津和河北、山西、山东、河南等部分城市陆续发布了重污染天气橙色预警，并从4日零时起启动了II级应急响应。预警发出后，环保部要求各地根据实际情况，切实落实各项减排措施，缓解重污染天气影响。截至6日，京津冀及周边地区空气质量总体为良—轻度污染。人们普遍觉得，此次预警中的“雾霾”天气并没有出现。

点评：

针对此次雾霾“爽约”事件，中国科学院大气物理研究所研究员王自发分析指出，“提前采取应急管控措施，在污染累积前就把排放强度降下去，是重污染天气应急能否取得成效的关键”。

王自发表示，多家科研机构的研究都表明，提前1—2天采取应急减排措施，能够更有效地降低PM2.5峰值浓度。

10. 污染防治攻坚战

事件：

中央经济工作会议明确，把污染防治作为今后3年的三大攻坚战之一。

打好污染防治攻坚战，要使主要污染物排放总量大幅减少，生态环境质量总体改善，重点是打赢蓝天保卫战，调整产业结构，淘汰落后产能，调整能源结构，加大节能力度和考核，调整运输结构。

点评：

专家认为，相比2017年，2018年的中央经济工作会议报告对“污染防治、生态文明”的论述篇幅较多，谈得很具体，超出预期。“污染防治”被列为2018年三大攻坚战之一，足见中央宏观调控部门对环境保护的重视。未来几年，严格的环保政策很可能将成为新常态，这将改变地方政府的激励机制，并继续限制上游产业的生产，特别是供暖季高污染行业的生产。

（资料来源：https://www.xianjichina.com/news/details_59192.html。）

三、防治环境污染的意义

随着经济发展和城镇化、工业化的过程，能源开发力度的增强和工业企业生产体量的加大，环境污染压力日益加剧。保护和改善生活环境与生态环境，防治污染和其他公害，保障人体健康，是促进社会主义现代化建设发展的前提和基础。我国《宪法》明确规定：“国家保护环境和自然资源，防治污染和其他公害。”加强环境保护，防治环境污染已是我国的一项基本国策。1973年8月，国务院召开第一次全国环境保护会议，审议通过了“全面规划、合理布局、综合利用、化害为利、依靠群众、大家动手、保护环境、造福人民”的环境保护工作方针。1989年12月，我国颁布了《中华人民共和国环境保护法》，又在2014年4月进行了修订，新修订的《环境保护法》第四条明确了“保护环境是国家的基本国策”。

李克强总理指出“环境污染是民生之患、民心之痛，要铁腕治理”，并在《2015年政府工作报告》中首次对环保提出细化要求，后在《2016年政府工作报告》中再次提出：“深入实施大气、水、土壤污染防治行动计划，加强生态保护和修复。今后五年，单位国内生产总值用水量、能耗、二氧化碳排放量分别下降23%、15%、18%……”

2017年4月5日，国家环保部正式印发《国家环境保护标准“十三五”发展规划》，规划明确在“十三五”期间，我国将启动约300项环保标准制修订项目以及20项解决环境质量标准、污染物排放（控制）标准制修订工作中有关达标判定、排放量核算等关键和共性问题项目；发布约800项环保标准，包括质量标准和污染物排放（控制）标准约100项，环境监测类标准约400项，环境基础类标准和管理规范类标准约300项，支持环境管理重点工作。

另外，我国相继出台了《大气污染防治法》《水污染防治法》《固体废物污染环境防治法》《噪声污染防治法》《放射性污染防治法》等相关法律和被称为史上最严的《土壤污染防治行动计划》（简称《土十条》）、《大气污染防治行动计划》（简称《大气十条》）、《水污染防治行动计划》（简称《水十条》）等措施，以加大对于环境污染的预防与治理。

防治环境污染的意义主要表现在：

（1）保护环境，不断改善环境质量，创建一个适宜的、健全的生活环境和自然环境是促进商品经济可持续发展的前提条件；

（2）防治环境污染、维持生态平衡是保护农产品发展的重要因素；

（3）发展商品生产，重视环境保护，统筹兼顾眼前利益和长远利益，才能从根本上促进经济的发展；

（4）污染没有国界，防治环境污染是全人类面临的保卫生存条件的共同课题。

第二节 资源

资源是人类赖以生存和发展的物质基础，它为商品的生产和消费提供所需的物质和能源。但地球资源并不是无限的，由于长期的人类活动，特别是在第二次世界大战后，由于生产效率大幅度提高，一方面，工业的发展给人类带来了巨大的财富，极大地改变了人类的生产生活方式，另一方面，工业生产对原材料的需求与自然界中有限的资源能源之间的矛盾越来越突出，同时，人类对资源能源的不合理利用也会造成酸雨等严重的工业污染，并直接破坏人类赖以生存的环境。

一、自然资源概述

（一）自然资源的概念

《辞海》对自然资源的定义为：它指天然存在的自然物（不包括人类加工制造的原材料），如土地资源、矿产资源、水利资源、生物资源、气候资源等。

联合国环境规划署对自然资源的定义为：它在一定的时间和技术条件下，能够产生经济价值。它是提高人类当前和未来福利的自然环境因素的总称。

狭义的自然资源只包括实物性资源，即在一定社会经济技术条件下能够产生生态价值或经济价值，从而提高人类当前或可预见未来生存质量的天然物质和自然能量的总和。广义的自然资源则包括实物性自然资源和舒适性自然资源的总和，泛指存在于自然界、能为人类利用的自然条件（自然环境要素）。但在一般意义上我们通常认为，自然资源是指自然环境中与人类社会发展有关的、能被利用来产生使用价值并影响劳动生产率的自然诸要素。自然资源仅为相对概念，随着社会生产力水平的提高与科学技术进步，部分自然条件可转换为自然资源。如随着海水淡化技术的进步，在干旱地区，部分海水和咸湖水有可能成为淡水的来源。

（二）自然资源的分类

自然资源通常按照再生性质、空间分布、数量和质量的稳定性等进行分类。

1. 按照再生性质分类

自然资源按照再生性质分为可再生资源、不可再生资源。可再生资源是指可以用自然力保持或增加蕴藏量的自然资源，它在合理使用的前提下，可以自己生产自己。例如鱼、树等，只要不过量捕捞，大鱼可以生出小鱼，一代一代繁殖下去；只要合理砍伐，森林可以砍了再生，生了再砍，循环往复。非再生资源又称可耗竭资源。它不具备自我繁殖能力，是不能运用自然力增加蕴藏量的自然资源，初始禀赋是固定的，用一点少一点。它分为可回收的非再生资源和不可回收的非再生资源，前者主要指金属等资源，后者主要指石油、煤、天然气等能源资源，煤、铁等矿藏是典型的非再生资源。

2. 按照空间分布分类

自然资源按照空间分布分为地下资源、地表资源、海洋资源。地下资源赋存于地壳之中，也可称作地壳资源，主要包括矿物资源、空间资源和能源。地表资源赋存于地球外表层，主要包括由空间地貌和植被等因素构成的风景资源和土地资源、由地表水和地下水构成的水资源、由各种动物和植物构成的生物资源。海洋资源指的是与海水水体及海底、海面本身有着直接关系的物质和能量，也是生物资源的组成部分，如海洋生物、海底矿产、海水、潮汐等。

3. 按照数量和质量的稳定性分类

自然资源按照数量和质量的稳定性分为恒定资源、亚恒定资源。恒定资源是指那些被利用后，在可以预计的时间内不会导致其储量的减少，也不会导致其枯竭的资源。如太阳能、潮汐能等，这些资源的数量和质量在较长时期内基本稳定。亚恒定资源是指数量和质量经常变化的资源，如矿产等。

4. 按照在人类生产和生活中的用途分类

自然资源按照在人类生产和生活中的用途分为劳动资料性自然资源、生活资料性自然资源。劳动资料性自然资源是指作为劳动对象或用于生产的矿藏、树木、土地、水力、风力等资源。生活资料性自然资源是指作为人们直接生活资料的鱼类、野生动物、天然植物性食物等资源。

5. 按照国民经济生产分类

自然资源按照国民经济生产分为土地资源、气候资源、水资源、生物资源、矿产资源、海洋资源、能源资源、旅游资源等。

二、商品生产和消费带来的资源问题

商品属于人类生活环境范畴。商品的数量、质量、品种是否能充分满足人们的要求，直接反映出生活的质量。人们在经济发展的过程中，过于偏重商品对人类需求的满足，而忽略了对资源的利用，从而引发了商品生产和消费所带来的资源问题。具体表现在以下几个方面：

（一）森林面积减少

森林被誉为“地球之肺”“大自然的总调度室”，是人类生存所需要的生活资料和劳动资料的供应者之一，并且在整个系统中起着涵养水源、调节气候、保持水土、防土固沙、净化环境的作用。森林还是野生动物的栖息地，能保护野生动物的生存和发展。但近 100 年来，由于人类一味地向地球索取，乱砍滥伐，使森林面积不断减少。粮农组织 2015 年发布的林资源评估报告指出，在 2010 年至 2015 年间，森林年损失量为 760 万公顷，年增长量为 430 万公顷，结果为森林面积每年净减少 330 万公顷。森林减少导致土壤流失、水灾频繁、全球变暖、物种消失，已将地球的生存逼向了一个十分危险的境地。

（二）耕地减少，土地沙漠化

土地是人类赖以生息繁衍的基础。据统计，人类所需食物能量的 98% 是直接或间接地来自于土地。但是，随着人类过度耕种、过分放牧和狂砍滥伐森林，土地变得贫瘠，植被遭到破坏，水土流失严重，从而带来了沙漠化对人类的威胁。据联合国公布的资料，目前全球有 110 多个国家、10 亿多人受到沙漠化威胁，其中 1.35 亿人面临流离失所的危险。联合国的研究还表明，气候变暖导致占全球 41% 的干旱地区土地不断退化，全球沙漠面积正在逐渐扩大。目前养活着 21 亿人口的干旱地区中有 10%—20% 的土地已无法耕种，丧失了经济价值，沙漠化正在威胁着人类的生存。

（三）水资源危机

地球上的总水量约为 13.8 亿立方千米，其中 96.5% 是海水，用以维持地球上陆栖生物和人类生存发展的淡水仅占 3.5%。随着经济的发展和人口的增长，世界用水量在迅速增加，全球许多国家都出现了严重的水资源危机，除了全球气候异常导致部分地区发生水资源短缺外，人类对水资源的过度开发、浪费和破坏，是造成全球水危机的主要原因。我国也是一个缺水严重的国家。我国的淡水资源总量为28000亿立方米，占全球水资源的6%，仅次于巴西、俄罗斯和加拿大，居世界第四位，但人均只有2200立方米，仅为世界平均水平的1/4、美国的1/5，在世界上名列121位，是全球13个人均水资源最贫乏的国家之一。

（四）生物物种不断灭绝

生物多样性是生物及其与环境形成的生态复合体以及与此相关的各种生态过程的总和，由遗传（基因）多样性、物种多样性和生态系统多样性等部分组成。而物种的多样性是生物多样性的关键，它既体现了生物之间及环境之间的复杂关系，又体现了生物资源的丰富性。但是，由于环境的恶化、人类的猎杀，生物物种不断灭绝。总部位于瑞士格朗的世界自然保护联盟（IUCN）在美国夏威夷举行的2016年世界自然保护大会上，发布了最新版的《世界自然保护联盟濒危物种红色名录》。濒危物种红色名录是由世界自然保护联盟领导制定的一份衡量全球物种生存和受威胁状况的清单，它将物种的濒危级别根据濒危程度划分为灭绝、野外灭绝、极危、濒危、易危、近危和无危等7级。在更新的红色名录收录的82954个物种中，有23928个正遭受灭绝的威胁，占比28.9%。

（五）矿产资源耗竭

矿产资源指经过地质成矿作用，使埋藏于地下或出露于地表并具有开发利用价值的矿物或有用元素的含量达到具有工业利用价值的集合体。矿产资源是重要的自然资源，是社会生产发展的重要物质基础，现代社会人们的生产和生活都离不开矿产资源。矿产资源属于非可再生资源，其储量是有限的。目前，世界已知的矿产有1600多种，其中80多种应用较广泛。产业革命以来的200多年间，矿产资源的消耗速度越来越快，特别是近些年，有些矿产资源的储量已大为减少，有的甚至趋于枯竭。

第三节 发展

人类社会已经走到工业文明中一个动荡不安、影响深远的转折点——要么只顾自身利益最大化，无度掠夺自然资源，破坏生态环境，继续沿用“黑色”增长方式，直至将人类社会推向坟墓；要么与自然界和谐相处，节能降耗，减少温室气体排放，走“绿色”环保的可持续发展之路。

一、可持续性发展

世界环境与发展委员会于 1987 年发表的《我们共同的未来》中对可持续发展定义为：既满足当代人的需求，又不危及后代人满足其需求的发展。联合国在 1992 年 6 月召开“环境与发展”大会，与会各国一致承诺把走可持续发展的道路作为未来的长期共同的发展战略。我国在 1992 年就组织编制了《中国 21 世纪议程——中国 21 世纪人口、环境与发展白皮书》，提出了人口、经济、社会、资源和环境相互协调，可持续发展的总体战略、对策和行动方案，并已经开始了具体的行动。

（一）可持续发展的内涵

可持续发展是一个内涵极其广泛的概念，其大致可以分为三个方面。

1. 资源环境的可持续性

资源环境的可持续性包括生物资源可持续利用、能源可持续利用和环境管理三个方面。

（1）生物资源可持续利用，即林业、渔业、水资源等可更新资源的可持续产出。在保持一个稳定的可更新生物资源库的条件下，确定获得最大连续生产量作为资源管理目标，资源承载力大小是实现这一目标的关键。农业可持续产量，即农业生态系统抵抗外来干扰以维持其系统持久生产力的能力，这一定义标志着农业开发已从追求短期的产量最大化的管理目标转向维持长期的生物生产量，保持土地和生物物种资源库不退化是一个基本的操作重点。

（2）能源可持续利用，尤其是可更新能源利用。人类需要变革其能源使用方式，由对可耗竭化石能源依赖型向可再生能源依赖型的能源利用系统转变。

（3）环境管理，特别强调环境资源保护，即充分利用环境资源服务于人类发展活动，同时对被开发环境不造成难以恢复的损害，保护的核心思想是要维持一个恒定的自然资本，这是可持续性的必要条件。

2. 经济的可持续性

经济的可持续性即可持续经济发展，包括可持续经济增长和可持续经济发展。

（1）可持续经济增长，即从现在到可预见的未来可以得到自然和社会环境支持的经济增长，能源的来源是环境支持的重要因素。

（2）可持续经济发展，指在至少保持总资本量，即人力资本、人造资本和自然资本不下降的条件下，使经济收益最大。

3. 社会的可持续性

社会的可持续性，即可持续社会发展，包括社会稳定和社会公平性。

（1）社会稳定，即一个能持久的、自力更生的、对外部干扰具有一定抗性的社会，这一社会建立在合理的自然生产力、使用有效的可更新能源、保护水土、基本稳定的人口、合适的人类生活多样性的基础上。

（2）社会公平性，即满足当代人的需要而不损害将来人类满足其自身需要的能力。控制人口规模的消费水平，增加社会收入分配的公平性是其基本条件。

（二）三要素关系

可持续性发展包括三个关键要素，即经济、环境和社会。可持续性的目标相应地包括了经济目标、社会目标和环境目标，这三者存在相互关联关系。

（1）经济要素，与效率、增长、发展相对应。对环境而言，存在价值评估和内在化问题；对社会而言，存在代内公平、就业、区域协调等。

（2）社会要素，与贫困、文化、社会遗产等相对应。对环境而言，存在代际公平、人与自然的和谐、公众参与等；对经济而言，存在公正、福利等。

（3）环境要素，与生物多样性、自然资源的保护、污染等相对应。对经济而言，存在价值评估、内在化、制约等；对社会而言，存在代内代际公平、公众参与等。

二、绿色发展

（一）绿色发展的内涵

绿色发展是按照可持续发展要求，从承担社会责任、充分利用能源资源、保护生态环境角度出发，在产品开发、生产、销售、售后服务全过程中，采用节约能源资源、清洁无污染、符合生态环保要求和社会道德规范的方式，向消费者提供环保卫生、安全可靠的产品或服务。绿色发展的实质是将环境作为重要资产来经营，以较少的投入取得较大的经济效益、生态效益和社会效益。这既能满足人类社会生存发展的需要，又可减少能源资源浪费，改善生态环境。

作为可持续发展的具体形式，绿色发展是一项复杂的系统工程。政府和企业在扎实推进绿色发展方面应注意以下几个问题：

1. 以绿色技术推动绿色发展

绿色技术是生态工程和基因工程相结合的新兴技术，是为保护生态环境安全、保持人与自然和谐发展而使用的技术。它可以支持能源资源循环利用或可持续使用，极大地提高能源资源利用效益，从根本上改变人类生产经营方式。绿色技术是绿色发展的关键，不断创新绿色技术是绿色发展的必要条件。为此，要完善创新机制，吸引创新人才并充分发挥其作用，加大投入力度，推动绿色技术不断进步。在此基础上，不断调整和优化结构，加快传统产业和产品的技术改造，提高其绿色科技含量和附加值。同时，研发更多符合环保要求、无公害、有利于资源再生的绿色产品，积极培育绿色产业，发挥好绿色技术推动绿色发展的能动作用。

2. 以绿色服务增加绿色价值

绿色产品是提供绿色服务的载体，而绿色服务才是利润的主要来源。绿色服务从专业化角度解决绿色消费中出现的问题，架起与消费者沟通的桥梁，不但能解除顾客的后顾之忧，也可为企业绿色发展提供信息支持。随着经济社会的发展，市场竞争的重心由技术和产品逐步转向应用和服务，企业发展战略也相应地由“以产品为导向”转变为“以客户为导向”，服务由以往创造价值的辅助环节上升为主要角色。因而，应重视绿色服务的巨大增值作用，主动延长价值链，实现绿色发展价值和效益最大化，推动全社会的环境保护和生态文明建设。

3. 以绿色文化打造品牌形象

绿色企业文化是将环境有价、污染者付费的观念以及节约资源、保护环境、建设生态文明等理念纳入企业文化中。绿色企业文化不是管理方法，而是形成管理方法的理念，是企业绿色营销、绿色管理、绿色发展的思想基础。以绿色文化引领品牌建设，要努力提高员工的环保意识，使绿色环保和生态文明理念潜移默化于员工的思想行为之中，渗透于企业的一切活动之中。从而，在将企业绿色文化发扬光大的同时，在消费者心目中树立起节能降耗、绿色环保、积极履行社会责任的良好品牌形象。

4. 以绿色认证融入绿色市场

绿色发展是公认的国际经济贸易发展方向，也是企业发展的大势所趋。发达国家早已对市场实行节能和环保准入制度，通过立法或制定严格的强制性技术标准，限制不符合环保标准的产品进口。国际知名企业在选择合作伙伴或供应商时要求环保要达标。产品没有通过环保认证，则难以进入主流市场，难以为绿色发展的企业进行配套加工生产，更难以融入绿色发展产业链，结果将失去合作伙伴和宝贵商机。因此，实行绿色发展，企业要重视取得ISO14000 环境认证，取得国际贸易的绿色通行证。

总之，发展方式需要“绿色革命”，要由以往不顾能源资源消耗和生态环境保护的“黑色”增长，转变为重视节能降耗减排和生态文明建设的“绿色”发展。在政府的引导下，企业应积极主动地顺应市场的绿色需求，在经营中将经济效益、消费者需求和生态环保要求结合起来，抓住绿色发展机遇，实现持续健康发展。

（二）绿色发展战略

1. 企业——绿色营销

所谓绿色营销，是指企业在生产经营过程中，将企业自身利益、消费者利益和环境保护利益三者统一起来，以此为中心，对产品和服务进行构思、设计、销售和制造。绿色营销是指企业以环境保护为经营指导思想，以绿色文化为价值观念，以消费者的绿色消费为中心和出发点的营销观念、营销方式和营销策略。它要求企业在经营中贯彻自身利益、消费者利益和环境利益相结合的原则。

绿色营销还是一个新事物，没有更多的理论可以借鉴，从目前来看，绿色营销的内容主要包括绿色设计、绿色生产、绿色包装、绿色促销、绿色价格、绿色渠道等。

（1）绿色设计。绿色设计是由绿色产品的诞生所引申的一种设计方法，也叫生态设计，就是从未来着手构思、开发和制造产品，以便在产品的使用寿命结束时，有的部件可以翻新和重复使用，有的可以安全地被处理掉，以减少对环境的污染和资源的消耗。

绿色设计的基本思想是：在设计阶段就将环境因素和预防污染的措施纳入产品设计之中，将环境性能作为产品的设计目标和出发点，力求使产品对环境的影响最小。对工业设计而言，绿色设计的核心是“3R”，即对资源的减量利用（reduce）、再利用（reuse）和循环利用（recyle）。不仅要减少物质和能源的消耗，减少有害物质的排放，而且要使产品及零部件能够方便地分类回收并再生循环或重新利用。

绿色设计的主要内容包括：绿色产品设计的材料选择与管理；产品的可回收性设计；产品的可拆卸性设计。绿色产品设计的材料选择与管理，一方面不能把含有有害成分与无害成分的材料混放在一起；另一方面，对于达到寿命周期的产品，有用部分要充分回收利用，不可用部分要用一定的工艺方法进行处理，使其对环境的影响降到最低。产品的可回收性设计要综合考虑材料的回收可能性、回收价值的大小、回收的处理方法等。产品的可拆卸性设计指设计师要使所设计的结构易于拆卸，维护方便，并在产品报废后能够重新回收利用。除此之外，绿色设计还包括绿色产品的成本分析、绿色产品设计数据库等。

（2）绿色生产。绿色生产也叫清洁生产，是指不断采取改进设计、使用清洁的能源和原料、采用先进的工艺技术与设备、改善管理、综合利用等措施，从源头削减污染，提高资源利用效率，减少或者避免生产、服务和产品使用过程中污染物的产生和排放，以减轻或者消除对人类健康和环境的危害。

绿色生产的定义包含了两个全过程控制：生产全过程和产品整个生命周期全过程。对生产过程而言，绿色生产包括节约原材料和能源，淘汰有毒有害的原材料，并在全部排放物和废物离开生产过程以前，尽最大可能减少它们的排放量和毒性。对产品而言，绿色生产旨在减少产品整个生命周期过程中从原料的提取到产品的最终处置对人类和环境的影响。

绿色生产的思考方法与其他生产的不同之处在于：过去考虑对环境的影响时，把注意力集中在污染物产生之后如何处理，以减小对环境的危害，而绿色生产则要求把污染物消除在它产生之前。

（3）绿色包装。绿色包装是指以环境保护为首选目标的包装。在包装设计上，要考虑对环境的影响；在包装材料上，要选用无毒害和可分解或能再生利用的材料；在包装风格上，要力求简单化，避免过度包装；在包装策略上，要坚持少耗材、回收、复用和再循环的原则。绿色包装是绿色产品传递给消费者的第一信息，也是绿色营销的引擎，要在包装文字中突出“保护生态环境”“可回收使用”等环保宣传或正确处理废弃包装物的说明，力求通过包装外观传播浓厚的绿色气息。

（4）绿色促销。绿色促销主要是围绕绿色产品而开展的各项促销活动的总称。它旨在通过绿色广告、宣传报道、人员推销、营销推广等，来树立企业和企业产品的绿色形象，使之与消费者的绿色需求相协调，巩固企业的市场地位。

广告宣传绿色化，指在各种国际媒体广告中重视对绿色经营理念和绿色消费概念的宣传，传播绿色语言、绿色生活风格和绿色心情等绿色信息，烘托强烈的绿色文化；促销的绿色化，指营销人员必须熟知本企业的绿色产品的绿色功能，了解消费者绿色消费的兴趣，并能回答消费者所关心的绿色消费问题。通过免费试用样品、竞赛、赠送礼品、产品保证等形式来鼓励消费者试用新的绿色产品，提高企业的知名度。

公共关系绿色化是树立企业及产品绿色形象的重要传播途径。绿色公关能帮助企业更直接、更广泛地将绿色信息传到广告无法到达的细分市场，给企业带来竞争优势。绿色公关的方式具有多样性，可通过一定的大众媒体开展，如通过演讲、报刊、环境保护教材及资料、有声影像资料、信息服务中心等，还可通过某些有关的公关活动来宣传企业的绿色形象，如通过绿色赞助活动及慈善活动等开展与环保有关的有价值的公关活动。绿色广告与绿色公关的有机结合能很快丰富品牌的绿色内涵，塑造出品牌的绿色形象。

（5）绿色价格。绿色价格是指附加了绿色价值而高于传统产品价格的价格。由于绿色产品更符合现代消费者的需求，一般来说，消费者也会认同绿色产品具有更高的价值，愿意支付较高的价钱。但就通常的消费心理而言，消费者总是希望产品的价格更便宜，为此，一定要把握好绿色商品的定价策略。在国际市场上，绿色价格主要实行新产品定价策略，在同类产品价格的基础上确定一定的加价率，树立绿色产品优质高价的形象。企业应注意绿色产品在消费者心目中的形象，利用人们求新、求异、崇尚自然的心理，采用消费者心目中的心理价格来定价，提高经济效益。

（6）绿色渠道。绿色渠道的通畅是成功实施绿色营销的关键。选择绿色渠道可以从以下几个方面进行：选择具有绿色信誉的中间商，加强渠道成员的绿色观念教育；设立绿色产品专柜或绿色产品销售公司，尽可能缩短销售渠道，减少长渠道带来污染的可能性等，逐步建立绿色产品的流通网络，同时注意这些网络与网点的“绿色包装”。

2. 消费者——绿色消费

绿色消费，指一种以适度节制消费，避免或减少对环境的破坏，崇尚自然和保护生态等为特征的新型消费行为和过程。绿色消费，不仅包括绿色产品，还包括物资的回收利用，能源的有效使用，对生存环境、物种环境的保护等。具体而言，它有三层含义：

第一，倡导消费时选择未被污染或有助于公众健康的绿色产品。

第二，在消费者转变消费观念，崇尚自然、追求健康、追求生活舒适的同时，注重环保，节约资源和能源，实现可持续消费。

第三，在消费过程中注重对垃圾的处置，不造成环境污染。符合“3E”，即经济实惠（Economic）、生态效益（Ecological）、平等人道（Equitable）以及“3R”，即减少非必要的消费（Reduce）、重复使用（Reuse）和再生利用（Recycle）。

3. 社会——绿色认证和绿色标志

由于人类对于生态的关注，绿色意识不断加强，消费者对绿色产品也越来越关注，因此绿色认证和绿色标志应运而生。

目前，我国的绿色认证包括绿色食品认证以及对生产的全过程进行监控的绿色体系认证，也叫环境管理体系认证，这是对企业的软件进行的认证。

所谓绿色标志，是指在商品上印制特定的图形，以标明该商品的生产、使用及处理全过程符合环保要求，不危害环境或危害程度极小，有利于资源的再生回收利用。

绿色标志不同于产品商标，它的作用主要是标明产品生产和使用的过程完全符合环境保护要求，对生态环境和人体健康无损害。世界上最早使用绿色标志的国家是德国。1978 年，德国实施的“蓝色天使”计划，就是一种绿色标志。在这一计划的实施过程中，他们给

3600 种产品发放了环境标签。其后，1988 年，加拿大、日本、美国等国家也开始实行绿色标志。图 2－1 是部分国家的绿色标志。

图 2－1　德国、日本、美国的绿色标志

我国的一些绿色标志如图 2－2 所示。农业部于 1989 年开始实行绿色食品标志制度。标志由三部分构成，即上方的太阳、下方的叶片和中心的蓓蕾，象征自然生态；颜色为绿色，象征着生命、农业、环保；图形为正圆形，意为保护。绿色食品标志是指中文“绿色食品”，英文“Green Food”。绿色食品标志图形及这三者相互组合等四种形式，注册在以食品为主的共九大类食品上，并扩展到肥料等绿色食品相关类产品上。绿色食品标志作为一种产品质量证明商标，其商标专用权受《中华人民共和国商标法》保护。标志的使用是食品通过专门机构认证，许可企业依法使用。

1993 年 8 月，我国国家环境保护局正式公布了中国环境标志。中国环境标志是一种官方的产品证明性商标，获准使用该标志的产品不仅质量合格，而且在生产、使用和处理过程中符合特定的环境保护要求，与同类产品相比，具有低毒少害、节约资源等环境优势。中国环境标志图形由青山、绿水、太阳及十个环组成。环境标志图形的中心结构表示人类赖以生存的环境；外围的十个环紧密结合，环环紧扣，表示公众参与，共同保护环境；同时，十个环的“环”字与环境的“环”同字，其寓意为全民联合起来，共同保护人类赖以生存的环境。

图 2－2　我国的一些绿色标志

2003 年 12 月 16 日，经国家认证认可监督管理委员会批准，中国标准化研究院·中标认证中心（CSC）推出中国环保产品认证。中国标准化研究院·中标认证中心（中国节能产品认证中心）1998 年 10 月成立，隶属于中国标准化研究院，是国家唯一授权开展节能、节水和环保产品认证工作的第三方认证机构。中国环保产品认证标志由地球、鸟及植物叶子进行有机组合而构成，生动地阐述了生命对地球和环境的依赖的关系，强化了人们的环保意识，图案隐含着字母“E”，三个有序排列的鸟（叶子）寓意再生与重复利用，同时还有三个“√”，体现了“认证”的功能，象征认证机构的权威性。

本章导入案例点评

问题：

1. 生产一杯橙汁耗费了多少资源？

答：生产 1 吨橙汁，相当于需要 8.1 千克石油。在德国，每饮用一杯橙汁，需要不少于 22 杯水。

2. 橙汁生产和资源的关系是什么？

答：橙汁生产需要耗费大量的资源，如石油、水等，此外还包括其他运输、销售以及消费中耗费的资源。

延伸问题：

1. 商品生产与资源的关系是什么？

答：商品生产需要耗费大量的资源，过度的资源耗费引发了商品生产和消费所带来的资源问题。

2. 怎样才能做到可持续性发展？

答：在发展中坚持公平性、可持续性、和谐性、需求性、高效性、阶跃性的原则，兼顾经济、环境和社会三者的利益关系。坚持经济要素——与效率、增长、发展相对应；社会要素——与贫困、文化、社会遗产等相对应；环境要素——与生物多样性、自然资源的保护、污染等相对应。

思考与练习

一、选择题（多项选择题）

1. 从人类开发利用的角度分析，自然资源具有(　　)。

A. 有限性　　B. 选择性　　C. 增值性　　D. 变动性

2. 由于可持续发展是一个内涵极其广泛的概念，可持续发展可以理解为(　　)。

A. 资源环境的可持续性　　B. 经济的可持续性

C. 社会的可持续性　　D. 人口的可持续性

3. 可持续发展的基本原则主要有(　　)。

A. 公平性原则　　B. 可持续性原则

C. 和谐性原则　　D. 高效性原则

4. 政府和企业在扎实推进绿色发展方面应注意的问题是(　　)。

A. 以绿色技术推动绿色发展　　B. 以绿色服务增加绿色价值

C. 以绿色文化打造品牌形象　　D. 以绿色认证融入绿色市场

5. 自然资源按照国民经济生产分为(　　)等。

A. 土地资源　　B. 水资源　　C. 生物资源　　D. 矿产资源

二、简答题

1. 可持续性发展的内涵是什么？
2. 企业绿色营销包括哪些策略？

三、实务分析题

试分析说明商品生产和消费与社会环境以及经济可持续性发展的关系。

实习与实训

在本学习项目进行中可以组织学生就商品与环境的关系进行专题演讲会，增强学生的环保意识，也可组织学生就商品与环境的关系展开专项社会调查，加深商品对环境影响的认识。

一、商品与环境演讲会

1. 实训目的：加强学生对商品与环境之间关系的认识，强化环保意识，树立社会责任感。训练学生的演讲能力和积淀文字撰写功底。
2. 实训内容：商品与环境演讲会。
3. 环境要求：多媒体教室（音像设备齐全）。
4. 实训流程：资料收集——撰写演讲稿——演讲。
5. 注意事项：①以班级为单位组织商品与环境演讲会；
②制定演讲评分标准；
③选拔10名选手，每名选手时间为8分钟，演讲会总时间为2课时；
④挑选5名评委，进行现场打分。
6. 实训作业：以现场打分为成绩，会后提交以“商品与环境”为题的演讲稿。

二、商品与环境社会调查活动

1. 实训目的：加强学生对商品与环境之间关系的认识，强化环保意识，树立社会责任感。训练学生的社会调查能力。
2. 实训内容：商品与环境社会调查。
3. 环境要求：电脑、打印机、纸、笔等，多媒体教室（音像设备齐全）。
4. 实训流程：设计问卷——实地调查——收集整理与报告撰写——汇报。
5. 注意事项：①注意调研整个过程的安全；
②合理选定调研对象（企业、人员）；
③以3人为一小组，进行实地调研。
6. 实训作业：提交调查问卷和撰写的调查报告。

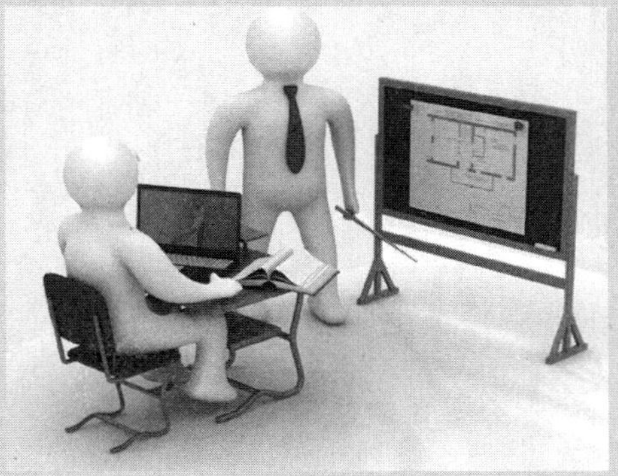

模块二　管理篇

第三章

商品质量管理

教学指南

单元名称	商品质量管理	课时	课内 6/课外 6
单元内容	本章介绍了商品质量的概念、构成要素以及商品质量的意义，介绍了商品质量的要求和表示方法，介绍了商品质量管理的发展及管理方法等。		
学习目标	（1）了解商品质量的概念以及构成要素； （2）掌握商品质量特性和质量指标； （3）了解商品质量的基本要求； （4）了解商品质量管理的发展； （5）掌握商品质量管理的方法； （6）在购销活动中会合理表示商品质量； （7）能对商品生产、流通、消费各个环节进行质量控制和管理； （8）能胜任企业商品质量管理员工作。		
学习重点	（1）商品质量的构成要素和商品质量特征； （2）食品商品、纺织商品、日用工业品的质量基本要求； （3）商品质量表示； （4）商品质量方法； （5）商品质量管理。		
实训内容	企业质量管理专项调研		
课时分布	第一节　商品质量概述 一、商品质量的概念 ………………………………… 0.25 课时 二、商品质量构成要素 ……………………………… 0.25 课时 三、商品质量特性和质量指标……………………………… 1 课时 四、保证和提高商品质量的意义……………………………… 0.5 课时		

续表

课时分布	第二节　商品质量的基本要求和表示 一、商品质量的基本要求……1.5课时 二、商品质量的表示……0.5课时 第三节　商品质量管理 一、商品质量管理的发展……0.25课时 二、商品质量管理的方法……0.75课时 三、生产过程中的商品质量管理……0.5课时 四、流通过程中的商品质量管理……0.25课时 五、使用过程中的商品质量管理……0.25课时 实训（课外）……6课时

导入案例

三星手机爆炸门

2016年10月5日上午，美国“临界点”科技新闻网站（The Verge）援引美国西南航空公司发言人的话报道，该航空公司旗下一架航班号为994的客机发生火灾，起因是一部三星Note 7手机冒烟起火，所幸全部乘客和机组人员及时疏散，没有造成伤亡。

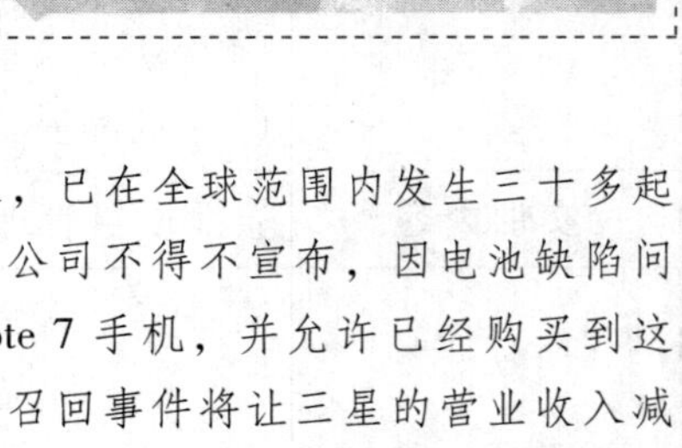

美国联邦航空局发表声明，“强烈建议”乘客在登机后不要启动三星Galaxy Note 7手机或为其充电，也不要把它放在托运行李里面。随后新加坡航空公司、澳大利亚航空公司、维珍澳大利亚航空公司和阿联酋阿提哈德航空公司等也纷纷加入这一行列，为三星Galaxy Note 7手机下达飞行禁令。

三星Galaxy Note 7手机发布一个多月以来，已在全球范围内发生三十多起因电池缺陷造成的爆炸和起火事故。韩国三星公司不得不宣布，因电池缺陷问题，将在10个国家和地区停售三星Galaxy Note 7手机，并允许已经购买到这款手机的消费者两周后置换新手机。据估算，召回事件将让三星的营业收入减少50亿美元，年净利润降低5%。

受三星Galaxy Note 7手机爆炸及航空公司接连抵制的冲击，三星股价连日来跌跌不休，9月12日开盘闪崩，截至收盘跌幅已接近7%，创下自2012年以来最大跌幅，单天市值蒸发超过100亿美元。

问题：

很多航空公司为何禁止乘客携带三星 Galaxy Note 7 手机上飞机？

延伸问题：

1. 商品的质量有何重要性？
2. 如何保证商品质量？

第一节 商品质量概述

质量是国家、企业以及消费者都十分关心的一个重要问题，是一切经济管理工作的永恒主题。商品学研究的中心内容就是商品的质量。对质量的传统的、简单的理解是，商品质量就是商品好坏、优劣程度的衡量。今天的商品质量的含义已经远远超过了这种简单的理解。

一、商品质量的概念

商品质量是指商品满足规定或潜在的要求（或需要）的特征和特性的总和。这里的规定是指国家有关规定、质量标准或买卖双方的合同要求等方面的认为界定；潜在要求（或需要）是指人和社会对商品的适用性、安全性、卫生性、可靠性、耐久性、美观性、经济性、信息性等方面的认为期望；特征是指用来区分同类商品不同品种的特别显著的标志；特性是指不同类别商品所特有的性质，即品质特性。可以说，商品质量是商品具备适用性功能，满足规定和消费者需求程度的一个综合性的概念。例如，一台电视机不仅要求图像清晰、色彩逼真、伴音优美动听、安全可靠、有一定的使用寿命，还要求外形美观、操作方便、经济实惠、信誉好、牌子响和售后服务良好等。

商品质量包括狭义的商品质量和广义的商品质量。狭义的商品质量主要指产品与其规定标准技术条件的符合程度，以国家或国际有关法规、商品标准或订购合同中的有关规定作为最低技术条件，是商品质量的最低要求和合格的依据。广义的商品质量指商品适合其用途所需的各种特性的综合及其满足消费者需求的程度，是市场商品质量的反映。

商品质量是一个动态的概念，其表现在具体时间性、空间性和消费对象性上。不同时代、不同地区、不同的消费对象，对同一商品有不同的质量要求，并随着科技进步、生活水平的提高和社会的发展而不断变化。例如，我国消费者对商品的要求，以前注重实用价值，而现在对商品既要求实用价值又要求审美价值。人们在消费商品时，在满足物质享受的同时，要求能获得一定程度的精神享受的愿望越来越强烈。

二、商品质量构成要素

（一）从表面看

在表现形式上，商品质量由外观质量、内在质量和附加质量构成。商品的外观质量主要指商品的外部形态以及通过感觉器官能直接感受到的特性，如商品的式样、造型、结构、色泽、气味、食味、声响、规格（尺寸、大小、轻重）等。商品的内在质量指通过仪器、实验手段能反映出来的商品特性或性质，如商品的物理性质、化学性质、机械性质以及生物学性质等。商品的附加质量主要指商品信誉、经济性、销售服务等。

商品的外观质量、内在质量和附加质量，对不同种类的商品各有侧重。商品的外观质量往往可以反映商品的内在质量，并通过附加质量得到更充分的实现。

（二）从形成环节看

在形成环节上，商品质量由设计质量、制造质量和市场质量构成。设计质量指在生产过程以前，设计部门对商品品种、规格、造型、花色、质地、装潢、包装等方面进行设计的过程中形成的质量因素。制造质量指在生产过程中所形成的符合设计要求的质量因素。市场质量指在整个流通过程中，对已在生产环节形成的质量的维护保证和附加的质量因素。

设计质量是商品质量形成的前提条件，是商品质量形成的起点。制造质量是商品质量形成的主要方面，它对商品质量的各种性质起着决定性作用。市场质量是商品质量实现的保证。

（三）从有机组成看

在有机组成上，商品质量由自然质量、社会质量和经济质量构成。自然质量是商品自然属性给商品带来的质量因素。社会质量是商品社会属性所要求的质量因素。经济质量是商品消费时投入方面所要考虑的因素。

自然质量是构成商品质量的基础，社会质量是商品质量满足社会需要的具体体现，经济质量则反映了人们对商品质量经济方面的要求。

三、商品质量特性和质量指标

（一）商品质量特性

商品质量特性，就是根据一定的准则，将对商品的需要转化为特性，这些特性就称为商品质量特性。这里所谓的准则，指选择那些与需要关系密切的、主要的、能够检测的特性。日本有学者称质量是商品质量的特性之和。

日本的水野相教授把商品质量特性分成六类，见表3-1。

表3－1　　商品质量评价要素类型

<table>
<tr><td rowspan="8">内部要素</td><td rowspan="4">A</td><td rowspan="4">性状</td><td>尺寸重量</td><td>尺寸、重量、容积、毛重</td><td rowspan="6">客观的质量要素</td><td rowspan="8">使用质量要素</td><td rowspan="9">广义市场质量要素</td></tr>
<tr><td>原料成分</td><td>成效成分、含量、辅助成分、填料、杂质水分</td></tr>
<tr><td>形态构造</td><td>品种、密度、结构、装饰、加工方法、镀层厚度</td></tr>
<tr><td>其他性质</td><td>色泽、比重、黏度、折光指数、透明度、凝固点、产地、制法</td></tr>
<tr><td>B</td><td>缺陷</td><td colspan="2">各种外观缺陷、包装缺陷</td></tr>
<tr><td>C</td><td>性能</td><td colspan="2">强度、延伸率、硬度、弹性、耐久性、功率、传导率、营养率、吸湿性、透气性、色牢度、收缩率、耐水性、阻燃性、保存性、搬运性</td></tr>
<tr><td>D</td><td>感官</td><td colspan="2">色泽、手感、音色、新鲜度、外观</td><td>准客观</td></tr>
<tr><td>E</td><td>嗜好</td><td colspan="2">图案、图样设计、式样、色调、风味、风格、流行性</td><td>主观</td></tr>
<tr><td>外部要素</td><td>F</td><td>市场适应性</td><td colspan="2">包装、商标、标签、广告、产地、价格、保管、搬运费用</td><td>客观加主观</td><td>市场要素</td></tr>
</table>

（1）形状要素：商品的静态特性和形状，是构成商品基本功能的物质基础。

（2）缺陷要素：商品的外观缺陷。

（3）性能要素：商品的动态特性，是在外力或者环境作用下表现的特性。

（4）感官要素：是用人的感觉器官评价的质量特性。

（5）嗜好要素：根据人们的爱好去评价的质量特性。

（6）市场适应性要素：适应市场销售的质量特性。

（二）商品质量指标

（1）可用性：商品在规定的条件下完成规定功能的能力。

（2）可靠性：商品在规定的条件下和规定的时间内，完成规定功能的能力。

（3）安全性：商品在制造、储存和使用中，保证人身与环境免遭危害的程度。

（4）维修性：在规定的时间内、按规定的程序和方法进行维修时，保持或者恢复到能完成规定功能的能力。

（5）使用寿命：在规定的使用条件下产品完成规定功能的总工作时间。

（6）储存寿命：在规定的储存条件下商品从开始存储到规定的失效的时间。

（7）合格：满足规定的要求。

（8）不合格：不满足规定的要求。

（9）合格品：满足全部规定要求的商品。

（10）不合格品：不满足规定要求的商品。

（11）缺陷：不满足预期的使用要求。

（12）故障：商品不能在预定的性能范围内工作。

（13）失效：商品丧失规定的功能。

四、保证和提高商品质量的意义

（一）重视和提高商品质量，是促进国民经济发展的重要动力

商品生产的目的是满足人们不断增长的物质和文化生活的需要。人们生活中的吃、穿、用的商品，如果生产和经营不对路，质量不高，就会造成商品流通不畅，破坏供求比例，得不到社会的承认和欢迎，这样的商品就很难销售出去。对于企业来说，占压了资金，影响了扩大再生产和扩大经营。若不改变这种状况，要发展生产、扩大经营、提高经济效益，是很难办到或是根本不可能的。企业把质量视为生命，保证和提高商品质量有利于发展生产，扩大经营，促进流通，有利于国民经济的发展。

（二）保证和提高商品质量，是创造社会财富、满足消费的重要标志

商品的使用价值在一切社会形态中都是构成社会物质财富的内容。质量是商品具有使用价值的保证。质量高，表现为商品性能更好，使用效率更高，寿命周期更长，一个顶几个用，相当于花同样多的活劳动和物化劳动，生产出更多的商品。这样既减少了消耗，又降低了成本，而且减少了消费者在该商品上的支付，为消费者在生产和生活中提供了较好的物质条件。相反，就会造成人力、物力、财力的浪费。因此，保证和提高商品质量有利于国家、企业、消费者，对促进整个社会物质文明和精神文明的发展，有极其重要的作用和意义。

（三）加强和提高商品质量，是促进企业质量管理制度完善的中心环节

企业经营管理水平的提高和经营管理制度的完善，在很大程度上是通过组织本企业或本系统的优质产品的生产过程、销售过程和售后服务等一系列工作过程而逐步建立起来的。企业内部的商品质量管理主要是由两个系列的工作组成，即质量保证和质量控制。这一系列工作是伴随生产过程不断进行的，从企业内部来看，质量控制是质量保证的基础。因此，随着企业内部推进商品质量工作的不断完善，就会不断推动质量保证和质量控制的完善，不断促进企业规章制度的完善和经营管理水平的提高。

（四）改进和提高商品质量，是提高市场竞争能力的重要措施

市场的竞争，首先是质量的竞争。质量低劣就无法进入市场。质量是进入市场的“通行证”。因此，只有保证和提高商品质量，才能在国际、国内市场竞争中取得主动权，才能赢得企业和国家的信誉，为企业创造良好的效益，提高产品市场占有率，提高企业的知名度，树立企业良好的形象，为国家创造更多的外汇。

第二节
商品质量的基本要求和表示

商品质量的基本要求是根据其用途、使用方法、使用目的以及消费者和社会需求提出来的。由于商品种类繁多，性能各异，有着不同的用途、特点和使用方法，因此，对不同商品质量的要求也各不相同。

一、商品质量的基本要求

（一）食品商品质量的基本要求

食品作为人们日常生活中的重要商品，是为人体提供热量、营养，维持人体生命的物质，是人们生长发育、保证健康不可缺少的生活资料。因此，对食品质量的基本要求是：具有营养价值；有较好的色、香、味、形；符合卫生要求。

1. 食品的营养价值

营养价值能给人体提供营养物质，这是一切食品的基本特征。其功能是提供人体维持生命活动的能源，保证健康，调节代谢以及延续生命。营养价值是决定食品质量高低的重要依据，是评定食品质量优劣的关键指标。

食品的营养价值包括营养成分、可消化率和发热量三项指标。

（1）营养成分。它是指食品中所含蛋白质、脂肪、碳水化合物、维生素、矿物质及水分等。由于各成分各自起着它应有的作用，因此，人们可以从各种不同的食品中获得各种营养成分。

（2）可消化率。它是指食品在食用后，可能消化吸收的百分率。它反映了食品中营养成分被人体消化吸收的程度。食品中营养成分只有被人们消化吸收后，才能发挥其作用。营养学专家经过多年的研究、实践得出结论：动物性食品的营养价值高于植物性食品的营养价值。

（3）发热量。它是指食品的营养成分经人体消化吸收后在人体内产生的热量。它是评价食品营养价值最基本的综合性指标。

2. 食品的色、香、味、形

它是指食品的色泽、香气、滋味和外观形状。食品的色、香、味、形不仅能反映食品的新鲜度、成熟度、加工精度、品种风味及变质状况，也可直接影响人们对食品营养成分的消化和吸收。食品的色、香、味、形良好，还可以刺激人产生旺盛的食欲。许多食品的色、香、味、形还是重要的质量指标。例如，评价烟、酒、茶等商品的质量时，主要从色泽、香气、滋味等方面进行鉴定。不同的色、香、味、形，决定食品本身的档次和等级。

3. 食品的卫生性（无毒害性）

它是指食品中不应含有或超过允许限量的有害的物质和微生物。食品卫生关系到人们的健康与生命安全，有的还影响子孙后代，所以，作为食品，卫生、无毒无害、无污染是最起码的条件。影响食品卫生的主要来源，有以下五个方面：

（1）食品自身产生的毒素。如豚鱼、毒蘑菇、苦杏仁、土豆发芽部分产生的氰甙龙葵类毒素，死后的鳝鱼、鳖、河蟹体内的组胺毒素等。这些毒素，对人体的消化系统、神经系统、血液循环系统都有严重的危害。

（2）生物对食品的污染。包括微生物污染，主要是细菌、细菌毒素、霉菌、霉菌毒素及大肠杆菌等；寄生虫及虫卵污染，主要是旋毛虫、蛔虫、绦虫、蛲虫、姜片虫、肝吸虫等；昆虫污染，主要是粮食中的甲虫类、蛾类、螨类以及鼠类活动所造成的污染等。

（3）加工中混入的毒素。如方便面、罐头、小食品、饮料等，因配料不当或超范围使用防腐剂、色素、香精，放置时间久了引起铅、锌中毒；油炸、烧烤食品时生成甘油醛，造成食品污染，影响人体健康。

（4）保管不善产生的毒素。食品因保管不善有可能感染微生物而腐败或霉烂变质。如温度过高，海产品发生变质，容易致癌；花生、小麦、玉米、豆类等发霉后则能产生黄曲霉毒素，使人体致癌。

（5）环境、化学品造成的污染。主要包括工业上“三废”不合理排放，化肥农药使食物受到污染，不合乎卫生要求的食物添加剂和使用量不合理等。另外，食品在生产、贮存、运输、销售时，受到环境、化学品、菌类、重金属的污染也会使食品有毒有害。

（二）纺织品商品质量的基本要求

纺织品是人们日常生活中不可缺少的生活资料。随着社会的发展，纺织品的款式、品种日趋新颖、丰富，其功能已不再是简单的御寒遮体、维持生活，而是增加了对于舒适、卫生、安全、美观、大方、流行、具有时代性等的要求。对纺织品质量的基本要求有以下几个方面：

1. 材料选择适宜性

纺织品的基本性能及外观特征，主要由其所用的纤维材料决定。不同种类的纤维如棉麻、毛涤纶等，其织品的性能各不相同；即使同种纤维不同品质，其织品也各有特色。因此，纺织品用途不同，所选择的纤维的种类和品质也各不相同。

2. 组织结构合理性

纺织品组织结构主要包括织物组织、重量和厚度、紧度和密度、幅宽和匹长等。纺织品的组织结构影响着织物的外观和机械性能，如纺织品的厚度、紧度等可影响其透气性、保暖性、柔软性等。

3. 良好的机械性

纺织品的机械性能主要是指各种强度指标，它是衡量纺织品耐用性能的重要指标，另外，对织物的尺寸稳定性和手感及成品风格也有影响。

4. 良好的服用性

服用性主要是要求纺织品在穿用过程中舒适、美观、大方。要求其缩水率、刚挺性、悬垂性符合规定标准，具有良好的吸湿性、透气性，不起毛起球，花型、色泽、线条图案应大方、富有特色等。

5. 工艺性

它指纺织品面料必须方便裁剪缝制，易于洗涤、熨烫、定型、染色牢固等。

（三）日用工业品商品质量的基本要求

日用工业品包括的面很广，有玻璃制品、搪瓷器皿、铝制品、日用塑料制品、皮革制品、胶鞋、纸张、洗涤剂、化妆品、钟表、家具、电器、服装等。它是人们生活中不可缺少的生活资料。因此，对它们质量的基本要求是：适用性、耐用性、卫生性和安全性、外观美观性、结构合理性等。

1. 适用性

适用性是指日用工业品满足主要用途所必须具备的性能或质量要求。不同商品的适用性各有不同要求，如保温瓶必须保温，洗涤剂必须去污，电冰箱必须制冷，钢笔必须书写流利，手表要求走时准确，雨鞋必须防水，化妆品对肌肤无刺激，服装、鞋帽要求保暖、透气、无毒等。即使同一类商品，由于品种不同，用途也各不相同。如印刷用纸对油墨应有良好的吸湿性，而包装用纸则要求有一定的厚度和机械强度；再如，玻璃制品中的茶杯，要求耐热性高；镜子要求反映影像逼真；化学仪器要求耐酸、碱性好。商品的多用性扩大了商品的适用范围。因此，适用性是构成商品使用价值的基本条件，也是评价日用工业品质量的重要指标。

2. 耐用性

耐用性是指日用工业品抵抗各种外界因素对其破坏的能力，它反映了日用工业品坚固耐用的程度和一定的使用期限、次数。例如，皮革、橡胶制品和某些纸张常用强度和耐磨耗等指标来评定其耐用性。电器开关可以开关多少次，手机电池可用多长时间，灯管在220伏电压下工作多少小时等，这些都是通过使用寿命来反映其耐用性。提高日用工业品的坚固耐用性，就能延长商品的使用寿命，就等于不用额外消耗原料和劳动力，而提高了产品的质量。所以，耐用性是评价绝大多数日用工业品质量主要的依据。

3. 卫生性和安全性

卫生性是指日用工业品在使用时不能影响人体健康和人身安全的质量特性。对盛放食物的器皿、化妆品、玩具、太空杯、肥皂、牙膏及包装材料等商品应具有无毒无害性。各种家用电器不漏电、无辐射、安全可靠，在使用过程中不发生危险。玻璃器皿中有毒的重金属元素应在一定的标准内。所以，在评价日用品的质量时必须重视它们的卫生性和安全性。

4. 外观美观性

日用工业品的外观，主要是指其表面特征。一方面包括商品的外观疵点，即影响商品外观或影响质量的表面缺陷，另一方面指商品的表面装饰如造型、款式、色彩、花纹、图案等。对商品外观总的要求是式样大方新颖、造型美观、色彩适宜，具有艺术感和时代风格，并且应无严重影响外观质量的疵点。

5. 结构合理性

日用工业品的结构，主要是指其形状、大小和部件的装配要合理。若结构不合理，不仅影响其外观，而且直接影响其适用性和耐用性。例如，服装、鞋帽结构不当，不仅使人感到不舒服、不美观，而且无法穿戴，丧失了使用价值。对于那些起着美化装饰作用的日用工业品，它们的外观造型结构更具有特殊的意义。

二、商品质量的表示

在通常的商品购销过程中，买卖双方应在合同中就商品质量的要求达成一致，并要对商品质量进行明确表示。我国《合同法》在第一百五十三条就规定了“出卖人应当按照约定的质量要求交付标的物。出卖人提供有关标的物质量说明的，交付的标的物应当符合该说明的质量要求”。如果事先没有对商品质量进行约定或者约定不明确，就要参照《合同法》第六十二条第一项的规定：“质量要求不明确的，按照国家标准、行业标准履行；没有国家标准、行业标准的，按照通常标准或者符合合同目的的特定标准履行。”

尤其是在国际贸易中，因为涉及商品种类繁多、特点各异和不同国家的标准不同，更应该注意商品质量的表示。在国际贸易中表示商品质量的方法多种多样，归纳起来，包括凭实物表示和凭说明表示两大类。

（一）凭实物表示品质

凭实物表示品质可分为看货买卖和凭样品买卖。

1. 看货买卖

当买卖双方采用看货成交时，买方或代理人通常先在卖方存放货物的场所验看货物，一旦达成交易，卖方就应按对方验看过的商品交货。只要卖方交付的是买方验看过的货物，买方就不得对品质提出异议。这种做法，多用于寄售、拍卖和展卖的业务中。

2. 凭样品买卖

样品通常是从一批商品中抽出来的或由生产、使用部门设计、加工出来的，足以反映和代表整批商品品质的少量实物。凡以样品表示商品品质并以此作为交货依据的，称为凭样品买卖。

在国际贸易中，通常由卖方提供样品，凡以卖方样品作为交货的品质依据者，称为“凭卖方样品买卖”。卖方所交货物的品质，必须与提供的样品相同。有时买方为了使其订购的商品符合自身要求，也会提供样品交由卖方依样承制，如卖方同意按买方提供的样品成交，称为“凭买方样品买卖”。有时卖方可根据买方提供的样品，加工复制出一个类似的样品交买方确认，这种经确认后的样品，称为“对等样品”或“回样”，也有称之为“确认样品”。当对等样品被买方确认后，日后卖方所交货物的品质，必须以对等样品为准。此外，买卖双方为了发展贸易关系和增进彼此对对方商品的了解，往往采用互相寄送样品的做法。这种以介绍商品为目的而寄出的样品，最好标明“仅供参考”（for reference only）字样，以免与标准样品混淆。

（二）凭说明表示品质

凭说明表示品质，是指用文字、图表、图片等方式来说明成交商品的品质。这类表示品质的方法可细分为以下几种：

1. 凭规格买卖

商品规格是指一些足以反映商品品质的主要指标，如化学成分、含量、纯度、性能、容量、长短、粗细等。在国际贸易中买卖双方凡用商品的规格确定品质时，称为凭规格买卖。

2. 凭等级买卖

商品的等级是指同一类商品按规格上的差异，分为品质优劣各不相同的若干等级。凭等级买卖时，由于不同等级的商品具有不同的规格，为了便于履行合同和避免争议，在品质条款列明等级的同时，最好一并规定每一等级的具体规格。这对简化手续、促进成交和体现按质论价等方面，都有一定的作用。

3. 凭标准买卖

商品的标准是指将商品的规格和等级予以标准化。商品的标准，有的由国家或有关政府主管部门规定，有的由同业公会、交易所或国际性的工商组织规定。有些商品习惯凭标准买卖，人们往往使用某种标准作为说明和评定商品品质的依据。

在国际贸易中，对于某些品质变化较大而难以规定统一标准的农副产品，往往采用“良好平均品质”这一术语来表示其品质。“良好平均品质”是指一定时期内某地出口货物的平均品质水平，一般是指中等货，也称大路货。在标明大路货的同时，通常还约定具体规格作为品质依据。

4. 凭说明书和图样买卖

在国际贸易中，有些机、电、仪等技术密集型产品，因其结构复杂，对材料和设计的要求严格，用以说明其性能的数据较多，很难用几个简单的指标来表明品质的全貌，而且有些产品，即使其名称相同，但由于所使用的材料、设计和制造技术的某些差别，也可能导致功能上的差异。因此，对这类商品的品质，通常以说明书并附以图样、照片、设计图纸、分析表及各种数据来说明具体性能和结构特点。按此方式进行交易，称为凭说明书和图样买卖。

5. 凭商标或品牌买卖

商标是指生产者或商号用来识别所生产或出售的商品的标志。品牌是指工商企业给制造或销售的商品所冠的名称。商标或品牌自身实际上是一种品质象征。人们在交易中可以只凭商标或品牌进行买卖，无需对品质提出详细要求。

6. 凭产地名称买卖

在国际货物买卖中，有些产品，因产区的自然条件、传统加工工艺等因素的影响，在品质方面具有其他产区的产品所不具有的独特风格和特色，对于这类产品，一般也可用产地名称来表示品质。

上述各种表示品质的方法，一般是单独使用，但有时也可酌情将其混合使用。

第三节 商品质量管理

商品质量受多方面因素的制约，既有生产环节的影响，也有流通环节和消费环节的影响。要保证和提高商品质量，最重要的问题是找出影响商品质量的各种因素，特别是关键性因素。只有这样，才能确保商品质量。

一、商品质量管理的发展

随着科学技术和生产力的不断发展，顾客对商品质量提出越来越高的要求。在国际贸易竞争日趋激烈的今天，各国都极为重视商品质量，把商品质量视为关系到企业生存的重要因素。因此，商品质量管理和质量保证在世界范围内得到迅速发展，控制质量的方法也不断改进和完善。质量管理大体上经历了三个阶段，即检验质量管理阶段、统计质量管理阶段和全面质量管理阶段。

（一）检验质量管理阶段（1900—1940年）

用检验的方法控制质量，就是通过制定产品质量标准、执行标准和检查标准执行情况来控制产品的质量，检验合格的产品可以出厂，不合格的产品不能出厂。所以，用检验的方法控制产品的质量，其实质是在产品生产中实施标准化管理，由工程技术人员制定产品标准和相应的工艺标准，由工人执行标准，由专职的检验人员检查标准的执行情况，进行产品质量把关。这种控制质量的方法，适应了机械化大生产和卖方市场的需要。由检验进行产品质量把关一直延续到当代的质量管理，成为现代质量管理的一个重要组成部分，但是这种控制质量的方法有其明显的局限性。

随着生产规模的不断扩大和生产效率的不断提高，质量检验的这些缺点也越来越显得突出。随着数理统计原理在质量检验中的应用，检验质量管理阶段进入了统计质量管理阶段。

（二）统计质量管理阶段（20 世纪 40 年代—20 世纪 50 年代末）

20 世纪 30 年代前后，由美国贝尔电话研究所工程师、统计学家休哈特（W. A. Shewhart）提出了“统计过程控制”（SPC）概念，创作了质量控制图，统计质量管理方法开始推广。其基本思路是根据过去某种情况来预测它将来的变化，从而进行管理，使其处于统计管理状态。这种方法用于质量管理，主要是按照商品标准，运用数理统计原理从设计到制造的生产工序间进行质量控制，预防产生不合格产品；管理对象包括产品质量和工序质量；管理领域从生产制造过程扩大到设计过程。统计质量管理是一种预防性事先监控型管理，依靠生产过程中的质量控制，把质量问题消灭在生产过程中，而且能定量分析研究和预测产品质量的变化。

这个阶段的质量管理已从单纯地依靠检验把关，逐步转为检验把关和工序质量控制预防两者并重。与质量检验相比，它更加适合企业的需要，提高了管理水平，推动了生产的发展。但由于这个阶段过分地强调了数理统计的理论，没有注意数理统计方法的通俗化和普及化工作，使人感到深奥不好学，或误认为质量控制就是质量管理工程师的事，与自己全无关，从而限制了这些方法的进一步推广，影响了其作用的进一步发挥。

（三）全面质量管理阶段（20 世纪 60 年代至今）

人们运用数理统计方法对产品进行质量控制，使废品、次品得到了有效的预防性控制，生产管理有序。然而，随着现代科学技术的发展，对产品质量提出了更高的要求，这样原来的统计质量控制已经不适应需要。同时，大型、复杂的产品不断涌现，对产品质量提出了安全性、可靠性、可维修性、经济性等要求，产品质量有了更深刻的含义。系统工程广泛应用于管理领域后，质量活动也开始向生产过程前后延伸，使人们从产品质量形成的规律中，逐步认识到人——这一不可缺少的因素在质量管理中的重要作用，从而进入了全面、全过程、全员参与的质量管理阶段。1961 年，美国通用电气公司质量经理菲根堡姆出版了《全面质量管理》一书，强调执行质量职能是公司全体人员的责任，应使全体人员都具有质量的概念和承担质量的责任，并明确指出：“全面质量管理是为了能够在最经济的水平上，并考虑到充分满足用户要求的条件下进行市场研究、设计、生产和服务，把企业各部门的研制质量、维持质量和提高质量的活动构成为一体的有效体系。”

20 世纪 60 年代以来，全面质量管理理论已被世界各国广泛接受，并得到了不断完善和提高，其理论也日渐丰富和成熟，已经逐渐成为一门单独的学科。全面质量管理是一种全面、全过程、全员参与的积极进取型管理，强调调动人的一切积极因素，根据系统论的观点把管理对象看成一个整体，分析系统各要素相互联系、相互作用的相关性，采取相对应对策，使商品的设计、开发、生产、流通和消费的全过程均处于监控状态，从而保证商品质量符合消费者或用户的需要。其特点是：第一，全过程管理。它把满足消费者或用户需要放在第一位，运用以数理统计方法为主的现代综合管理手段和方法，对商品开发、设计、生产、流通、使用、售后服务及用后处置的全过程进行全面管理；防检结合，以防为主，重在分析各种因素对商品质量的影响。第二，它既管产品质量，又管工作质量、工序质量；不仅要保证产品质量，还要做到成本低廉、供货及时、服务周到。它要求追求价值和使用价值的统一、质量和效益的统一，用最经济的手段生产用户满意的产品。第三，它强调全员参与，实行严格标准化，使商品设计、开发、生产、流通和消费的全过程均处于监控状态，从而保证商品质量符合消费者或用户需要。

二、商品质量管理的方法

（一）PDCA 循环管理法

美国质量管理专家戴明博士阐述质量管理方法时提出“计划（Plan）——执行（Do）——检查（Check）——处理（Action）”管理循环法，称为“PDCA 循环”（见图 3-1）。PDCA 循环作为质量管理的科学方法，适用于企业各个环节、各个方面的质量管理工作。PDCA 循环可分为四个阶段，其基本工作内容如下：

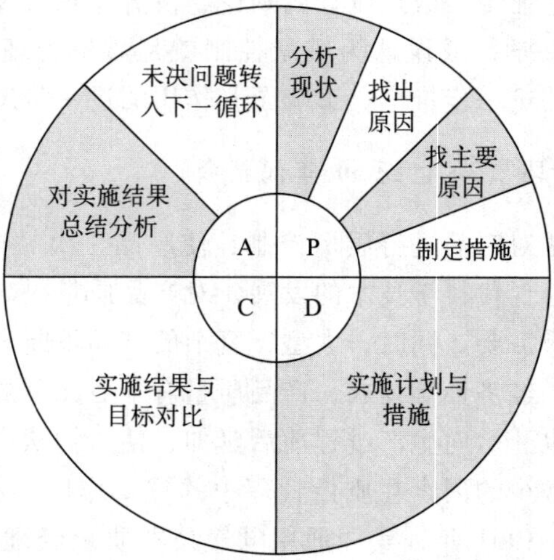

图 3-1 PDCA 循环

（1）计划阶段（P）。其任务是制定计划。根据存在的问题或用户对产品质量的要求，找出问题存在的原因和影响产品质量的主要因素，以此为依据制定措施计划，确定质量方针、质量目标，制定出具体的活动计划和措施，并明确管理项目。

（2）执行阶段（D）。其任务是按照阶段的计划和标准规定具体实施计划。

（3）检查阶段（C）。其任务是检查计划的实现，调查实施计划的结果。将工作结果与计划对比，得出经验，找出问题。

（4）处理阶段（A）。其任务是把实施的结果进行处理总结。把检查阶段实施成功的经验加以肯定，纳入标准或规程，形成制度，以便今后照办。对失败的教训也要总结，以后不再那样做。遗留问题则转入下一个 PDCA 循环。

PDCA 循环中的 A 阶段是一个关键阶段，它具有承上启下的作用，通过即时的“action”，即分析总结，制定规程，既可解决本循环中存在的问题，又可防止类似问题在下个循环中发生，具有积极的扬弃功能。

PDCA 循环的特点是不断循环，周而复始，每循环一周质量就提高一步。每次循环都有新的目标和内容，产品质量水平不断有新的提高。

(二)“六个西格玛”管理方法

1. “六个西格玛”管理方法概述

早在 1961 年就提出“零缺陷”概念的美国质量管理专家菲利普·克劳斯比说:“当大家都认定在操作过程中无法避免错误的时候，下一步就是制定一个容许错误的数字。当良品率预定为 85%，那便是表示允许 15% 的错误存在。采行这种‘良品率管理’的人会告诉你那不是真的，但事实上的确如此。”

为了提高质量，工厂的管理者们发明了“六个西格玛”管理方法。“西格玛”是统计学里的一个单位，表示与平均值的标准偏差。它可以用来衡量一个流程的完美程度，显示每 100 万次操作中发生多少次失误。“西格玛”的数值越高，失误率就越低。具体来说，相关数据可以表示如下:

1 西格玛 = 690000 次失误/百万次操作

2 西格玛 = 308000 次失误/百万次操作

3 西格玛 = 66800 次失误/百万次操作

4 西格玛 = 6210 次失误/百万次操作

5 西格玛 = 230 次失误/百万次操作

6 西格玛 = 3.4 次失误/百万次操作

7 西格玛 = 0 次失误/百万次操作

“六个西格玛”是一项以数据为基础，追求几乎完美无瑕的质量管理办法。

2. 六个西格玛质量管理的目标和理念

六个西格玛质量管理的目标是：几乎无缺陷的生产过程，完美的产品和令客户满意的服务。

六个西格玛质量管理法是一种新的管理流程，达到六个西格玛质量管理的目标需要新的理念。传统的企业质量管理的理念是检测产品和修理不合格产品，从而提高产品质量。六个西格玛的理念是，残次废品一旦生产出来，无论怎样修理，也难以使得产品完美。运用传统质量管理法的企业产品质量大多处于 4 个或 3 个西格玛水平，由于质量问题导致的成本占销售额的 15%—25%，而运用六个西格玛质量管理法后，由于质量问题引起的成本小于销售额的 1%。

六个西格玛质量管理法超越了全面质量管理法，在实际运作中这两种方法也有很大的差别。第一，全面质量管理法侧重单个的运作流程，关注改善单个流程的运作。而六个西格玛质量管理法强调将所有的运作都置于同一个过程中，改进整个运作流程。第二，全面质量管理侧重于企业内部生产部门的质量改善和提高，强调从原材料进厂到产品出厂之间的质量管理，即门到门的管理。而六个西格玛质量管理强调的是双赢的管理，将企业内部的管理向外延伸，即：一是向生产原材料的企业延伸，帮助这些企业运用六个西格玛方法改善其质量，既保证进厂原材料的质量，又增强原材料生产企业的产品在其市场上的竞争力；二是向客户延伸，为客户服务，提高向客户提供产品的使用效率，降低客户成本，帮助客户增强其在市场上的竞争力。

3. 六个西格玛质量管理法的流程

六个西格玛质量管理法的流程包括以下五个步骤：

（1）定义。质量管理项目负责人确认谁是顾客，顾客对产品的要求是什么，顾客对产品的期望是什么，明确顾客所认可的质量标准。质量管理项目负责人在界定企业面临的问题时，需要确立质量管理项目的范围、起点和终点，用流程图描述生产过程，根据流程图分析问题。定义阶段项目负责人必须了解和明确自己的任务和所要解决的问题。

（2）度量。质量管理项目负责人用适当的量化指标或数据测量来描述企业核心业务流程，确定业务运作的有效性。制定流程数据收集计划，通过数据确定缺陷的类型，比较调查结果，发现业务中的不足之处。度量阶段的关键是寻找和确定表述业务流程的定量标准。

（3）分析。质量管理项目负责人分析流程图中各数据的关系，寻求造成产品质量缺陷的根本原因，确定目前的质量水平与六个西格玛质量管理目标的差距。质量管理项目负责人必须能够以量化的数据来描述业务流程，定量地分析影响产品质量的诸多因素，并从中找出关键因素。这样才能够真正了解质量问题的本质，从中找出主要的矛盾。

（4）改进。质量管理项目负责人针对主要的矛盾，由专业人士设计创新性方案，以解决主要矛盾。质量管理项目负责人协同专业人士根据创新性方案来改进业务流程，在改进业务流程过程中将创新方案细化为可操作的具体计划。质量管理项目负责人可以通过应用新技术和对人员培训等措施落实具体的计划。

（5）控制。质量管理项目负责人控制和保持改进质量的成果。质量管理项目负责人本身是专业人士或依赖专业人士控制质量，只有专业人士能够有效地控制质量。在这一阶段，质量管理项目负责人要监视改进质量计划的执行，通过业务流程的改变和组织结构的变化，使改进质量的成果制度化，持续地改善质量。

（三）品质管理七大手法

品质管理七大手法是常用的统计管理方法，又称为初级统计管理方法。它主要包括控制图、因果图、相关图、排列图、统计分析表、数据分层法、散布图等所谓的QC七工具。运用这些工具，可以从经常变化的生产过程中，系统地收集与产品质量有关的各种数据，并用统计方法对数据进行整理、加工和分析，进而画出各种图表，计算某些数据指标，从中找出质量变化的规律，实现对质量的控制。

日本人在提出旧七种工具推行并获得成功之后，1979年又提出新七种工具。日本著名的质量管理专家石川馨曾说过，企业内95%的质量管理问题，可通过企业上上下下全体人员活用这QC七工具而得到解决。全面质量管理的推行，也离不开企业各级、各部门人员对这些工具的掌握与灵活应用。

1. 品质管理旧七大手法

QC七大手法的口诀是：查检集数据、分层作解析、排列抓重点、直方显分布、因果追原因、散布看相关、管制找异常。

（1）检查表（Tally Sheet）。检查表是利用统计表对数据进行整理和初步原因分析的一种工具，其格式可多种多样，这种方法虽然较简单，但实用有效，主要作为记录或者点检所用。

（2）数据分层法（Data Stratification）。数据分层法又称为层别法，就是将性质相同的、在同一条件下收集的数据归纳在一起，以便进行比较分析。

（3）排列图（Pareto Diagram）。排列图又称为柏拉图、重点分析图、ABC分析图，由此图的发明者19世纪意大利经济学家柏拉图（Pareto）的名字而得名。柏拉图最早用排列图分析社会财富分布的状况，他发现当时意大利80%的财富集中在20%的人手里，后来人们发现很多场合都服从这一规律，于是称之为Pareto定律。后来美国质量管理专家朱兰博士运用柏拉图的统计图加以延伸将其用于质量管理。

排列图是分析和寻找影响质量主要因素的一种工具，其形式用双直角坐标图，左边纵坐标表示频数（如件数、金额等），右边纵坐标表示频率（如百分比表示）。分折线表示累积频率，横坐标表示影响质量的各项因素，按影响程度的大小（即出现频数多少）从左向右排列。通过对排列图的观察分析可抓住影响质量的主要因素。这种方法实际上不仅在质量管理中，在其他许多管理工作中，例如在库存管理中，也是十分有用的。

（4）直方图（Histogram）。直方图又称质量分布图、柱状图，它是表示资料变化情况的一种主要工具。用直方图可以解析出资料的规则性，比较直观地看出产品质量特性的分布状态，对于资料分布状况一目了然，便于判断其总体质量分布情况。在质量管理中，它通过对收集到的貌似无序的数据进行处理，来反映产品质量的分布情况，判断和预测产品质量及不合格率。

（5）因果分析图（Characteristic Diagram）。所谓因果分析图，就是将造成某项结果的众多原因，以系统的方式图解，即以图来表达结果（特性）与原因（因素）之间的关系。其形状像鱼骨，又称鱼骨图。

因果分析图是以结果作为特性，以原因作为因素，在它们之间用箭头联系表示因果关系。因果分析图是一种充分发动员工动脑筋、查原因、集思广益的好办法，也特别适合于工作小组中实行质量的民主管理。当出现了某种质量问题，未搞清楚原因时，可针对问题发动大家寻找可能的原因，使每个人都畅所欲言，把所有可能的原因都列出来。

（6）散布图（Scatter Diagram）。散布图又叫相关图，它是将两个可能相关的变量数据用点画在坐标图上，用来表示一组成对的数据之间是否有相关性。这种成对的数据或许是特性—原因、特性—特性、原因—原因的关系。通过对其观察分析，来判断两个变量之间的相关关系。这种问题在实际生产中也是常见的，例如热处理时淬火温度与工件硬度之间的关系，某种元素在材料中的含量与材料强度的关系等。这种关系虽然存在，但又难以用精确的公式或函数关系表示，在这种情况下用相关图来分析就是很方便的。假定有一对变量 x 和 y，x 表示某一种影响因素，y 表示某一质量特征值，通过实验或收集到的 x 和 y 的数据，可以在坐标图上用点表示出来，根据点的分布特点，就可以判断 x 和 y 的相关情况。

在我们的生活及工作中，许多现象和原因，有些呈规则的关联，有些呈不规则的关联。我们要了解它，就可借助散布图统计手法来判断它们之间的相关关系。

（7）控制图（Control Chart）。控制图又称为管制图，由美国的贝尔电话实验所的休哈特（W. A. Shewhart）博士在1924年首先提出。管制图使用后，就一直成为科学管理的一个重要工具，特别在质量管理方面成了一个不可或缺的管理工具。它是一种有控制界限的图，用来区分引起质量波动的原因是偶然的还是系统的，可以提供系统原因存在的信息，从而判断生产过程是否处于受控状态。控制图按其用途可分为两类：一类是供分析用的控制图，用控制图分析生产过程中有关质量特性值的变化情况，看工序是否处于稳定受控状；另一类是供管理用的控制图，主要用于发现生产过程是否出现了异常情况，以预防产生不合格品。

2. 品质管理新七大手法

（1）关联图（Relationship Diagram）。关联图，又称关系图，20世纪60年代由日本应庆大学千住镇雄教授提出，是用来分析事物之间“原因与结果”“目的与手段”等复杂关系的一种图表，它能够帮助人们从事物之间的逻辑关系中，寻找出解决问题的办法。

（2）亲和图（Affinity Diagram）。亲和图法，又叫KJ法，是日本川喜田二郎首创，把大量收集到的关于未知事物或不明确的事实的意见或构思等语言资料，按其相互亲和性（相近性）归纳整理这些资料，使问题明确起来，求得统一认识和协调工作，以利于问题解决的一种方法。

（3）系统图（System Diagram）。系统图就是把要实现的目的与需要采取的措施或手段，系统地展开并绘制成图，以明确问题的重点，寻找最佳手段或措施的一种方法。

（4）过程决策程序图（PDPC）。过程决策程序图，又称PDPC（Process Decision Program Chart）法，是随事态的进展分析能导致各种结果的要素，并确定一个最优过程使之达到理想结果的方法。

（5）矩阵图（Matrix Diagram）。矩阵图法就是从多维问题的事件中，找出成对的因素，排列成矩阵图，然后根据矩阵图来分析问题，确定关键点的方法。它是一种通过多因素综合思考、探索问题的好方法。

（6）矩阵数据解析法（Matrix Data Analysis Chart）。矩阵数据解析法是将已知的庞大数据，经过整理、计算、判断、解析得出结果，以决定新产品开发或体质改善重点的一种方法。

（7）箭条图（Arrow Diagram）。箭条图法是将项目推行时所需的各步骤、作业按从属关系用网络图表示出来的一种方法。

三、生产过程中的商品质量管理

商品质量产生、形成于商品的生产过程，生产过程是影响商品质量的根本因素。从生产环节看，有的商品来源于制造业，有的商品则来源于种植业和养殖业，而它们的影响因素又各不相同。

（一）影响工业产品质量的因素

1. 原材料

原材料是构成商品的原始物质，或是形成商品的基本物料。在其他条件相同的情况下，原材料对商品质量起着决定性作用。原材料的质量特性是产生商品质量特性的基础，原材料质量的优劣直接影响半成品或成品商品的等级。

2. 商品设计

商品生产之前的设计，是形成商品质量的前提。对于任何一种商品来说，如果设计质量不好，就会使商品先天不足，其质量就难以保证和提高。

为保证所生产商品的质量，必须进行全面的市场调查和分析，认真研究该商品的市场需求和基本技术要求，才能设计出结构合理、式样新颖，既能满足消费者需求，又便于加工、使用和修理的商品。

3. 制造工艺

生产过程是商品质量形成的过程。虽然原材料的质量相同，但若采用不同的生产工艺，产品质量也会出现明显差别。如采用同样的原棉，若在纺纱过程中增加精梳工序，纺成的纱其外观和强度就会有明显提高，称为精梳纱，用该种纱织造的织物称为精梳织物。

不同生产工艺可以生产不同质量的产品，即使有时原材料质量出现变化，如果预先进行必要的工艺处理，选用适合的生产工艺，也可能不致对商品质量造成影响。如不同的原棉，经过科学配棉，采用一定的工艺处理，也可以保持和提高所纺纱线乃至所织物的质量。

4. 设备和操作方法

设备水平和质量对商品质量也有重要影响。设备的故障常常是出现不合格品的重要原因。设备的自动化和高速化，又可能使发生故障的机会有所增加，特别是故障一旦发生将会波及较大范围。因此，加强设备保养和管理，防止故障发生和降低故障率，是保证商品质量的必要前提。

操作方法不同，质量也会不同。特别是一些食品的加工，同样的原材料，之所以有的班次生产的产品质量好，有的班次生产的产品质量差，恰恰是由于操作方法的差异所造成的。为此，一些对操作方法要求严格的商品，必须制定生产的操作方法标准，以此为依据进行操作，并加强管理，则可以保证加工产品的质量及其稳定程度。

5. 标准水平和质量检验

商品质量问题也与标准水平有关。在制定商品质量标准时要遵循经济合理的原则，绝对不是迁就落后；相反，应该保证技术先进，这就是说商品质量标准水平应该适当高一些。有了较高水平的质量标准，又能真正地加以贯彻，那么就可以从准则上保证商品质量。

质量检验是保证商品质量的重要手段。对生产出的产品进行质检属于事后把关。对生产过程中的原材料、半成品进行质检属于事前控制。把事前控制和事后把关处理好了，商品质量就有了可靠的保证。

（二）影响农产品质量的因素

1. 生产环境

农作物的生长发育都与环境关系极为密切。太阳光的照射、气温与地温、土壤和墒情以及产地生态环境等不仅影响农产品的收获期和产量，而且影响农产品的质量。

近些年塑料大棚技术的研究与应用，使蔬菜生产发生了巨大的变化。通过建造塑料大棚，使塑料大棚内形成了农田小气候，在此小环境内不仅能使作物得到光照，还能起到升温、保温、保持水分的作用，蔬菜可免受外界因素影响而正常生长，使人们在春季甚至严寒的冬天可以吃到过去夏季成熟的新鲜蔬菜。

近些年塑料地膜技术的研究与应用，使粮食作物和经济作物的生产也发生了巨大的变化。耕种时覆盖的塑料地膜，使耕地与地膜之间形成了农田小气候，在此小环境内不仅使作物获得较好的光照，又能使地温升高，并起到保持水分的作用，促使种子早日萌发出土，迅速生长，提早成熟，还能提高产品质量。花生、玉米、水稻、西瓜和香瓜等的生产都应用过塑料地膜，特别是地膜覆盖的花生，不仅产量高，而且籽粒饱满、质量好，有些地区已普遍采用。

产品产地或产品原料产地的大气、土壤质量及水质量是否符合绿色食品生态环境标准，已成为评价该产品能否成为绿色食品的重要条件之一。

2. 动植物品种

动植物品种非常重要，它不仅决定动植物产品的产量，更决定了动植物产品的质量。因此，要把种畜、种子和种苗标准化作为重要工作来抓，有计划地培育优良种畜、种子和种苗。

近些年我国在动植物品种研究上取得了更多可喜的成就。如：把牛的基因移入猪体内，培育出理想的瘦肉型猪源；大豆与水稻细胞融合后形成了高蛋白水稻；通过研究生产出低芥酸或无芥酸的菜籽油等，从而使猪肉、水稻和菜籽油的质量大大提高。

3. 植物栽培技术

农作物在栽培过程中，如播种、施肥、灌溉等环境都存在着很多技术问题。只有掌握了各种作物的生长发育规律，按照作物特点播种或插秧，依作物需要施底肥和追肥，及时灌溉，才能高产高质。如瓜果等作物施了过量氮肥而缺乏磷肥和钾肥，会使茎叶徒长而所结果实少且质量不好；花生地上开花地下结果，必须在开花授粉后及时封垅等。

还有些农作物的栽培，需要掌握一些特殊技术。如苹果树的剪枝技术，棉花、烟草和番茄的打尖和抹杈技术。这些作物只有科学剪枝、打尖和抹杈，才能产量高、质量好。

4. 动物饲养管理

动物的成长和发育也有自己的规律，不同动物的成长和发育又各具特点。为此，由于动物不同以及饲养动物的目的不同，在饲养过程中必须有针对性地进行科学管理。对种畜、奶畜和肉畜的饲养管理就不能一样。如对猪的饲养，为了提高其瘦肉率，有些饲养者采取“前促后控”的措施进行管理，就取得了良好效果，达到了饲养的目的。

四、流通过程中的商品质量管理

流通过程是指商品离开生产过程进入消费过程前的整个区间。商品在流通过程中，都要经过时间和空间的转移，商品的储存和运输是不可避免的。流通过程对商品质量的影响，主要体现在运输、储存、销售等方面。

商品运输是商品流通的必要条件，没有运输，商品不会自己到达消费者手中。运输对商品质量的影响，与运程的远近、运输时间长短、运输路线、运输方式、运输工具的条件等有关。

商品储存是商品流通的一个重要环节。没有商品储存，就难以保证商品流通的正常运转。商品在储存期间的质量变化，与储存场所、时间长短、储存措施和技术、商品存放数量等有关。

商品在销售过程中，必然离不开商品陈列、包装、搬运、装配、维修等工作。每个环节都涉及维护和损害商品质量的问题。例如：商品的暴露陈列、试用和挑选、陈列组合不当，拆零与分装捆扎不讲究，装配及维修水平低，陈列时间长，陈列环境及卫生条件差等，会使商品在外力、温湿度、光、热、微生物、环境污染等影响下引起商品质量变化。

五、使用过程中的商品质量管理

商品的使用对商品质量有直接影响。消费者必须要有一定的使用、维护和保养商品的知识，才能保证商品质量的体现。商品使用对商品的质量影响主要与商品使用和保养条件、商品安装及商品使用的方法等有关。很多情况下，不是商品本身有质量问题，而是使用不当、维护保养不当等引起的。例如，药品、农药、化肥、塑料制品的合理使用；机械商品、电器用品的安装；液化气灶具的操作规程；设备的安装环境；毛、丝类针纺织品的洗涤与保管等。如果方法不当，环境条件不利，违反了规定要求，不仅损坏了商品，降低了使用价值，而且有些能直接危及人身安全。所以，要对有些商品认真编制使用（食用）和养护说明书，采取多种形式向消费者宣传，传授使用（食用）和养护知识，设立必要的咨询中心、维修网点等，这些都是使用过程中保护商品质量的重要途径和措施。

本章导入案例点评

问题：

很多航空公司为何禁止乘客携带三星 Galaxy Note 7 手机上飞机？

答：美国西南航空公司旗下一架航班号为 994 的客机因一部三星 Note 7 手机冒烟起火发

生火灾。三星 Galaxy Note 7 手机发布一个多月以来，已在全球范围内发生三十多起因电池缺陷造成的爆炸和起火事故。

延伸问题:

1. 商品的质量有何重要性？

答：提高商品质量，促进国民经济的发展；保证和提高商品质量，是创造社会财富、满足消费的重要标志；重视和提高商品质量，是促进企业质量管理制度完善的中心环节；改进和提高商品质量，是提高市场竞争能力的重要措施。

2. 如何保证商品质量？

答：从小事做起，做好细节，严把商品生产、流通、消费各个环节质量，在质量管理中推行全面质量管理模式，层层把关，人人负责。尤其在产品生产阶段，企业要以更高的起点，全面导入产品生产的质量管理理念，建立独立于生产管理的质量保证体系，加强产品实现过程的质量检查和质量监督，在产量、成本、质量发生冲突时，从根本上杜绝牺牲质量的思想痼疾，实现质量管理理念的转变。

思考与练习

一、选择题（1—3 题为多项选择题、4—10 题为多项选择题）

1. 日本的水野相教授把商品质量特性分成(　　)类。

A. 四　B. 五　C. 六　D. 八

2. 美国质量管理专家(　　)阐述质量管理方法时提出了 PDCA 管理循环法。

A. 泰勒　B. 科特勒　C. 德鲁克　D. 戴明

3. “六个西格玛”管理方法中的“西格玛”是(　　)里的一个单位。

A. 数学　B. 统计学　C. 经济学　D. 物理学

4. 商品质量是指商品满足规定或潜在的要求（或需要）的(　　)的总和。

A. 特征　B. 特性　C. 特色　D. 特点

5. 商品质量是一个动态的概念，其表现在具体(　　)和消费对象性上。

A. 时间性　B. 空间性　C. 地域性　D. 民族性

6. 在表现形式上，商品质量由(　　)构成。

A. 外观质量　B. 内在质量　C. 附加质量　D. 市场质量

7. 在有机组成上，商品质量由(　　)构成。

A. 自然质量　B. 社会质量　C. 经济质量　D. 设计质量

8. 质量管理大体上经历了(　　)三个阶段。

A. 检验质量管理阶段　B. 统计质量管理阶段

C. 全面质量管理阶段　D. 预防质量管理阶段

9. 影响工业产品质量的因素主要有(　　)。

A. 原材料
B. 制造工艺
C. 设备和操作方法
D. 质量检验

10. 影响农产品质量的因素主要有(　　)。

A. 生产环境
B. 植物栽培技术
C. 动植物品种
D. 动物饲养管理

二、简答题

1. 商品质量管理的意义是什么？
2. 生产过程中商品质量管理的重点有哪些？
3. 质量全面管理的内涵是什么？

三、实务分析题

1. 联系当地一家生产性企业实地调研，写出一篇有关质量管理方面的调研报告，具体分析一下企业目前存在的质量管理问题，提出整改意见和建议。

2. 到企业体验一下商品质量管理员的工作。

实习与实训

在本学习项目进行后可以组织学生到企业参观调研，对企业质量管理人员进行访谈，而后具体分析一下企业目前存在的质量管理问题，提出整改意见和建议。

企业质量管理专项调研

1. 实训目的：训练学生调研、分析问题的能力，从而树立商品质量管理重要性，同时训练学生的社会调查能力。

2. 实训内容：企业质量管理调研。

3. 环境要求：电脑、打印机、纸、笔等，多媒体教室（音像设备齐全）。

4. 实训流程：设计问卷——实地调查——收集整理与报告撰写——汇报。

5. 注意事项：①注意调研整个过程的安全；
②合理选定调研对象（企业、人员）；
③以 3 人为一小组，进行实地调研。

6. 实训作业：提交一份调研报告，具体分析一下企业目前存在的质量管理问题，提出整改意见和建议。

第四章

商品分类管理

教学指南

单元名称	商品分类管理	课时	课内6/课外6
单元内容	本章介绍了商品分类的基本概念、分类标志选择，介绍了商品目录的概念、种类和制定，还介绍了商品条码的种类和条码的申请，最后介绍了商品分类管理。		
学习目标	(1) 了解商品分类概念、作用、原则和方法； (2) 掌握商品分类标志的选用标准； (3) 了解商品目录和商品代码的概念、种类； (4) 掌握企业商品目录的制定方法和商品代码的编制方法； (5) 会识读商品目录，并能科学制定企业商品目录； (6) 会识读商品代码，并能进行商品编码和商品条码的申请； (7) 能胜任超市理货员工作和相关企业商品分类管理工作。		
学习重点	(1) 商品分类的原则和方法； (2) 商品条码的种类； (3) 商品条码的申请； (4) 超市商品分类管理。		
实训内容	超市商品分类专项调研		
课时分布	第一节　商品分类概述 一、商品分类的概念和作用 ………………………………… 0.25 课时 二、商品分类的原则和方法………………………………………… 1 课时 三、商品分类标志的选择 ………………………………… 0.25 课时 第二节　商品目录识读 一、商品目录的概念 ………………………………………… 0.25 课时 二、商品目录的种类………………………………………………… 0.5 课时		

续表

课时分布	三、企业商品目录的制定 …… 0.25 课时 第三节　商品条码 一、商品条码概述 …… 0.5 课时 二、商品条码的种类 …… 1 课时 三、商品条码的申请 …… 0.5 课时 第四节　商品分类管理 一、超市商品的分类管理 …… 1 课时 二、库存商品的分类管理 …… 0.25 课时 三、网店商品的分类管理 …… 0.25 课时 实训（课外） …… 6 课时

导入案例

卡斯美超市的商品分类管理

卡斯美超市始终根据当地的消费水平、消费习惯来确定商品分类表。由于各地区生活习惯的差别，各地超市的商品分类表也不相同，比如南方地区由于天气炎热，饮料可作为一个大类来经营。在商品的经营和管理上，卡斯美有一套根据自家的理解而设定的分类框架。通常的做法是，按照使用者的用途或其他影响因子（时间、场所、动机、生活方式）设定商品分类。分类框架设定好后，再筛选、找寻应备齐的具体商品品种，最后建立起自己的商品体系。

卡斯美超市的商品分类框架一般设定为五个梯度（五段分位法），即部门、品群、小分类、品种、品目。根据当地实际编制出的商品分类表是推行标准化的内容之一，其作用表现在两个方面：一是便于界定所经营的商品范围；二是便于对经营业绩按商品结构进行分析。作商品分类后，计算机系统也同时对卖场进行分类管理，分析销售额、毛利率、损耗率、费用额、客单价、卖场销售效率、周转天数的变化等。

问题：

卡斯美超市使用的分类标准是什么？

延伸问题：

商品分类有哪些作用？

第一节 商品分类概述

随着社会分工的不断发展，商品生产和交换的范围和领域不断扩大，商品的数量和种类也在不断增加。为了合理地组织商品生产和流通，就需要对商品进行科学的分类，以提高社会生产的效率。

一、商品分类的概念和作用

（一）商品分类的概念

商品分类是指为了满足生产、流通和消费的需要，按照一定的分类标志，科学地、系统地将商品分成若干不同类别的过程。

商品分类的结果，一般可划分为大类、中类（品类）、小类（品种）和细目等类目层次。

（1）大类。体现商品生产和流通领域的行业分工，如五金类、化工类、食品类、水产类等。

（2）中类（商品品类）。体现具有若干共同性质或特征商品的总称，如食品类商品又可分为蔬菜和水果、肉和肉制品、乳和乳制品、蛋和蛋制品等。

（3）小类（商品品种）。对中类商品的进一步划分，体现具体的商品名称，如酒类商品分为白酒、啤酒、葡萄酒、果酒等。

（4）商品细目。对商品品种的详尽区分，包括商品的规格、花色、等级等，更具体地体现商品的特征，如60°高杯牌五粮液。

（二）商品分类的作用

商品分类是将千万种商品在商品生产与交换中实现科学化、系统化管理的重要手段。商品分类必然对发展生产、促进流通、满足消费以及提高现代化管理水平和企业效益起到积极作用，具体表现在以下几个方面：

1. 商品分类有利于信息工作的开展

商品分类种类繁多，特征多样，价值不等，用途各异。只有将商品进行科学的分类，统一商品用语，商品在生产、运输、储存、销售各环节中涉及的各项经济指标、统计数据和商品信息才具有可比性和实际意义。信息技术在经济管理中的广泛应用，对商品的科学分类和编码提出了更新、更高的要求。

2. 商品分类有助于了解商品特征，进行科学的经营管理

在商品经营管理中，通过科学的商品分类和商品目录的编制，一方面能使经营者容易实施有效、科学的商品采购管理、陈列管理以及较好地掌握企业的经营业绩，达到易于统计、分析和决策的效果；另一方面，科学的商品分类有助于商店经营者有秩序地安排畅销商品和促销商品的有效供给以及合理地设计商品布局和陈列，从而便于消费者选购商品。

3. 商品分类有助于商品的现代化管理

随着科技的飞速发展和国际贸易的需要，要求对商品实行现代化管理。计算机在商品现代化管理中的广泛应用，为商品的科学分类、编码及快速处理和存储商品信息创造了条件，同时对商品分类和编码提出了更高的要求。许多国家在国内外贸易中利用计算机和商品信息系统查询商品的性能、生产国别、生产经营者、价格、货源量等信息，加速了商品现代化管理的进程。

4. 商品分类有助于商品学教学和科研的开展

商品学教学中，按照教学需要对商品进行分类，使讲授的知识系统化、专业化，便于在有限的学时内使学生掌握各类中的代表性商品，进行举一反三的教学。在商品学的科学研究中，也必须从个别商品特征归纳出各类商品特征，才能深入分析商品性能，研究商品质量和品种及其变化规律。

二、商品分类的原则和方法

（一）商品分类的原则

为了实现商品的科学分类，使商品分类能够满足特定的需要，分类时必须遵循以下原则：

1. 科学性原则

科学性原则指商品在分类中所选择的标志必须能反映商品的本质特征并具有明显的区别功能和稳定性，以满足分类的客观要求，发挥分类的作用。科学性是分类的基本前提。

2. 系统性原则

商品分类的系统性是指以选定的商品属性或特征为依据，将商品总体按一定的排列顺序予以系统化，并形成一个合理的科学分类系统。商品总体分成若干门类后，门类分为若干大类，大类分为若干中类，中类分为若干小类，直至分为品种、规格、花色等。系统性是商品分类的关键。

3. 实用性原则

商品分类首先应满足国家总政策、总规划的要求，同时应充分满足生产、流通及消费的需要。因此，商品分类应尽最大努力结合各部门、各系统、各行业、各企业及消费者的实际，满足各方面的需要。实用性是检验商品分类的实践标准。

4. 可扩性原则

可扩性原则又称后备性原则，即进行商品分类要事先设置足够的收容类目，以保证新产品出现时不至于打乱已建立的原有的分类体系和结构，同时为下级部门便于在本分类体系的基础上进行开拓细分创造条件。

5. 兼容性原则

商品分类要与国家政策和相关标准协调一致，又可与原有的商品分类保持连续性和可转换性，以便进行历史资料对比。

6. 唯一性原则

商品分类体系中的每一个分类层次只能对应一个分类标志，以免产生子项互不相容的逻辑混乱。

（二）商品分类的方法

商品分类的基本方法主要有线分类法和面分类法。

1. 线分类法

线分类法又称层级分类法，是指将分类对象按所选定的若干分类标志，逐次地分成相应的若干层级类目，并排列成一个有层次逐级展开的分类体系。分类体系的一般表现形式是按大类、中类、小类等级别不同的类目逐级展开，体系中各层级所选用的标志不同，同位类构成并列关系，上下位类构成隶属关系。由一个类目直接划分出来的下一级各类目之间存在着并列关系，不重复，不交叉，如国家标准 GB/T 7635.1－2002《全国工农业产品（商品、物资）》“家具分类”（见表4－1）。

表4－1　线分类法与面分类法实例

线分类法（家具）		面分类法（服装）	
大类	家具	第一面（面料）	纯棉、纯毛、化纤、混纺……
中类	木制家具、金属家具、塑料家具、竹藤家具	第二面（式样）	男式、女式
小类	床、椅、凳、桌、箱、架	第三面（款式）	西服、衬衫、套装、休闲服……

线分类法应遵循的基本原则有以下四点：

（1）在线分类法中，由某一上位类类目划分出的下位类类目的总范围应与上位类类目范围相同（都属于家具）；

（2）当一个上位类类目划分成若干个下位类类目时，应选择一个划分标志（按照制作原料）；

（3）同位类类目之间不交叉、不重复，并只对应于一个上位类（木椅、木凳、木桌、木箱、木架）；

（4）分类要依次进行，不应有空层或加层。

线分类法的优点是：层次性好，能较好地反映类目之间的逻辑关系；使用方便，既适合于手工处理信息的传统习惯，又便于计算机处理信息。它的缺点是：分类结构弹性差（分类结构一经确定，不易改动）；效率较低（当分类层次较多时，代码位数较长，影响数据处理的速度）。

2. 面分类法

面分类法又称平行分类法。它是将拟分类的商品集合总体，根据其本身的属性或特征，分成相互之间没有隶属关系的面，每个面都包含一组类目。将每个面中的一种类目与另一个面中的一种类目组合在一起，即组成一个复合类目。

服装的分类就是按面分类法组配的（见表4－1）。把服装用的面料、式样、款式分为三个互相之间没有隶属关系的“面”，每个“面”又分成若干个类目。使用时，将有关类目组配起来，如纯毛男式西装、纯棉女式连衣裙等。

面分类法应遵循的基本原则有以下四点：

（1）根据需要，应将分类对象的本质属性作为分类对象的标志；

（2）不同面的类目之间不能相互交叉，也不能重复出现；

（3）每个面有严格的固定位置；

（4）面的选择以及位置的确定应根据实际需要而定。

面分类法的优点是：具有较大的弹性，可以较大量地扩充新类目，不必预先确定好最后的分组，适用于计算机管理。它的缺点是：组配结构太复杂，不便于手工处理，其容量也不能充分利用，如“男式连衣裙”就无实际意义。

目前，在实际运用中，一般把面分类法作为线分类法的补充。我国在编制《全国工农业产品（商品、物资）分类与代码》国家标准时，采用的是线分类法和面分类法相结合，以线分类法为主的综合分类法。

三、商品分类标志的选择

（一）选择商品分类标志的原则

在进行商品分类时，分类标志的选择非常重要。由于可供选择的分类标志很多，为了使商品分类能满足分类的目的和要求，并将分类对象明确区分开来，在选择分类标志时就要坚持以下基本原则：

1. 目的性

标志的选择应根据分类的目的要求在一定范围内进行，使选用的标志能满足分类的目的和要求，这是商品分类的关键。

2. 区分性

在选择商品特征时，应选择能突出商品的最本质、最基本的特征，以从本质上把不同类别的商品明确区分开来。

3. 适应性

能划分规定范围内所有的商品，并为不断补充新商品留有余地，以保证商品分类的相对稳定性和连贯性。

4. 唯一性

在同一类别范围内只能采用一种分类标志，不能同时采用两种或多种分类标志，分类后的每个商品品种只能出现在一个类别里。

5. 简便性

必须使商品分类在实际运用中有易行性，便于掌握，从而利于商品流通，便于采用数字编码和运用计算机进行处理。

（二）常用的商品分类标志

商品分类标志是编制商品分类体系和商品目录的重要依据。可供选择的商品分类标志很多，在商品分类实践中常用的分类标志有以下几种：

1. 以商品的用途作为分类标志

以商品的用途作为分类标志在实际中应用最普遍。商品用途是体现商品使用价值的重要标志，也是探讨商品质量和商品品种的重要依据。以商品用途作为分类依据，适合对商品类别、品种的进一步划分。如商品按用途分为生活资料商品和生产资料商品，生活资料分为食品、纺织品、日用品、家用电器等；日用商品按用途分为鞋类、玩具类、洗涤用品、化妆品类等；化妆品类按用途分为面部化妆品、发用化妆品、身体化妆品等；面部化妆品按用途分为彩妆类、洗面类、护肤类等。如此可以继续细分下去。

按商品用途分类的优点是：便于比较相同用途的各种商品的质量水平和产销情况、性能特点、效用，能促使生产者提高质量、增加品种，并且能方便消费者对比选购，有利于生产、销售和消费的有机衔接。但对贮运部门和有多用途的商品不适用。

2. 以商品的原材料作为分类标志

商品的原材料是决定商品质量和引起商品质量变化的重要因素。以商品的原材料作为分类标志在实际中也应用广泛。例如，皮鞋按原材料分为牛皮鞋、猪皮鞋、羊皮鞋、人造革皮鞋等；服装面料按原材料分为棉织品、毛织品、麻织品、丝织品、人造棉织品、涤纶织品、锦纶织品等。此分类方法从原料的特点上来表示各类商品的区别。

以原料为标志分类的优点很多。它分类清楚，还能从本质上反映出各类商品的性能、特点，为确定销售、运输、储存条件提供了依据，有利于保证商品流通中的质量。但对那些用多种原材料组成的商品如汽车、电视机、洗衣机、电冰箱等不宜用原材料作为分类标志。

3. 以商品的生产加工方法作为分类标志

很多商品即使采用相同的原材料制造，由于生产方法和加工工艺不同，所形成商品的质量水平、性能、特征等都有明显差异，因此，对相同原材料可选用多种加工方法生产的商品，适宜以生产加工作为分类标志。例如，酒类按生产加工方法分为蒸馏酒、发酵酒、配制酒等；茶叶按生产加工方法分为发酵茶、半发酵茶、不发酵茶等。

这种分类标志的优点是：因为生产方法、工艺不同，突出了商品的个性，有利于销售和工艺的革新。但对于那些生产方法有差别，但商品性能、特征没实质性区别的商品不宜采用。如平板玻璃可用浮法或垂直引上法。

4. 以商品的化学成分作为分类标志

商品由于化学成分不同，在特征上存在着显著的差异，在用途和效用上也有很大的区别，并要求有不同的保管方法。因此，采用此种方法进行分类，便于研究和了解商品的特征、用途和效用，许多商品都采用此种方法分类。如纺织品按成分分为纤维素类织品、蛋白质类织品等，化肥分为氮肥、磷肥、钾肥等。

这种分类标志的优点是：能反映商品的本质特性，对于深入研究商品的特性、保管和使用方法以及开发新品种、满足不同消费者的需要等具有重要意义。但对化学成分复杂的商品（如水果、蔬菜、粮食等）或化学成分区分不明显的商品（收音机）则不适用。

5. 以其他特征作为分类标志

除上述分类标志外，商品的形状、结构、尺寸、颜色、重量、产地、产季等均可作为商品分类的标志。这些分类标志更容易为消费者接受，其特点是概念清楚、形象直观、特征具体、通俗易记、便于区别。

第二节 商品目录识读

目录原指书籍正文前所载的目次，其作用是导读和索引。商品目录本意也源于此，它是以商品分类为依据，按照一定的次序和规则排列而成的目录。商品目录是对于产品生产、销售或其他事项说明的一种列表，供人们或相关单位查找或查询。如《2009 年加工贸易禁止类商品目录》，就是供相关单位在投资或生产时查阅的一种目录，凡在该目录上的商品则是被禁止的，不得再进行加工贸易。

一、商品目录的概念

商品目录是指国家或部门根据商品分类的要求，对所经营管理的商品编制的总明细分类集。商品目录是以商品分类为依据，因此也称商品分类目录或商品分类集。商品分类是在商品逐级分类的基础上，用表格、符号和文字全面记录商品分类体系和编排顺序的书本式工具。

在编制商品目录时，国家或部门都是按照一定的目的，首先将商品按一定的标志进行定组分类，再逐次制定和编排。也就是说，没有商品分类就不可能有商品目录，只有在商品科学分类的基础上，才能编制层次分明、科学、系统、标准的商品目录。商品目录的编制就是商品分类的具体体现。商品目录是实现商品管理科学化、现代化的前提，是商品生产、经营、管理、流通的重要手段。

二、商品目录的种类

商品目录由于编制目的和作用不同，因此种类很多。如按商品用途不同编制的目录有食品商品目录、纺织品商品目录、交电商品目录、化工原料商品目录等；按管理权限不同编制的目录有一类商品目录、二类商品目录、三类商品目录；按适用范围不同编制的目录有国际商品目录、国家商品目录、部门商品目录、企业商品目录等。

（一）国际商品目录

国际商品目录是指由国际上有权威的各国际组织或地区性集团编制的商品目录。如联合国编制的《国际贸易标准分类目录》、国际关税合作委员会编制的《商品、关税率分类目录》、海关合作理事会编制的《海关合作理事会商品分类目录》和《商品分类及编码协调制度》等。

（二）国家商品目录

国家商品目录是指由国家指定专门机构编制，在国民经济各部门、各地区进行计划、统计、财务、税收、物价、核算等工作时必须一致遵守的全国性统一商品目录。如由国务院批准原国家标准局发布的《全国工农业产品（商品、物资）分类与代码》等。

（三）部门商品目录

部门商品目录是指由行业主管部门即国务院直属各部委或局根据本部门业务工作需要所编制并发布的仅在本部门、本行业统一使用的商品目录。如国家统计局编制发布的《综合统计商品目录》、原商业部编制发布的《商业行业商品分类与代码》等。部门商品目录的编制原则应与国家商品目录保持一致。

（四）企业商品目录

企业商品目录是指由企业在兼顾国家和部门商品目录分类原则基础上，为充分满足本企业工作需要，而对本企业生产或经营的商品所编制的商品目录。企业商品目录的编制，必须符合国家和部门商品目录的分类原则，并在此基础上结合本企业的业务需要，进行适当的归并、细分和补充。如营业柜组经营商品目录、仓库保管商品经营目录等，都具有分类类别少、对品种划分更详细的特点。

三、企业商品目录的制定

对于商业企业而言，企业商品目录是其根据本身的销售目标，把应该经营的商品品种，用一定的书面形式，并经过一定的程序固定下来，作为企业制定商品购销计划及组织购销活动的主要依据。它是企业在商品经营范围内确定商品结构的进一步具体化和规范化。企业的商品目录包括经营商品目录和必备商品目录。

（一）经营商品目录的制定

经营商品目录是店铺经营范围和方向的具体落实。经营者在制定经营商品目录时应考虑到诸多因素，包括商品货源和市场变化，顾客购买习惯和要求，店铺的经营能力和商品的关联性，本店铺的经营特点和邻近的竞争的经营特点等。在明确这些因素的基础上，为便于有计划地组织购销活动，经营者应逐一对商品进行分析排列，逐步地确定应该经营什么品种，经营到何种程度，并应具体列明常年和季节商品的详细品种、规格、质量，并规定花色及品种数量。

（二）必备商品目录的制定

必备商品目录是指为了满足顾客的基本需要而必须长期备有的商品的品种目录，它是店铺经营的全部商品的主体部分，也是店铺维持正常经营所必需的最低商品品种的定额。

凡属顾客日常生活中所必需的基本商品都要列入必备商品目录中。

必备商品的销售比较快，经营者必须保证货源充足。为此要经常检查商品结构和商品库存情况，以便及时补充货源。

凡属顾客日常生活中所必需的基本商品都要列入必备商品目录，这是因为制定必备商品目录，是为了保证顾客能够买到基本需求的商品。

必备商品目录一般比经营商品目录详细得多。它包括商品种类、商品品名、商品规格、商品价格等。必备商品目录一旦制定，一般不会发生大的调整和变化。

经营商品目录和必备商品目录的关系极为密切，也就是说，经营商品目录包含着必备商品目录，必备商品目录是经营商品目录的一个组成部分。经营商品目录包括企业经营的全部商品品种数，必备商品目录是商业企业必须备有的品种。店铺企业最低的品种定额即为必备品种的定额。商品目录一旦确定，就要认真执行，经常检查，并应与市场情况保持一致，不一致时，应及时加以调整。

第三节 商品条码

20 世纪 50 年代美国一些铁路车辆采用了条码标志；20 世纪 60 年代美国开始在食品零售业实行条码标志；1973 年美国统一代码委员会选定了 IBM 公司提出的条码系统，简称 UPC 条码；随后，英国、法国等欧洲 12 国开发出欧洲物品编码系统，简称 EAN 条码，又称国际物品编码；我国应用条码于 20 世纪 80 年代，1988 年 12 月中国物品编码中心成立，1991 年中国加入国际物品编码协会，1991 年中国发布《通用商品条码》等五项条码国家标准。

一、商品条码概述

商品条码是由一组粗细不同，黑白（或彩色）相间的条、空及对应字符按规则组合起来，用以表示一定信息的图形。

条形码是由宽度不同、反射率不同的条和空，按照一定的编码规则（码制）编制成的，用以表达一组数字或字母符号信息的图形标识符。即条形码是一组粗细不同，按照一定的规则安排间距的平行线条图形。常见的条形码是由反射率相差很大的黑条（简称条）和白条（简称空）组成的。

商品条码采用条码符号表示信息，条、空颜色不同，对光形成不同反射率而产生较大反差，扫描器利用光来扫读条码符号，将光信号转换为电信号，然后由译码器将获得的电信号译成相应的数据代码输入电脑，电脑就能确定出商品的代码、名称、品种和生产厂等信息。

商品条码读取信息有很多优点：操作简单易行，准确度高（错误率仅为三百万分之一）；输入速度快，是键盘输入速度的 20 倍；灵活实用，可自动扫描识别，也可手工键盘输入；实现了高效的销售管理，降低了商品流通成本，进而增加了企业效益；可以有效防止假冒，保护消费者的利益。

目前条码技术发展很快，相对于传统的一维码基础，国外对于二维码研究从 20 世纪 80 年代末就开始了。二维码作为一种全新的信息存储、传递和识别技术，自诞生之日起就得到了世界上许多国家的关注。美国、德国、日本等国家，不仅已将二维码技术应用于公安、外交、军事等部门对各类证件的管理，而且也将二维码应用于海关、税务等部门对各类报表和票据的管理，商业、交通运输等部门对商品及货物运输的管理，邮政部门对邮政包裹的管理，工业生产领域对工业生产线的自动化管理。

我国对二维码技术的研究开始于 1993 年。中国物品编码中心在原国家质量技术监督局和国家有关部门的大力支持下，对二维码技术的研究不断深入。在消化国外相关技术资料的基础上，制定了两个二维码的国家标准：二维码网格矩阵码（SJ/T 11349－2006）和二维码紧密矩阵码（SJ/T 11350－2006），从而大大促进了我国具有自主知识产权技术的二维码的研发。

二、商品条码的种类

（一）一维码

常用的一维码的码制包括：UPC 条码、EAN 条码、ISBN 条码、39 条码、128 条码、25 条码及 Codabar（库德巴码）等。不同的码制有它们各自的应用领域：UPC 条码主要用于北美地区；EAN 条码是国际通用符号体系，是一种定长、无含义的条码，主要用于商品标识；ISBN 条码主要用于图书管理；39 条码和 128 条码为目前国内企业内部自定义码制，可以根据需要确定条码的长度和信息，它编码的信息可以是数字，也可以包含字母，主要应用于工业生产线领域；25 条码主要应用于包装、运输以及国际航空系统的机票顺序编号等；Codabar 码主要应用于血库、图书馆、包裹等的跟踪管理等。以下主要介绍 UPC 条码、EAN 条码、ISBN 条码。

1. UPC 条码

UPC 条码是 1973 年美国统一代码委员会（UCC）在美国和加拿大地区推广使用的商品条码。目前世界各国出口到美国和加拿大的商品必须印有 UPC 条码。这种条码常用的有 UPC－A 和 UPC－E 两种。

（1）UPC－A 条码。它也称为标准的（或完整）UPC 条码，用于商品销售和商品储运两种包装，由 12 位字符代码组成。

UPC－A 条码符号由左侧空白区、起始符、左侧数据符、中间分隔符、右侧数据符、校验符、终止符、右侧空白区等 8 个部分、共 113 个模块组成，但其在各部分的分布与 EAN－13 商品条码不同（见图 4－1）。UPC－A 条码的代码结构见表 4－2。

UPCA

0 89600 12456 9

图 4－1 UPC－A 条码示例

表 4－2 UPC－A 条码的代码结构

X_{12}	$X_{11}X_{10}X_9X_8X_7$	$X_6X_5X_4X_3X_2$	X_1
系统符	厂商识别代码	商品项目代码	校验码

其中 X_{12}称为系统码，在左侧的安全空间，用数字 0—9 标识，数字不同含义也不同，具体见表 4－3。

表 4－3　　UPC－A 商品条码的系统字符的应用规定

系统字符	应用范围	系统字符	应用范围
0，6，7	规则包装的商品		零售商自用的店内码
2	不规则重量的商品	5	商家的优惠券
3	药品及医疗用品	1，8，9	备用码

（2）UPC－E 条码。它也称为缩减版的 UPC 条码，用于商品销售包装，由 8 位字符代码组成。只有当商品很小，无法印刷 UPC－A 条码时，才允许使用 UPC－E 条码，如香烟、胶卷、化妆品等商品。UPC－E 条码的条码结构见表 4－4。

表 4－4　　UPC－E 条码的代码结构

X_8	$X_7X_6X_5X_4X_3X_2$	X_1
系统符	压缩后的企业代码和商品项目代码	校验码

2. EAN 条码

EAN 条码是欧洲物品编码协会在吸取 UPC 经验的基础上开发出的与 UPC 兼容的欧洲物品编码系统。为了在世界范围内推行条码系统，协调条码在各国的应用，1981 年欧洲物品编码协会更名为国际物品编码协会。目前，EAN 会员已遍及六大洲的 80 多个国家和地区，是国际上应用广泛的商品代码。1991 年 4 月，中国物品编码中心代表我国加入国际物品编码协会 EAN，并根据物品编码协会的商品条码通用规则，制定了我国的国家标准《通用商品条码》。

EAN 条码是国际物品编码协会制定的一种条码，通用于全世界。其结构有 EAN－13 和 EAN－8 两种。

（1）EAN－13 条码。它也称为 EAN 标准版条码，既可用于销售包装，又可用于储运包装。这种条码由 13 位数字的字符代码构成。

EAN－13 条码符号由左侧空白区、起始符、左侧数据符、中间分隔符、右侧数据符、校验符、终止符、右侧空白区等 8 个部分、共 13 个模块组成（见图 4－2）。

图 4－2　EAN－13 条码的符号结构

EAN－13 条码通常有三种代码结构，见表 4－5。

表 4－5　　EAN－13 条码的三种代码结构

结构类型	厂商识别代码（前缀码＋企业代码）	商品项目代码	校验码
结构一	$X_{13}X_{12}X_{11}X_{10}X_9X_8X_7$	$X_6X_5X_4X_3X_2$	X_1
结构二	$X_{13}X_{12}X_{11}X_{10}X_9X_8X_7X_6$	$X_5X_4X_3X_2$	X_1
结构三	$X_{13}X_{12}X_{11}X_{10}X_9X_8X_7X_6X_5$	$X_4X_3X_2$	X_1

前缀码指商品来源的国家或地区，有 2 位或 3 位数字。必须指出的是，前缀码并不代表商品的原产地，而只能说明分配和管理有关厂商识别代码的国家（或地区）编码组织。前缀码由国际物品编码协会总部进行分配和管理。中国被分配的是 3 位数字，即 690—695。

厂商识别代码由该国或地区物品编码机构分配。我国的厂商识别代码是中国物品编码中心按照国家标准的规定，在 EAN 分配的前缀码的基础上增加 3—5 位数编制的，用于对厂商的唯一标志。我国以 690、691 为前缀码的 EAN－13 条码采用表 4－5 中的代码结构一；以 692、693 为前缀码的 EAN－13 条码采用表 4－5 中的代码结构二。

商品项目代码由 3—5 位数字组成，由厂商根据有关规定自行分配。在编制商品项目代码时，厂商必须遵守商品编码的基本原则，同一商品项目的商品只能编制一个商品项目代码，对不同的商品项目必须编制不同的商品项目代码。商品名称、商标、种类、规格、数量、包装类型等商品基本特征不同，应视为不同项目的商品。

校验码是根据前 12 位数按 GB12904－2008 商品条码规定的方法计算得出的。它用于电脑自动校验整个代码录入是否正确，由一位数字构成。

部分国家/地区/应用领域分配的前缀码见表 4－6。

表 4－6　　部分国家（或地区）应用领域分配的前缀码

前缀码	国家/地区/应用领域	前缀码	国家/地区/应用领域	前缀码	国家/地区/应用领域	前缀码	国家/地区/应用领域
000—019 030—039 060—139	美国	520	希腊	627	科威特	800—839	意大利
020—029 040—049 200—059	店内码	528	黎巴嫩	628	沙特阿拉伯	840—849	西班牙
050—059	优惠券	529	塞浦路斯	629	阿拉伯联合酋长国	850	古巴
300—379	法国	530	阿尔巴尼亚	640—649	芬兰	858	斯洛伐克
380	保加利亚	531	马其顿	690—699	中国	859	捷克
383	斯洛文尼亚	535	马耳他	700—709	挪威	860	南斯拉夫

续表

前缀码	国家/地区/应用领域	前缀码	国家/地区/应用领域	前缀码	国家/地区/应用领域	前缀码	国家/地区/应用领域
385	克罗地亚	539	爱尔兰	729	以色列	865	蒙古
387	波黑	540—549	比利时和卢森堡	730—739	瑞典	867	朝鲜
400—440	德国	560	葡萄牙	740	危地马拉	869	土耳其
450—459 490—499	日本	569	冰岛	741	萨尔瓦多	870—879	荷兰
460—469	俄罗斯	570—579	丹麦	742	洪都拉斯	880	韩国
470	吉尔吉斯斯坦	590	波兰	743	尼加拉瓜	884	柬埔寨
471	中国台湾	594	罗马尼亚	744	哥斯达黎加	885	泰国
474	爱沙尼亚	599	匈牙利	745	巴拿马	888	新加坡
475	拉脱维亚	600、601	南非	746	多米尼加	890	印度
476	阿塞拜疆	603	加纳	750	墨西哥	893	越南
477	立陶宛	608	巴林	754—755	加拿大	899	印度尼西亚
478	乌兹别克斯坦	609	毛里求斯	759	委内瑞拉	900—919	奥地利
479	斯里兰卡	611	摩洛哥	760—769	瑞士	930—939	澳大利亚
480	菲律宾	613	阿尔及利亚	770	哥伦比亚	940—949	新西兰
481	白俄罗斯	616	肯尼亚	773	乌拉圭	955	马来西亚
482	乌克兰	618	象牙海岸	775	秘鲁	958	中国澳门
484	摩尔多瓦	619	突尼斯	777	玻利维亚	977	连续出版物
485	亚美尼亚	621	叙利亚	779	阿根廷	978、979	图书
486	格鲁吉亚	622	埃及	780	智利	980	应收票据
487	哈萨克斯坦	624	利比亚	784	巴拉圭	981、982	普通流通券
489	中国香港	625	约旦	786	厄瓜多尔	990—999	优惠券
500—509	英国	626	伊朗	789—790	巴西		

阅读材料

商品条码校验码的计算方法

代码位置序号是指包括校验码在内的，由右至左的顺序号（校验码的代码位置序号为1）。

校验码计算步骤如下：

第一步：从代码位置序号2开始，所有偶数位的数字代码求和；

第二步：将第一步的和乘以3；

第三步：从代码位置序号3开始，所有奇数位的数字代码求和；

第四步：将第二步与第三步的结果相加；

第五步：用大于或等于第四步所得结果且为10最小整数倍的数减去第四步所得结果，其差即为所求校验码的值。

“690123456789X_1”校验码的计算步骤见表4－7，“X_1”代表校验号：

表4－7 计算校验码

计算步骤	举例说明													
1. 自右向左顺序编号	代码	6	9	0	1	2	3	4	5	6	7	8	9	X
	序号	13	12	11	10	9	8	7	6	5	4	3	2	1
2. 从序号2开始求出偶数位上数字之和①	9＋7＋5＋3＋1＋9＝34 ①													
3. ①×3＝②	34×3＝102 ②													
4. 从序号3开始求出奇数位上数字之和③	8＋6＋4＋2＋0＋6＝26 ③													
5. ②＋③＝④	102＋26＝128 ④													
6. 用大于或等于结果④且为10最小整数倍的数减去④，其差即为所求校验码的值	130－128＝2 校验码 X_1＝2													

（2）EAN－8条码。它也称为EAN缩减版条码，只用于商品的销售包装，由8位数字的字符代码组成。它主要应用于商品包装上没有足够的面积印刷标准版条码，可将商品编成8位数字代码。由于缩减版条码不能直接表示生产厂家，所以只有在不得已时才使用。其符号结构与EAN－13条码的符号结构基本类似，在此不再详述。

EAN－8条码没有企业代码，只有商品代码，由国家物品编码管理机构分配，在使用上有严格控制。

缩减版商品条码的代码（EAN－8条码）只有一种结构，见表4－8。

表4－8 EAN－8条码的代码结构

$X_8X_7X_6$	$X_5X_4X_3X_2$	X_1
前缀码	商品项目代码	校验码

3. ISBN条码

国际标准书号（International Standard Book Number，缩写为ISBN），是国际通用的图书或独立的出版物（除定期出版的期刊）代码。国际标准书号的使用范围是教科书、印刷品、缩微制品、教育电视或电影、混合媒体出版物、微机软件、地图集和地图、盲文出版物、电子出版物。

我国是世界上最早使用图书统一编号的国家之一。1982年，我国正式加入国际ISBN组织，并成为国际ISBN中心顾问组成员，在ISBN系统中争取到一位数字组号“7”。

国际标准书号号码由13位数字组成，并以四个连接号或四个空格加以分割，每组数字都有固定的含义。第一组：978或979。第二组：国家、语言或区位代码。第三组：出版社代码。由各国家或地区的国际标准书号分配中心，分给各个出版社。第四组：书序码。该出版物代码，由出版社具体给出。第五组：校验码。只有一位，从0到9。

部分国家和地区ISBN国际标准书号代码见表4－9。

表4－9 部分国家和地区ISBN国际标准书号代码

国家	代码	语种	国家	代码	语种
美国	978—0 978—1	英语	法国	978—2 979—10	法语、科西嘉语
英国和爱尔兰	978—0 978—1	英语、威尔士语、盖尔语	德国	978—3	德语
澳大利亚	978—0 978—1	英语	奥地利	978—3	德语
加拿大	978—0 978—1 978—2	英语、法语	日本	978—4	日语
新西兰	978—0 978—1	英语	苏联	978—5	俄语
南非	978—0 978—1	英语、祖鲁语、南非荷兰语	伊朗	978—600 978—964	波斯语
中国大陆	978—7	中文	西班牙	978—84	西班牙语、加泰罗尼亚语
印度	978—81 978—93	印地语、英语	巴西	978—85	葡萄牙语
挪威	978—82	挪威语	丹麦	978—87	丹麦语
泰国	978—611 978—616 978—974	泰语	意大利	978—88	意大利语
中国台湾	978—957 978—986	中文	菲律宾	978—971	菲律宾语、英语
古巴	978—959	西班牙语	埃及	978—977	阿拉伯语
中国香港	978—962	中文、英语	新加坡	978—981 978—9971	英语、中文、马来语、泰米尔语
以色列	978—965	希伯来语、阿拉伯语	乌兹别克斯坦	978—9943	乌兹别克语、俄语
马来西亚	978—967	马来语、英语、中文	朝鲜	978—9946	朝鲜语
巴基斯坦	978—969	英语	蒙古	978—99929 978—99962	喀尔喀蒙古语
中国澳门	978—99937 978—99965	中文、葡萄牙语	阿根廷	978—950 978—987	西班牙语
韩国	978—89	韩语	芬兰	978—951 978—952	芬兰语、瑞典语

续表

国家	代码	语种	国家	代码	语种
荷兰	978—90 978—94	荷兰语	印尼	978—602 978—979	印度尼西亚语、英语
瑞典	978—91	瑞典语	沙特阿拉伯	978—603 978—9960	阿拉伯语
越南	978—604	越南语	土耳其	978—605/978/ 975—978—9944	土耳其语、库尔德语

（二）二维码

由于条码应用领域的不断拓展，对一定面积上的密度和信息量提出了更高的要求。一维条码仅仅是对物品的标识，若想知道更多的信息，必须依赖数据库。在没有数据库和不便联网的地方，一维条码的使用受到较大的限制，有时甚至变得毫无意义。另外，要用一维条码表示汉字或图像信息几乎是不可能的。为了更好地满足需求，一种新的条码编码形式——二维条码（简称二维码）就应运而生了。

二维码是用某种特定的几何图形按一定规律在平面（二维方向）分布的黑白相间的图形记录数据符号信息（见图4－3）。二维条码可以分为堆叠式、行排式二维条码和矩阵式二维条码。堆叠式、行排式二维条码形态上是由多行短截的一维条码堆叠而成；矩阵式二维条码以矩阵的形式组成，在矩阵相应元素位置上用“点”表示二进制“1”，用“空”表示二进制“0”，“点”和“空”的排列组成代码。

图4－3　《商品学基础与实务》制成的二维码

二维码是一种比一维码更高级的条码格式。一维码只能在一个方向（一般是水平方向）上表达信息，而二维码在水平和垂直方向都可以存储信息。二维码的特点如下：

（1）高密度编码，信息容量大。可容纳多达1850个大写字母或2710个数字或1108个字节，或500多个汉字，比普通条码信息容量约高几十倍。

（2）编码范围广。该条码可以把图片、声音、文字、签字、指纹等可以数字化的信息进行编码，用条码表示出来；可以表示多种语言文字；可表示图像数据。

（3）容错能力强，具有纠错功能。这使得二维条码因穿孔、污损等引起局部损坏时，照样可以正确得到识读，损毁面积达50%仍可恢复信息。

（4）译码可靠性高。它比普通条码译码错误率百万分之二要低得多，误码率不超过千万分之一。

（5）可引入加密措施。保密性、防伪性好。

（6）成本低，易制作，持久耐用。

（7）条码符号形状、尺寸大小比例可变。

（8）二维条码可以使用激光或CCD阅读器识读。

在现代商业活动中，可实现的应用十分广泛，如：产品防伪、溯源、广告推送、网站链接、数据下载、商品交易、定位、导航、电子凭证、车辆管理、信息传递、名片交流、WiFi共享等。如今智能手机“扫一扫”（简称313）功能的应用使得二维码更加普遍。

三、商品条码的申请

我国按照国际物品编码协会制定的国际通用规范和1998年国家质量技术监督局第1号令《商品条码管理办法》，推广应用商品条码。任何单位和个人使用商品条码必须经中国物品编码中心核准注册。未经中国物品编码中心核准注册的厂商识别代码，任何单位和个人不得使用。核准注册的厂商识别代码有效期为两年，期满后应参加续展。商品条码的变更同样必须由中国物品编码中心核准。

当企业的产品出口到北美，并且销售商指定使用UPC条码时，企业可以申请UPC厂商识别代码，并由中国物品编码中心统一向美国UCC组织办理。

依法取得企业法人营业执照或营业执照的生产者、销售者可根据自己的经营需要，申请注册商品条码。申请注册的程序（见图4－4）具体如下：

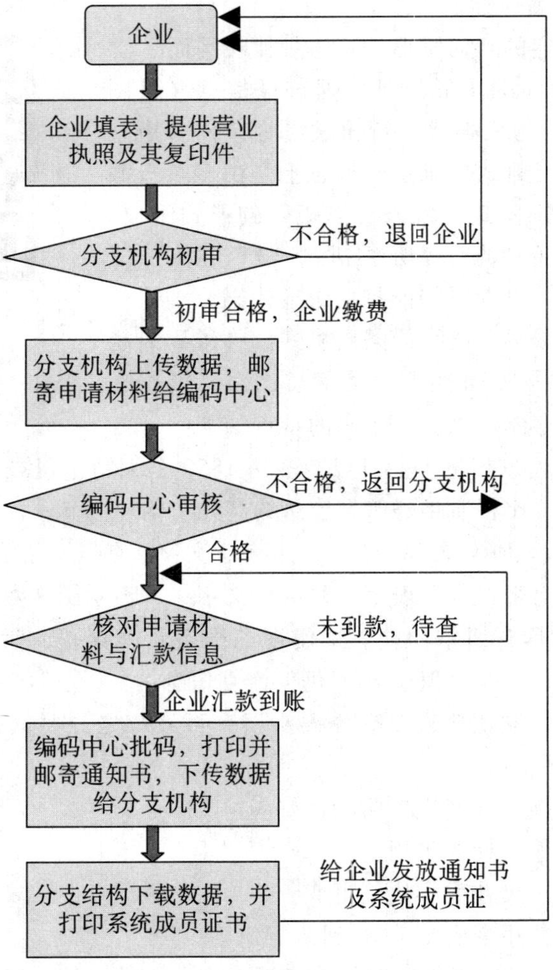

图4－4　条码注册流程图

（1）申请人可到所在地的编码分支机构办理申请厂商识别代码手续，并提供企业法人营业执照或营业执照及其复印件三套（分别由中国物品编码中心、申请人所在地的编码分支机构和申请人所在企业内部存档保留）；

（2）填写《中国商品条码系统成员注册登记表》，可直接在线填写注册登记表（备注：如在网上填写申请表还需打印、盖章，然后提交到当地编码分支机构）；

（3）集团公司请填集团公司下属分公司基本信息表；

（4）申请人的申请资料经所在地的编码分支机构初审后，符合条件的资料由编码分支机构签署意见并报送到中国物品编码中心审批；

（5）编码中心收到初审合格的申请资料及申请人交纳的费用后，对确实符合规定要求的，编码中心向申请人核准注册厂商识别代码，完成审批程序；

（6）申请单位收到中国商品条码系统成员证书，申请结束。

商品条码申请的表格如下所示。

中国商品条码系统成员

注册登记表

约定事项：

1. 企业自愿申请成为中国商品条码系统成员，注册和使用中国商品条码厂商识别代码并自觉执行《商品条码管理办法》等有关规定。

2. 厂商识别代码有效期为二年。系统成员应当在厂商识别代码有效期满前的三个月内，到所在地编码分支机构办理续展手续。逾期未办理续展手续的，注销其厂商识别代码。

3. 企业不履行《商品条码管理办法》等有关规定所造成的一切损失由企业自行承担。

4. 企业在填写企业基本信息表时，注意有阴影部分的为必填项。

5. 为了帮助系统成员更好地应用商品条码，提供相关产品或电子商务等技术服务及贸易流通服务，中国物品编码中心对系统成员信息（除注册资金外）可向从事物品编码或 EDI 领域的组织或商贸公司公开。如果贵公司负责人不希望公开企业信息，不接收除中国物品编码中心以外单位的信件、电子邮件或电话，请在下面□中划“√”。如果下面□中无“√”，表示贵公司负责人对上述内容不反对。

□我公司不希望接收除中国物品编码中心以外单位的信件、电子邮件或电话。

中国物品编码中心制

No:

一、企业基本信息表（由企业填写）

企业名称	中文：			
	英文：			
注册地址	中文： 省（自治区） 市（县）			
	英文：	邮政编码		
办公地址	中文： 省（自治区） 市（县）			
	英文：	邮政编码		
营业执照注册号		注册地行政区划代码		
		注册资金	万元	货币种类
企业类别	经济类型代码	国民经济行业分类代码		
组织机构代码		法定代表人		电话
				手机
联系人	长途区号	联系电话		传真
	电子邮箱			
企业网站		产品信息描述		
预计使用条码的商品项目数量（选择项）	①1—100 ②101—1000 ③1001—10000 ④10000 以上			
填表人签章：				
法定代表人	签章：		企业（公章）	年 月 日

二、编码机构审核表（以下由编码机构填写）

分支机构初审意见		初审日期	年 月 日	经办人签字	
备 注： 分支机构代码章： 分支机构（公章）					

编码中心审核意见		审核日期		经办人签字	
厂商识别代码		注册日期		经办人签字	
备 注					

第四节
商品分类管理

对商品进行分类，是企业科学化、规范化管理的需要。它有利于将商品分门别类地采购、配送、销售、库存、核算，以提高管理效率和经济效益。本节以超市、仓储、网店等业态谈一下商品的分类管理。

一、超市商品的分类管理

超市商品分类，可以说是将所有商品来源、生产方式、运输方式、销售方式、处理方式、陈列方式、用途、功能、成分等不同的商品加以分门别类，并赋予一定代号，使其能系统地、有秩序地管理的过程。一方面，从经营者的立场出发，商品分类要达到“易于陈列、展示、推广、销售”，“易于管理”，“易于统计，分析、决策”的效果；另一方面，站在顾客立场，要达到为顾客“选择购买方便”，“消费或使用方便”的效果。

一套有系统的商品分类是商业信息化成功的前提条件。商品科学的分类，有助于超市的采购管理、陈列管理、销售管理以及较好地掌握超市的经营业绩。

（一）超市商品分类原则

一般来说，无论超市的组织或规模如何，商品的分类通常可以分为大、中、小三个层次。

1. 大分类的分类原则

大分类通常按商品的特性来划分，例如水产品是一个大分类，属与这个分类的商品都与水、海、河有关系，保存的方式、加工方式也基本相同，因此可以归为一类。在一个中小型超市中，大分类的数量最好不要超过 10 个，这样比较容易管理。

2. 中分类的分类原则

中分类的原则可以按照功能、用途来划分，也可按商品的制造方法或商品的产地等特性来定。

（1）按商品的功能、用途划分。如在杂货类这个大分类中，可区分出家庭用品的中分类，使消费者在选购时，只要从家庭用品这个功能、用途来寻找，即可轻易找到。

（2）按商品的制造方法划分。有些商品的用途并不完全一样，统一按功能、用途划分有难度，就可按商品的制造方法划分。比如“熟肉制品”，作为中分类，火腿、香肠、腊肉、卤味等就可以归类在这里。

（3）按商品的产地来划分。比如可根据商业圈内顾客的喜好，设置了“进口水果”这个中分类，那么所有国外进口的水果干就可都收集在这个中分类中了。在便利商店中，商品分类可以依次遵循以上原则，即先按商品的功能、用途划分，再按商品的制造方法划分，最后按商品的产地划分来进行分类管理。

3. 小分类的分类原则

小分类的分类原则，按照中分类的分类办法，再进行细分。分类依据可以是功能用途、规格包装形状、商品成分或商品口味。

做好超市商品分类，最重要的是根据市场购买需要和超市的实际情况，编制出适合于自身的分类系统。超市在编制分类系统时应注意以下几点：以实际情况为前提；从顾客的角度出发，让顾客感到商品齐备和丰富，增加顾客购买的方便性；分类方法简单明了，容易进行视觉的商品管理；分类充分体现出超市的个性特点；分类具备相当的弹性和发展空间等。

（二）超市商品分类方法

超市商品分类根据不同方法，可以划分出不同的商品类别。从商品营销学的角度看，有意义的分类主要包括以下几种：

1. 按商品之间的销售关系

根据商品之间的销售关系分类，商品可分为独立品、互补品、条件品和替代品。

（1）独立品，是指一种商品的销售状况不受其他商品销售变化的影响。

（2）互补品，是指一种商品销售的增加必然会引起另一种商品销售的增加，反之亦然。

（3）条件品，是指一种商品的购买要以另一种商品的前期购买为条件。

（4）替代品，是指一种商品销售的增加会养活另一种商品的潜在销售量，反之亦然。

2. 按商品耐用性和损耗性

根据商品是否耐用和是否有形，商品可分为耐用品、非耐用品和服务。

（1）耐用品，是指在正常情况下能多次使用的有形物品。

（2）非耐用品，是指在正常情况下一次或几次使用就被消费掉的有形物品。

（3）服务，是指提供出售的活动、满意等。服务的特点就是无形性和变动性。

3. 按消费者的购物习惯

根据消费者的购物习惯，商品可分为日用品、选购品、特殊品和非寻求品四类。

（1）日用品，是指消费者通常购买频繁，希望一次有需要即可购买的，并且只花最少精力和最少时间去比较品牌、价格的消费品。肥皂、糖果和报纸就是几种日用品。一般来说，日用品都是非耐用品，而且多为消费者日常生活必需品。消费者在购买前，对日用品的品牌、价格、质量和出售地点等都很熟悉，所以购买大多数日用品时花费较少的时间与精力。

（2）选购品，是指消费者会仔细比较其适用性、质量、价格和式样，购买频率较低的消费品。消费者在购买选购品时，一般会花大量的时间和精力收集信息进行比较。

（3）特殊品，是指消费者愿意花费特殊的精力去购买的有特殊性质或品牌识别的消费品。例如，特殊品牌和型号的汽车，定制西服等。一般来说，消费者只愿意购买特定品牌的某种商品，而不愿意购买其他品牌的某种特殊品，这与日用品不同。

（4）非寻求品，是指消费者要么不知道，或者知道但是通常并不想购买的消费品。绝大多数新产品都是非需品，直到消费者通过广告认识了它们为止。非寻求品的性质，决定了企业须加强广告、直销和其他营销努力，使消费者对这些物品有所了解，产生兴趣，千方百计地吸引潜在顾客，扩大销售。

当然，超市商品分类方法不只上述几种，还有其他一些分类方法。例如，按需求量与收益关系划分，可分为高档品和低档品；根据商品在超市销售中的作用，可分为主力商品、辅助商品和关联性商品。

（三）超市商品陈列分类

商品陈列是指商品在货位、货架和柜台内的摆放、排列等。它可以充分地展示其形态美与时尚美等，从而引发消费者的购买欲。对于那些积压滞销的商品，通过利用商品陈列进行巧妙地搭配组合，使其再度引起消费者的注意和兴趣。

商品分类陈列法，即根据商品的档次、性能、特点等分类排列，展示某类商品有代表性的特点。这种方法有利于消费者比较和挑选商品。

超市卖场中常见的商品陈列分类方法有以下八种：

1. 色彩分类

人们对色彩的辨别度最高，比形状的辨别度还高。和谐的色彩最能打动顾客，引起顾客的购买欲望。因此，色彩分类法常常被女装品牌作为卖场分类的首位。色彩分类法比较适合色彩较多，并将色彩作为主要设计点的服装品牌。卖场商品的色彩配置不仅要考虑单柜的效果，而且要考虑整个卖场的效果，要使整个卖场呈现和谐的状态。

2. 性别分类

根据顾客的性别进行分类。适合目标顾客群较广的品牌，如休闲装、童装都是先按男女分区，这样既可以方便顾客的挑选，又可以非常快地把卖场的顾客分流到两个部位。

3. 品种分类

这种分类的方式源于大批量销售，就是把相同形式的商品归属一类，如把卖场分成毛衫区、T 恤区、裤区等。品种分类的特点是，方便顾客的挑选，并且具有可比性。店铺的管理也方便，如进行盘存、统计等工作。这种分类方法比较适合服装的配搭性强、款式简单、类别较多、销售量较大的品牌，如中低档的休闲装等。其弱点是色彩搭配比较难做，容易混乱，系列感不强，需要导购员进行引导，或在卖场中局部进行搭配陈列，以弥补不足。

4. 价格分类

将卖场的货品按价格进行分类。由于每个品牌都有其一定的价格区间，顾客选择进入你的店铺基本都能承受该品牌的价格范围，因此，这种分类方法一般在常规的卖场中很少使用。但清货打折时，由于顾客对价格的敏感度增加，所以采用价格分类的方法会达到较好的效果。另外，一些以经营低价位的服装品牌为主的卖场，由于目标顾客对价格比较敏感，也可以按价格对商品进行分类。

5. 风格分类

这种分类主要适用风格和系列较多的服装。如可以按照不同场合的不同穿着而分类，一般可分为休闲、职业、运动等类别，这样便于顾客选购。

6. 尺码分类

按尺码规格进行排列，如大、中、小号或按人体尺寸进行排列，可以使消费者一目了然，随手选出自己需要的尺码。由于在店铺中一般都备有齐全的尺码，因此，尺码不会成为顾客首先关注的问题。顾客往往对一款服装的色彩、款式、面料考虑完毕后，才开始关注尺码问题。所以，在一般的情况下，尺码分类常常作为其他分类方式的补充。但在童装店、西装衬衫店，由于尺码成为首先要考虑的问题，所以也会采用尺码为先的分类排列。

7. 系列分类

按照设计师设计的系列进行分类。按系列陈列可以加大产品的关联性，容易进行连带性的销售，适合品种较少的品牌，如西装、女装等。但对品种较多的品牌不太合适，因为占用的空间比较大。同时，太多的组合陈列也会使卖场混乱，管理比较麻烦。

8. 原料分类

按服装面料进行分类，如皮衣专柜、毛衣专柜、牛仔专柜等。这种分类方式，一般需要在卖场中，采用这种面料的商品达到一定数量，能独立陈列为一个系列，同时其面料风格或价格和其他产品相差比较大，有特殊的卖点。如把皮衣专柜独立陈列成系列，就是要突出皮衣高贵的感觉，在价格上形成差异。把牛仔独立成柜，一方面是突出牛仔粗犷的感觉，另一方面是牛仔的分类已成为传统的方式。

（四）超市商品管理

1. 超市商品管理采用的分类方法

（1）主力商品、关联商品、补充商品的分类。一家超市能表现其特征的就是主力商品，而主力商品也是该超市销售额的主要部分。现在根据主力商品配置其关联商品，又根据主力、关联商品的需要配置补充商品。譬如以工艺品店来讲，工艺品就是它的主力商品，其关联商品是串珠、花边，其补充商品是日式和西洋式的裁剪材料。以上是对商品的经营及其贩卖关联事项所做的一种分类。

（2）编号商品、替换商品、季节商品以及特卖商品的分类。编号商品也有人把它称为判定商品，因为这种商品整年都在卖，所以只有采用编号，即使用商品编号来代替其名称。替换商品，是将一种商品在一定期间内依据其销售情形与其他商品做更换。如果该商品销售好的话，可在销售地点内开辟一个专用区位来销售这种商品，它就变成公司的一种专卖产品了。季节商品，是在某个特定季节中贩卖的商品。特卖商品，只在公司大拍卖时才有。

编号商品、替换商品、季节商品、特卖商品的分类都是根据商品品种中的品目来做分类的，因此，它们到底各占多少比例是很难估计的。另外，超市如果只准备替换商品和季节商品的话，要引起顾客的全部兴趣也不会很容易，而且会使公司与顾客间的联系渐渐疏远，因此，必须靠特卖商品来增加顾客的参与。总之，以上所列示的商品必须兼顾，不可缺少一项，这是销售经营之道。

（3）硬体商品、软体商品以及中间商品的分类。硬体商品是一种规格化大量生产的商品，其各种厂牌的品质及设计大部分没有什么差别，就是让顾客有选择的机会。这种商品只有在必要要求时才做必要量的生产（如要求多时才要做大量生产），其价格的制定也大部分要去符合顾客所希望的要求。使用这种商品的顾客大部分节约意识很强，因此必须使用合理贩卖制度来大量贩卖这种商品。

软体商品是属于一种多功能、多用途、多样化设计，品种多但生产量少的商品，其商品设计的选择都依据社会风尚、顾客心理、顾客年龄层次以及嗜好而定。也就是说，它是一种要将风尚的变化、流行的转移等情况都应该考虑进去的商品。它是必须依靠情报、意识判断及意见箱等接触情报传达过程而得知顾客的真正购买意向。其价格大部分根据顾客自己的认定而定，因此这种商品可以说是一种完全依据顾客个人因素而定的商品。

中间商品就是介于前述两种商品之间，是以前述两种商品的基本标准而设计生产的一种商品。

（4）普通商品、观赏商品、利润商品以及并列商品的分类。普通商品，销售比较快，是商品销售业绩最主要的部分，大部分都是客人叫得出来的商品，其顾客的消费欲望高。观赏商品可以使顾客赏心悦目，它是一种能挑起顾客兴趣、关心的话题性商品、高价位商品、新颖商品，因此可以提高超市的地位和格调。利润商品是一种利润率高、纯利大的商品，这种商品还包括公司自产的品牌。并列商品是可当作主要商品的关联品或补充品，可以配置在卖场，顾客也许会购买到。有关超市商品的组合比率大致上可以分为：普通商品占60%，观赏商品占10%，利润商品占15%，并列商品占15%。

2. 超市商品管理方法

超市经营的商品品种必须是目标消费者可能购买的。商品结构的宽度和深度以及产品的质量共同组成商品的结构。大型超市从食品、药品、日用品、玩具、衣物、运动器材直至家电一应俱全，娱乐、餐饮、修理等服务也应有尽有，鼓励消费者一次性完全购物。在上海，华联、联华、农工商等超市是设在居民区内的中小型超市，而经营商品的宽度及深度又比便利店宽且深，主要满足居民区内普通家庭的日常消费需求。超市企业商品管理的思路应该是，先以单品管理为基础，然后从单品中强化20%主力商品的管理，从20%主力商品中强化商品群管理战略，最后统一实施整体组合的品类管理。

（1）单品管理。单品管理是指以每一个商品品项为单位进行的管理，强调每一个单品的成本管理、销售业绩管理。单品管理是连锁超市公司商品现代化管理的核心，在超市公司商品管理中发挥着重要作用，体现在以下几个方面：

①单品是超市公司商品经营的基本单位，各商品群是由一个个单品组合而成的，离开单品的商品群管理是不存在的，单品管理是商品群管理的基础。

②单品管理保证了超市每一种商品采购、销售、库存各环节有机结合，为商品的物流、现金流、信息流的有序运动创造了良好的条件。

③单品管理增强了超市公司对于品牌供应商的控制力，从而保证稳定、丰厚的利润来源。POS（Point of Sales）系统是卖场销售信息网络系统，它能对卖场全部交易信息进行实时收集、加工处理、传递反馈，是连锁超市公司经营管理，尤其是单品管理的技术支撑。POS系统能够高效、实时地收集、处理销售信息。如在收银时，收银员将每一种商品销售的数量、金额等相关资料实时送入POS系统数据库，经过瞬时处理后，可及时提供每个时点、每个时段的销售资料。因此，POS系统能完全实现商品的单品管理，可以对各种单品的进销存情况进行及时控制，大幅度提高单品管理的准确性和高效性。

阅读材料

上海联华超市的单品管理

联华超市对全部商品实行单品管理，什么商品好卖，什么商品滞销，在电脑上一目了然。联华不断淘汰那些冷、背、呆滞商品，引进那些畅销的新产品，对超市的商品结构进行优化，使供销更趋活跃。由于严格的供销存管理调度，联华的商品周转时间比一般的超市缩短了50%，并且通过清理残、次、冷、背商品，同时减少了损失。在追求货品齐全的同时，联华也考虑了如何在经营上区别于其他超市，形成自己的特色，这就是产品的差异化。1995年12月，联华以上海市政府提出“菜篮子工程”为契机，在上海的连锁超市行业率先经营生鲜食品。1996年3月，联华建立了生鲜食品加工配送中心，锁定了生鲜食品的经营特色。从1997年开始，先后在山东、浙江、河北、河南、江苏等地开发生鲜食品源头，初步进行全国采购网络建设，先后建立了肉食品、鸡蛋、副食品等生产供应基地，并且开创了超市与园艺场定向种菜的先河。为确保超市商品“鲜链”不断，让都市居民尝到新鲜食品，联华超市率先推出生鲜商品招标采购计划，向全国农村发出采购订单。从1999年开始，联华超市开始着手建立全国采购网络，引进各地有特色的产品，更加凸现了联华超市的个性化经营策略。

（2）商品群管理。商品群是商品经营分类上的一个概念，它是卖场中按一定关系集合多个商品品项而形成的经营单位或经营区域。

超市卖场经营众多商品，可以从不同角度加以组合，形成不同类别的商品群。其中比较常用的方法是根据各种商品群在卖场销售业绩中所起的作用不同分为：主力商品群、辅助性商品群、附属性商品群和刺激性商品群。

①主力商品群是超市经营的重点商品，它在商品结构中仅占20%的比例，却创造了整个卖场80%的销售业绩，是超市的畅销商品，季节性和差异性明显。强化管理和保证这20%的商品发挥主力商品应有的作用，是超市公司商品管理的重中之重。

②辅助性商品群是主力商品群的补充，多为常备日用品，并与主力商品群有较强的关联性，季节性与差异性相对不明显。

③附属性商品群是辅助性商品群的补充，购买频率和销售比重偏低，与主力商品群关系不紧密，通常是顾客在卖场临时做出的购买决定。

④刺激性商品群是一些品目不多，但对推动卖场整体销售效果意义重要的商品群，主要是有可能成为主力商品的新开发商品，通常以主题促销方式陈列在卖场进口端头货架。超级市场对于不同商品群应该采取不同的管理方式，以保证实现整体的利润最大化。

阅读材料

兰州华联红星店的商品群管理策略

兰州华联红星店位于一条很不出名的小巷中，卖场是由原长津电机厂的厂房改造成的，经营业绩远远超过附近的百盛超市、兰新超市、佳福超市。华联超市的成功不仅得益于低价策略，其合理的商品群组合策略也起到了至关重要的作用。

兰州华联根据商品的功能定位，将超市经营的商品分为形象商品、销量商品和效益商品三大类。这三类商品在提升业绩、获取最大化效益目标上发挥的功能是不同的。

如果形象商品是A，销量商品是B，效益商品是C的话，B就是超市的平均毛利，且B=（A+C）/2。以销量商品作为参照物，如果它的毛利是10个点，则形象商品的毛利加效益商品的毛利除以2，一定是10个点，从而使整个卖场的利润达到10个点。如果形象商品的毛利是3个点，那么效益商品的毛利就要17个点。这就意味着，该降的价格一定要降。换言之，形象商品的价格一定要比竞争对手低，销量商品价格略比竞争对手低一些，效益商品价格则采取竞争对手高华联超市也高的策略，因为这部分商品是无法比较价格的，它满足的是一次性购足的需求。

当价格确定后，促销方式也就确定了。华联超市对形象商品予以大力度的促销和政策上的相关支持；对于销量商品，给予较好的排面和较好的促销方式来跟进；对于效益商品，基本上不需要太多的促销，除非是推出新品时附一些赠品和搞些抽奖活动。

二、库存商品的分区分类管理

（一）仓库商品分区分类储存管理

1. 仓库商品分区分类储存管理的概念

仓库商品的分区分类管理是根据“四一致”的原则，即性能一致、养护措施一致、作业手段一致、消防方法一致，把仓库划分为若干保管区域。把储存商品划分为若干类别，以便统一规划储存和保管。

2. 仓库商品分区分类储存管理的作用

（1）可缩短商品拣选及收、发作业的时间；

（2）能合理使用仓容，提高仓容利用率；

（3）有利于保管员熟悉商品的性能，提高保管养护的技术水平；

（4）可合理配制和使用机械设施，有效提高机械化、自动化操作程度；

（5）有利于仓储商品的安全，减少损耗。

3. 仓库商品分区分类储存管理的原则

（1）商品的自然属性、性能应一致；

（2）商品的养护措施应一致；

（3）商品的作业手段应一致；

（4）商品的消防方法应一致。

4. 仓库商品分区分类储存管理的方法

由于仓库的类型、规模、经营范围、用途各不相同，各种仓储商品的性质、养护方法也迥然不同，因而分区分类储存的方法也有多种，需统筹兼顾，科学规划。具体方法如下：

（1）按商品的种类和性质分区分类储存；

（2）按商品的危险性质分区分类储存；

（3）按商品的发运地分区分类储存；

（4）按仓储作业的特点分区分类储存；

（5）按仓库的条件及商品的特性分区分类储存。

（二）ABC库存分类管理

1. ABC库存分类管理法的内涵

ABC库存分类管理法又称为“重点管理法”。其基本点是：将企业的全部存货分为A、B、C三类，属于A类的是少数价值高的、最重要的项目，这些存货品种少，单位价值却较大。实务中，这类存货的品种数大约只占全部存货总品种数的10%左右，而从一定期间出库的金额看，这类存货出库的金额大约要占到全部存货出库总金额的70%左右。属于C类的是为数众多的低值项目，其特点是，从品种数量来看，这类存货的品种数大约要占到全部存货总品种数的70%左右，而从一定期间出库的金额看，这类存货出库的金额大约只占全部存货出库总金额的10%左右。B类存货则介于这两者之间，从品种数和出库金额看，大约都只占全部存货总数的20%左右。管理时，对金额高的A类物资，作为重点加强管理与控制；B类物质按照通常的方法进行管理和控制；C类物资品种数量繁多，但价值不大，可以采用最简便的方法加以管理和控制。

2. ABC库存分类管理法的程序实施

ABC库存分类管理法的程序可以分为以下几步：

（1）把各种库存物资全年平均耗用量分别乘以它的单价，计算出各种物资耗用总量以及总金额。

（2）按照各品种物资耗费的金额的大小顺序重新排列，并分别计算出各种物资所占领用总数量和总金额的比重，即百分比。

（3）把耗费金额适当分段，计算各段中各项物资领用数占总领用数的百分比、分段累计耗费金额占总金额的百分比，并根据一定标准将它们划分为A、B、C三类。分类的标准见表4－10。

表4－10　　ABC分类的标准

物资类别	占物资品种数的百分比（%）	占物资金额数的百分比（%）
A	5—10	70—80
B	20—30	15—20
C	50—70	5—10

3. ABC分类控制方法

上述A、B、C三类存货中，由于各类存货的重要程度不同，一般可以采用下列控制方法：

（1）对A类存货的控制。要计算每个项目的经济订货量和订货点，尽可能适当增加订购次数，以减少存货积压，也就是减少其昂贵的存储费用和大量的资金占用；同时，还可以为该类存货分别设置永续盘存卡片，以加强日常控制。

（2）对B类存货的控制。要事先为每个项目计算经济订货量和订货点，同时也可以分别设置永续盘存卡片来反映库存动态，但要求不必像A类那样严格，只要定期进行概括性的检查就可以了，以节省存储和管理成本。

（3）对C类存货的控制。由于它们为数众多，单价又很低，存货成本也较低，因此，可以适当增加每次订货数量，减少全年的订货次数。对这类物资日常的控制方法，一般可以采用一些较为简化的方法进行管理，常用的是“双箱法”。所谓“双箱法”，就是将某项库存物资分装两个货箱，第一箱的库存量是达到订货点的耗用量，当第一箱用完时，就意味着必须马上提出订货申请，以补充生产中已经领用和即将领用的部分。

三、网店商品的分类管理

“网店”是网上商店的简称。网上商店又称“虚拟商店”“网上商场”“电子空间商店”或“电子商场”，是电子零售商业的典型组织形式，是建立在互联网上的商场。网店商品不受传统商店场地的限制，它是以信息内容（文字、图片）形式存在的虚拟商品。所以，对于网店商品的分类管理不同于网下的实物商品。

网店商品的分类管理是在专用的软件和计算机环境下完成的。网店商品分类管理是在后台动态设置商品分类，支持无限级商品分类与支持商品交叉分类。

（一）无限级商品分类

系统采用树状结构来排列商品分类，支持无限级的扩展，商品的类别可以动态增加，商品类别的名称可以随时修改调整。为了保证删除的正确性，系统针对商品类别的删除，进行了慎重控制，一般是不可以随便删除的。如果某一商品类别下有商品，则该商品类别是不可以删除的。即客户在日后的经营中可以动态自定义增加、修改、删除需要的商品分类，动态进行业务品类的经营支持。

系统支持批量转移商品分类到指定的栏目，例如商品库中有数码与手机两种分类，可以将手机分类移动到数码分类栏目下。

（二）商品交叉分类

一件商品有可能同时属于系统中两种或者两种以上多个不同的商品分类，这就是业务中的商品交叉分类。系统支持商品交叉分类，可以将商品设置到不同的分类中。例如：药店的商品分类一般可以分成西药、中成药、美容护肤等；而同时按照另外一种分类“品牌”来分，又可以分成诺华制药、阿斯利康、同仁、辉瑞制药、薇姿等。这样就会存在一个商品对应多个商品类别的情况，比方薇姿油脂调护修护晚霜这个商品，既可以属于“美容护肤”栏目，也属于“薇姿”栏目，这就是业务中的商品交叉分类。

另外，对于网店商品的分类还可以分为网店商品的归类管理和网店促销需要的分类管理。

网店商品的归类管理是指网店店主在商品发布时，选择相应的商品类别归属，从而便于网络关键词的搜索。网店设置的商品类别不具有唯一性，因而造成网店商品可以归属于两种甚至两种以上的类别，所以，网店商品的归类管理一定要准确、科学。

网店促销需要的商品分类管理，是指网店根据经营的需要，把网店商品分为热销（热卖）商品、打折（优惠）商品、新品上市等不同的类别。网店促销商品分类管理，一定要根据市场的热点和顾客的需要进行科学设置。

本章导入案例点评

问题：

卡斯美超市使用的分类标准是什么？

答：卡斯美超市通常按照使用者的用途或其他影响因子（时间、场所、动机、生活方式）设定商品分类。

延伸问题：

商品分类有哪些作用？

答：商品分类有利于信息工作的开展；商品分类有助于了解商品特征，进行科学的经营管理；商品分类有助于商品的现代化管理；商品分类有助于商品学教学和科研的开展等。

思考与练习

一、选择题（1—5题为单项选择题、6—8题为多项选择题）

1. 商品分类是指为了满足生产、流通和消费的需要，按照一定的(　　)，科学地、系统地将商品分成若干不同类别的过程。

A. 分类标志　　B. 分类标准　　C. 分类原则　　D. 分类方法

2. (　　)体现具有若干共同性质或特征商品的总称，如食品类商品又可分为蔬菜和水果、肉和肉制品、乳和乳制品、蛋和蛋制品等。

A. 大类　　B. 中类　　C. 小类　　D. 细目

3. 超市企业商品管理的思路是：先以单品管理为基础，然后从单品中强化(　　)主力商品的管理，从(　　)主力商品中强化出商品群管理战略，最后统一实施整体组合的品类管理。

A. 20%　　B. 30%　　C. 40%　　D. 50%

4. 仓库商品的分区分类管理是根据(　　)的原则，把仓库划分为若干保管区域。把储存商品划分为若干类别，以便统一规划储存和保管。

A. 三一致　　B. 四一致　　C. 五统一　　D. 六统一

5. ABC库存分类管理法属于A类的产品的品种数大约只占全部存货总品种数的(　　)。

A. 10%　　B. 20%　　C. 30%　　D. 40%

6. 商品分类的基本方法主要有(　　)。

A. 线分类法　　B. 面分类法　　C. 分层分类法　　D. 分级分类法

7. 在商品分类实践中常用的分类标志有(　　)。

A. 商品用途　　B. 原材料　　C. 生产加工方法　　D. 化学成分

8. 商品代码的编制方法主要有(　　)。

A. 顺序编码法　　B. 层次编码法

C. 平行编码法　　D. 混合编码法

二、简答题

1. EAN 条码申请的流程有哪些？
2. 如何实施对于库存商品进行 ABC 管理控制？

三、实务分析题

1. 试计算一下商品条码的验证码。
2. 联系一家超市进行实地调研，绘出该超市的商品分类图。

实习与实训

在本学习项目进行后可以利用节假日组织学生到超市参观实习一天。在超市参观实习活动时，让学生带着问题（1. 超市商品如何分类；2. 超市采用了哪些分类管理方法；3. 该超市商品管理存在哪些问题，该如何改进等）进行参观实习，实习后再以课堂讨论的方式进行个人发言，最后每个学生就此问题形成不少于2000字书面作业。

超市商品分类实习

1. 实训目的：熟悉超市商品分类管理，胜任超市理货员、收银员、促销员、店长等岗位的工作。

2. 实训内容：超市商品分类、商品代码编写及条码使用。

3. 环境要求：校外实训基地或校企合作企业的超市，营业面积不少于1000平方米，员工不少于50人。

4. 实训流程：培训——轮岗实训（理货员、收银员、促销员、店长）——总结。

5. 注意事项：①注意整个实习过程中的安全事宜；
②遵守超市的经营管理纪律；
③严格遵守实习流程；
④严格遵守实习岗位的作业纪律和职业素质要求。

6. 实训作业：提交一篇不少于2000字的实习报告。谈谈自己实习的心得并分析该超市采用了什么分类管理方法，该超市商品管理存在哪些问题，该如何改进等。

第五章

商品包装管理

教学指南

单元名称	商品包装管理	课时	课内 6/课外 0
单元内容	本章介绍了商品包装的概念、功能及分类；介绍了商品包装要求、包装技法与策略；介绍了商品包装的标志以及包装装潢和商标。		
学习目标	(1) 了解商品包装的概念、功能及分类； (2) 了解商品包装的要求； (3) 掌握商品包装策略； (4) 了解商品包装的一些技法； (5) 会识读和刷写各种商品包装标识； (6) 能进行商标的设计； (7) 能进行商标申请工作。		
学习重点	(1) 商品包装的功能和商品包装的分类； (2) 商品包装的要求和商品包装策略； (3) 商品包装标志； (4) 商标的设计与申请。		
实训内容	商品包装竞赛/包装标志绘画		
课时分布	第一节　商品包装概述 一、商品包装的概念 …… 0.25 课时 二、商品包装的功能 …… 0.25 课时 三、商品包装的分类 …… 0.25 课时 第二节　商品包装要求和策略 一、商品包装的要求 …… 0.25 课时 二、商品包装策略 …… 0.25 课时 第三节　商品包装技法		

续表

课时分布	一、运输包装技法 ······ 0.25课时 二、销售包装技法 ······ 0.25课时 第四节 商品包装标志的识读 一、销售包装标志 ······ 0.25课时 二、运输包装标志 ······ 0.25课时 三、使用说明标志 ······ 0.25课时 第五节 包装装潢和商标 一、包装装潢 ······ 0.5课时 二、商标 ······ 1课时 实训（课内） ······ 2课时

导入案例

“美丽垃圾”

某女士曾收到一个礼物，一个半支钢笔大小的水晶饰品，竟用长50厘米、宽20厘米、高10厘米的皮箱子包装。她说：“包装得那么豪华，有必要吗？皮箱子留着占地方，扔了又可惜！”

市民高先生也表示，他曾收到一个白酒礼盒，里面盛放着两瓶计1公斤的白酒。装酒的木匣子长60厘米、宽40厘米、高10厘米，总重量竟有3公斤！

留之无用、弃之可惜，有如鸡肋的“美丽垃圾”——商品包装废弃物，不但给消费者造成了困扰，还浪费了大量的社会资源，造成了环境污染。据相关统计显示，目前，我国每年仅衬衫包装盒用纸量就达24万吨，相当于砍掉168万棵碗口粗的大树。此外，包装材料中相当一部分是难以降解的塑料，更会对环境造成破坏。尽管如此，包装豪华商品的消费群体还是有增无减。

问题：

1. “美丽垃圾”产生的原因有哪些？
2. 如何才能控制“美丽垃圾”的产生？

延伸问题：

1. 商品包装的作用有哪些？
2. 从商品包装上能够读到哪些信息？

第一节 商品包装概述

商品包装是在人类社会的长期经济生活中逐步形成和发展起来的。随着我国国民经济的不断发展，商品包装在生产、流通和人民生活中的地位和作用日益增长，在现代生产中绝大多数产品只有经过包装后，才算完成它的生产过程，才能进入流通领域和消费领域。

一、商品包装的概念

我国国家标准 GB4122－83 即《包装通用术语》中，对现代商品包装作了明确定义："为了在流通过程中保护产品，方便储存，促进销售，按一定技术方法而采用的容器、材料及辅助物等的总称。"也指"为了达到上述目的采用的容器、材料和辅助物的过程中施加一定技术方法等的操作活动"。

理解商品包装的含义，包括两个方面意思：一方面是指盛装商品的容器，通常称作包装物，如箱、袋、筐、桶、瓶等；另一方面是指包扎商品的过程，如装箱、打包等。商品包装具有从属性和商品性等两种特性。包装是其内装物的附属品。商品包装是附属于内装商品的特殊商品，具有价值和使用价值，同时又是实现内装商品价值和使用价值的重要手段。

二、商品包装的功能

商品包装在商品从生产领域转入流通和消费领域的整个过程中起着非常重要的作用，其主要功能有：保护功能、容纳功能、便利功能、促销功能、升值功能。

（一）保护功能

保护商品使用价值是包装的最重要功能。商品在运输、储存和销售过程中，会受到各种因素的影响，可能发生物理、机械、化学、生物等变化，造成商品损失、损耗。例如，运输、装卸过程中的颠簸、冲击、震动、碰撞、跌落以及储存过程中的堆码承重，可能造成包装破损和商品变形、损伤、失散等；流通和储存过程中外界温度、湿度、光线、气体等条件的变化，可能造成商品干裂、脱水、潮解、溶化、腐烂、氧化、变色、老化、锈蚀等质量变化；微生物、害虫侵入会导致商品的霉烂、变质、虫蛀等。因此，必须依据商品的特性、运输和储运条件，选择适当的包装材料、包装容器和包装方法，采用一定的包装技术处理，对商品进行科学的防护包装，以防止商品受损，达到保护商品的目的，使商品完好无损地到达消费者手中，最大限度地减小商品劣变损耗。

（二）容纳功能

许多商品本身没有一定的集合形态，如液体、气体和粉状商品。这类商品只有依靠包装的容纳才具有特定的商品形态，没有包装就无法运输和销售。包装的容纳不仅有利于商品的流通和销售，还能提高商品的价值。对于一般结构的商品，包装的容纳增加了商品的保护层，有利于商品质量稳定；对于食品、药品、化妆品、消毒品、卫生用品等，包装的容纳功能还能保证商品卫生；对于复杂结构的商品，包装的容纳结合合理的压缩，可充分利用包装容积，节约包装费用，节省储运空间。

成组化功能是容纳的延伸，它是指包装能把许多个体或个别的包装物统一组合起来，化零为整，化分散为集中，这种成组的容纳可大大方便运输，同时可以减少流通费用。

（三）便利功能

商品包装的便利功能，是指包装为商品从生产领域向流通领域和消费领域转移，以及在消费者使用过程中提供的一切方便。包装的便利功能包括的范围较广，涉及几个领域。诸如在生产领域有方便操作、方便自动化生产等；在物流领域有方便运输、方便装卸、方便储运、方便设计、方便开箱等；在消费领域有方便陈列、方便销售、方便计价、方便计数、方便利用自用售货机等；在环保领域有方便回收、方便处理、方便操作等。

包装的便利功能的延伸又发展成复用功能和改用功能。复用功能是指商品包装用完以后，销售包装仍可重复使用。改用功能是指包装商品用完以后，销售包装可做其他用途。

（四）促销功能

商品包装特别是销售包装，是无声的推销员，在商品和消费者之间起媒介作用。商品包装可以美化商品和宣传商品，使商品具有吸引消费者的魅力，引起消费者对商品的购买欲，从而促进销售。包装的促销功能是因为包装具有传达信息、表现商品和美化商品的功能。传达信息功能是通过包装上的文字说明，向消费者介绍商品的名称、品牌、产地、特性、规格、用途、使用方法、价格、注意事项等，起到广告、宣传和指导消费的作用。包装的表现商品功能主要是依靠包装上的图案、照片及开窗包装所显露的商品实物，把商品的外貌表达给消费者，使消费者在感性认识的基础上对商品建立起信心。包装的装潢、造型等艺术装饰性内容对商品起到加强、突出、美化的作用。随着市场经济的发展，包装的促销功能越来越被人们所重视，得到了不断的开发和运用。同样的商品，好的包装可以卖上好的价格，这一点在国际市场尤为显著。

（五）升值功能

商品包装的升值功能是指商品包装能够有效提高商品价值，促进商品使用价值实现的功能。商品包装本身也是具有价值和使用价值的特别商品。

三、商品包装的分类

商品包装因商品流通的不同需要和商品本身的不同需要而有不同的种类。为了分析研究不同种类商品包装使用价值的特点，商品包装常按包装在流通中的作用、包装的销售市场、包装材料、包装内容物来分类。

（一）按包装在流通中的作用分类

以包装在商品流通过程中的作用分类，商品包装分为销售包装和运输包装。

1. 销售包装

它指以一个商品作为一个销售单元的包装形式，或若干个单位商品组成一个小的整体的包装，亦称为小包装或个包装。销售包装的技术要求是美观、安全、卫生、新颖、易于携带，其印刷、装潢要求较高。销售包装一般随商品销售给顾客，起着直接保护商品、宣传商品和促进商品销售的作用，还可方便商品陈列展销和方便顾客识别选购。

2. 运输包装

它指用于安全运输、保护商品的较大单元的包装形式，又称为外包装或大包装，如纸箱、木箱、集合包装、托盘包装等。运输包装一般体积较大，外形尺寸标准化程度高，坚固耐用，表面印有明显的识别标志，其主要功能是保护商品，方便运输、装卸和储存。

（二）按包装的销售市场分类

按销售市场的不同将商品包装分为内销商品包装和出口商品包装。内销商品包装是指用于国内市场的商品包装。出口商品包装是指用于出口商品的包装。内销商品包装和出口商品包装所起的作用基本是相同的，但因国内外物流环境和销售市场不相同，它们之间会存在差异。内销商品包装必须与国内物流环境和国内销售市场相适应，要符合我国的国情。出口商品包装则必须与国外销售市场相适应，满足出口国的不同要求。

（三）按包装材料分类

以包装材料作为分类标志，是研究商品包装材料的主要分类方法。一般商品包装可分为纸制包装、木制包装、金属包装、塑料包装、玻璃与陶瓷包装、纤维织品包装、复合材料包装和其他材料包装等。复合材料包装是指以两种或两种以上材料黏合制成的包装，亦称复合包装，主要有纸与塑料、塑料与铝箔和纸、塑料与铝箔、塑料与木材、塑料与玻璃等材料制成的包装。

（四）按包装内容物分类

以包装的内容物作为分类标志，商品包装可分为食品包装、土特产包装、纺织品包装、医药品包装、化工商品包装、化学危险品包装、机电商品包装等。

第二节
商品包装要求和策略

在现代市场营销活动中，商品包装被冠以“无声推销员”的美誉，是宣传商品、宣传企业形象的工具，是商品特征的放大镜、免费的广告。因此，良好的商品包装从商品的生产、销售到人们的生活始终起着重要作用。

一、商品包装的要求

（一）商品包装的总体要求

1. 适应各种流通条件的需要

要确保商品在流通过程中的安全，商品包装应具有一定的强度，坚实、牢固、耐用。对于不同的运输方式和运输工具，还应有选择地利用相应的包装容器和技术处理。总之，整个包装应适应流通领域中的储存运输条件和强度要求。

2. 适应商品特性

商品包装必须根据商品的特性，分别采用相应的材料与技术，使包装完全符合商品理化性质的要求。

3. 适应标准化的要求

商品包装必须推行标准化，即对商品包装的包装容（重）量、包装材料、结构造型、规格尺寸、印刷标志、名词术语、封装方法等加以统一规定，逐步使之系列化和通用化，以便包装容器的生产，提高包装生产效率，简化包装容器的规格，节约原材料，降低成本，易于识别和计量，有利于保证包装质量和商品安全。

4. 适量、适度

对销售包装而言，包装容器大小与内装商品相宜，包装费用应与内装商品相吻合。预留空间过大、包装费用占商品总价值的比例过高，都会损害消费者利益。

5. 绿色、环保

商品包装的绿色、环保要求要从两个方面认识：首先，材料、容器、技术本身应是对商品、消费者而言，是安全的和卫生的。其次，包装的技法、材料容器等对环境而言，是安全的和绿色的。在选择材料和制作上，遵循可持续发展原则，节能、低耗、高功能、防污染，可以持续性回收利用，或废弃之后能安全降解。

（二）商品包装技术与设计要求

1. 大小

确定包装的大小主要考虑使用方便、运输费用、储存或陈列的要求，以及消费者的购买力等因素，同时还要考虑市场上已有包装的影响。过大或过小的包装，都会影响销售的成果。比如，洗衣粉的包装习惯上有小号、中号及大号之分，而世界各国的香皂则大小都差不多。

2. 形状

包装的形状除应符合运输与储藏的要求外，还应力求具有视觉美感而足以引起消费者的注意和兴趣。比如长方形的包装不但可以节省空间，便于运输和储藏，而且有广告效果，能引起消费者的注意。为吸引妇女的视线，化妆品的包装形状总是标新立异，与众不同。可口可乐饮料行销全世界的原因之一是瓶子的形状特殊，能给消费者留下深刻的印象。

3. 构造

商品包装的构造具有多种功能，其中之一是便于使用，因此，合理的包装构造对于促进商品销售是至关重要的。一个显著的实例是：美国某啤酒公司面临竞争的威胁，产品销路日趋萎缩，其研究发展部门研制了一种不用任何器具就可以开启的啤酒包装罐——易拉罐，并取得此项发明的专利，采用易拉罐包装以后该公司啤酒的销售量直线上升。

4. 材料

选择最适当的包装材料，力求给产品以充分的保护，既能发挥促进销售的功能，又能节省包装成本。就保护产品的角度看，包装材料应具有防潮、隔热、避免震损、遮光等功能，但同时必须兼顾使用上的方便，运输、储存的要求以及控制成本的考虑。比如，目前美国、欧洲和日本市场上，牛奶、果汁等液体食品，均采用纸盒包装，既有保护食品的质量功能，又兼具使用方便、成本低廉等各种优点。

就促进销售的角度看，包装材料除了应有的保护产品和充分显示产品的功能外，为达到吸引顾客购买的目的，还应考虑以下一些因素：

（1）包装的开启方法，是否能利于每次使用；

（2）包装是否为再使用而设计；

（3）包装容器内的实物产品是否可存放于原包装内直至用完为止；

（4）包装在运输途中是否会发生损坏，以致陈列在零售店影响顾客的购买兴趣；

（5）包装是否适宜零售商店储藏与陈列。

5. 设计

包装的作用已超过它作为容器与保护品的作用，它能向消费者传递销售的信息，并能使消费者对不同的商品产生不同的印象，甚至对两种几乎完全相同的产品产生完全不同的感觉。因此，一个良好的包装设计必须具备重点和特色。设计者应将设计需要考虑的要素分为重要的、次要的及再次要的，从中确定重点，在设计中加强，使包装不但能引起顾客的注意，而且具有吸引力，能刺激顾客立即购买，这是现代包装设计的基本原则，也是包装设计获得成功的诀窍。

（1）包装设计要与产品的品质相统一。包装固然可以表现其内部的产品，给予消费者一种直接的印象，但不能因此忽略表现产品的其他品质，或者影响消费者对配方、调味等的选择。对于某些本身不容易带给消费者美好印象的产品，必须精心设计其包装，使其能给消费者带来好印象。例如，大米本身不容易给人带来好印象，但美国一家公司出售的快煮米的包装盒上印有用闪光的紫铜锅盛装的一锅煮好的米饭，旁边放着一只鲜美的烤火鸡，这对于家庭主妇显然具有吸引力。

（2）包装设计要与顾客的购买行为相一致。包装设计者先要弄清哪些人是产品的顾客，然后针对顾客的特点和喜好进行设计，才能使包装发挥最大的效果。消费者由于年龄、性别、收入、教育程度以及种族、宗教信仰的不同，其兴趣、欲望与对事物的观念均有很大的差异，他们希望从产品中获得不同的利益，甚至完全不同的产品。因此，对市场与消费者进行细分，再针对每一层次、每一类型消费者的需要与兴趣来设计包装，将收到扩大销售的效果。

（三）包装法规的要求

目前我国与包装有关的法律法规正在陆续发布和施行，对规范商品包装的生产、流通、销售和保护消费者的利益起着重要的法律依据的作用。

1990 年 11 月 26 日起实施的《食品包装用原纸卫生管理办法》就规定：食品包装用原纸不得采用社会回收废纸作为原料，禁止添加荧光增白剂等有害助剂。食品包装用石蜡应采用食品用石蜡，不得使用工业级石蜡。用于食品包装用原纸的印刷油墨、颜料应符合食品卫生要求，油墨颜料不得印刷在接触食品面。生产食品包装用原纸的企业，须经食品卫生监督机构认可。食品包装用原纸必须有符合卫生要求的外包装，并标明食品用纸的标志及产地、厂名、生产日期等。

2005 年 3 月 1 日起实施的《出境货物木质包装检疫处理管理办法》和《进境货物木质包装检疫处理管理办法》中规定：出/进境货物木质包装（经人工合成或者经加热、加压等深度加工的包装用木质材料，如胶合板、纤维板；薄板旋切芯、锯屑、木丝、刨花等以及厚度等于或者小于 6 毫米的木质材料除外），按照办法中列明的检疫除害处理方法实施处理，并按照要求加施专用标志。应当由输出国家或地区政府植物检疫机构认可的企业按中国确认的检疫除害处理方法处理，并加施政府植物检疫机构批准的 IPPC 专用标识。

2006 年 2 月 28 日颁布的《电子信息产品污染控制管理办法》中规定：电子信息产品生产者、进口者制作并使用电子信息产品包装物时，应当根据电子信息产品有毒有害物质控制

的国家标准或行业标准，采取无毒、无害、易降解和便于回收利用的材料。

如为了遏制过度包装行为，2010 年 4 月 1 日开始实施的《限制商品过度包装要求食品和化妆品》国家标准就对食品和化妆品销售包装的空隙率、层数和成本等指标做出了强制性规定。食品和化妆品销售包装的空隙率、层数和成本等三个指标分别是包装层数 3 层以下、包装空隙率不得大于 60%、初始包装之外的所有包装成本总和不得超过商品销售价格的 20%。

未来几年内，中国将进一步健全包装法规标准体系，包装产业将全面纳入法制化建设轨道，各项有关包装法规、制度和相关标准将不断完善。

二、商品包装策略

在竞争异常激烈和销售方式不断演变的市场中，企业除了靠创新、优质、快速、服务取胜外，包装愈来愈显得格外重要。以市场观点看，包装是商品整体中的形式产品，是很重要的一部分内容。通过它使消费者产生购买欲望，刺激消费。美国最大的化学工业公司——杜邦公司的一项调查表明：63% 的消费者是根据商品的包装来选购商品的，这一发现就是著名的“杜邦定律”。另据英国市场调查公司报道，一般去超级市场购物的妇女，由于受精美包装的吸引，所购物品通常超出进门时打算购物数量的 45%。由此可见，生产经营者除了应注重商品的内在质量外，还应注重商品的外在质量（商品的外形和包装）。

商品包装策略主要有以下几种：

（一）强调商品特长的包装策略

这种包装策略主要是通过包装物来突出商品的用途、性质、质量，给顾客一种便利、省时之感，明显地给顾客带来附加价值或剩余利用价值，深受消费者青睐。

（1）一次用量包装。它是指根据消费者的使用习惯而设计包装，内装物仅供一次使用。如市场上出售的方便面、袋泡茶以及按一次用量包装的咖啡等。再如镇江香醋推出的类似口服液的包装，一盒 12 支，特别适合很少做饭的家庭使用。白糖的小包装，既方便食用，又可防潮防虫，深受消费者的欢迎。

（2）透明包装与“开窗”包装。透明包装有全透明包装和部分透明包装，是通过透明的包装材料，部分或全部展示内装商品的实物形态，能够使购买者直接看到商品的形象、颜色和质量，既能体现商品的自然美，又便于顾客识别选购。如日本“爱华”的各种型号的单、收录放机，外包装有一层透明的塑膜，让消费者一眼就能看见里面的商品。

我国“金帝”牌巧克力则采用了硬质的透明塑料盒包装，盒内各式巧克力一目了然，让消费者不禁解囊，销量直线上升。“开窗”包装则是在外包装某一部位开一窗口，用玻璃纸或透明薄膜封闭，使商品的最佳部位显示出来（见图 5-1）。这种方法在食品、纺织品、轻工产品与小五金包装中运用较多。如服装包装盒，通常采用“开窗”包

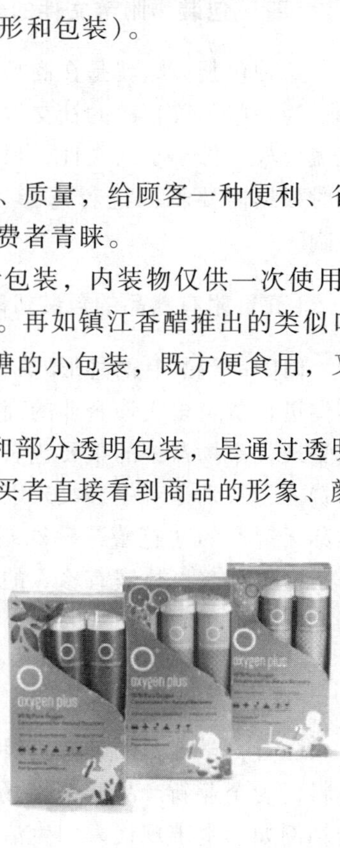

图 5-1 “开窗”包装

装形式，其“开窗”的位置最好在领部；食品看局部就知全貌，“开窗”可小些。

（二）类似包装策略

企业生产的各类商品，在包装外形上采用相同的图案、近似的色彩、同一特征，使顾客认识到这是同一企业的商品。这种包装策略称为类似包装策略。这种包装策略既有利于推销、增强企业的声望，又能节省包装的设计制作费用，还有利于消除和减少消费者对新产品的不信任感，为迅速打开销路创造条件。如日本松下、爱华公司的系列商品，均采用类似包装、图案、商标与色彩，使顾客一见如故，商品很畅销。不过采用这种策略的，必须是用途和性质相近的商品，否则会抵消包装便于识别商品的作用。

（三）套标策略

这种包装策略主要是利用同种商品的包装图案、形状、色彩相同或相似，采用将商标分割成几部分，分别分布在一组商品上，将这组商品拼凑起来，就是一幅完整的商标图案或名称。许多烟厂设计的各种影印、套凸版等精美的套标包装，如杭州烟厂的“西湖”、武汉烟厂的“楚天游”、湖南生产的“张家界”等，这些套标备受收藏者的青睐。此外，各种酒标、罐头标、糖果包装等，也可以采用套标策略。

（四）包装物附带文件的包装策略

这种包装策略就是在商品包装里面附有一份文件，或是贺婚卡、生日卡，或是盛会祝词等，为一些不善言辞的社交者提供了方便。如日本发明的酒类附带文件的包装，即在酒瓶的瓶盖处放一份小小的文件，根据文件内容的不同分别在酒瓶的瓶盖表面打上记号，消费者购买时根据需要不同进行选择。这种包装策略是一种较新颖的包装方法，其发展前景非常广阔。

（五）附有赠品的包装策略

附赠品包装有两种形式：一种为包装品本身是一个附赠品，赠送对象一般是售货员，以其促进售货员多卖该企业的商品；另一种是包装里面附有赠品，以激发消费者的购买欲望。它是现代市场营销的重要包装策略之一。它借包装中附赠的图片、照片或其他小玩意来吸引消费者，特别是对中等收入以下的妇女和儿童最有影响力，极易引起他们的重复购买。例如江苏无锡产的“芭蕾”珍珠霜，一举打入香港市场，成为香港化妆品市场的热门货，就是由于盒内放着一枚嵌有珍珠的别针和赠品。此外，附赠品包装还可用做介绍新产品，进行市场调查。

（六）更新包装策略

随着科学技术的日益发展，新工艺、新技术和新的包装材料必然要取代旧的包装工艺和材料，为企业新产品开拓市场创造条件；同时人们消费习惯的改变，推动着包装的不断更新。例如，由于现代人们生活节奏的加快，要求减少家务劳动时间和劳动量，家务劳动逐步社会化。因此出现各种方便食品、罐头食品，各种新型的包装，如可蒸煮的食品袋、可烘烤的食品盒、饮料复合纸罐、方便罐等应运而生。另外，销售方式的变化，也导致包装的更新。例如，随着超级市场的出现，顾客挑选商品时全靠包装“自我介绍”，因此，包装要突出商品形象，商标和文字说明要十分醒目。

更新包装的目的，一是通过改进包装给处于劣势的商品带来生机；二是通过改进、更新包装使处于热销的商品锦上添花。但是，一般情况下，当一种商品处于热销期时是不太会想去改进更新包装，而当商品进入滞销期才开始意识到此问题，这是不可取的。要使商品一直保持畅销的势头，除了改进商品本身外，不断地改进包装是一种很好的办法。更新包装的方式通常有以下几种：

（1）剧变式。给原来的包装一个剧烈的变化，改变其原来的面貌，以一个全新的势态展现在消费者面前。

（2）改良式。保持原来合理的部分，通过改变“欠缺”带来新意，让消费者仍觉得“虽生犹熟”，避免给人陌路相逢的感觉。

（3）渐变式。经常对原来的设计作些小改进，在消费者不易察觉的情况下，调整结构、文字排列等，乍一看还是原来的风格，但以更加协调、新颖的面貌出现在消费者面前。

改进包装就是要把差的改好，好的改得更加新颖，让消费者觉得这个企业的产品在不断翻新和不断的更新换代，感到企业有活力，从而增强对企业和产品的信任和信心，进而促进销售、繁荣市场。

（七）企业协作的包装策略

该策略是指普通企业由于企业声望小，产品知名度不高，特别是新产品问世，一时难以打开市场，可以与企业信誉好、实力雄厚的大企业联合经营，在商品包装上重点突出联合企业的名称。包装上仿效名牌产品的包装装潢，这是适应消费者的购买经验以保持商品主顾的一种做法。如日本电子产品在初进美国市场时滞销，后采用西尔斯的商标，并以此策略占领了美国市场。

（八）再使用包装策略

再使用包装可分为复用包装和多用途包装。复用包装可以回收再使用，如运输包装的集装箱、周转箱、汽水瓶、啤酒瓶和煤气瓶等。复用包装可以大幅度降低包装费用，节省开支，加速和促进商品的周转，减少环境污染，因此普遍受到人们的欢迎。多用途包装在商品使用后，其包装品还可以作其他用途。如瓷制的花瓶状酒瓶，酒饮完后还可以作花瓶。再如用手枪、熊猫、小猴等造型的塑料容器来包装糖果，糖果吃完后，其包装还可以作玩具，因此备受小朋友的欢迎。大量事实证明，只要设计新颖、吸引力强，具有明显使用价值或欣赏价值的再使用包装，顾客通常是非常愿意购买的。

（九）与广告相连锁的包装策略

广告是沟通商品与消费者的重要媒介。在当今社会，广告更是无处不有，发挥着巨大的作用。充分利用广告艺术是促进销售的重要一环。但如何将广告与商品包装联系起来，是包装设计者的一项新课题。如台湾某化妆品包装上写着一句广告语：“女人，你追求什么？”，准确地捕捉了女性爱美的心理。国际上规定，制烟商必须在香烟盒上注明“吸烟对您身体有害”的字样。美国皇冠牌香烟不但做到了这一点，而且还做了进一步的发展，皇冠牌香烟上写着：“吸烟对您身体有害，皇冠牌香烟也不例外。”这样很容易使人感到好奇，从而激发购买的欲望。由此可看出，商品销售量的大小，取决于商品质量、包装与广告几个方面的因素。在最理想的销售方式中，包装与广告的作用是绝不可低估的。

上述各种包装策略，不是单独地发挥作用的，而是一个有机的统一体，彼此之间是相互联系、互相制约的。企业在制定包装策略时，只有根据主客观条件，根据各种可能的变化，才能拟定出适应市场竞争的最佳包装方案，并在运行中确立重点、灵活机动，才能取得最大的经济效益，达到企业在市场竞争中取胜的目的。

总而言之，现代市场竞争中的包装，应着重表现商品本体性、趣味性、市场性的意义，追求多元、个性、风格化的特定价值，以适应消费者的需求。包装应成为一种促进消费者购买欲望的动力。法国社会学专家杨·波德里雅尔曾说过：“物品想要转化为消费品就必须成为一种记号。”即在今天成熟型消费社会里，消费者所追求的已不再是一个作为物品的商品，只有在重视产品内在质量和开发新产品的同时，重视商品包装，不断探索，才能使自己的产品在激烈的市场竞争中立于不败之地。

阅读材料

四大经典的包装案例

经典案例之一：一个价值600万美元的玻璃瓶

说起可口可乐的玻璃瓶包装，至今仍为人们所称道（见图5-2）。1898年鲁特玻璃公司一位年轻的工人亚历山大·山姆森在同女友约会中，发现女友穿着一套筒型连衣裙，显得臀部突出，腰部和腿部纤细，非常好看。约会结束后，他突发灵感，根据女友穿着这套裙子的形象设计出一个玻璃瓶。

图5-2　可口可乐瓶

经过反复的修改，亚历山大·山姆森不仅将瓶子设计得非常美观，很像一位亭亭玉立的少女，他还把瓶子的容量设计成刚好一杯水大小。瓶子试制出来之后，获得大众交口称赞。有经营意识的亚历山大·山姆森立即到专利局申请专利。

当时，可口可乐的决策者坎德勒在市场上看到了亚历山大·山姆森设计的玻璃瓶后，认为非常适合作为可口可乐的包装。于是，他主动向亚历山大·山姆森提出购买这个瓶子的专利。经过一番讨价还价，最后可口可乐公司以600万美元的天价买下此专利。要知道在100多年前，600万美元可是一项巨大的投资。然而实践证明可口可乐公司这一决策是非常成功的。

亚历山大·山姆森设计的瓶子不仅美观，而且使用非常安全，易握不易滑落。更令人叫绝的是，其瓶型的中下部是扭纹型的，如同少女所穿的条纹裙子，而瓶子的中段则圆满丰硕，如同少女的臀部。此外，由于瓶子的结构是中大下小，当它盛装可口可乐时，给人的感觉是分量很多的。采用亚历山大·山姆森设计的玻璃瓶作为可口可乐的包装以后，可口可乐的销量飞速增长，在两年的时间内，销量翻了一倍。从此，采用山姆森玻璃瓶作为包装的可口可乐开始畅销美国，并迅速风靡世界。600 万美元的投入，为可口可乐公司带来了数以亿计的回报。

经典案例之二：包装容器之王——易拉罐

20 世纪 30 年代，易拉罐在美国成功研发并生产。这种由马口铁材料制成的三片罐——由罐身、顶盖和底罐三片马口铁材料组成，当时主要用于啤酒的包装。目前我们常用的由铝制材料制作而成的二片罐——只有罐身片材和罐盖片的深冲拉罐诞生于 20 世纪 60 年代初（见图 5-3）。易拉罐技术的发展，使其被广泛运用于各类商品包装当中，啤酒、饮料、罐头目前大多以易拉罐进行包装。据悉，全世界每年大约生产的铝制易拉罐已经超过 2000 亿个。目前，易拉罐已经成为市场上应用范围最广、消费者接触使用最多、最频繁的包装容器，是名副其实的包装容器之王。易拉罐消费量的快速增长，使得制造易拉罐的铝材消费量也有大幅增长，目前制作易拉罐的铝材已经占到世界各类铝材总用量的 15% 。

图 5-3 易拉罐

随着易拉罐使用量的增加，世界各国为了节省资源和减少包装成本，纷纷研发更轻、更薄的新型易拉罐。铝制易拉罐也从最开始的每 1000 罐 25 公斤，缩减到 20 世纪 70 年代中期的 20 公斤。现在每 1000 罐的重量只有 15 公斤，比 20 世纪 60 年代平均重量减轻了大约 40% 。除了推出更轻、更薄的铝制易拉罐以外，目前各国对易拉罐的回收利用率也不断增高。早在 20 世纪 80 年代美国铝制易拉罐的回收利用率就已经超过 50% ，在 2000 年达到 62.1% 。日本的回收利用率更高，目前已超过 83%。

经典案例之三：香水瓶成为艺术品

1921 年 5 月，当香水创作师恩尼斯·鲍将他发明的多款香水呈现在香奈尔夫人面前让她选择时，香奈尔夫人毫不犹豫地选出了第五款，即现在誉满全球的香奈尔 5 号香水。然而，除了那独特的香味以外，真正让香奈尔 5 号香水成为“香水贵族中的贵族”却是那个看起来不像香水瓶，反而像药瓶的创意包装（见图 5-4）。

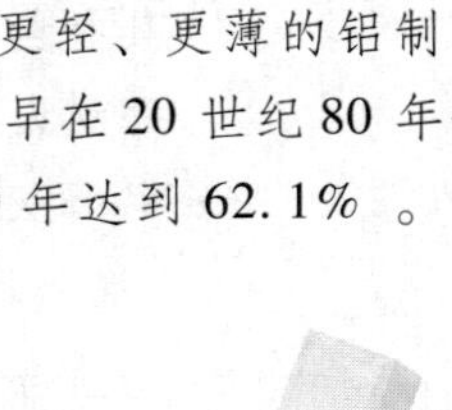

图 5-4 香奈尔 5 号香水瓶

服装设计师出身的香奈尔夫人，在设计香奈尔5号香水瓶型上别出心裁。“我的美学观点跟别人不同：别人唯恐不足地往上加，而我一项项地减除。”这一设计理念，让香奈尔5号香水瓶简单的包装设计在众多繁复华美的香水瓶中脱颖而出，成为最怪异、最另类，也是最为成功的一款造型。香奈尔5号以其宝石切割般形态的瓶盖、透明水晶的方形瓶身造型、简单明了的线条，成为一股新的美学观念，并迅速俘获了消费者。从此，香奈尔5号香水在全世界畅销80多年，至今仍然长盛不衰。

1959年，香奈尔5号香水瓶以其所表现出来的独有的现代美荣获“当代杰出艺术品”称号，跻身于纽约现代艺术博物馆的展品行列。香奈尔5号香水瓶成为名副其实的艺术品。对此，中国工业设计协会副秘书长宋慰祖表示，香水作为一种奢侈品，最能体现其价值和品位的就是包装。“香水的包装本身不但是艺术品，也是其最大的价值所在。包装的成本甚至可以占到整件商品价值的80%。香奈尔5号的成功，依靠的就是它独特的、颠覆性的创意包装”。

经典案例之四：换包装换形象

作为一家有着50多年历史的酿酒企业，北京红星股份有限公司（以下简称“红星公司”）生产的红星二锅头历来是北京市民的餐桌酒，一直受到老百姓的喜爱。然而，由于在产品包装上一直是一副“老面孔”，使得红星二锅头始终走在白酒低端市场行列，无法获取更高的经济效益。

随着红星青花瓷珍品二锅头的推出（见图5-5），红星二锅头第一次走进了中国的高端白酒市场。红星青花瓷珍品二锅头在产品包装上融入中国古代文化的精华元素。酒瓶采用仿清乾隆青花瓷官窑贡品瓶型，酒盒图案以中华龙为主体，配以紫红木托，整体颜色构成以红、白、蓝为主，具有典型的中华文化特色。该包装在中国第二届外观设计专利大赛颁奖典礼上荣获银奖。国家知识产权局副局长邢胜才在看了此款包装以后表示，“这款产品很有创意，将中国的传统文化与白酒文化结合在一起，很成功”。

图5-5 红星青花瓷珍品二锅头

对此，红星公司负责人告诉记者，红星青花瓷珍品二锅头酒是红星公司50多年发展史上具有里程碑意义的一款重要产品。“它的推出，使得红星二锅头单一的低端形象得到了彻底的颠覆。不但创造了优异的经济效益，还提高了公司形象、产品形象和品牌形象”。记者了解到，红星青花瓷珍品二锅头在市场上的销售价格高达200多元，而普通的红星二锅头酒仅为五六元。据该负责人介绍，除了红星青花瓷珍品二锅头以外，红星公司还推出了红星金樽、金牌红星、百年红星等多款带有中国传统文化元素包装的高档白酒。

（资料来源：摘自《北京商报》，作者：费明乾、刘妮丽。）

第三节
商品包装技法

商品包装技法是指包装操作时采用的技术和方法。包装技法与包装的各种功能密切相关，特别是与保护功能关系密切。随着科学技术的进步，商品包装技法正在不断发展完善。商品包装技法很多，按包装的主要功能可以将包装技法分为运输包装技法和销售包装技法。

一、运输包装技法

（一）一般包装技法

1. 对内装物的合理放置、固定和加固

在运输包装体中装进形态各异的产品，需要具备一定的技巧。只有对产品进行合理置放、固定和加固，才能达到缩小体积、节省材料、减少损失的目的。例如，对于外形有规则的产品，要注意套装；对于薄弱的部件，要注意加固。

2. 对松泡产品进行压缩包装

对于一些松泡产品，包装时所占用容器的容积太大，相应地就多占用了运输空间和储存空间，增加了运输储存费用，所以对松泡产品要压缩体积，一般采用真空包装技法。

3. 合理选择内、外包装的形状和尺寸

有的商品运输包装件，还需要装入集装箱，这就存在包装件与集装箱之间的尺寸配合问题。如果配合得好，就能在装箱时不出现空隙，有效地利用箱容，并有效地保护商品。包装尺寸的合理配合主要指容器底面尺寸的配合，即应采用包装模数系列。至于外包装高度的选择，则应由商品特点来决定，松泡商品可选高一些，沉重的商品可选低一些。包装件装入集装箱只能平放，不能立放或侧放。在外包装形状尺寸的选择中，要注意避免过高、过扁、过大、过重包装。过高的包装会重心不稳，不易堆码；过扁的包装则给标志刷字和标志的辨认带来困难；过大包装量太多，不易销售，而且体积大也给流通带来困难；过重包装则纸箱容易破损。

内包装在选择形状尺寸时，要与外包装形状尺寸相配合，即内包装的底面尺寸必须与包装模数相协调。当然，内包装主要是作为销售包装，更重要的考虑是要有利于商品的销售，有利于商品的展示、装潢、购买和携带。

4. 包装物的捆扎

外包装捆扎对包装起着重要作用，有时还能起关键性作用。捆扎的直接目的是将单个物件或数个物件捆紧，以便于运输、储存和装卸。此外，捆扎还能防止失盗而保护内装物，能压缩容积而减少保管费和运输费，能加固容器，一般合理捆扎能使容器的强度增加20%—40%。捆扎的方法有多种，一般根据包装形态、运输方式、容器强度、内装物重量等不同情况，分别采用井字、十字、双十字和平行捆等不同方法。对于体积不大的普通包装，捆扎一般在打包机上进行，而对于集合包装，用普通捆扎方法费工费力，一般采用收缩薄膜包装技术和拉伸薄膜包装技术。

收缩薄膜包装技术是用收缩薄膜裹包集装的物件，然后对裹包的物件进行适当的加热处理，使薄膜收缩而紧贴于物件上，使集装的特件固定为一体。收缩薄膜是一种经过特殊拉伸和冷处理的聚乙烯薄膜，当薄膜重新受热时，其横向和纵向产生急剧收缩，薄膜厚度增加，收缩率可达30%—70%。

拉伸薄膜包装技术是在20世纪70年代开始采用的一种新的包装技术。它是依靠机械装置，在常温下将弹性薄膜围绕包装件拉伸、裹紧，最后在其末端进行封合而成，薄膜的弹性也使集装的物件紧紧固定在一起。拉伸薄膜不需加热，所消耗能量只有收缩薄膜包装技术的1/20。

（二）特殊包装技法

1. 缓冲包装

缓冲包装又称防震包装，是将缓冲材料适当地放置在内装物和包装容器之间，用以减轻冲击和振动，保护内装物免受损坏。常用的缓冲包装材料有泡沫塑料、木丝、弹簧等。发泡包装是缓冲包装的较新方法，它是通过特制的发泡设备，将能生产塑料泡沫的原料直接注入内装物与包装容器之间的空隙处，约经几十秒钟即引起化学反应，进行50—200倍的发泡，形成紧裹内装物的泡沫体，对于一些形体复杂或小批量的商品最为合适。缓冲包装方法分为全面缓冲、部分缓冲和悬浮式缓冲三类方法。

全面缓冲包装方法是将产品的周围空间都加缓冲材料衬垫的包装方法。

部分缓冲包装方法是指仅在产品内包装的拐角或局部地方使用缓冲材料衬垫。这样既能达到减震效果，又能降低包装成本，如家电产品、仪器仪表等通常采用此类包装。部分缓冲有天地盖、左右套、四棱衬垫、八角衬垫、侧衬垫几种。

悬浮式缓冲包装方法是用绳索、弹簧等将产品或内包装容器悬吊在包装箱内，通过弹簧、绳索的缓冲作用保护商品，一般适用于极易受损、价值较高的产品，如精密机电设备、仪器、仪表等。

2. 防潮包装

防潮包装是为了防止潮气侵入包装件，影响内装物质量而采取的一定防护措施的包装。防潮包装设计就是防止水蒸气通过，或将水蒸气的通过减少至最低限度。一定厚度和密度的包装材料，可以阻隔水蒸气的透入，其中金属和玻璃的阻隔性最佳，防潮性能较好；纸板结构松弛，阻隔性较差，但若在表面涂抹防潮材料，就会具有一定的防潮性能；塑料薄膜有一定的防潮性能，但它多由无间隙、均匀连续的孔穴组成，并在孔隙中扩散造成其透湿特性。透湿强弱与塑料材料有关，特别是加工工艺、密度和厚度的不同，其差异性较大。为了提高包装的防潮性能，可用涂布法、涂油法、涂蜡法、涂塑法等方法。涂布法，就是在容器内壁和外表加涂各种涂料，如在布袋、塑料编织袋内涂树脂涂料，纸袋内涂沥青等；涂油法，如增强瓦楞纸板的防潮能力，在其表面涂上光油、清漆或虫胶漆等；涂蜡法，即在瓦楞纸板表面涂蜡或楞芯渗蜡；涂塑法，即在纸箱上涂以聚乙烯醇丁醛（PVB）等。还有在包装容器内盛放干燥剂（如硅胶、泡沸石、铝凝胶）等。此外，对易受潮和透油的包装内衬一层至多层防湿材料，如牛皮纸、柏油纸、邮封纸、上蜡纸、防油纸、铝箔和塑料薄膜等，或用一层至多层防潮材料直接包裹商品。上述方法既可单独使用，又可几种方法一起使用。

3. 防霉包装

防霉包装是防止包装和内装物霉变而采取一定防护措施的包装。除防潮措施外，还要对包装材料进行防霉处理。防霉包装必须根据微生物的生理特点，改善生产和控制包装储存等环境条件，达到抑制霉菌生长的目的。第一，要尽量选用耐霉腐和结构紧密的材料，如铝箔、玻璃和高密度聚乙烯塑料、聚丙烯塑料、聚酯塑料及其复合薄膜等，这些材料具有微生物不易透过的性质，有较好的防霉效能。第二，要求容器有较好的密封性，因为密封包装是防潮的重要措施，如采用泡罩、真空和充气等严密封闭的包装，既可阻隔外界潮气侵入包装，又可抑制霉菌的生长和繁殖。第三，采用药剂防霉的方法，可在生产包装材料时添加防霉剂，或用防霉剂浸馈包装容器和在包装容器内喷洒适量防霉剂，如采用多茵灵（BCM）、百茵清、水杨酰苯胺、菌舀净、五氯酚钠等，用于纸与纸制品、皮革、棉麻织品、木材等包装材料的防霉。第四，可采用气相防霉处理，主要有多聚甲醛、充氮包装、充二氧化碳包装，也具有良好的效果。

4. 防锈包装

防锈包装是为防止金属制品锈蚀而采用一定防护措施的包装。防锈包装可以采用在金属表面进行处理。如镀金属（包括镀锌、镀锡、镀铬等）镀层不但能阻隔钢铁制品表面与空气接触，且电化学作用时镀层先受到腐蚀，保护了钢铁制品的表面；也可采用氧化处理（俗称发蓝）和磷化处理（俗称发黑）的化学防护法；还可采用除油防锈、涂漆防锈和气相防锈等方法，如五金制品可在其表面涂一层防锈油，再用塑料薄膜封装。涂漆处理是对薄钢板桶和某些五金制品先进行喷砂等机械处理后涂上不同的油漆。气相防锈是采用气相缓蚀剂进行防锈的方法，目前采用的是气相防锈纸，即将涂有缓蚀剂的一面向内包装制品，外层用石蜡纸、金属箔、塑料袋或复合材料密封包装。若包装空间过大，则可添加适量防锈纸片或粉末。此外，还可采用普通塑料袋封存、收缩或拉伸塑料薄膜封存、可剥性塑料封存和茧式防锈包装、套封式防锈包装以及充氮和干燥空气等封存法防锈。

5. 集合包装

集合包装具有提高港口装卸效率，减轻劳动强度，节省装运费用，保护商品，减少损耗和促进商品包装标准化等优点。主要有集装袋、集装箱，托盘组合包装三种类型。

（1）集装袋。它是指用塑料重叠丝编织成的包装袋。优点是重量轻，柔软可折叠，体积小，装载量大。每袋可载1—4 吨的货物，并能重复使用。

（2）集装箱。它是用钢材、铝合金板、纤维板等材料制作的集中装载大量货物的大型包装容器。优点是安全、简便、迅速、节约，便于机械和自动化装卸。可载5—40 吨各类商品，常用于铁路、公路和海上远程运输。

（3）托盘组合包装。它是用木材、塑料、金属材料或玻璃纤维等制成的垫板，有平面式托盘、箱式托盘、立柱式托盘、滑片托盘等几种形式。优点是耐腐蚀，卫生性好，节省费用，减少商品损耗。载重量在0.5—2 吨之间，有的可重复使用。

二、销售包装技法

（一）泡罩包装与贴体包装

泡罩包装是将商品封合在用透明塑料薄片形成的泡罩与底板之间的一种包装方法（见图5－6）。贴体包装是将商品放在能透气的、用纸板或塑料薄片制成的底板上，上面覆盖加热软化的塑料薄片，通过底板抽真空，使薄片紧密包贴商品，且四周封合在底板上的一种包装方法。泡罩包装和贴体包装多用于日用小商品的包装，其特点是透明直观，保护性好，便于展销。

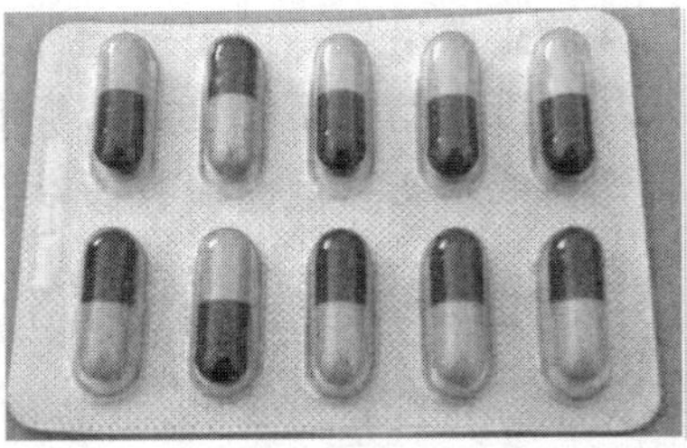

图5－6 泡罩包装

（二）收缩包装

收缩包装是以收缩薄膜为包装材料，包裹在商品外面，通过适当温度加热，使薄膜受热自动收缩紧包商品的一种包装方法。收缩薄膜是一种经过特殊拉伸和冷却处理的塑料薄膜，内含有一定的收缩应力，这种应力重新受热后会自动消失，使薄膜在其长度和宽度方向急剧收缩，厚度加大，从而使内包装商品被紧裹，起到良好的包装效果。收缩包装具有透明、紧凑、均匀、稳固、美观的特点，同时由于密封性好，还具有防潮、防尘、防污染、防盗窃等保护作用。收缩包装适用于食品、日用工业品和纺织品的包装，特别适用于形态不规则商品的包装。

（三）拉伸包装

拉伸包装是用具有弹性（可拉伸）的塑料薄膜，在常温和张力下，裹包单件或多件商品，在各个方向牵伸薄膜，使商品紧裹并密封。它与收缩包装技法的效果基本一样，它的特点是：

（1）采用此种包装不用加热，很适合于那些怕加热的产品，如鲜肉、冷冻食品、蔬菜等；

（2）可以准确地控制裹包力，防止产品被挤碎；

（3）由于不需加热收缩设备，可节省设备投资和设备维修费用，还可节省能源。

（四）保鲜包装

保鲜剂包装，是采用固体保鲜剂（由沸石、膨润土、活性炭、氢氧化钙等原料按一定比例组成）和液体保鲜剂（如以椰子泊为主体的保鲜剂，以碳酸氢钠、过氧乙酸溶液、亚硫酸与酸性亚硫酸钙、复方卵磷脂和中草药提炼的CM保鲜剂等）进行果实、蔬菜的保鲜。固体保鲜剂法是将保鲜剂装入透气小袋封口后再装入内包装，以吸附鲜果、鲜菜散发的气体而延缓后熟过程。液体保鲜剂法为鲜果浸涂液，鲜果浸后取出，表面形成一层极薄的可食用保鲜膜，既可堵塞果皮表层呼吸气孔，又可起到防止微生物侵入和隔温、保水的作用。硅窗转运箱保鲜包装，是采用塑料密封箱加盖硅气窗储运鲜果、鲜菜、鲜蛋的保鲜方法。硅气窗又称人造气窗，在塑料箱、袋上开气窗，有良好的调节氧气、二氧化碳浓度，抑制鲜菜果和鲜蛋的呼吸作用，延长储存期。

（五）脱氧包装

脱氧包装又称除氧封存剂包装，即利用无机系、有机系、氢系三类脱氧剂，除去密封包装内游离态氧，降低氧气浓度，从而有效地阻止微生物的生长繁殖，起到防霉、防褐变、防虫蛀和保鲜的目的。脱氧包装适用于某些对氧气特别敏感的制品。

（六）充气包装和真空包装

充气包装是采用二氧化碳气体或氮气等不活泼气体置换包装容器中空气的包装技术方法（见图5-7）。它是通过改变包装容器中的气体组成成分，降低氧气浓度的方法，达到防霉腐和保鲜的目的。

真空包装是将制品装入气密性容器后，在容器口前抽真空，使密封后的容器基本上设有氧气的包装。一般肉类食品、谷物加工食品及一些易氧化变质商品都可采用此类方法包装。

图5-7　充气包装

（七）高温短时间灭菌包装

它是将食品充填并密封于复合材料制成的包装内，然后使其在短时间内保持135℃左右的高温，以杀灭包装容器内细菌的包装方法。这种方法可以较好地保持色、肉、蔬菜等内装食品的鲜味、营养价值及色调等。

第四节 商品包装标志的识读

商品包装标志包括销售包装标志、运输包装标志、使用说明标志等，它是消费者便于识别的一种记号标志，用来指导和提醒商品在流通、消费过程中的使用说明、使用禁忌或注意事项。《产品质量法》第二十七条规定：产品或者其包装上的标志必须真实，并且要符合一定的要求。

一、销售包装标志

销售包装标志是指赋予商品销售包装容器的一切标签、吊牌、文字、符号、图形及其他说明物，它是生产者、销售者传达商品信息，表现商品特色，推销商品的主要手段，是消费者选购商品、正确保存养护商品及科学消费的指南。

（一）销售包装的一般标志

此类标志一般用文字标志，标志的基本内容包括：商品名称、商标、规格、数量、成分、产地、用途、功效、使用方法、保养方法、批号、品级、商品标准代号、条码等。

（二）商品的质量标志

商品的质量标志就是在商品销售包装上的一些反映商品质量的标记。它说明商品达到的质量水平，主要包括：优质产品标志、产品质量认证标志、商品质量等级标志等。

（三）使用方法及注意事项标志

商品的种类用途不同，反映使用注意事项和使用方法的标志也各有不同。如我国服装已采纳国际通用的服装洗涤保养标志等。

（四）产品的性能指示标志

它指用简单的图形、符号表示产品的主要质量性能。如电冰箱用星级符号表示其冷冻室的温度范围。

（五）销售包装的特有标志

它指名牌商品在其商品体特定部位或包装物内的让消费者更加容易识别本品牌商品的标记。它由厂家自行设计制作，如名牌西服、衬衫、名优酒等都有独特的、精致的特有标志。

（六）产品的原材料和成分标志

它指经国家专门机构检验认定后，颁发的证明产品的原材料或成分的标志。如目前已实施的属于此类的标志有纯羊毛标志、真皮标志（如图 5－8）等。

图 5－8　纯羊毛标志 、真皮标志

二、运输包装标志

运输包装标志是用简单的文字或图形在运输包装外面印刷的特定记号和说明事项，是商品运输、装卸和储存过程中不可缺少的辅助措施。运输包装标志可分为收发货标志、包装储运图示标志和危险货物包装标志。

（一）运输包装收发货标志

1. 收发货标志

收发货标志是指在商品外包装上的商品分类图示标志、文字说明、排列格式和其他标志的总称，也叫识别标志。国家标准《运输包装收发货标志 GB6388－1986》中对此均有具体规定，主要内容见表 5－1。

表 5－1　收发货标志

项目	代号	含义
分类标志	FL	用几何图形和简单的文字表明商品类别的特定符号
供货号	GH	供应该批货物的供货清单号码（出口商品用合同号码）
货号	HH	商品顺序编号，以便出入库、收发货登记和核查商品价格
品名规格	PG	商品名称或代号，标明单一商品的规格、型号、尺寸、花色等
数量	SL	包装容器内含有的商品数量
重量	ZL	包装件的重量（kg），包括毛重和净重

续表

项目	代号	含义
生产日期	CQ	产品生产的年、月、日
生产厂家	CC	生产该产品的工厂名称
体积	TJ	包装件的外径尺寸：长×宽×高（厘米）
有效期	XQ	商品有效期至××月
收货地点和单位	SH	货物到达站、港和某单位（人）收（可用贴签和涂写）
发货单位	FH	发货单位（人）
运输号码	YH	运输单号码
发运件数	JS	发运的件数

2. 商品分类图形标志

商品分类图形标志是按照国家统计目录分类，规定用几何图形加简单文字构成的特定符号，如图5-9所示。同时，按商品类别规定用单色印刷。百货类、医药类、文化用品类用红色印刷；食品类、农副产品类、针纺类用绿色印刷；五金类、交电类、化工类、农药、化肥、机械用黑色印刷。

图5-9 商品分类图形标志

3. 收发货标志的字体和颜色

标志的全部内容，中文都用仿宋体字，代号用汉语拼音大写字母；数码用阿拉伯数码；英文用大写的拉丁文字母。标志必须清晰、醒目，不脱落，不褪色。纸箱、纸袋、塑料袋，钙塑箱，按商品类别以规定的颜色用单色印刷；麻袋、布袋用绿色或黑色印刷；木箱、木桶不分类别，一律用黑色印刷；铁桶用黑、红、绿、蓝底印白字，灰底印黑字。

4. 收发货标志的方式

（1）印刷。适用于纸箱、纸袋、钙塑箱、塑料袋。在包装容器制造过程中，将需要的项目按规定印刷在包装容器上。有些不固定的文字和数字在商品出厂和发运时填写。

（2）刷写。适用于木箱、桶、麻袋、布袋、塑料编织袋。利用印模、镂模，按规定涂写在包装容器上，要求醒目、牢固。

（3）粘贴。对于不固定的标志，如收货单位和到达站需要临时确定，应先将需要的项目印刷在 $60g/m^2$ 以上的白纸或牛皮纸上，然后粘贴在包装件有关栏目内。

（4）拴挂。对于不便印刷、刷写的运输包装件，如筐、篓、捆扎件，将需要的项目印刷在不低于 $120g/m^2$ 的牛皮纸或布、塑料薄膜、金属片上，拴挂在包装件上（不得用于出口商品包装）。

（二）包装储运图示标志

包装储运图示标志是依据商品特性，以文字、图形构成的特殊标志符号，其作用在于警示人们在储运过程中规范操作、避免差错、保护商品。按国家标准 GB/T191－2008 即《包装储运图示标志》中规定，包装储运标志有 17 种，如图 5－10 所示。

图 5－10　包装储运图示标志

（三）危险货物包装标志

危险货物包装标志是为对易燃、易爆、易腐、有毒、放射性等危险商品起警示作用而在运输包装上加印的特殊标记。危险货物包装标志的图形、尺寸、颜色及使用方法在国家标准 GB 190－2009 即《危险货物包装标志》中均有明确规定，如图 5－11 所示。

(1) 标志名称：爆炸品
(符号：黑色，底色：橙红色)

(2) 标志名称：爆炸品
(符号：黑色，底色：橙红色)

(3) 标志名称：爆炸品
(符号：黑色，底色：橙红色)

(4) 标志名称：易燃气体
(符号：黑色或白色，底色：正红色)

(5) 标志名称：不燃气体
(符号：黑色或白色，底色：绿色)

(6) 标志名称：有毒气体
(符号：黑色，底色：白色)

(7) 标志名称：易燃液体
(符号：黑色或白色，底色：正红色)

(8) 标志名称：易燃固体
(符号：黑色，底色：白色红条)

(9) 标志名称：自燃物品
(符号：黑色，底色：上白下红)

(10) 标志名称：遇湿易燃物品
(符号：黑色或白色，底色：蓝色)

(11) 标志名称：氧化剂
(符号：黑色，底色：柠檬黄色)

(12) 标志名称：有机过氧化物
(符号：黑色，底色：柠檬黄色)

(13) 标志名称：剧毒品
(符号：黑色，底色：白色)

(14) 标志名称：有毒品
(符号：黑色，底色：白色)

(15) 标志名称：有害品(远离食品)
(符号：黑色，底色：白色)

(16) 标志名称：感染性物品
(符号：黑色，底色：白色)

(17) 标志名称：一级放射性物品
(符号：黑色，底色：白色，附一条红竖条)

(18) 标志名称：二级放射性物品
(符号：黑色，底色：上黄下白，附二条红竖条)

(19) 标志名称：三级放射性物品
(符号：黑色，底色：上黄下白，附三条红竖条)

(20) 标志名称：腐蚀品
(符号：上黑下白，底色：上白下黑)

(21) 标志名称：杂类
(符号：黑色，底色：白色)

图 5－11　危险货物包装标志

三、使用说明标志

商品使用说明是一种由文字、符号、图示、表格等分别或组合构成，向消费者传递商品信息和说明有关问题的工具。商品使用说明是交付商品的组成部分，是保护消费者利益的一种手段。商品使用说明可分使用说明书、在商品或包装上的使用说明和说明性标签三种。下面着重介绍食品说明标签。

食品说明标签上应标明下列内容：

（1）食品名称。必须采用表明食品真实属性的专用名称。

（2）配料表。除单一配料的食品外，食品标签上必须标明配料表。各种配料必须按加入量的递减顺序一一排列。

（3）净含量及固形物含量。必须标明容器中食品的净含量。按以下方式标明：液态食品，用体积；固态食品，用质量；半固态食品，用质量或体积。容器中含有固、液两相物质的食品，除标明净含量外，还必须标明该食品的固形物含量，用质量或百分数表示。同一容器中如果含有互相独立且品质相同、形态相近的几件食品时，在标明净含量的同时还必须标明食品的数量。

（4）制造者、经销者的名称和地址。必须标明食品制造、包装、分装或销售任一单位经依法登记注册的名称和地址。进口食品必须标明原产国名及总经销者在国内依法登记注册的名称和地址。

（5）批号。必须标明生产批号。

（6）日期标志和储藏指南。必须标明食品的生产日期、保质期或保存期。如果食品的保质期或保存期与储藏条件有关，必须标明食品的储藏方法。产品标准（国家标准、行业标准）中已明确规定保质期或保存期在18个月以上的食品，可以免除标明保质期和保存期。

（7）质量（品质）等级。产品标准（国家标准、行业标准）中已明确规定质量（品质）等级的食品，必须标明食品的质量等级。

（8）产品标准号。必须标明产品的国家标准、行业标准或企业标准的代号和顺序号。

（9）食用方法。为保证食品的正确食用，可以在标签上标明容器的开启方法、食用方法、每日推荐摄入量、烹调再制方法等对消费者有帮助的说明。必要时可以在标签之外单独附加说明。

第五节
包装装潢和商标

商品包装装潢与商标两者同附一商品为同一商品服务，有时两者经常混为一体，极易混淆。装潢是为了保护商品、美化商品和宣传商品，引起人们对商品的美感和需求欲望。而商标是为了区分商品，即把不同企业的同一种或类似商品区别开来，它是一种表明生产者、销售者所生产、销售商品的标记。

一、包装装潢

包装装潢是指包装的造型和表面设计，在科学合理的基础上，加以装饰和美化，使包装的外形、图案、色彩、文字、商标品牌等各个要素构成一个艺术整体，起到传递商品信息、表现商品特色、宣传商品、美化商品、促进销售和方便消费等作用。

销售包装是包装装潢的主要研究对象。因为销售包装和运输包装在商品流通中担负的任务不同，运输包装主要起生产和销售的桥梁作用，销售包装则主要起销售消费的媒介作用。根据杜邦公司进行的市场调查，超过63%的消费者是根据商品的包装装潢来决定是否购买某种商品的。由此可见，包装装潢已成为商品能否立足市场的一个重要因素。

（一）包装装潢的要素

产品包装装潢是包装的表面设计，由外形、构图和材料三个要素构成。

1. 外形

外形要素是指产品销售包装展示面的外形（包括展示面的大小、尺寸和形状），或指装潢纸的外形。

2. 构图

构图要素是销售包装的装饰表面的图形、纹样、色彩、文字的组合。

3. 材料

材料要素主要指销售包装所用材料表面的纹理和质感。

外形、构图、材料三大部分互相制约而又紧密联系，形成一个整体，三者必须协调和统一。一般来说，构图要素是包装装潢的主体部分，它本身必然具有一定的外形，外形要素和构图要素不能离开材料的限制范围去表现。

（二）包装装潢的设计定位

1. 识别功能

商品包装装潢已经成为产品差异化的基础之一。一个设计精良、富于美感、独具特色的商品包装，会从众多商品中脱颖而出，以其独特的魅力吸引消费者的注意并留下深刻印象，由此可以有效地帮助消费者对同类商品的不同品牌加以辨认。同时，包装上准确、详尽的文字说明，有利于消费者正确使用商品。

3. 便利功能

一个牢固、结实、适用的商品包装，可以有效地保护商品；安全可靠的包装，有利于商品的长期储存，延长商品的使用寿命；开启方便的包装，便于消费者使用。总之，根据实际需要，设计合理、便利的商品包装，能使消费者产生安全感和便利感，方便消费者的购买、携带、储存和消费。

3. 美化功能

商品包装本身应具有艺术性，让消费者赏心悦目，得到美的享受。俗话说“三分人才，七分打扮”，就是指外部形象对人们的心理影响。好的包装会使商品锦上添花，有效地推动消费者的购买，而制作粗劣、形象欠佳的包装会直接影响消费者的选择，甚至抑制购买欲望。中国出口到国外的工艺品制作精美，但因包装简陋不得不压价出售；而同样的商品被国外商人买下后，换上崭新的包装，却身价倍增。

4. 联想功能

好的商品包装能使消费者产生丰富的想象和美好的联想，从而加深对商品的好感。例如，“雪碧”饮料以绿色瓶装，配以绿色底色和白色浪花的图案，可以使消费者一望而产生凉爽怡人的感觉。此外，商品包装高雅华贵，可以大大提高商品的档次，使消费者希望受到尊重、自我表现等心理得到极大满足。

（三）包装装潢的禁忌

在使用商品装潢时应注意：根据我国《商标法实施条例》第五十条第（一）项“在同

一种或者类似商品上，将与他人注册商标相同或者近似的标志作为商品名称或者商品装潢使用，误导公众的”，属于《商标法》第五十二条第（五）项所称侵犯注册商标专用权的行为。根据《关于禁止仿冒知名商品特有的名称、包装、装潢的不正当竞争行为的若干规定》（1995年7月6日国家工商管理局公布），《中华人民共和国反不正当竞争法》（1993年9月2日公布）第五条第（二）项“擅自使用知名商品特有的名称、包装、装潢或者使用与知名商品近似的名称、包装、装潢，造成和他人的知名商品相混淆，使购买者误认为是该知名商品”也属于“不正当竞争行为”。这些行为都要承担相应的法律责任。对于一些构思独特、创意新颖的商品装潢设计，可以通过申请外观设计专利或者以版权（即著作权）来予以保护。

二、商标

商标的起源可追溯到古代，现在商标则是一种法律用语。世界知识产权组织官方网站对于商标的定义是：商标是将某商品或服务标明是某具体个人或企业所生产或提供的商品或服务的显著标志。《中华人民共和国商标法（2013年修正）》（以下简称《商标法》）对于商标的解释是：能将自己的商品（含服务）与他人的商品（含服务）区别开的可视性标志，包括文字、图形、字母、数字、三维标志和颜色组合以及上述要素的组合。

（一）商标的特征

（1）商标是用于商品或服务上的标记，与商品或服务不能分离，并依附于商品或服务。

（2）商标是区别于他人商品或服务的标志，具有特别显著性的区别功能，从而便于消费者识别。商标的构成是一种艺术创造。

（3）商标是由文字、图形、字母、数字、三维标志和颜色组合以及上述要素的组合的可视性标志。

（4）商标具有独占性。使用商标的目的就是为了区别与他人的商品或服务，便于消费者识别。因此，注册商标所有人对其商标具有专用权，受到法律的保护，未经商标权所有人的许可，任何人不得擅自使用与该注册商标相同或相类似的商标，否则，即构成侵犯注册商标权所有人的商标专用权，将承担相应的法律责任。

（5）商标是一种无形资产，具有价值。商标代表着商标所有人生产或经营的质量信誉和企业信誉、形象。商标所有人通过商标的创意、设计、申请注册、广告宣传及使用，使商标具有价值，也增加了商品的附加值。商标的价值可以通过评估确定。商标可以有偿转让，经商标所有权人同意，许可他人使用。

（6）商标是商品信息的载体，是参与市场竞争的工具。生产经营者的竞争就是商品或服务质量与信誉的竞争，其表现形式就是商标知名度的竞争，商标知名度越高，其商品或服务的竞争力就越强。

（二）商标的标注与禁忌

1. 商标的标注

商标在使用中的标注有两种形式，见图5-12。一是在商标的右上角加注圆圈里加R。

R 是英文 Register 注册的开头字母，意思是该商标已在国家商标局进行注册申请并已经商标局审查通过，成为注册商标。二是在商标的右上角加注 TM。TM 是英文 Trademark 的缩写，通常表示该商标正在申请注册过程中，虽然还未通过审查，但同样受到法律保护。

图 5－12　带“R”和“TM”的商标

注册商标具有排他性、独占性、唯一性等特点，属于注册商标所有人所独占，受法律保护，任何企业或个人未经注册商标所有权人许可或授权，均不可自行使用，否则将承担侵权责任。

2. 商标的禁忌

（1）《商标法》规定，下列标志不得作为商标使用：同中华人民共和国的国家名称、国旗、国徽、军旗、勋章相同或者近似的，以及同中央国家机关所在地特定地点的名称或者标志性建筑物的名称、图形相同的；同外国的国家名称、国旗、国徽、军旗相同或者近似的，但该国政府同意的除外；同政府间国际组织的名称、旗帜、徽记相同或者近似的，但经该组织同意或者不易误导公众的除外；与表明实施控制、予以保证的官方标志、检验印记相同或者近似的，但经授权的除外；同“红十字”“红新月”的名称、标志相同或者近似的；带有民族歧视性的；夸大宣传并带有欺骗性的；有害于社会主义道德风尚或者有其他不良影响的。

县级以上行政区划的地名或者公众知晓的外国地名，不得作为商标。但是，地名具有其他含义或者作为集体商标、证明商标组成部分的除外；已经注册的使用地名的商标继续有效。

（2）下列标志如未经过使用而取得显著特征并便于识别的，不得作为商标注册：仅有本商品的通用名称、图形、型号的；仅仅直接表示商品的质量、主要原料、功能、用途、重量、数量及其他特点的；缺乏显著特征的。

（3）复制、模仿或者翻译他人未在中国注册的驰名商标禁止使用：就相同或者类似商品申请注册的商标是复制、模仿或者翻译他人未在中国注册的驰名商标，容易导致混淆的，不予注册并禁止使用；就不相同或者不相类似商品申请注册的商标是复制、模仿或者翻译他人已经在中国注册的驰名商标，误导公众，致使该驰名商标注册人的利益可能受到损害的，不予注册并禁止使用。

（三）商标的设计

1. 商标设计的注意事项

（1）切忌模仿，步人后尘。模仿或部分模仿他人商标，将会使自身的商标缺乏独创性。如他人在酒类商品上已注册了“红楼梦”商标，你再申请“红楼梦情”“红楼世家”或“醉红楼”等，不仅失去了独创性，注册申请也很难核准。

（2）繁简适中，易读易记。既要充分考虑易于识别和记忆，又要注意文字或图形太简单而失去显著特征。

（3）暗示特点，体现创意。要与商标指定商品或服务项目相联系，使人联想到商品或服务特点，把商标构思的立意充分体现出来。

（4）结合装潢，主次分明。LOGO、标志是现代经济的产物，它不同于古代的印记，现代标志承载着企业的无形资产，是企业综合信息传递的媒介。企业强大的整体实力、完善的管理机制、优质的产品和服务，都被涵盖于标志中，通过不断的刺激和反复刻画，深深地留在受众心中。

2. 商标名称的拟制原则

给商标命名，除了要符合商标命名的法定要求外，还应注意遵循下列原则：

（1）易认、易读、易懂、易记、易写。商标的名称首先要明白简洁；用词要通俗易懂，不要用艰深冷僻、古奥晦涩的词；用字要力求笔画简单，易于书写印刷，不要用笔画繁杂、难于辨认或已被淘汰的古字、废字；读音要响亮顺口，有音乐美感，要避免结屈聱牙，平仄不分；此外，名称的文字也不能过长。

（2）把握特征，突出重点。商标名称很简短，只能显示商品某一方面的特点，这就要把握特征，突出重点。这种突出，或侧重于展示身份，如“贵州茅台酒”；或侧重于展示技术，如“古汉养生精”；或侧重于展示用料，如“两面针牙膏”；或侧重于展示价值，如“钻石电扇”；或侧重于展示效用，如“白丽牌香皂”；或侧重于勾画形象，如“小白兔牙膏”；或侧重于抒写情趣，如“喜盈门毛巾被”；或侧重于显示气派，如“公主牌钢琴”等。

（3）名实一体，避免自相矛盾。名称要从某一个侧面反映出商品的某种特征，这种特征应该与商品有一定的联系，而不应出现商品的名与实不相称或有损商品形象的现象。如“黑豹牌农用车”，“黑豹”显示了车子的强劲有力；“菊花电扇”的“菊花”给人以清凉感，名实结合是合理的。

（4）要考虑消费对象的心理。商品有一定的消费对象，命名要考虑消费对象心理才能赢得市场。例如，儿童产品要考虑儿童心理，所以有小天使童鞋、大白兔奶糖、娃哈哈果奶。老年保健品要考虑老人的心理，所以有百年乐中成药、老来福口服液、如意牌拐杖。化妆品的消费对象主要是青年女性，所以商标名称时髦洋派，如奥琪、雅倩、海飞斯、丽花丝宝、金芭蕾。高档消费品则针对购买者要慎重选择的特点，用商标名称来显示商品的名贵、精良、耐用、先进，所以有施特劳斯牌钢琴、熊猫牌电视机、航天牌电冰箱、蓝宝石牌手表等。

（5）名称要有美感，有寓意。所谓有美感，是指名称形象鲜明，能使人产生美好联想，如郁金香牌壁纸、企鹅牌羊毛衫、莲花牌味精。有寓意是指名称能包含较多的信息，如“中意”既表明产品引进了意大利技术，又告诉人们该产品令人满意；“老来福”既有中文意思老来得福，又与英文 Longlife（长寿）谐音。

3. 商标名称的拟制方法

（1）介绍说明式。这是一种最常用的方法。这种方法用语平实、通俗，有的介绍产地，如上海、青岛、天津；有的介绍功效，如神力、一匙丽、永久、永芳、健民、如意。

（2）比喻式。这种方式的特点是，名称是喻体，喻指商品某方面的特点，如电视机的名称，“长虹”喻灿烂，“牡丹”喻鲜艳，“孔雀”喻多彩。

（3）暗示式。这种方式的特点是名称虽不是喻体，但它能隐隐约约地透出较多的其他信息。如“华日”暗示了产品的日本技术，“航天”暗示了尖端技术，“男子汉”香烟暗示了某种风度标准、价值取向，“玉羊牌”毛毯暗示了毛毯的用料。

（4）象征式。这种方式的特点是名称能给人以丰富的联想。如“长城”象征了一种创造精神，“黄河”象征了中华民族的古老悠久，这是形象比较具体的象征物。有的更抽象，如“双环”、“三角”，那就只能由消费者自由联想，见仁见智了。

（5）权威式。权威式的特点是用权威命名，或借用名人，如“李宁牌”“星海牌”，或自封权威，如“天王牌”“霸王牌”。

（6）祝愿式。祝愿式的特点是名称有吉祥喜庆色彩，如“美好”“大发”“喜盈门”、“双喜”等。

（四）商标的申请

自然人、法人或者其他组织对其生产、制造、加工、拣选或经销的商品或者提供的服务需要取得商标专用权的，应当依法向国家工商行政管理总局商标局（以下简称“商标局”）提出商标注册申请。

我国现行《商标法》第八条规定：任何能够将自然人、法人或者其他组织的商品与他人的商品区别开的可视性标志，包括文字、图形、字母、数字、三维标志和颜色组合以及上述要素的组合，均可以作为商标申请注册。

国内的申请人办理各种商标注册事宜有两种途径：一是直接到商标局办理；二是委托国家认可的商标代理机构代理。外国人或外国企业在中国办理商标注册事宜必须委托商标代理机构代理，但在中国有经常居所或者营业所的外国人或外国企业除外。

1. 商标的申请流程

商标注册的基本流程主要有注册准备、申请注册、形式审查、商标审查、初审公告、注册公告、领取商标注册证七个阶段。

（1）注册准备。①商标的查询工作。查询是指商标注册申请人或其代理人在提出注册申请前，对其申请的商标是否与在先权利商标有无相同或近似的查询工作。值得注意的是，商标查询虽然不是注册商标的必经程序，但此项工作可以大大减少商标注册的风险，提高商标注册的把握性。在查询过程中，会受数据处理及商标申请审查期等原因的影响，使得部分在先申请的商标无法进入数据库，因此无法查询检索到该部分信息。另外，商标查询与审查工作由不同人员承担，而查询人员与不同审查人员的审查观点上可能出现不同的意见，因此，商标查询的结果不能当作法律依据，不具备法律效力。所以，注册商标之前，找一家专业的商标查询公司或一家具备完善的商标查询条件的商标代理组织是十分重要的。

②申请商标资料的准备。a. 如果是以自然人名义提出申请，需出示身份证及个体工商户、个人合伙等经营主体的营业执照复印件。如果是以企业作为申请人来申请注册，需出示企业的《营业执照》副本及提供经发证机关签章的《营业执照》复印件。盖有单位公章及个人签字的填写完整的商标注册申请书。b. 商标图样10张（指定颜色的彩色商标，应交着色图样10张，黑白墨稿1张）。提供的商标图样必须清晰，便于粘贴，用光洁耐用纸张或用照片代替，长和宽不大于10厘米、不小于5厘米。商标图样方向不清的，应用箭头标明上下方。申请卷烟、雪茄烟商标，图样可以与实际使用的同样大。c. 准备相应的注册费用：2000元左右的费用，包括申请费与代理费。

（2）申请注册。①只有具有以下条件的个人或团体才可在我国提出商标申请：商标注册申请人必须是：依法成立的企业、事业单位、社会团体、个体工商业者、个人合伙或者与中国签订协议或与中国共同参加国际条约或按对等原则办理的国家的外国人或者外国企业。符合上述条件，需要取得商标专用权时，按照自愿的原则，向商标局提出商标注册申请。

②按商品与服务分类提出申请。目前，我国商标法执行的是商品国际分类，它把一万余种的商品和服务项目分为45类，其中，商品34类，服务项目11类。申请商标注册时，应按商品与服务分类表的分类确定使用商标的商品或服务类别。同一申请人在不同类别的商品上使用同一商标的，应当按商品分类在不同类别提出注册申请，这样可以避免商标权适用范围的不正当扩大，也有利于审查人员的核准和商标专用权的保护。

③商标申请日的确定。确立申请日十分重要。由于我国商标注册采用申请在先原则，一旦发生商标权的争议，申请日的先后成为确定商标权的法律依据。商标注册的申请日以商标局收到申请书件的日期为准（日期的最小单位为日）。

（3）形式审查。形式审查是商标注册主管机关对商标注册申请的书面文件以及一些形式要件，如申请书、委托书上是否有差错进行审查。对通过形式审查的商标申请，核发商标申请受理通知书。申请人即可在商标上标注“TM”。

（4）商标审查。商标审查是商标注册主管机关对商标注册申请是否合乎《商标法》的规定所进行的检查、资料检索、分析对比、调查研究并决定给予初步审定或驳回申请等一系列活动。

（5）初审公告。商标的审定是指商标注册申请经审查后，对符合《商标法》有关规定的，允许其注册的决定，并在《商标公告》中予以公告。初步审定的商标自刊登初步审定公告之日起三个月没有人提出异议的，该商标予以注册，同时刊登注册公告。

（6）注册公告。商标注册是一种商标法律程序。由商标注册申请人提出申请，经商标局审查后予以初步审定公告，三个月内没有人提出异议或提出异议经裁定不成立的，该商标即注册生效，受法律保护，商标注册人享有该商标的专用权。一个商标从申请到核准注册，大约需两年至三年时间。注册商标的有效期为十年，自核准注册之日起计算，注册商标有效期满，需要继续使用的，可以申请商标续展注册。

(7) 领取商标注册证。通过代理的，由代理人向商标注册人发送《商标注册证》。直接办理商标注册的，商标注册人应在接到《领取商标注册证通知书》后三个月内到商标局领证。

2. 商标的申请书

商标注册申请书

申请人名称：
申请人地址：
是否共同申请：□是　　　　□否
邮政编码：
联系人：
电话（含地区号）：
传真（含地区号）：
代理组织名称：
商标种类：□一般　　□集体　　□证明　　□立体　　□颜色
商标说明：
类别：
商品/服务项目：
（附页：　页）
申请人章戳（签字）：　　　　　　　　　　代理组织章戳：
　　　　　　　　　　　　　　　　　　　　代理人签字：

将一张商标图样贴在格内，另附五份商标图样。指定颜色的附着色图样五份和黑白稿一份。图样应不大于 10×10cm，不小于 5×5cm。

注：1. 未委托代理的，不需填写代理项目。

2. 申请商标的种类在“商标种类”一栏的方框中选择（一般、集体、证明三项只能选其一，立体和颜色可以多选）。

3. 共同申请注册同一商标的，申请人名称/地址栏填写代表人名称/地址，同时在“是否共同申请”一栏选择“是”，其他共同申请人在申请表附页填写名称（不需要填写地址）。

4. 收费标准：受理商标注册费1000元，10个商品/服务项目以上（不含10个），每超过一个，另加收100元。受理集体商标注册费3000元，受理证明商标注册费3000元。

5. “商标说明”一栏填写内容：商标图样外文的含义、特殊字体的文字表述、立体/颜色商标的说明。

本章导入案例点评

问题：

1. “美丽垃圾”产生的原因有哪些？

答：一般来说“美丽垃圾”产生的原因源于商品的过度包装。

2. 如何才能控制“美丽垃圾”的产生？

答：严禁商品过度包装，贯彻节约、低碳的消费理念。

延伸问题：

1. 商品包装的作用有哪些？

答：商品包装在商品从生产领域转入流通和消费领域的整个过程中起着非常重要的作用，其主要功能有：保护功能、容纳功能、便利功能、促销功能、升值功能。

2. 从商品包装上能够读到哪些信息？

答：商品包装所含的商品信息很多，主要有四类：一是商品的品质、性能信息；二是商品的使用说明信息；三是商品的注意事项信息；四是商品品牌荣誉信息等。

思考与练习

一、选择题（1—3题为单项选择题、4—10题为多项选择题）

1. 销售包装和运输包装，其主要区别在于(　　)。

A. 保护功能　　B. 便利功能　　C. 促销功能　　D. 升值功能

2. 包装材料中使用最广泛的是(　　)。

A. 纸张　　B. 金属　　C. 玻璃　　D. 塑料

3. 一般肉类食品、一些易氧化变质商品都可采用(　　)包装。

A. 充气包装　　B. 真空包装　　C. 泡罩包装　　D. 贴体包装

4. “商品包装”一词的含义主要有(　　)。

A. 盛装商品的容器　　B. 包扎商品的过程

C. 包扎商品的技术　　D. 盛装商品的容器装潢

5. 商品包装在商品从生产领域转入流通和消费领域的整个过程中起着非常重要的作用，

其主要功能有(　　)。

A. 保护功能　　B. 便利功能　　C. 促销功能　　D. 升值功能

6. 商品包装材料选取的基本要求有(　　)。

A. 保护性能　　B. 外观装饰性能

C. 方便使用性能　　D. 加工操作性能

7. 商品包装要做到绿色、环保，应该在包装中坚持(　　)。

A. 节能　　B. 高功能　　C. 低耗　　D. 防污染

8. 过度包装的危害表现在(　　)方面。

A. 浪费大量资源　　B. 污染环境

C. 损害社会利益　　D. 诱发社会奢侈风气

9. 改进更新包装的方式通常有(　　)方式。

A. 剧变式　　B. 改良式　　C. 渐变式　　D. 继承式

10. 集合包装主要有(　　)三种类型。

A. 集装袋包装　　B. 集装箱包装　　C. 托盘组合包装　　D. 打包包装

二、简答题

1. 如何合理选择商品包装材料?
2. 如何制定科学的商品包装策略?
3. 商标申请的程序是什么?
4. 商标设计应该遵循哪些原则?

三、实务分析题

1. 利用报纸练习常见的盒状商品的包装技术。
2. 绘画各种商品包装标示。

实习与实训

在本学习项目进行后可以组织学生利用废旧报纸进行商品包装训练，也可以让学生对本项目学习过的商品标志进行绘画。

商品包装竞赛和包装标志绘画

1. 实训目的：锻炼学生将所学知识运用于实践的能力；训练学生包装标志识读与绘画能力和商品简单的包装技术。

2. 实训内容：商品包装竞赛和包装标志绘画。

3. 环境要求：画笔、颜料、纸张、包装材料、纸盒教室。

4. 实训流程：准备题目——绘画（包装）——展示介绍——评比。

5. 注意事项：①制定相关比赛规则；

②每班不少于10名选手；

③选出5名评委。

6. 实训作业：商品标志的绘画作品及商品包装的竞赛成绩。

第六章 商品养护管理

教学指南

单元名称	商品养护管理	课时	课内4/课外6
单元内容	本章介绍了商品质量变化现象及其影响因素，介绍了商品的养护管理概念和工业商品、食品商品的养护管理方法，还介绍了商品仓储管理方法及措施等。		
学习目标	(1) 了解商品质量变化的现象； (2) 理解商品养护的目的； (3) 了解工业商品养护管理的一些方法； (4) 掌握食品商品养护管理的一些方法； (5) 熟悉仓储管理的内容和流程； (6) 能分析影响商品质量变化的因素； (7) 能胜任商品仓库管理工作。		
学习重点	(1) 商品的质量变化； (2) 影响商品质量变化的因素； (3) 食品的养护管理； (4) 仓库管理的内容和流程。		
实训内容	仓储公司养护管理实习		
课时分布	第一节 商品质量变化及影响因素分析 一、商品的质量变化……………………0.5课时 二、影响商品质量变化的因素……………………0.25课时 第二节 商品的养护管理 一、商品养护概述……………………0.25课时 二、工业商品的养护管理……………………1课时		

续表

课时分布	三、食品商品的养护管理 ………………………… 1课时 第三节 商品仓储管理 一、仓储管理原则 ………………………… 0.25课时 二、仓储管理的内容和流程 ………………………… 0.25课时 三、仓储管理作业中应注意的问题 ………………………… 0.25课时 四、仓储管理制度 ………………………… 0.25课时 实训（课外） ………………………… 6课时

导入案例

盛夏皮鞋保养“三勤”

盛夏即将来临，对于不得不穿皮鞋上班的“正装”一族而言，如何才能给予它们最贴心的爱护呢？行家们叮嘱，皮鞋保养要做到“三勤”。

勤“换岗”。皮革都是有弹性的，烈日下，高温和汗水都会让它变得松弛，只有经过一定时间的休眠，才能充分干燥。行家建议，为了延长每双鞋的寿命，最好让它们交替“上岗”，每天穿同一双鞋的做法有可能加速其早老化。新鞋里通常都会塞满废纸，并用支撑棍顶住鞋头和鞋跟，这些看似无用的“垃圾”，你还是不丢为好，在“休眠期”，您可以把它们重新塞进鞋内，帮助皮鞋回复原来的楦型，使下次穿着更舒适。

勤清洁。夏季阵雨频繁，若是踩了一路的水趟回家，您应该尽快用软布或纸巾将受潮严重的部分水分吸干，并拭去溅在表面上的泥点。若有较大泥块附着，则可以借助小刀刀背将其刮去，再用稍稍蘸湿的棉布擦净痕迹。皮革在受潮后往往比平时脆弱，因此，做这些的时候，您的动作一定要轻柔。

勤“美容”。上光、涂油的频率不宜太高，但一定不能省。除了同色保养油，其实一些日常食物也有皮革保养功能。例如，吃完香蕉后，您可以用香蕉皮较粘的内侧擦拭皮鞋，待其干燥后，被浸润的皮鞋会重焕光泽。若是皮鞋表面出现了裂纹，您可以用些蜡烛粉末充到纹内，并用熨斗熨平，再擦上同色鞋油。

问题：

夏季皮鞋养护有哪些方法？

延伸问题：

商品养护的重要性是什么？

第一节 商品质量变化及影响因素分析

商品的质量是指商品在一定条件下，满足人们需要的各种属性。由于商品本身的性能特点不同以及受各种外界因素的影响，商品在储存期间有可能发生各种各样的质量上的变化。为保养维护好商品质量，我们必须了解和掌握商品质量变化规律及其影响因素，以确保储存商品的安全。

一、商品的质量变化

由于商品受各种内因和外因的影响，质量变化种类繁多，但主要有物理机械变化、化学变化、生理生化变化等。

（一）商品的物理机械变化

商品的物理性质是物质本身的一种属性，它是指物质不需要发生化学变化就表现出来的性质，例如颜色、重量、光泽、气味、状态、密度、熔点、沸点、溶解性、延展性、导电性、透水性、透气性、耐热性等。物理变化只改变物质的外表形态，不改变其本质，没有新物质的生成，不涉及物质分子化学组成的改变。

商品的机械变化是指商品在外力的作用下，发生其形态上的变化。物理机械变化后，结果不是数量损失，就是质量降低，甚至失去使用价值。

商品常发生的物理机械变化主要有以下几种：

1. 挥发

挥发是指液体成分在没有达到沸点的情况下成为气体分子溢出液面。大多数溶液存在挥发现象，但是由于溶质的不同而表现出挥发性的不同。挥发的速度受气温的高低、空气流动速度的快慢、液体表面接触空气面积的大小、液面上其他气体的密度等因素的影响。

液态商品的挥发，不仅会使商品数量减少，有的还严重影响商品的质量，特别是有的挥发气体，不仅影响人体健康，甚至还会引起燃烧爆炸。例如各种香精受热易散发香气，质量下降；乙醚、丙酮等挥发出来的蒸汽具有毒性和麻醉性，对人体健康有影响；还有些液体商品挥发出来的气体与空气混合成一定比例时，会成为易燃易爆的气体，若接触火星就会引起燃烧或造成爆炸事故等。常见易挥发的商品如白酒、酒精、花露水、香水、医药中的一些试剂、部分化肥农药、杀虫、油漆等。

防止商品挥发的主要措施是加强包装密封性。此外，要控制仓库温度，高温季节要采取降温措施，使易挥发商品在较低温度条件下储存，以防挥发。

2. 熔化

熔化是指商品受热后发生变软以至变成液体的现象。商品的熔化除受环境温度的影响外，还与商品本身的熔点、商品中杂质种类和杂质含量高低密切相关。熔点越低，越易熔化；反之，越难熔化。

常见易熔化的商品如医药商品中的油膏类、胶囊等；百货商品中的香脂、发蜡、蜡烛等；化工商品中的松香、石蜡、硝酸锌等；文化用品中的复写纸、打字纸等。这类商品熔化，有的会造成商品流失，有的会使商品与包装粘连在一起，有的商品因产生熔解而体积膨胀，使包装胀破，有的还可能玷污其他商品等。

防止商品熔化的主要措施，通常是采用密封和隔热措施，加强库房的温度管理，防止日光照射，尽量减少高温的影响。

3. 溶化

溶化是指固体商品在潮湿空气中能吸收水分，当吸收水分达到一定程度时，就溶化成液体的现象。

具有吸湿性的商品在一定条件下会不断地从空气中吸收水分。如果该商品同时又具有水溶性，则该商品与水分接触时，水分扩散到商品体中，破坏其分子中原有的紧密联系，均匀地分散到水溶液里，于是商品逐渐被潮解，以至完全溶化为液体。但是有些商品，如硅胶、纸张、棉花等，虽然它们也有较强的吸湿性，但不具有水溶性，吸收水分再多，它们也不会被溶化。还有些商品如硫酸钾、过氯酸钾等虽然具有水溶性，但是由于它们的吸湿性很低，所以也不易溶化。由此可见，易溶性商品必须具有吸湿性和水溶性两种性能的商品，在一定条件下，才会被溶化。

商品溶化主要受商品的组成成分、结构、性质以及大气的相对湿度、气温等因素的影响。比如，空气的相对湿度的大小对商品溶化的影响就很大，易溶性商品虽具有吸湿性和水溶性，但在空气相对湿度很低时，仍然不能从空气中吸收水分而溶化，相反含有结晶水的商品，还可能丧失水分而“风化”。再如，各种商品在不同的温度下，吸湿能力也不同，一般来说，随着环境温度的升高，商品的吸湿点就会不断下降，商品就易于吸湿溶化。

防止商品溶化的主要措施，是控制好库房的温度和湿度，同时还应按商品性能分区、分类存放，在堆码时要注意底层商品的防潮和隔潮。

4. 渗漏

渗漏主要是指液体商品，特别是易挥发的液体商品，由于包装容器密封不良，包装质量不符合内装商品的性质要求，搬运装卸时碰撞震动，而使商品发生跑、冒、滴、漏的现象。

商品渗漏，与包装材料性能、包装容器结构及包装技术优劣有关，还与仓储温度变化有关。例如，某些液体商品包装质量较差，有的容器有砂眼、气泡或焊接不严等；有些包装材料耐腐蚀性差，受潮锈蚀；有的液体商品因气温升高，体积膨胀或汽化，使包装内部压力加大而胀破包装容器；有的液体商品在低温或严寒季节，也会发生体积膨胀造成包装容器破裂；还有些商品如玻璃、陶瓷制品、搪瓷制品、铝制品、皮革制品等，在搬运过程中，受到碰撞、挤压和抛掷等外力作用下，会发生破碎、变形、结块、脱落散开等形态上的变化，致使商品的质量降低或完全丧失了它们的使用价值。

防止商品渗漏的主要措施，是选用合适的包装材料和先进的包装技术，同时对商品加强入库验收和在库商品检查及温度、湿度控制和管理。

5. 串味

串味是指吸附性较强的物品吸附其他气体、异味，从而改变本来气味的变化现象。

商品具有吸附性、易串味的原因，主要是由于它的成分中含有胶体物质，以及具有疏松、多孔性的组织结构。常见易被串味的物品有大米、面粉、木耳、食糖、饼干、茶叶、卷烟等。常见的引起其他物品串味的物品有汽油、煤油、桐油、腊肉、樟脑丸、肥皂、化妆品以及农药等。

物品串味与其表面状况，异味物质接触面积的大小、接触时间的长短，以及环境中异味的浓度有关。

预防物品串味的主要措施是，对易被串味的物品应尽量采取密封包装，在储存和运输过程中不与有强烈气味的物品同车、船混载或同库储藏，同时还要注意运输工具和仓储环境的清洁卫生。

6. 沉淀

沉淀是指含有胶质和易挥发成分的物品，在低温或高温等因素影响下，部分物质凝固，进而发生沉淀或膏体分离的现象。常见的物品有墨汁、墨水、牙膏、化妆品等。某些饮料、酒在仓储中，也会析出纤细絮状的物质而出现浑浊沉淀的现象。

商品沉淀主要受商品的组成成分、性质以及外界温度等的影响。因此，预防商品的沉淀，应根据不同物品的特点，防止阳光照射，同时做好冬季保温和夏季降温工作。

阅读材料

农夫果园，喝前摇一摇

农夫果园的广告：对身着沙滩装的胖父子在一家饮料店前购买饮料。他们看见农夫果园的宣传画上写着一句“农夫果园，喝前摇一摇”，于是，父子举起双手滑稽而又可爱地扭动着身体，美丽的售货小姐满脸狐疑地看着他俩。（镜头一转）口播：“农夫果园由三种水果调制而成，喝前摇一摇。”（远景）父子俩继续扭动屁股越走越远。

在农夫果园打出上面这句广告词之前，许多果汁饮料甚至口服液的产品包装上均会有这样一排小字——“如有沉淀，为果肉（有效成分）沉淀，摇匀后请放心饮用”。这排小字看似是要消除一种误会，就是有了沉淀并不是产品变质了，只需摇匀后喝就行了。

7. 玷污

玷污是指商品外表沾有其他脏物或染有其他污秽，而影响商品质量的现象。

商品玷污的主要原因是生产、储运中卫生条件差及包装不严等造成的。对一些外观质量要求较高的商品，如针织品、服装、精密仪表等要特别注意。

8. 破碎与变形

破碎与变形是常见的机械变化，是指商品在外力作用下所发生的形态上的改变。

商品的破碎主要是脆性较大的商品。所谓脆性，是指材料在外力作用下，如拉伸、冲击等仅产生很小的变形即断裂破坏的性质。如陶瓷、搪瓷制品、玻璃等，因包装原因或在运输过程中受到碰、撞、挤、压、抛掷，而破碎、掉瓷、变形等。商品的变形通常是塑性较大的商品。所谓塑性，是指材料承受外力作用时发生形变，除去外力后，不能自动恢复原来的形状的性质。如钢材、橡胶、塑料等，由于受到强烈的外力撞击或长期重压，商品丧失回弹性能，从而发生形态改变。

商品的破碎与变形主要受商品的组成成分、性质以及外力作用等的影响。因此，对于容易发生破碎和变形的商品，要注意妥善包装，轻拿轻放，在库堆码高度不能超过一定的压力限度。

（二）商品的化学变化

商品的化学性质，是商品在流通和使用过程中在光线、空气、水、热、酸、碱等各种因素作用下，其成分发生化合、分解、置换、复分解、聚合等化学反应的性质。而在变化中生成其他新的物质的变化，我们叫作化学变化，如铁的生锈、铜在潮湿的空气中变成绿色等。

商品的化学变化与物理变化有本质的区别。化学变化，是指不仅改变了商品的外表形态，也改变了商品的本质，并且有新物质生成，且不能恢复原状的变化现象。商品的化学变化过程即商品质变过程，严重时会使商品失去使用价值。

商品常发生的化学变化主要有以下几种：

1. 氧化

氧化广义上是指在化学反应中物质得电子的反应，而狭义上是指商品在空气中氧的作用下发生的反应。如棉、麻、丝等纤维织品若长期与日光接触，使商品变色变质；桐油制品中的桐油被氧化而放热，使温度升高，引起自燃等。商品的氧化在绝大多数情况下，会降低商品的质量，有的会使商品丧失使用价值，更有甚者会发生爆炸事故。

2. 分解

分解是化学反应的常见类型之一，是化合反应的逆反应。它是指一种化合物在特定条件下分解成两种或两种以上物质的现象。

3. 锈蚀

锈蚀是指金属商品与周围介质发生化学作用或电化学作用而引起的破坏现象。金属制品的锈蚀，不仅使制品重量下降，更为严重的是会影响制品的质量和使用价值。

4. 风化

风化是指在室温和干燥空气里，结晶水合物失去结晶水的现象。风化是一个化学变化过程。例如，日常生活中碱块（$Na_2CO_3 \cdot 10H_2O$）放置在空气中会失去结晶水，变成粉末状物质碱面（Na_2CO_3），就是风化现象，这不仅减少了商品的数量，也影响了商品的质量。

5. 燃烧与爆炸

燃烧是物体快速氧化，产生光和热的化学变化过程。燃烧是必需三种要素并存才能发生，分别是可燃物如燃料、助燃物如氧气及温度要达到燃点。

爆炸是指物质由一种状态迅速地转变成另一种状态，并瞬间放出大量能量的现象。爆炸通常可分为三类：由物理原因引起的爆炸称为物理爆炸，如压力容器爆炸；由化学反应释放能量引起的爆炸称为化学爆炸，如炸药爆炸；由物质的核能的释放引起的爆炸称为核爆炸，如原子弹爆炸。

由于燃烧与爆炸不仅对于商品，而且对于居民、环境等都危害较大，所以，对于仓库商品中磷类、汽油、油漆、赛璐珞等易燃品，黑火药、爆竹等易爆品应加强仓储管理。

6. 老化

老化是指高分子材料（如橡胶、塑料、合成纤维等）在储存过程中，在光、热、氧等的作用下出现发黏、脆硬、龟裂、褪色等现象。商品老化是一种不可逆的变化，是构成商品高分子材料的大链发生降解和交联两类反应的结果。

（三）商品的生理生化变化

商品的生物学变化，是指有生命活动的有机体商品，在生长发育过程中，为了维持它们的生命，本身所进行的一系列生理变化。例如，蔬菜、水果、鲜鱼、鲜肉、鲜蛋等有机体商品往往由于本身的特性，在储存过程中受到外界环境的影响会发生各种变化。这些变化有的能够促进产品质量的提高和完善，如番茄、香蕉、柿子等的后熟作用，但有些会降低产品的使用价值，甚至会使商品失去使用价值，如鱼的软化变质。

商品常发生的生物学变化主要有以下几种：

1. 呼吸作用

呼吸作用是指有机体商品在生命活动中，不断地进行呼吸，分解体内有机物质，产生热能，维持其本身的生命活动的现象。如果这种作用停止了，就意味着有机体商品生命力的丧失。呼吸作用可分为有氧呼吸和无氧呼吸两种。

有氧呼吸是指细胞在氧的参与下，通过酶的催化作用，把糖类等有机物彻底氧化分解，产生二氧化碳和水，并释放出热量。有氧呼吸是高等动物和植物进行呼吸作用的主要形式。可以用下列反应式表示：

$$C_2H_{12}O_6 \xrightarrow{\text{酶}} 6CO_2 \uparrow + 6H_2O + 674\ \text{千卡（热量）}$$

无氧呼吸是指细胞在无氧的条件下，通过酶的催化作用，把葡萄糖等有机物质分解成为不彻底的氧化产物，同时释放出少量能量的过程。这个过程对于高等植物、高等动物和人来说称为无氧呼吸。如果用于微生物如乳酸菌、酵母菌等，则习惯上称为发酵。可以用下列反应式表示：

$$C_6H_{12}O_6 \xrightarrow{\text{酶（无氧）}} 2C_2H_5OH + 2CO_2\uparrow + 117.04\ \text{千卡（热量）}$$

不管是有氧呼吸还是无氧呼吸，都消耗有机体商品内的营养物质，从而降低商品的质量。如苹果，随着有氧呼吸的进行，会使储藏的苹果滋味变淡，所释放的热量若不能及时散发出去，会使苹果腐烂变质。同时，由于呼吸作用，有机体分解出来的水分，有利于有害微生物生长繁殖，从而加速商品的霉变。但是，对于苹果来说无氧呼吸比起有氧呼吸对其质量的危害性更大。因为无氧呼吸所释放的能量较少，为了满足其生理活动对能量的要求，就要消耗更多的养分，这样会使苹果的风味降低，而且无氧呼吸可以导致酒精积累，引起有机体细胞中毒，造成生理病害，缩短储存时间。

所以，为了达到保存鲜活商品质量和减少损耗以及延长贮存期限的目的，要创造适宜的外界环境以保持有机体的正常而最低的呼吸作用，抑制旺盛呼吸，防止缺氧呼吸。

2. 后熟作用

后熟作用是指有生命的有机体商品如香蕉、柿子等，从收获成熟到生理成熟和工艺成熟，品质不断改善的变化过程，它是鲜活商品脱离母株后成熟过程的继续。这主要是由于有机体内含有各种酶会引起一系列复杂的生理变化。如淀粉水解为单糖而产生甜味；有机酸数量相对减少，同时产生挥发油和芳香油而增加其芳香；叶绿素分解消失，类胡萝卜素和花青素显露而显红色、黄色、紫色等。总之，瓜果类后熟作用能改进色、香、味及适口的硬脆度等食用性能。

影响有机体商品后熟作用的因素主要是高温、氧气和某些有刺激性的气体如乙烯、酒精等。但当后熟作用完成后，则容易腐烂变质，难以继续储藏甚至失去使用价值。因此，对于这类商品，应在其成熟之前采收，如要延缓后熟和延长储藏时间，应在储藏中采用适宜的低温和适量的通风；如要加快后熟作用，则可以采用适当的高温，密封以及利用某些催化剂以加强酶的活性等措施，以加快后熟过程，满足市场销售的需要。

3. 胚胎发育

这里主要指鲜蛋的胚胎发育。鲜蛋在流通过程中如果温度适宜，胚胎往往发育成血丝蛋、血坏蛋。经过胚胎发育的禽蛋，其新鲜度和食用价值大大降低。为抑制鲜蛋的胚胎发育，必须加强温湿度管理和选用合理的商品包装，最好在低温或截止供养状态下储存与运输。

4. 发芽

发芽是指有机体商品在适宜条件下，冲破“休眠”状态，发生的发芽、萌发现象。发芽的结果会使有机体商品的营养物质转化为可溶性物质，供给有机体本身的需要，降低有机体商品的质量。而且，有时发芽、萌发的过程中，会产生毒素，比如，土豆发芽会产生龙葵素，从而丧失有机体商品的使用价值。因此，对于能够发芽、萌发的商品必须控制其水分，并加强温湿度管理，防止发芽、萌发现象的发生。

5. 僵直

僵直又叫僵硬或尸僵，是指畜禽、鱼失去生命后，肌肉在一段时间内发生的生化和形态上的变化，如肌肉失去原有的弹性，变得僵硬，肉片呈不透明状态等。僵直形成的原因主要是由于动物死后，血液循环停止，组织内中断了氧气供给，肉中的糖原在缺氧的情况下酵解产生乳酸，使动物肉的 PH 值下降，肉中的蛋白质发生酸性凝固，造成肌肉组织的硬度增加，因而出现僵直状态。

在尸僵阶段的肌肉组织紧密、挺硬，弹性差，无鲜肉的自然气味，烹调时不易煮烂，消化率低，肉的食用品质差。但是僵直期的动物肉的 PH 值较低，组织结构也较紧密，不利于微生物的繁殖，所以适于冷冻储藏。而一般鱼类在死后的僵直期新鲜度最高，食用价值也最大。

6. 软化

软化是指畜禽鱼在僵直达到最高点后进一步发生的变化，如逐渐由硬变软，恢复弹性，蛋白质和三磷酸腺苷分解，使肌肉变得柔软而有弹性。同时，肌肉蛋白质在肌肉中组织酶的作用下产生部分分解，形成与风味有关的化合物如多肽、二肽、氨基酸、亚黄嘌呤等，使肉具有鲜美滋味，达到肉的最佳食用期。但鱼类软化后往往会降低价值，甚至腐败变质。高温时软化速度较快，当温度低于 0℃ 时则软化停止，故冷冻储藏可防止畜禽鱼等软化。

（四）其他生物引起的变化

其他生物引起的变化主要是指商品在外界有害生物作用下受到破坏的现象，如虫蛀、霉腐等。

1. 虫蛀

虫蛀主要是在商品储存期间，常常会遭到仓库害虫的蛀食。仓库害虫的种类繁多，目前世界上已定名的仓虫有 600 多种，我国有记载的有 200 多种，其中对商品危害严重的有 70 多种。仓库害虫大多数属于昆虫纲下鞘翅目、等翅目、鳞翅目、蜚蠊目、蜱满目。它们主要危害毛织品、蚕丝织品、人造纤维织品、天然革制品、木制品、毛皮、粮食、羽毛制品、纸张、中草药、烟草等。它们不仅破坏商品的组织结构，使商品发生破碎和洞孔，而且排泄各种代谢废物污染商品，影响商品的质量和外观，降低商品的使用价值。

2. 霉腐

霉腐是商品在微生物作用下所发生的霉变和腐败现象。在气温高、湿度大的季节，如果仓库的温度湿度控制不好，储存的针棉织品、皮革制品、鞋帽、纸张、香烟等许多商品就会霉变，肉、蛋、鱼就会腐败发臭，水果、蔬菜就会腐烂，果酒变酸等。无论哪种商品，只要发生霉变，质量就会有不同程度的降低，严重霉腐可使商品完全失去使用价值。有些食品还会因腐败变质产生能引起人畜中毒的有毒物质。

二、影响商品质量变化的因素

在日常生活中，商品的质量变化是可以经常看到的，诸如金属器具的锈蚀，食品的酸败、腐烂、霉变，木制家具的腐朽或虫蛀，塑料、纤维、羊毛制品的老化等。这些变化都会影响到商品的质量。引起商品质量变化的原因很多，总的来说可以分为内因和外因两个方面。内因是变化的前提，外因是变化的条件。影响商品质量变化的内因主要是商品成分、结构和性质。这些内因在商品特性中有较详细的阐述，这里只是对影响商品质量的外界因素进行讨论。影响商品质量变化的外界因素主要有日光、空气中的氧气、臭氧、温度、湿度、卫生条件、有害气体等。

（一）日光

日光中包含着各种频率的色光以及红外线和紫外线。它对商品起着正反两方面的作用。日光中的红外线有增热作用，可以增加商品的温度，降低商品的含水量。紫外线对微生物有杀伤作用。所以，在一定条件下有利于商品的保护。但是有些商品在日光照射下发生剧烈或缓慢的破坏作用，例如酒类在日光下与空气中的氧作用会变浑浊；油脂会加速酸败；橡胶、塑料制品会加速老化；商品的成分中如含有不饱和的化学键在日光的作用下，易发生聚合反应，桐油、福尔马林等结块沉淀就属于这种情况。有些商品如油布、油纸在日光照射下氧化放热，若不及时散热，不仅会加速这些商品的氧化，而且可能达到自燃点引起火灾。照相胶卷和感光纸未使用时见光，会发生光化学反应而丧失使用价值。因此，要根据各种不同商品的特性，注意合理地利用日光。

（二）空气中的氧和臭氧

氧是无色、无臭、无味的气体，熔点为 $-218.4℃$，沸点为 $-182.962℃$，气体密度为 1.429 克/立方厘米。液态氧是淡蓝色的。在空气中约含有 21% 的氧气。氧是化学性质活泼的元素，商品发生化学和生化变化绝大多数都与空气中的氧有关。氧能与许多商品直接化合，使商品氧化，不仅降低商品质量，有时还会在氧化过程中产生热量，发生自燃，甚至还会发生爆炸事故。如氧可以加速金属商品锈蚀；氧是好气性微生物活动的必备条件，使有机体商品发生霉变；氧是害虫赖以生存的基础，是仓库害虫发育的必要条件；氧是助燃剂，不利于危险品的安全储存；在油脂的酸败，鲜活商品的分解、变质中，氧都是积极的参与者。由此可见，氧对商品质量变化有着极大的影响，因此，在储存中我们要针对商品的具体性能，研究相应的包装技术和方法，控制包装内的含氧量。

臭氧是氧的同素异形体，在常温下，它是一种有特殊臭味的蓝色气体，液态呈深蓝色，固态呈蓝黑色。大气层中的氧气发生光化学作用时，便产生了臭氧，因此，在离地面垂直高度 15 千米至 25 千米处形成臭氧层，而在接近地面大气层中的浓度很低，但对商品的破坏性很大。臭氧的稳定性低，它能分解出原子态氧，因而其化学活性比氧更强，对商品的破坏性也大。

（三）空气温度

空气温度是指空气的冷热程度，简称气温。气温是影响商品质量变化的一个主要因素。一般商品在常温或常温以下，都比较稳定。高温能够促进商品的挥发、渗漏、溶化等物理变化及各种化学变化，而低温又容易引起某些商品的冻结、沉淀等变化，从而影响到商品质量。此外，温度也是微生物和害虫生长繁殖的前提条件，适宜的温度会加速商品的腐败和虫蛀。

（四）空气湿度

空气湿度是指空气的干湿程度。空气湿度的改变，能引起商品的含水量、化学成分、外形或体态结构发生变化。湿度下降，可使商品含水量降低，如蔬菜、水果、肥皂等会发生萎蔫、干缩变形；纸张、皮革制品等失水过多，会发生干裂或脆损。湿度增加，可使商品含水量相应增加，如食糖、盐、化肥等易溶性商品结块、膨胀或进一步溶化；金属制品加速锈蚀；纺织品、卷烟等发生霉变或虫蛀等，从而使商品发生质量的改变。湿度适宜，可保持商品具有正常的含水、外形或体态结构和重量。所以，在商品养护中，必须根据不同商品的特性，尽量创造适宜的空气湿度。

（五）卫生条件

卫生条件是保证商品特别是食品免于变质腐败的重要条件之一。卫生条件不好，不仅使垃圾、灰尘、油污等污染商品，影响商品质量，还为微生物、害虫等提供滋生场所，促使商品腐败变质。因此，商品在储存过程中，一定要注意卫生条件，以保持商品质量的稳定。

（六）有害气体

有害气体是指存在于大气中的危害性较大的气体状污染物质，主要包括酸性有害气体和氧化性有害气体，例如二氧化硫、硫化氢、氯化氢等。这些有害气体主要来自煤、石油、天然气、煤气等燃料放出的烟尘和工业生产过程中的粉尘、废气。商品储存在有害气体浓度大的空气中，其质量变化明显。例如二氧化硫，具有强烈的腐蚀作用，能够腐蚀各种金属制品。此外，当二氧化硫溶于水生成亚硫酸，还能强烈地腐蚀商品中的有机物。

第二节
商品的养护管理

一、商品养护概述

（一）商品养护的概念

商品养护是指商品在储存过程中所进行的保养和维护。从广义上说，商品从离开生产领域而未进入消费领域之前这段时间的保养与维护工作，都称为商品养护。

商品只能在一定的时间内、一定的条件下，保持其质量的稳定性。商品经过一定的时间，则会发生质量变化，这种情况在运输和储存中都会出现。而且，不同的商品，其质量变化的快慢程度也不同。由于商品本身和储运条件决定商品质量的变化程度，同时也决定了商品流通的时间界限。商品越容易发生质变，它对储运条件要求得就越严格，它的空间流通就越狭窄，它的销售市场就越带有地方性。因此，易发生变质的商品，对它的流动时间限制就越大，就越需要商品养护。

要做好商品养护工作，首先必须研究商品储存期间导致其质量变化的两个因素：第一个因素是商品本身的自然属性，即商品的结构、成分和性质，是内因；第二个因素是商品的储存环境，它包括空气的温度、湿度及氧气、阳光、微生物等，是外因。

（二）商品养护的目的

商品养护的目的，在于维护商品的质量，保护商品的使用价值。因此，“商品养护学”的内容主要有两个方面：一方面是研究商品在储存过程中受内外因素的影响，质量发生变化的规律；另一方面是研究安全储存商品的科学养护方法，以保证商品的质量，避免和减少商品损失。

随着我国物流业的蓬勃发展，仓库储存商品的数量将不断增加，品种将向多样化发展，而且随着科学技术的发展和科技水平的提高，又会使新工艺、新材料不断涌现，这就对商品养护工作提出了新的要求。因此，要搞好商品养护工作，就要不断地学习、了解各种新产品、新材料的性质，并采取新的养护技术与方法，推动商品养护科学化的进程，保证商品安全储存。

二、工业商品的养护管理

工业品是指各种组织，如企业机关、学校、医院为生产或维持组织运作需要购买的商品和服务，它是人类生产、生活中不可或缺的重要物资。对于工业商品的养护主要是对商品霉腐、商品锈蚀、商品老化等的养护。

（一）商品霉腐的防治

1. 常见易于发生霉腐的商品

商品霉腐主要是由霉菌引起的。由于霉菌在商品中进行新陈代谢，把商品中的营养物质变成各种代谢物，从而降低商品的物理机械性能，产生霉臭气味，甚至出现长毛现象，严重者丧失其使用价值。

商品的成分是决定商品霉腐的内因，由于商品本身的特点不同，导致有些商品易于发生霉腐，比如含糖、蛋白质、脂肪等有机物质的商品；而另一些商品则不易发生霉腐，比如金属器具等。常见易于发生霉腐的商品主要有：

（1）食品类。在一般情况下，食品类商品大多易于霉腐，比如糖果、糕点、饼干、罐头、饮料、香烟等。这些商品的原料、在制品和成品都易沾染微生物而腐败变质。

（2）纺织原料及其制品。棉、麻、毛、丝等天然纤维及其制品，在一定的温度、湿度条件下，很容易生霉。化纤织物中也会长霉腐微生物，属于可以发生霉变的商品。

（3）纸张及其制品。各种纸张、纸板及其制品含有大量的纤维素，能够被微生物利用，当温度和湿度适宜时极易发生霉变。

（4）橡胶和塑料制品。橡胶内含有微生物可以利用的营养成分，同时，无论橡胶还是塑料制品在加工过程中都加入了一些添加剂，其中有些成分容易被霉腐微生物利用，造成商品霉变。

（5）日用化学品。在日用化学品中，最易发生微生物灾害的是化妆品。由于其配料中含有甘油、十八醇、硬脂酸、水等，使得易被微生物利用，而导致商品腐败。

（6）皮革及其制品。皮革是由蛋白质组成的，修饰皮革表面时又添加了一些微生物可利用的营养成分，一旦温湿度适宜，微生物就会在上面繁殖，从而对皮革及其制品产生严重的破坏作用。通常在春、夏季特别是梅雨季节，皮革及其制品容易长霉。

（7）工艺美术品。工艺品的种类繁多，涉及的原料很广，比如竹制品、草制品、木制品等。这些工艺品在运输、储藏过程中都可能发生霉变。

此外，一些文娱和体育用品、电器产品、药品等在适宜的温湿度条件下也容易发生霉腐。

2. 商品霉腐的原因

商品霉腐的过程就是微生物新陈代谢的过程。商品上的霉腐微生物与其他生物一样，在适宜的条件下就会生长和繁殖。微生物必须从商品中摄取必需的营养成分来维持其生命活动的能量需要，繁殖后代，并排泄代谢产物。在霉腐微生物新陈代谢的过程中，会发生一系列的生物化学变化，从而造成商品霉烂、变质。因此，商品霉腐的实质就是霉腐微生物在商品上吸取营养物质并排泄代谢终产物的结果。

商品霉腐一般经过以下四个环节：

（1）受潮。物品受潮是霉菌生长繁殖的关键因素。当物品吸收了外界水分受潮后，物品含水量超过了该物品安全水分的限度，则为物品提供了霉腐的条件。

（2）发热。物品受潮后霉腐微生物开始生长繁殖，就要产生热量。其产生的热量一部分供其本身利用，剩余部分就在物品中散发。物品的外部比内部易散热，所以内部的温度比外部的温度高。

（3）霉变。由于霉菌在物品上生长繁殖，开始有菌丝生长，能看到白色毛状物，称为菌毛。霉菌继续生长繁殖形成小菌落，称为霉点。菌落增大或菌落融合形成菌苔，称为霉斑。霉菌代谢产物中的色素使菌苔变成红、黄、紫、绿、褐、黑等色。

（4）腐烂。物品霉变后，由于霉菌摄取物品中的营养物质，通过霉菌分泌酶的作用，破坏了物品的内部结构，发生霉烂变质。发霉后的物品发生霉味，外观上产生污点或染上各种颜色，内部结构被彻底破坏，弹力消失而失去了使用价值。

3. 商品霉腐的防治

商品在流通过程中，不但种类、规格、数量繁多，而且要经过诸多环节。在商品流通的各环节都有被霉腐微生物污染的机会，如果周围有适宜的环境条件，商品就会发生霉腐。因此，为了保护商品安全地通过贮存、流通、销售等各个环节，必须进行商品防霉处理。商品的防霉，就是针对商品霉腐原因所采取的有效措施。商品的成分是决定商品霉腐的内因，有些工业品随着科学和生产的发展，可以改变原有水分或采用代替的原料来提高其抗腐能力。目前采取的防霉腐措施，主要有以下几种：

（1）加强商品库存的管理。①加强入库验收。易霉商品入库，首先应检验其包装是否潮湿，商品的含水量是否超过安全水分。

②加强仓库温湿度管理。根据商品的不同性质，正确地运用密封、吸潮及通风相结合的方法，控制好库内温湿度。特别是在梅雨季节，要将相对湿度控制在不适宜霉菌生长的范围内。

③选择合理的储存场所。易霉商品应尽量安排在空气流通、光线较强、比较干燥的库房，并应避免与含水量大的商品同储。

④合理堆码，下垫隔潮。商品堆码不应靠墙、靠柱，对于底层商品要进行防潮隔潮处理。

⑤商品进行密封。

⑥做好日常的清洁卫生工作。

（2）化学药剂防霉。化学药剂防霉是利用化学药剂的一种防霉方法，主要是使用防霉防腐化学药剂将待包装物品、包装材料进行适当处理以达到防霉腐的目的。通常可以将防霉腐剂直接加在某个工序中，或是将其喷洒或涂抹在商品表面，或是需浸泡包装材料，但是这些处理都会使有些商品的质量与外观受到不同程度的影响。化学药剂防霉的基本原理或是使菌体蛋白质凝固、沉淀、变性；或是用防霉防腐剂与菌体酶系统结合，影响菌体代谢；或是用防霉防腐剂降低菌体表面张力，增加细胞膜的通透性，而发生细胞破裂或溶解，以杀灭霉腐微生物。

使用防霉防腐剂时应选择具有高效、低毒、使用简便、价廉、易购等特点的防霉防腐剂。同时，还要求该防霉防腐剂不影响商品的性能和质量，对金属无腐蚀作用以及要求防霉防腐剂本身应具有较好的稳定性、耐热性与持久性。通常可作为防霉腐剂的有酚类（如苯酚）、氯酚类（如五氯酚）、有机汞盐（如油酸苯基汞）、有机铜类（如环烷酸铜皂）、有机锡盐（如三乙基氯化锡）以及无机盐（如硫酸铜、氯化汞、氟化钠）等。根据使用商品的种类，防霉防腐剂主要可分为两大类：一类是用于工业制品的防霉剂，如多菌灵、百菌清、灭菌丹等；另一类是用于食品的防霉腐剂，如苯甲酸及其钠盐、脱氢蜡酸、托布津等。

（3）气相防霉。气相防霉是一种先进的防霉方法，它主要是使用具有挥发性的防霉防腐剂，利用其挥发产生的气体直接与霉腐微生物接触，杀死这些微生物或抑制其生长，以达到商品防霉腐的目的。同时，由于气相防霉是气相分子直接作用于商品上，对其外观和质量不会产生不良影响。但要求包装材料和包装容器气率小，对密封性要求较高。

通常商品所用的气相防霉剂有多聚甲醛防霉腐剂、环氧乙烷防霉腐剂等。

①多聚甲醛防霉腐剂。多聚甲醛是甲醛的聚合物，在常温下可徐徐升华解聚成有甲醛刺激气味的气体，能使菌体蛋白质凝固，以杀死或抑制霉腐微生物。使用时将其包成小包或压成片剂，与商品一起放入包装容器内加以密封，让其自然升华扩散。但是多聚甲醛升华出来

的甲醛气体在高温、高湿条件下可能与空气的水蒸气结合形成甲酸，对金属有腐蚀作用，因此有金属附件的商品不可以使用。另外，甲醛气体对人的眼睛黏膜有刺激作用，所以操作人员应做好保护。

②环氧乙烷防霉腐剂。环氧乙烷能与菌体蛋白质、酚分子的羧基、氨基、羟基中的游离的氢原子结合，生成羟乙基，使细菌代谢功能出现障碍而死亡。环氧乙烷分子穿透力比甲醛大，因而杀菌力也比甲醛强，又可在低温低湿下发挥杀菌作用，所以应用于不能加热怕受潮的商品的杀菌防霉腐较为理想。但是环氧乙烷能使蛋白质液化，并能破坏粮食中的维生素和氨基酸，还残留下有毒的氯乙醇，所以环氧乙烷只可用于日用工业品的防霉腐，不宜用作粮食和食品的防霉剂。

（4）气调防霉。气调防霉腐是生态防霉腐的形式之一。霉腐微生物与生物性商品的呼吸代谢都离不开空气、水分、温度这三个因素。只要有效地控制其中一个因素，就能达到防止商品发生霉腐的目的。如只要控制和调解空气中氧的浓度，人为地造成一个低氧环境，霉腐微生物生长繁殖和生物性商品自身呼吸就会受到控制。

气调防霉腐包装就是在密封包装的条件下，通过改变包装内的空气组成成分，主要是创造低氧（5%以下）环境，来抑制霉腐微生物的生命活动与生物性商品的呼吸强度，从而达到对被包装商品防霉腐的目的。这也是气调防霉腐包装的原理。

气调防霉是填充对人体无毒性、对霉腐微生物有抑制作用的气体，以达到防霉腐的目的。目前主要是充二氧化碳和氮。二氧化碳在空气中的正常含量是0.03%。微量的二氧化碳对微生物有刺激生长作用。当空气中二氧化碳的浓度达到10%—14%时，对微生物有抑制作用。如果空气中二氧化碳的浓度超过40%时，对微生物有明显的抑制和杀死作用。包装材料必须采用对气体或水蒸气有一定阻透性的气密性材料，才能保持包装内的气体浓度。

气调防霉的关键是密封和降氧，包装容器的密封是保证气调防霉腐的关键。降氧是气调防霉腐的重要环节，目前人工降氧的方法主要有机械降氧和化学降氧两种。机械降氧主要有真空充氮法和充二氧化碳法。化学降氧是采用脱氧剂来使包装内的氧的浓度下降。

（5）低温冷藏防霉。低温冷藏防霉是通过控制商品本身的温度，使其低于霉腐微生物生长繁殖的最低界限，控制酶的活性。它一方面抑制了生物性商品的呼吸氧化过程，使其自身分解受阻，一旦温度恢复，仍可保持其原有的品质；另一方面抑制霉腐微生物的代谢与生长繁殖来达到防霉腐的目的。

低温冷藏防霉所需的温度与时间应按具体商品而定。一般情况下，温度愈低，持续时间愈长，霉腐微生物的死亡率愈高。按冷藏温度的高低和时间的长短，分为冷藏和冻藏两种。冷藏防霉腐包装是适于含水量大又不耐冰冻的易腐商品，短时间在0℃左右的冷却储藏，如蔬菜、水果、鲜蛋等。在冷藏期间霉腐微生物的酶几乎都失去了活性，新陈代谢的各种生理生化反应缓慢，甚至停止，生长繁殖受到抑制，但并未死亡。冻藏是适于耐冰冻含水量大的易腐商品，较长时间在－16℃—18℃左右的冻结储藏，如肉类、鱼类。在冻藏期间，商品的品质基本上不受损害，商品上霉腐微生物同细胞内水变成冰晶脱水，冰晶水损坏细胞质膜而引起死伤。

（6）干燥防霉。微生物生活环境缺乏水分即造成干燥，在干燥的条件下，霉菌不能繁殖，商品也不易腐烂。干燥防霉主要是通过降低密封包装内的水分与商品本身的含水，使霉腐微生物得不到生长繁殖所需水分来达到防霉腐目的。因为干燥可使微生物细胞蛋白质变性并使盐类浓度增高，从而使微生物生长受到抑制或促使其死亡。霉菌菌丝抗干燥能力很弱，特别是幼龄菌种抗干燥能力较弱，可通过在密封的包装内置放一定量的干燥剂来吸收包装内的水分，使内装商品的含水量降到允许含水量以下。

一般高速失水不易使微生物死亡；缓慢干燥霉菌菌体死亡最多，且在干燥初期死亡最快。菌体在低温干燥下不易死亡，而干燥后置于室温环境下最易死亡。

（7）电离辐射防霉。电离辐射是一切能引起物质电离的辐射总称。能量通过空间传递称为辐射，射线使被射物质产生电离作用，称为电离辐射。

电离辐射的直接作用是当辐射线通过微生物时能使微生物内部成分分解而发生诱变或死亡。其间接作用是使水分子离解成为游离基，游离基与液体中溶解的氧作用产生强氧化基团，此基团使微生物酶蛋白的 -SH 基氧化，酶失去活性，因而使其诱变或死亡。

电离辐射一般是放射性同位素放出的α、β、γ射线，它们都能使微生物细胞结构与代谢的某些环节受损。α射线在照射时被空气吸收，几乎不能到达目的物上。β射线穿透力弱，只限于物体表面杀菌。γ射线穿透作用强，可用于食品内部杀菌。射线可杀菌杀虫，照射不会引起物体升温，故可称其为冷杀菌。但有的食品经照射后品质可能变劣或得以改善。

电离辐射防霉腐包装目前主要应用β射线与γ射线。包装的商品经过电离辐射后即完成了消毒灭菌的作用，经照射后，如果不再污染，配合冷藏的条件。通常小剂量辐射能延长保存期数周到数月，大剂量辐射可彻底灭菌，长期保存。

（二）商品锈蚀的防治

1. 商品锈蚀的因素

商品锈蚀是指金属商品与周围介质发生化学作用或电化学作用而引起的破坏现象。商品锈蚀主要可以分为两种：化学锈蚀和电化学锈蚀。所谓化学锈蚀，是指金属与非电解质接触发生化学反应而引起的锈蚀，这种锈蚀只发生在金属表面且锈蚀过程较简单。而电化学锈蚀，是指金属和电解质溶液接触而引起的锈蚀，这是使金属锈蚀的主要形式，比如海水中船体锈蚀，金属制品在潮湿空气的锈蚀等。

商品锈蚀的影响因素是复杂多样的，但总的可分成内因和外因两大类。

（1）内在因素。①商品性质。各种金属具有不同的电极电位。一般来说，电极电位越低的金属在大气中越易锈蚀，如铁与铜的电极电位分别是 -0.44 和 -0.33，铁的电位比铜低，因此在大气中铁比铜易锈蚀。

②纯度。金属材料制品的纯度越高，越不易被锈蚀。仓储中的金属商品，绝大多数都不是纯金属，而是多组合的合金，同时都含有一定量的杂质，因此易腐蚀。

③商品结构。表面光洁度好的金属耐腐蚀性好，因为粗糙表面有较大的吸附性能，能吸附水分与灰尘，并且易形成原电池反应。

④腐蚀产物的性质。有些金属如铝、锡、铜、铅、锑等，在大气中能在表面上生成一层组织致密性能稳定的保护膜，而使金属不易锈蚀；钢铁在大气中，表面上生成的锈蚀产物，组织疏松，具有多空性结构，不但没有保护作用，还易吸潮吸尘，加速钢铁的腐蚀。

（2）外在因素。①空气的温度和湿度。腐蚀的速度与空气湿度有直接关系。在潮湿环境中，金属与水及溶解于水中的物质接触时，由于原电池作用发生电化学反应，使金属离子进入溶液，这种作用可以连续进行，以至金属由表及里受到严重的损坏。温度的变化，对生锈起着很大的作用，温度的变化易造成结露现象，从而加速库存商品的腐蚀。此外，温度在一定条件下能加速金属的腐蚀速度。

②空气中有害气体与杂质的影响。空气中的各种有害气体及腐蚀性尘埃对金属的腐蚀影响很大。有害气体如二氧化碳、氧化物、硫化物、氨气等溶于水后会大大增强金属表面水膜的电解性，加速金属商品的腐蚀。空气中的烟尘、砂土等灰尘微粒落到金属表面，易吸附有害气体，易使水分凝结，促进氧的浓差电池形成，加速金属的腐蚀过程。

2. 商品防锈

商品防锈，主要是针对影响金属制品锈蚀的外界因素进行的。

（1）选择适宜的保管场所。保管金属制品的场所，不论是库内库外，均应清洁干燥，不得与酸、碱、盐类、气体和粉末等商品混存。不同种类的金属制品在同一地点存放时，也应有一定的间隔距离，防止发生接触腐蚀。

（2）保持库房干燥。储存金属制品的仓库，要求通风干燥，门窗严密，便于调节库内温湿度。相对湿度在60%以下，就可以防止金属制品表面凝结水分，生成电解液层而遭受电化学腐蚀。但相对湿度60%以下较难达到，一般库房应控制在65%—70%。

（3）塑料封存。利用塑料对水蒸气及空气中腐蚀性物质的高度隔离性能，防止金属制品在环境因素作用下发生锈蚀。常用的方法有：

①塑料薄膜封存。它是将塑料薄膜直接在干燥的环境中封装金属制品，或封入干燥剂以保持金属制品的长期干燥，不至锈蚀。

②收缩薄膜封存。它是将薄膜纵向或横向拉伸几倍，处理成收缩性薄膜，使得包装商品时会紧紧黏附在商品表面，既防锈又可减少包装体积。

③可剥性塑料封存。它是以塑料为成膜物质，加入增塑剂、稳定剂、缓蚀剂及防霉剂等加热熔化或溶解，喷涂在金属表面，待冷却或挥发后在金属表面可形成保护膜，阻隔腐蚀介质对金属制品的作用，达到防锈的目的，是一种较好的防锈方法。

（4）涂油防锈。涂油防锈是金属制品防锈的常用方法。它是在金属表面涂刷一层油脂薄膜，使商品在一定程度上与大气隔离开来，达到防锈的目的。这种方法省时、省力、节约、方便，且防锈性能较好。涂油防锈一般采取按垛、按包装或按件涂油密封。涂油前必须清除金属表面灰尘污垢，涂油后要及时包装封存。

通常所用的防锈油是以油脂或树脂类物质为主体，加入油溶性缓蚀剂所组成的暂时性防锈涂料。防锈油中的油脂或树脂类物质为涂层和成膜物质，常用的有润滑油、凡士林、石蜡、沥青、洞油、松香及合成树脂等。油溶性缓蚀剂既有极性基团，又有非极性基团的有机化合物（如硬脂酸、石油脂等），也是能溶于油脂的表面活性剂。常用的油溶性缓蚀剂有石油磺酸钡、二壬基萘磺酸钡、硬脂酸铝、羊毛脂及其皂类等。将金属制品浸涂或热刷防锈油，可以在一定的时间内，隔绝大气中的氧、水分以及有害气体对金属制品的侵蚀，以防止或减缓锈蚀。

（5）气相防锈。它是利用挥发性缓蚀剂，在金属制品周围挥发出缓蚀气体，来阻隔腐蚀介质的腐蚀作用，以达到防锈目的。

气相缓蚀剂在使用时不需涂在金属制品表面，只用于密封包装或容器中。它是一些挥发性物质，在很短时间内就能充满包装或容器内的各个角落和缝隙，既不影响商品外观，又不影响使用，也不污染包装，是一种有效的防锈方法。

3. 商品除锈

商品除锈是对已发生锈蚀的金属制品采取的清除锈蚀的救治措施。常用的除锈方法主要有：

（1）手工除锈。对已锈蚀的商品用人工方法进行擦、刷、磨等，除去锈迹、锈斑。

（2）机械除锈。根据不同的商品及商品的不同形状，选择各种不同的除锈机把制品表面的锈迹清除的除锈方法。

（3）化学除锈。利用化学药剂把金属表面的锈迹溶解掉。化学除锈法操作简便，设备简单、效果好，尤其适宜于形状复杂的商品。化学除锈液大多是无机酸，如磷酸、硫酸、盐酸等。

由于金属制品本身的特性差异，在选择防锈材料及方法时，应根据其特点、储存环境条件、储存期的长短等因素，同时还要考虑相关的成本及防锈效果。经过除锈的商品应立即采取有效的防锈措施，以防再次生锈。

（三）商品老化的防治

老化使塑料、橡胶、纤维等高分子材料的商品，在储存和使用过程中性能逐渐变化，以致最后丧失使用价值。老化是一种不可逆的变化，它的特征是使商品外观、物理性能、机械性能、电性能、分子结构等方面发生了变化。

1. 商品老化的因素

影响商品老化的因素虽然非常多，但总的可分为内在因素和外在因素两大类。

（1）内在因素。①材料性质。高分子商品老化的主要原因，是构成商品本身的组织结构内部存在着易于老化的弱点。在材料结构上，不同成分和结构的材料，其老化的难易是不同的。如：材料的化学结构上，含有易于产生老化反应的双键、三键和斥电子取代基，这些基团在外界环境的影响下会形成水活化中心，产生老化反应，这些基团越多，老化速度越快。高分子物质的大分子链结构中，含有不规则结构和支链、双键、端基等易于老化的结构弱点。支化度越大的分子链，链结构上的弱点越多，其稳定性也越差，越容易发生老化反应。

②其他组分。其他附加成分对商品老化有加速作用，比如塑料中的增塑剂会缓慢挥发或促使霉菌滋生，着色剂会产生迁移性色变，硫化剂用量增多会产生多硫交联结构，降低了橡胶制品的耐氧化能力等。

③杂质。杂质虽然含量很少，但对制品耐老化性有较大的影响作用，其来源主要是单体制造、聚合时带入的，或配合剂带入的。

④成型加工条件。加工时由于温度等的影响，使材料结构发生变化，对商品耐老化性能

与加工方法和条件有一定的关系。

(2) 外在因素。①日光。日光是影响商品老化中最主要的因素之一，户外存放或使用的商品都要受到它的破坏。其中日光中的紫外线是引起商品老化的重要因素。在大气环境中，材料老化速度不但受光强度影响，而且与被照面积有关。日光中的红外线对商品老化也起促进作用，这是由于商品吸收红外线的能量转变成热能，从而加速商品的老化。

②热。热也是促进商品老化的重要因素。温度升高，会使分子运动加速，从而促进高分子材料大分子链发生氧化裂解反应，导致老化。有光、氧两者配合参与，热的因素对商品的老化起到加速作用，热氧老化是商品储存中的重要老化反应之一。另外，温度的冷热交替，对商品老化也起到促进作用。

③氧和臭氧。氧和臭氧对商品的老化影响是非常大的。在大气条件下，高分子商品老化的过程，就是商品在热、光的引发下产生的各种氧化反应。氧是商品老化的直接参与者，是影响商品老化的重要因素。臭氧的稳定性低，它能分解出原子态氧，其化学活性比氧高，所以对商品的破坏性也大。

此外，环境的湿度、昆虫的排泄物等也对商品的老化有加速作用。

2. 商品防老化的措施

根据影响商品老化的内外因素，商品的防老化可从以下两个方面入手：

(1) 提高商品的耐老化性能。提高商品的耐老化性能，主要是在生产过程中完成的，如采用共聚、交联、共混、改进成型加工和后处理工艺，减少不稳定结构和杂质，来提高原材料的耐老化性；在商品的组成中添加能防护和抑制光、氧、热、臭氧、重金属离子等外因对商品产生破坏作用的防老化剂；在商品外涂漆、涂胶、涂蜡、涂油、涂复合材料、镀金属或衬底材料，或涂布防老化剂溶液等保护层来阻缓商品老化。另外，商品包装也是防止高分子材料老化的有效措施。

(2) 按商品性能，搞好仓储管理。对易老化商品，应从以下方面采取防护措施，减少热、光的影响：

①应安排存放在夏季库温较低的库房里，不宜存放在库温较高的仓库顶层或货棚，更不应存入露天货场，并不得与酸、碱性商品同库储存。

②保持库房清洁，墙壁、门窗应刷上白色，或挂置窗帘以防阳光直射商品。

③底层仓库要隔离地潮，露天货垛要做好防晒、防雨、防风等工作。

④加强仓库温湿度管理，如塑料制品一般要求适宜温度在30℃以下，相对湿度为60%—80%。

⑤加强在库检查，一般每月或每季度抽查一次，注意分别抽查有代表性的上、中、下层商品。炎热季节特别注意货架里层塑料制品，梅雨季节和底层仓间应注意检查货垛下层商品，如发现发黏、变色、变硬、龟裂、脆损等老化现象，应及时隔离处理。

三、食品商品的养护管理

食品商品由于富含营养物质，极易腐败变质，因此，对于食品商品的养护，主要就是指食品商品的防腐与保鲜问题。

食品防腐保鲜是指食品在储藏过程中保持其固有的色、香、味、形及其营养成分。防腐与保鲜是两个有区别而又互相关联的概念。防腐是指防止食品在物理、生物化学和有害微生物等因素的作用下，失去固有的色、香、味、形而腐烂变质。有害微生物的作用是导致食品腐烂变质的主要因素。通常将蛋白质的变质称为腐败，碳水化合物的变质称为发酵，脂类的变质称为酸败。保鲜强调的是保持食品的新鲜程度，目的是延缓食品由于各种因素作用，失去固有的色、香、味、形的进程。实际上，防腐与保鲜是密不可分的。

（一）食品防腐保鲜的原理

1. 维持食品最低的生命活动

新鲜果蔬是有生命活动的有机体，采收后仍进行着生命活动，它表现出来最容易被察觉到的生命现象是其呼吸作用，但因已脱离母株，不再有养料供应，故其化学反应只能向分解方向进行而不再合成。因此，生命活动越旺盛，其分解越迅速，体内储藏物质减少越快，组织结构也就随之瓦解或接替。因此，必须创造一种适宜的储藏条件，保持它们正常而最低的生命活动，充分利用食品本身的抗病性和耐储性，达到保持鲜活质量和减少损耗的目的。

2. 抑制食品的生命活动

某些物理化学因素可以使食品中微生物的生长发育和酶的活性受到抑制，从而延缓其腐败变质过程。但这些因素一旦消失，微生物和酶的活性还能恢复，因此这只是一种暂时性的保藏措施。

3. 运用发酵产物抑制腐败微生物的活动

这种方法主要是通过创造有利于食品保藏微生物的发育条件来抑制食品中有害微生物的生长和繁殖。例如乳酸发酵、醋酸发酵和酒精发酵的主要产物——酸和酒精，就是抑制腐败菌生长的有效物质。

4. 利用无菌原理

利用热处理、微波、辐照过滤等方法对食品进行处理，将食品中腐败菌数消灭或减少到能长期储藏所允许的最低限度，并维持这种状况，以免储藏期间内腐败变质。

常见的食品防腐保鲜方法及其对微生物的作用见表6－1。

表6－1　常见的食品防腐保鲜方法及其对微生物的作用

序号	食品防腐保鲜方法	对微生物的作用
1	冷藏（低温运输与储存）	低温以抑制生长
2	冷冻（冻结状态和储存）	低温并降低水分活性以抑制生长
3	干制、熏制、糖渍	降低水分活性，明显地降低和抑制微生物的生长

续表

序号	食品防腐保鲜方法	对微生物的作用
4	真空或缺氧“气调”包装	氧份降低可以抑制需氧菌和使兼性厌氧菌生长缓慢“气调”包装中二氧化碳对一些微生物有特别的抑制作用
5	酿	降低 PH 值
6	酒精发酵	提高酒精的浓度
7	乳化	在乳液中，水被高度分散，与食品的营养成分有明显的界面分开
8	乳酸与醋酸发酵	降低 PH，所产生的乳酸与醋酸均可起到抑菌的作用
9	加入防腐剂	抑制特定的菌属
10	巴氏消毒和杀菌	用足够的热量杀灭微生物的活性
11	辐照	利用射线使微生物失去活性
12	无菌加工	防止二次污染
13	消毒	把包装材料和食物组分别用热射线或者化学药品处理，以减少微生物的污染

（二）食品防腐保鲜的方法

采用合理的防腐保鲜方法，可以有效地防止食品腐败变质，延长食品的食用期限。常用的防腐保鲜方法主要有：

1. 低温保存

食品低温保存，即降低食品的温度，并维持低温或冻结状态，以便阻止或延缓食品的腐败变质，从而达到较长时期地保藏食品的目的。低温保存又可分为低温储存和冷冻储存。

（1）低温储存。低温可以降低或停止食品中微生物的繁殖速度，减慢食品中的一切化学反应速度，这是因为酶的作用、微生物的繁殖以及食品内所进行的化学反应速度都受到温度的影响。大多数酶的适宜活动温度为 30℃—40℃，温度每下降 10℃时酶的活性就会明显削弱。食品在 10℃以下保存时可使微生物对食品的作用大为降低，0℃以下微生物对食品的分解作用基本停止，－7℃—－10℃时只有少数霉菌尚能生长，而所有细菌和酵母几乎都停止了生长。一般把－10℃—－12℃作为食品较长期储藏的安全温度。

（2）冷冻储存。冷冻储存是将食品在低温下冻结，然后将其保持在冻结状态的温度下储存的方法。它是易腐食品长期储藏的主要方法。在冷冻储存过程中食品的冻结方法主要有缓冻和速冻。所谓缓冻，一般是在－18℃—－23℃的条件下冻结，这样冻结的时间比较长，往往在 90 分钟以上。而速冻则是在强冷的环境下，15 分钟左右完成冻结过程，经常采用的速冻温度是－30℃—－35℃。速冻使食物形成极小的冰晶，不严重损伤细胞组织，从而保存了食物的原汁与香味，且能保存较长时间。因此，速冻方法能最大限度地保持食品原有的外观和品质，不仅能抑制微生物、酶类的活动，降低食品的水分活性，防止食品变质，还能保持食品原有的新鲜度。

无论是缓冻还是速冻，都应尽可能阻止其在储藏中食品内部发生各种变化，以达到长期保存食品的目的。

2. 高温保存

烧煮能杀死食品中绝大部分微生物，破坏食品中的酶类，可以防止食品腐败，但是食品若保存不当极易再次受微生物污染。

3. 脱水保存

食品中水分含量降至一定限度，微生物就难以繁殖，酶的活性受到抑制，从而可防止食品腐败变质。一般使微生物不能发育繁殖的食品水分含量，霉菌低于13%—16%，细菌低于18%，酵母为20%以下。

常用的脱水保存方法有滚筒干燥、喷雾干燥、架式真空干燥、柜式干燥、窑房式干燥、隧道式干燥等，此外还有自然干制，如晒干、风干、阴干等。

4. 食品的化学保藏

食品的化学保藏是指使用化学制品（化学添加剂或食品添加剂）来防止食品腐败变质的措施。食品化学保藏的主要作用就是保持或提高食品品质和延长食品保藏期，其优点在于，往食品中添加了少量的化学制品，如防腐剂、生物代谢产物及抗氧（化）剂等物质之后，就能在室温条件下延缓食品的腐败变质。和其他食品保藏方法如罐藏、冷冻保藏、干藏等相比，具有简便而又经济的特点。一般来说，按照化学保藏剂的保藏机理的不同，大致可以分为三类，即防腐剂、抗氧（化）剂和保鲜剂，其中抗氧（化）剂又分为抗氧化剂和脱氧剂。

（1）防腐剂。按照抗微生物的作用程度，可以将防腐剂分为杀菌剂和抑菌剂。杀菌剂按其灭菌特性又可分为三类：氧化型杀菌剂、还原型杀菌剂和其他杀菌剂。例如，在食品储藏中常用的氧化型杀菌剂过氧化物和氯制剂，都是具有很强氧化能力的化学制品，健鹰牌不留菌即是此类防腐剂；在食品保藏中二氧化硫、亚硫酸及其盐类具有双重作用，还原型杀菌剂还具有漂白和抗氧化作用，可能会引起某些食品褪色，同时也能阻止某些食品褐变，健鹰牌护色保鲜剂C型（蔬菜鲜果保鲜剂）、E2型（果粒护色防褐剂）等属此类复合防腐剂，具有较好的护色保鲜作用；除了上述两大类杀菌剂之外，还有像醇、酸等其他杀菌剂，例如醇类可以通过和蛋白质竞争水分，使蛋白质因脱水而变性凝固，从而导致微生物的死亡，如健鹰牌护色保鲜剂C2型兼具此种作用。但是，一种化学或生物制剂的作用是杀菌或抑菌，通常是难以严格区分的。同一种抗菌剂，浓度高时可杀菌（即致微生物死亡），而浓度低时只能抑菌。另外，由于各种微生物的生理特性不同，同一种防腐剂对某一种微生物具有杀菌作用，而对另一种微生物仅具有抑菌作用，所以两者并无绝对严格的界限，在食品保藏和加工中往往笼统地称为防腐剂。常用的化学合成防腐剂有苯甲酸及苯甲酸钠、对羟基苯甲酸酯、山梨酸及山梨酸钾、丙酸盐等；生物防腐剂有微生物代谢产物，如健鹰牌护色保鲜剂 B 型（食品抗腐王）、B3 型（食品高效防霉剂）、B4 型（防霉素）、C3 型（绿色食品保鲜剂）等为此类物质的复合物，还有酶类、植物中的天然抗菌物质等；其他有过氧化氢、过氧乙酸、氯、漂白粉、漂白精、二氧化硫、亚硫酸及其盐类、醇类、二氧化碳等。

（2）抗氧（化）剂。为了防止食品氧化变质，除了可对食品原料、加工和贮运环节采取低温、避光、隔氧或充氮等措施以外，配合添加适量的抗氧（化）剂能有效地改善食品储藏效果，它们的抗氧化作用都是以其还原性为理论依据。脂溶性抗氧化剂易溶于油脂，主要用于防止食品油脂的氧化酸败及油烧现象，常用的种类有丁基羟基茴香醚、二丁基羟基甲苯、没食子酸丙酯及生育酚混合浓缩物等，健鹰牌护色保鲜剂 F2 型（天然油溶色素护色伴侣）即含此类复合物。水溶性抗氧化剂主要用于防止食品氧化变色，常用的种类是抗坏血酸类抗氧化剂，健鹰牌护色保鲜剂 A 型（耐晒护色通用型）亦具有抗氧化效果。脱氧剂又称为游离氧吸收剂，目前在食品储藏上广泛应用有三类：特制铁粉、连二亚硫酸钠和碱性糖制剂。

（3）保鲜剂。为了防止生鲜食品脱水、氧化、变色、腐败变质等而在其表面进行喷淋、浸泡或涂膜的物质可称为保鲜剂，其作用机理和防腐剂有所不同。它除了针对微生物的作用外，还针对食品本身的变化，如鲜活食品的呼吸作用、酶促反应等。一般的，在食品上使用保鲜剂有以下目的：减少食品的水分散失；防止食品氧化；防止食品变色；抑制生鲜食品表面微生物的生长；保持食品的风味；保持和增加食品，特别是水果的硬度和脆度；提高食品外观可接受性；减少食品在贮运过程中的机械损伤。保鲜剂有蛋白质、脂类化合物、多糖、甲壳质类、树脂等。此外，在保鲜剂中常常要加入一些其他成分或采取其他一些措施，以增加保鲜剂的功能，例如健鹰牌护色保鲜剂 C 型（蔬菜鲜果保鲜剂）、C2 型（鲜肉保鲜剂）、C3 型（绿色食品保鲜剂）等都是具有良好保鲜效果的复合添加剂。

5. 食品的气调储藏

所谓气调储藏，是改良储藏环境气体成分的冷藏方法。气调储藏的研究，是从储藏水果开始的。早在 1860 年，英国一位学者建立了一座气密性较好的苹果储藏试验库，库体密封是用钢板做的，用冰进行冷却，库温不超过 1℃，效果较好，但这项研究成果当时未被重视。直至 1929 年和 1933 年，英国和美国才分别建立了第一座商业上尝试的气调库。1941 年，美国发表了公告，提供了气体成分和温度的参考数据，并正式称为气调储藏。

气调储藏的原理，就是建立特定适宜的低温、氧含量、二氧化碳含量、乙烯含量和相对湿度的储藏环境条件的技术手段，在维持果蔬正常生命活动的前提下，有效地抑制果蔬的呼吸作用、蒸发作用与微生物的作用的技术途径，以达到延缓果蔬的生理代谢过程，推迟后熟衰老和防止腐败变质的目的。

气调储藏的特点归结起来就是，可保持新鲜果蔬的原有品质，减少储藏损失，抑制果蔬的生理病害及延长储藏期和货架期。

气调储藏的主要方法有：

（1）自然降氧法。果蔬原料储藏于密封的冷藏库中，果蔬本身的呼吸作用使库内的氧量减少，二氧化碳量增加。用吸入空气来维持一定的氧浓度。用气体洗涤器来除去过多的二氧化碳：碱式，让气体通过4%—5%的NaOH；水式，让气体通过低温的流动水；干式，让气体通过消石灰填充柱。

（2）快速降氧法。在气体发生器中用燃烧丙烷的方法来制取低氧高二氧化碳的气体。将制取的气体通入冷藏库中，并使库中常保持负压。待藏原料入库时，即处于最适储藏气体氛围，特别适用于不耐藏但经济价值高的原料，如草莓。

（3）混合降氧法。先用快速降氧法将冷藏库内的氧气降低到一定程度，然后使原料入库，再利用自然降氧法使氧的含量进一步降低。这种方法既可控制易腐原料的初期快速腐烂，又降低生产成本。

（4）包装储藏法。它包括两种方法：一是生理包装。将原料放进聚乙烯套袋并密封。利用原料的呼吸作用和气体透过袋壁的活动，维持适宜的气体氛围。二是硅气窗包装。用带有硅橡胶的厚质袋包装原料并密封。因气体的交换只通过硅窗进行，所以改变硅窗的面积，就可以维持不同的气体氛围。

6. 食品的减压储藏

食品的减压储藏是将物品放在一个密闭和冷却的容器内，用真空泵抽气使之获得较低的绝对压力，其压力大小根据物品特性及储藏温度而定，创造一个低氧分压的条件，类似气调贮存的作用。减压储藏不仅使物品中的水分得到保存，而且使维生素、有机酸和叶绿素等营养物质减少了消耗。减压储藏保鲜的特点主要有：

（1）迅速冷却。减压储藏库因能够创造较低的气压环境，降低了水分汽化的条件，所以库中产品只需20分钟就能达到预定的温度，从一开始就奠定了良好的保鲜基础。

（2）快速降氧，随时净化。一般工业化减压库10分钟即可降氧到2.1%，低氧控制精确度为0.05%，只要压力不变，低氧的浓度稳定不变，这是普通的储藏保鲜方法所无法实现的。减压保鲜由于能够将有害气体随时净化，最大限度地保障了物品的生理健康，所以储藏的食品不衰老、不黄化、不失重、不变质，商品率高达98%。

（3）高效杀菌，消除残留。工业化减压储藏中，应用臭氧进行常压和减压两次杀菌，消除公害残留，被认为是当今世界上较为理想的措施。臭氧是广谱、高效杀菌剂，对食品无害，不产生残留污染，尤其是减压状态下使用臭氧可以对潜入皮层内的微生物和内吸农药残留起作用，达到彻底消毒的目的，其方法简单、成本低廉、效果明显。但是，由于减压储藏库的气密性要求比气调储藏库高，否则达不到减压的目的，所以减压储藏库造价较高。我国科研人员通过多年技术攻关已使罐体自重大为减轻，造价大幅度减少，其技术水平在国际上已处于领先地位，因此，对于我们这样一个农业大国来说，减压保鲜技术在我国推广应用的前景十分广阔。

7. 食品的辐照储藏

食品辐照是指利用射线照射食品（包括原材料），延迟新鲜食物某些生理过程（发芽和成熟）的发展，或对食品进行杀虫、消毒、杀菌、防霉等处理，达到延长保藏时间，稳定、提高食品质量目的的操作过程。

辐照储藏食品与其他储藏方法相比有其独特的优点：与化学药物储藏法相比，它无化学残留物质；与加热处理法相比，它能较好地保持食品的原有新鲜品质；与食品冷冻储藏相比，它能节约能源。但是辐照储藏方法不完全适用于所有的食品，要有选择地应用。辐照储藏在食品储藏中的主要应用有：

（1）食品辐照保藏——冷加工技术。所谓食品辐照保藏，是以辐照加工技术为基础，运用 γ 射线、χ 射线、电子束等电离辐射产生的射线与物质作用产生的物理效应和生物效应对食品进行加工，从而达到杀虫、杀菌、提高食品的卫生质量、保持营养品质及风味、延长货架期的目的。经照射的食品可以在不破坏原包装的条件下较长期存放，供人们食用，其原因是：由于射线具有穿透力强、杀伤力大的特点，可以把寄生在食品里的病原微生物及昆虫杀死，同时用适当的剂量来照射食品，还能抑制食品自身新陈代谢的进程，因而可以防止食品的变质霉烂。在辐照处理的过程中，食品本身的温度变化不大，而且外形也不会因辐射加工而发生变化，杀菌的效果比加热和冷冻的还要好，因此被称为冷加工技术。食品辐照技术不添加任何化学物质，食品不会被污染，不存在残留，可极大地提高食品的安全性，而且节约大量热能、电能，还可以减少对环境的污染。

（2）辐照杀虫。辐照杀虫，从对食品的不同对象而言，可以分为杀灭危害粮食、干燥食品、中草药等的仓储害虫，如玉米象、豆象、螨等。辐照杀虫的方法有两种：一种是直接杀虫法，通过调节辐照剂量和选择辐照的时间直接杀死各种虫态的害虫；另一种就是通过辐照，使害虫不育达到消灭害虫的目的。昆虫对辐射是比较敏感的。辐射对昆虫的效应与对组成细胞的效应密切相关。辐射对细胞的敏感性与细胞的繁殖活动成正比，而与分化程度成反比。大量试验结果表明，采用直接杀虫法，既可以杀灭各种害虫，减少产品损失，又可以保证产品质量。

（3）辐照杀菌。微生物的作用是引起食品腐败变质的主要原因。各种微生物在食品加工的各个环节污染食品导致食品腐败变质，人们食用之后引起肠道传染病和食物中毒。目前控制食品腐败的方法主要有化学法和物理法。化学法是加入各种抑制腐败的防腐剂，往往造成化学残留，危害人体健康。而辐照处理，则是物理方法中的一种杀菌彻底、无任何残留的方法。根据杀菌的目的一般分成三类：选择性杀菌、针对性杀菌和辐射灭菌。选择性杀菌是指通过一定剂量的电离辐射，减少初始细菌的总量（通常称为细菌总数）以限制腐败作用。通常随着细菌总数的增加，食品品质就会出现明显的变化。为防止这种情况的发生，就要通过辐照使食品的细菌的总体水平降低到一个水平，延长食品的货架期。针对性杀菌是指利用一定剂量的电离辐射杀死食品内除病毒以外的各种致病菌，如沙门氏菌、大肠杆菌、志贺氏菌、李斯特菌、副溶血性弧菌等。调味品通常含有大量的致病菌和较高的细菌总数，采用加热方法会使芳香族成分破坏而使调味品降低质量，采用化学熏蒸又易产生残留，如用环氧乙烷和环氧丙烷熏蒸香辛料时能生成有毒的氧乙醇盐或多氧醇盐，现在许多国家已经禁止使用。实验证明，用 γ 射线对调味品杀菌，不仅不会影响产品质量，而且杀菌效果比环氧乙烷好。辐射灭菌是指采用较高的辐照剂量，杀灭食品中全部的微生物，达到细菌总数、致病菌为零。这种辐照产品在没有污染的条件下可以长期保存，不会腐败。

（4）辐照抑制发芽和辐照延长货架期。利用一定的辐照剂量使一些块根植物的芽抑制生长，通常称之为抑制发芽，常用的有大蒜、马铃薯、洋葱等。通过辐照使植物发芽的生长点在休眠期受到抑制，而不致发芽，这样处理的结果使这些产品不致因为发芽而损耗养分。大蒜通过辐照以后可以保存半年以上，保证了食品的质量，平衡了市场供货的需求。

辐照延长货架期主要指的是对水果、蔬菜辐照后延迟成熟，延长水果、蔬菜的储藏寿命。例如，上海用500Gy辐照青蕉苹果，可延长储藏期到第二年4月，在外观质量和口感上均比未辐照的要好；南京采用200Gy辐照绿熟番茄，在平均30℃—34℃下可推延成熟10天，烂果率低于20%。另外，辐照还可以改良食品品质，如酒通过辐照以后可以加速其醇化的过程，改进口味，可以使醛类、酯类、乙缩醛等都得到增加。对黄酒进行辐照以后，可使酒的香气浓郁、醇厚、酒体协调。

食品的辐照储藏在我国还处于起步阶段，但它以能耗低、无残留、无污染的特点以及卫生、安全、可靠和规范的工艺标准正逐步赢得人们的青睐，潜力巨大，具有广阔的发展前途。

8. 食品的电子保鲜储藏

近年国外已应用电子技术对果品、蔬菜进行保鲜储藏。例如电子果蔬保鲜机，它是运用高压放电，在储存果品、蔬菜等食品的空间产生一定浓度的臭氧和空气负离子，造成果蔬生命活体酶的钝化，从而降低果品的呼吸强度。在一般普通房间内使用具有不需恒温冷冻，不需药剂套袋，不需专人看管，安全高效、无残害等特点。从分子生物学角度看，果品蔬菜可看作是一种生物蓄电池，当受到带电离子的空气作用时，果品、蔬菜中的电荷就会起到中和作用，使生理活动处于“假死”状态，呼吸强度因此减慢，有机物消耗也相对减少，从而达到储藏保鲜目的。

此外，其他比较常见的食品保鲜方法有：

（1）盐腌。食品中食盐含量达8%—10%时大部分微生物停止繁殖，但不能杀死。杀死微生物盐的含量要高达15%，并需腌制数天。严格地说，盐只是一种抑菌手段。

（2）糖渍。食品加入大量糖后，构成抑菌高渗度，有一定防腐作用，但糖的浓度必须在60%—65%才能有防腐作用。由于糖渍食品容易吸收空气中的水分，因此，糖渍食品储存不密封时仍易变质。

第三节 商品仓储管理

仓储管理也叫仓库管理，指的是对仓储货物的收发、结存等活动的有效控制，其目的是为企业保证仓储货物的完好无损，确保生产经营活动的正常进行，并在此基础上对各类货物的活动状况进行分类记录，以明确的图表方式表明仓储货物在数量、品质方面的状况以及目前所在的地理位置、部门、订单归属和仓储分散程度等情况的综合管理形式。

一、仓储管理原则

仓库因为其库存物品的不同有其个性的管理原则，例如食品类仓库、产品类仓库、工业设备类仓库等类型的管理原则是不同的。本书以普通的产品仓库管理原则为例进行说明。

（一）面向通道进行保管

为使物品出入库方便，容易在仓库内移动，基本条件是将物品面向通道保管。

（二）尽可能地向高处码放，提高保管效率

为有效利用库内容积，应尽量向高处码放。为防止破损、保证安全，应当尽可能使用棚架等保管设备。

（三）根据出库频率选定位置

出货和进货频率高的物品应放在靠近出入口、易于作业的地方。流动性差的物品放在距离出入口稍远的地方。季节性物品则依其季节特性来选定放置的场所。

（四）同一品种在同一地方保管

为提高作业效率和保管效率，同一物品或类似物品应放在同一地方保管。员工对库内物品放置位置的熟悉程度直接影响着出入库的时间。将类似的物品放在邻近的地方也是提高效率的重要方法。

（五）根据物品重量安排保管的位置

安排放置场所时，当然要把重的东西放在下边，把轻的东西放在货架的上边。需要人工搬运的大型物品则以腰部的高度为基准。这对于提高效率、保证安全是一项重要的原则。

（六）依据形状安排保管方法

依据物品形状来保管也是很重要的，如标准化的商品应放在托盘或货架上来保管。

（七）依据先进先出的原则

保管的一条重要原则是，对于易变质、易破损、易腐败的物品，对于机能易退化、老化的物品，应尽可能按先进先出的原则，加快周转。

二、仓储管理的内容和流程

仓储管理主要是指商品储存空间的管理。仓储管理工作主要包括入库管理、库内管理、出库管理三个方面的具体业务内容（见图 6－1）。

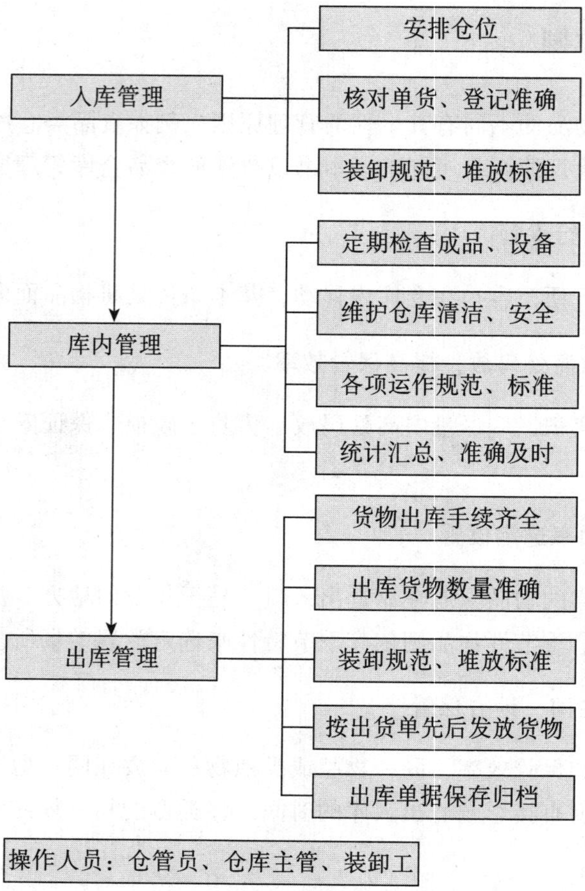

图6－1 仓储作业内容

（一）入库管理

（1）物料进仓时，仓库管理员必须凭采购计划单、送货单、检验合格单办理入库手续，拒绝不合格或手续不齐全的物资入库。

（2）入库时，仓库管理员必须查点物资的数量、规格型号、合格证件等项目，如发现物资数量、质量、单据等不齐全时，不得办理入库手续。未经办理入库手续的物资一律作待检物资处理，放在待检区域内，经检验不合格的物资一律退回，放在暂放区域，同时必须通知采购经办人员及时处理。

（3）一切原材料的购入都必须用增值税专用发票方可入库报销，无税票的，其材料价格必须下浮到能补足扣税额为止。同时要注意审查发票的正确性和有效性。

（4）入库材料在未收到相应发票前，仓管员必须建立货到票未到材料明细账，并根据检验单等有效单据及时填开货到票未到收料单（在当月票到的可不开），在收到发票后，冲销原货到票未到收料单，并开具材料票到收料单，月底将货到票未到材料清单上报财务。

（5）收料单的填开必须正确完整，供应单位名称应填写全称并与发票单位一致，如属票到抵冲的，应在备注栏中注明原入库时间，收料单上必须有仓管员及经办人签字，并且字迹清楚。每批材料入库合计金额必须与发票上的不含税金额一致。

（6）因质量等原因而发生的退回产品，必须由技术质量部相关人员填写退回产品处理单，办妥手续后方可办理入库手续。

（二）库内管理

（1）仓库保管员必须合理设置各类物资和产品的明细账簿和台账。原材料仓库必须根据实际情况和各类原材料的性质、用途、类型分门别类地建立相应的明细账、卡片；半成品、产成品应按照类型及规格型号设立明细账、卡片；财务部门与仓库所建账簿及顺序编号必须互相统一，相互一致。合格品、退回产品应分别建账反映。

（2）必须严格按仓库管理规程进行日常操作，仓库保管员对当日发生的业务必须及时逐笔登记入账，做到日清日结，确保物料进出及结存数据的正确无误；及时登记手工明细账并与电脑系统中的数据进行核对，确保两者的一致性。

（3）做好各类物料和产品的日常核查工作，仓库保管员必须对各类库存物资定期进行检查盘点，并做到账、物、卡三者一致。

（4）库房必须根据生产计划及仓库库存情况合理确定采购数量，并严格控制各类物资的库存量，在有条件的情况下逐步实行零库存。仓库保管员必须定期进行各类存货的分类整理，对存放期限较长、逾期失效等不良存货，要按月编制报表，报送部门领导及财务人员。

（5）库存物资清查盘点中发现问题和差错，应及时查明原因，并进行相应处理。如属短缺及需报废处理的，必须按审批程序经领导审核批准后才可进行处理，否则一律不准自行调整。发现物料失少或质量上的问题，如超期、受潮、生锈、老化、变质或损坏等，应及时以书面形式向有关部门汇报。

（6）仓库现场管理工作必须严格按照6S要求、ISO9000标准及各事业部分厂的具体规定执行。

（三）出库管理

（1）各类材料的发出，原则上采用先进先出法。物料（包括原材料、辅助材料）出库时必须办理出库手续，并做到限额领用（按消耗定额）。车间领用物料必须由车间主任（或其指定人员）统一领取，领料人员凭车间主任或计划员开具的流程单或相关凭证向仓库领料，后勤各部门只有经主管领导批字后方可领取。领料员和仓管员应核对物品的名称、规格、数量、质量状况，核对正确后方可发料；仓管员应开具领料单，经领料人签字，登记入卡、入账。

（2）成品发出必须由业务部开具销售发货单据，仓库管理人员凭盖有财务发货印章和销售部门负责人签字的发货单仓库联发货，并登记卡片。

三、仓储管理作业中应注意的问题

（1）库存商品要进行定位管理，其含义与商品配置图表的设计相似，即将不同的商品按分类、分区管理的原则来存放，并用货架放置。仓库内至少要分为三个区域：第一，大量存储区，即以整箱或栈板方式储存；第二，小量存储区，即将拆零商品放置在陈列架上；第三，退货区，即将准备退换的商品放置在专门的货架上。

（2）区位确定后应制作一张配置图，贴在仓库入口处，以便于存取。小量储存区应尽量固定位置，整箱储存区则可弹性运用。若储存空间太小或属冷冻（藏）库，也可以不固定位置而弹性运用。

（3）储存商品不可直接与地面接触。一是为了避免潮湿；二是为了堆放整齐。

（4）要注意仓储区的温湿度，保持通风良好，干燥、不潮湿。

（5）库内要设有防水、防火、防盗等设施，以保证商品安全。

（6）商品储存货架应设置存货卡，商品进出要注意先进先出的原则。商品也可采取色彩管理法，如每周或每月用不同颜色的标签，以明显识别进货的日期。

（7）仓库管理人员要与订货人员及时进行沟通，以便到货的存放。此外，还要适时提出存货不足的预警通知，以防缺货。

（8）仓储存取货原则上应随到随存、随需随取，但考虑到效率与安全，有必要制定作业时间规定。

（9）商品进出库要做好登记工作，以便明确保管责任。但有些商品（如冷冻、冷藏商品）为讲究时效，也采取卖场存货与库房存货合一的做法。

（10）仓库要注意门禁管理，不得随便入内。

四、仓储管理制度

（1）商品入库。根据检验结果，库房人员将已有明确标志的合格商品入库，不合格商品清点后入不合格品区，同时通知采购部门让其通知厂商办理退货事宜。

（2）商品出、入库房要记账，实行一物一卡制。记账要有原始凭证，无原始单据一律不能进账，原始单据必须有各自的编号。库房管理员登记“商品增减卡”，坚持每月核对账目和抽点商品，做到账物相符。

（3）商品要分类存放。库房按商品类别及工作流程划分为各个存储区，各类商品要分类存放，同类商品集中存放，不得混放。

（4）商品存放应科学、合理、整齐、有序，严防商品翻倒。

（5）库房内要保持卫生、整洁。货区内不得存放任何无标记或者“商品增减卡”上无记录的商品。

（6）库存商品应包装完好，发现破损及时更换。用防静电材料包装的商品，要按原包装形式存放。标注存放要求的货箱，应按要求存放，以避免造成商品的损耗与毁坏。

（7）库房内要求温度保持在0℃—40℃以内，湿度在20%—90%以内。每天上午记录一次实际温、湿度情况，发现异常现象要及时报告。温、湿度登记表要妥善保存。库房的温度表、湿度仪，每半年要更换一次。

（8）防止商品受潮，雨季尤其要注意必要时要通风。晴天时要开窗换气。易受潮商品包装箱内要放防潮剂，并定期巡查，防潮剂失效应及时更换。

（9）库房管理安全第一。

（10）出、入库商品的装卸搬运应由库房主管负责控制，严禁野蛮操作。
（11）库房保管相关原始单据一年。

本章导入案例点评

问题：

夏季皮鞋养护有哪些方法？

答：皮鞋保养要做到“三勤”，即勤“换岗”、勤清洁、勤“美容”。

延伸问题：

商品养护的重要性是什么？

答：商品养护的目的，在于维护商品的质量，保护商品的使用价值。因此“商品养护学”的内容主要有两个方面：一方面是研究商品在储存过程中受内外因素的影响，质量发生变化的规律；另一方面是研究安全储存商品的科学养护方法，以保证商品的质量，避免和减少商品损失。

思考与练习

一、选择题（1—4题为单项选择题、5—10题为多项选择题）

1. 白酒、酒精、花露水、香水等商品易发生(　　)。

A. 挥发　　B. 沉淀　　C. 渗漏　　D. 串味

2. 文化用品中的复写纸、打字纸等商品易发生(　　)。

A. 挥发　　B. 熔化　　C. 溶化　　D. 玷污

3. 某些饮料、酒在仓储中，容易发生(　　)现象。

A. 挥发　　B. 沉淀　　C. 渗漏　　D. 串味

4. 大米、面粉、木耳、食糖、饼干、茶叶、卷烟等商品，容易发生(　　)现象。

A. 破碎　　B. 玷污　　C. 沉淀　　D. 串味

5. 由于商品受各种内因和外因的影响，质量变化主要有(　　)。

A. 物理机械变化　　B. 化学变化

C. 生理变化　　D. 生化变化

6. 采取的防霉腐商品库存的管理措施，主要有(　　)。

A. 加强仓库温湿度管理　　B. 合理堆码，下垫隔潮

C. 商品进行密封　　D. 做好日常的清洁卫生工作

7. 利用塑料对水蒸气及空气中腐蚀性物质的高度隔离性能，防止金属制品在环境因素作用下发生锈蚀的常用的方法有(　　)。

A. 塑料薄膜封存　　B. 收缩薄膜封存
C. 可剥性塑料封存　　D. 塑料袋封存

8. 常用的防腐保鲜方法主要有(　　)。
A. 低温保存　　B. 高温保存
C. 脱水保存　　D. 食品的化学保藏

9. 普通的产品仓库管理原则一般为(　　)。
A. 尽可能地向高处码放，提高保管效率　　B. 根据出库频率选定位置
C. 同一品种在同一地方保管　　D. 依据后进先出的原则

10. 仓库管理工作主要包括(　　)。
A. 入库管理　　B. 库内管理　　C. 库外管理　　D. 出库管理

二、简答题

1. 影响商品质量变化的影响有哪些？
2. 仓库管理作业中应注意哪些问题？
3. 仓库管理应该遵循哪些原则？

三、实务分析题

1. 实习体验一下商品仓库管理员工作。
2. 调研当地仓储企业的仓库管理方法和商品养护技术，提交一份有关当地仓储企业的仓库管理方法和商品养护技术的调研报告。

实习与实训

在本学习项目进行后可以组织学生到仓储企业进行为期一周的商品养护与仓库管理实习，实习后提交一份实习报告，具体分析一下企业目前仓库管理和商品养护否规范有效，并提出相应意见和建议。

仓储公司养护管理实习

1. 实训目的：熟悉商品养护方法；掌握仓库管理，能胜任商品仓库管理员工作。
2. 实训内容：仓储企业仓库管理和商品养护实习。
3. 环境要求：校外实训基地或校企合作企业的仓储企业。
4. 实训流程：培训——实训——总结。
5. 注意事项：①注意整个实习过程中的安全事宜；
②严格遵守实习流程；
③严格遵守实习岗位的作业纪律和职业素质要求。
6. 实训作业：写一篇不少于3000字的实习报告，根据情况挑选8—10种商品，熟悉它们的储存条件和养护方法。谈谈该仓储企业仓库管理和商品养护技术，分析其合理性和可以改进的地方。

模块三 监 督 篇

第七章

商品标准与标准化

教学指南

单元名称	商品标准与标准化	课时	课内 6/课外 0
单元内容	本章介绍了商品标准的定义、分类及其级别划分，介绍了商品标准的内容以及制定和复审的方法，还介绍了商品标准化内容及实施商品标准化的意义等。		
学习目标	（1）了解商品标准概念及其分类； （2）掌握商品标准国外、国内的级别划分； （3）了解商品标准的内容； （4）掌握商品标准的制定、复审程序； （5）了解商品标准化的概念、内容及意义； （6）能识读商品标准； （7）会分析商品标准对于商品生产与消费的影响。		
学习重点	（1）商品标准国外、国内的级别划分； （2）商品标准的内容； （3）商品标准制定的程序； （4）商品标准的复审； （5）商品标准化的内容。		
实训内容	电动车标准讨论与修订		
课时分布	第一节　商品标准概述 一、标准与商品标准 ………………………………… 0.25 课时 二、商品标准的分类 ………………………………… 0.25 课时 三、商品标准的级别………………………………… 0.5 课时 第二节　商品标准识读 一、商品标准的内容………………………………… 0.5 课时		

续表

课时分布	二、商品标准的识读 ………………………… 0.5 课时 第三节　商品标准的制定和复审 一、商品标准制定的原则 ………………… 0.25 课时 二、商品标准编写的要求 ………………… 0.25 课时 三、商品标准制定的程序 ………………… 0.25 课时 四、商品标准的复审 ……………………… 0.25 课时 第四节　商品标准化 一、商品标准化的概念 …………………… 0.25 课时 二、商品标准化的内容 …………………… 0.5 课时 三、商品标准化的意义和作用 …………… 0.25 课时 实训（课内） ………………………………… 2 课时

导入案例

电动车标准之争

于2010年1月1日起实施的《电动摩托车和电动轻便摩托车通用技术条件》新国标，其中“40公斤以上、时速20公里以上的电动自行车，将称为轻便电动摩托车或电动摩托车，划入机动车范畴”的内容，在社会上引起了巨大波澜。

中国电动车新国标出台后，中国自行车协会申请暂缓实施，他们的理由是：“（1）参与制定这项标准的单位并不具有广泛代表性；（2）新的电动车国家标准和10年前出台的《电动自行车通用技术条件》无缝对接的说法缺乏严谨的科学发展观精神；（3）这项标准缺乏公信力，不具备普遍服从性；（4）强势利益集团利用标准的手段设置了技术壁垒和准入壁垒，容易造成不公平性；（5）这项标准如果实施可能将造成城市交通的拥堵和混乱。”

2009年12月15日，国家标准化管理委员会会同国务院有关部门和行业协会，共同研究了《电动摩托车和电动轻便摩托车通用技术条件》等4项国家标准的相关问题，最终研究决定标准中涉及电动轻便摩托车的内容暂缓实施。

问题：

1. 新的电动车标准较之前有哪些改变？
2. 电动车标准为何成为大家争议的焦点？

延伸问题：

商品标准对商品生产有何意义？

第一节 商品标准概述

商品标准是科学技术和生产力发展水平的一种标志，它是社会生产力发展到一定程度的产物，又是推动生产力发展的一种手段。凡正式生产的各类商品，都应符合相应的商品标准。商品标准由主管部门批准、发布后，就是一种技术法规，具有法律效力，同时也具有政策性、科学性、先进性、民主性和权威性。它是生产、流通、消费等部门对商品质量出现争议时执行仲裁的依据。

一、标准与商品标准

国家 GB/T 2000.1－2002 标准化工作指南第一部分对标准作如下定义："标准是对重复性事物和概念所做的统一规定。它以科学、技术和实践经验的综合成果为基础，经有关方面协商一致，由主管机构批准，以特定形式发布，作为共同遵守的准则和依据。"

该定义包含以下几个方面的含义：

（1）标准的本质属性是一种"统一规定"。这种统一规定是作为有关各方"共同遵守的准则和依据"。根据《中华人民共和国标准化法》规定，我国标准分为强制性标准和推荐性标准两类。强制性标准必须严格执行，做到全国统一。推荐性标准由国家鼓励企业自愿采用。但推荐性标准如经协商，并记入经济合同或企业向用户做出明示担保，有关各方则必须执行，做到统一。

（2）标准制定的对象是重复性事物和概念。这里讲的"重复性"，指的是同一事物或概念反复多次出现的性质。例如批量生产的产品在生产过程中的重复投入、重复加工、重复检验等；同一类技术管理活动中出现同一概念的术语、符号、代号等被反复利用等。只有当事物或概念具有重复出现的特性并处于相对稳定时才有制定标准的必要，使标准作为今后实践的依据，以最大限度地减少不必要的重复劳动，并能扩大"标准"重复利用范围。

（3）标准产生的客观基础是"科学、技术和实践经验的综合成果"。这就是说标准既是科学技术成果，又是实践经验的总结，并且这些成果和经验都是在经过分析、比较、综合和验证的基础上，加之规范化，只有这样制定出来的标准才能具有科学性。

（4）制定标准过程要“经有关方面协商一致”，就是制定标准要发扬民主，与有关方面协商一致，做到“三稿定标”，即征求意见稿、送审稿、报批稿。如制定产品标准不仅要有生产部门参加，还应当有用户、科研、检验等部门参加共同讨论研究，“协商一致”，这样制定出来的标准才具有权威性、科学性和适用性。

（5）标准文件有其一套特定格式和制定颁布的程序。标准的编写、印刷、幅面格式和编号、发布的统一，既可保证标准的质量，又便于资料管理，体现了标准文件的严肃性。所以，标准必须由主管机构批准，以特定形式发布。标准从制定到批准发布的一整套工作程序和审批制度，是使标准本身具有法规特性的表现。

商品标准是对商品质量以及与质量有关的各个方面，如商品的品名、规格、性能、用途、使用方法、检验方法、包装、运输、储存等，所做的统一技术规定，是评定、监督和维护商品质量的准则和依据。商品标准是“标准”的具体应用，它具备“标准”概念的基本含义。

二、商品标准的分类

（一）按适用范围分类

1. 国际标准

国际标准是指由国际上权威专业组织制定发布，并为世界上大多数国家承认和采用的标准。

2. 区域标准

区域标准也称国际地区性标准，它是由国际地区性（或国家集团性）标准化组织制定和发布的标准。如欧洲标准化委员会（CEN）、非洲地区标准化组织（ASMO）、亚洲标准咨询委员会（ASAC）等所颁布的标准。

3. 国家标准

国家标准是由国家标准团体制定并公开发布的标准。如中国国家标准（GB）、美国国家标准（ANSI）、英国国家标准（BSI）、法国国家标准（NF）、德国国家标准（DIN）、俄罗斯国家标准（GOST）、日本国家标准（JSA）等。

4. 行业标准

行业标准是由行业标准化团体发布在某一行业范围内的标准，也可以称作团体标准。如美国空调与制冷协会 ARI 标准、美国煤气协会 AGA 标准、美国齿轮制造商协会 AGMA 标准、美国航天工业协会 AIA 标准等。

5. 地方标准

地方标准是由一个国家的地方部门制定的并公开发布的标准。

6. 企业标准

企业标准，也可以称为公司标准，是由企业制定的作为组织生产的依据的相应的企业标准。如美国波音飞机公司、德国西门子电器公司等企业发布的企业标准。

（二）按法律的约束性分类

1. 强制性标准

强制性标准的范围主要是保障人体健康，人身、财产安全的标准和法律、行政法规规定强制执行的标准。对不符合强制标准的产品禁止生产、销售和进口。在我国，根据《中华人民共和国标准化法》的规定，企业和有关部门对涉及其经营、生产、服务、管理有关的强制性标准都必须严格执行，任何单位和个人不得擅自更改或降低标准。对违反强制性标准而造成不良后果以至重大事故者，由法律、行政法规规定的行政主管部门依法根据情节轻重给予行政处罚，直至由司法机关追究刑事责任。

2. 推荐性标准

推荐性标准是指导性标准，即“由公认机构批准的，非强制性的，为了通用或反复使用的目的，为产品或相关生产方法提供规则、指南或特性的文件。标准也可以包括或专门规定用于产品、加工或生产方法的术语、符号、包装标准或标签要求”。推荐性标准是自愿性文件。推荐性标准由于是协调一致的文件，不受政府和社会团体的利益干预，能更科学地规定特性或指导生产，我国《中华人民共和国标准化法》鼓励企业积极采用。为了防止企业利用标准欺诈消费者，要求采用低于推荐性标准组织生产的企业向消费者明示其产品标准水平。

（三）按商品标准的表达形式分类

1. 文件标准

文件标准是以文字（包括表格、图形等）的形式对商品质量所做的统一规定。大多数商品标准都是文件标准。

2. 实物标准

实物标准是对某些难以用文字准确表达的质量要求（如色泽、气味、手感等），由标准化主管机构或指定部门用实物做成与文件标准规定的质量要求完全或部分相同的标准样品，作为文件标准的补充，同样是生产、检验等有关方面共同遵守的技术依据。如粮食、茶叶、羊毛等农副产品，都有分等级的实物标准。实物标准是文件标准的补充，实物标准要经常更新。

（四）其他分类

商品标准还可以按其成熟程度和保密程度进行分类。

商品标准按其成熟程度可以分为正式标准和试行标准。正式标准和试行标准具有同等效用，同样具有法律约束力。试行标准一般在试行二年至三年后，经过讨论修订，再作为正式标准发布。现行标准绝大多数为正式标准。

商品标准按其保密程度可以分为公开标准和内部标准。绝大多数标准都是公开标准，也有少数涉及军事技术或尖端技术机密的标准只准在国内或有关单位内部发行，这类标准称为内部标准。

三、商品标准的级别

（一）我国商品标准的级别

依据《中华人民共和国标准化法》，按制定部门、适用范围等的不同，我国将商品标准划分为国家标准、行业标准、地方标准和企业标准等4个层次。各层次之间有一定的依从关系和内在联系，形成一个覆盖全国又层次分明的标准体系。

1. 国家标准

国家标准，是指对全国经济、技术发展有重大意义，必须在全国范围内统一的标准。国家标准由国务院标准化行政主管部门编制计划和组织草拟，并统一审批、编号、发布。

国家标准的编号是由国家标准代号、国家标准顺序号和国家标准发布年号构成。国家标准代号由大写汉语拼音字母构成，强制性国家标准代号为“GB”，其含义是“国标”两个字汉语拼音的第一个字母“G”和“B”的组合；推荐性国家标准代号为“GB/T”，其含义是“国标”和“推”三个字汉语拼音的第一个字母“GB”和“T”的组合（见图7-1）。国家标准顺序号是发布的国家标准的顺序排号。国家标准发布年号为发布该国家标准年份的四位数字。国家标准顺序号和年号之间加杠分开，如“GB 17323-1998 瓶装饮用纯净水”和“GB/T 17392-2008 国旗用织物”。

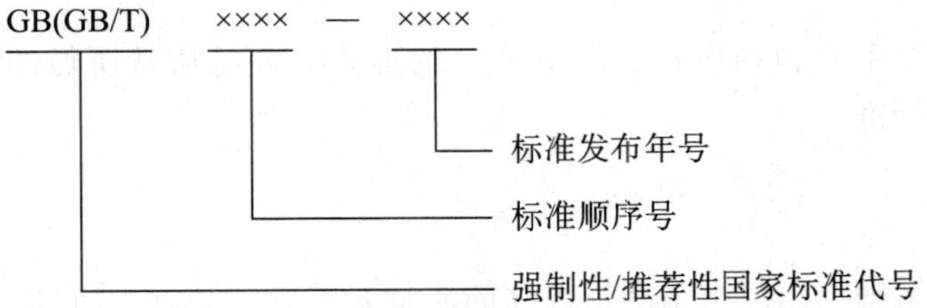

图7-1　国家标准编号的组成

国家实物标准的代号为“GSB”，其顺序号是由《标准文献分类法》规定的一级类目、二级类目和二级类目范围的顺序号组成，如“GSB X 69055-96 三花酒”。

2. 行业标准

对没有国家标准又需要在全国某个行业范围内统一的技术要求，可以制定行业标准，作为对国家标准的补充。当相应的国家标准实施后，该行业标准应自行废止。行业标准由行业标准归口部门审批、编号、发布，实施统一管理。行业标准的归口部门及其所管理的行业标准范围，由国务院标准化行政主管部门审定，并公布该行业的行业标准代号。

行业标准的编号是由行业标准代号、标准顺序号和标准发布年号组成（见图 7－2）。如纺织行业的强制性标准和推荐性标准为“FZ 20013－1996 防虫蛀毛纺织产品”和“FZ／T 73006－1995 腈纶针织内衣”。我国行业标准代号一览表如表 7－1 所示。

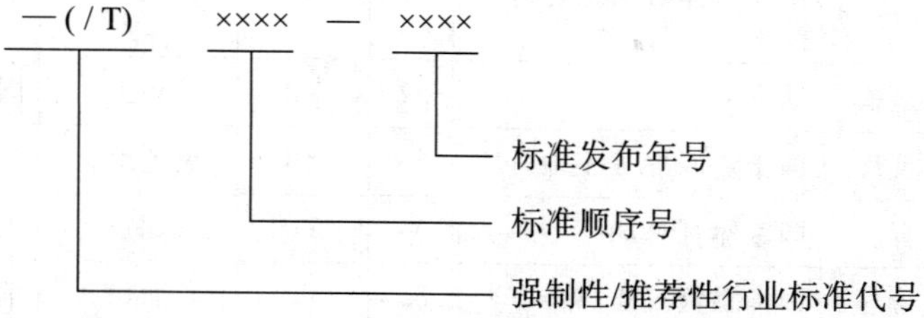

图 7－2　行业标准编号的组成

表 7－1　我国行业标准代号一览表

序号	代号	含义	管理部门	序号	代号	含义	管理部门
1	BB	包装	中国包装工业总公司	22	JR	金融	中国人民银行
2	CB	船舶	国防科工委（船舶）	23	JT	交通	交通部
3	CH	测绘	国家测绘局	24	JY	教育	教育部（教育）
4	CJ	城镇建设	建设部（城镇建设）	25	LB	旅游	国家旅游局
5	CY	新闻出版	国家新闻出版总署	26	LD	劳动和劳动安全	劳动和社会保障部（工资定额）
6	DA	档案	国家档案局	27	LY	林业	国家林业局
7	DB	地震	国家地震局	28	MH	民用航空	中国民航管理局
8	DL	电力	中国电力企业联合会	29	MT	煤炭	中国煤炭工业协会
9	DZ	地质矿产	国土资源部（地质）	30	MZ	民政	民政部
10	EJ	核工业	国防科工委（核工业）	31	NY	农业	农业部（农业）
11	FZ	纺织	中国纺织工业协会	32	QB	轻工	中国轻工业联合会
12	GA	公共安全	公安部	33	QC	汽车	中国汽车工业协会
13	GY	广播电影电视	国家广播电影电视总局	34	QJ	航天	国防科工委（航天）
14	HB	航空	国防科工委（航空）	35	QX	气象	中国气象局
15	HG	化工	中国石油和化学工业协会	36	SB	商业	中国商业联合会
16	HJ	环境保护	国家环境保护总局	37	SC	水产	农业部（水产）
17	HS	海关	海关总署	38	SH	石油化工	中国石油和化学工业协会
18	HY	海洋	国家海洋局	39	SJ	电子	信息产业部（电子）
19	JB	机械	中国机械工业联合会	40	SL	水利	水利部
20	JC	建材	中国建筑材料工业协会	41	SN	商检	国家质量监督检验检疫总局
21	JG	建筑工业	建设部（建筑工业）	42	SY	石油天然气	中国石油和化学工业协会

续表

序号	代号	含义	管理部门	序号	代号	含义	管理部门
43	SY	海洋石油天然气	中国海洋石油总公司	51	WS	卫生	卫生部
44	TB	铁路运输	铁道部	52	XB	稀土	国家计委稀土办公室
45	TD	土地管理	国土资源部（土地）	53	YB	黑色冶金	中国钢铁工业协会
46	TY	体育	国家体育总局	54	YC	烟草	国家烟草专卖局
47	WB	物资管理	中国物资流通协会	55	YD	通信	信息产业部（邮电）
48	WH	文化	文化部	56	YS	有色冶金	中国有色金属工业协会
49	WJ	兵工民品	国防科工委（兵器）	57	YY	医药	国家药品监督管理局
50	WM	外经贸	对外经济贸易合作部	58	YZ	邮政	国家邮政局

注：行业标准分为强制性和推荐性标准。表中给出的是强制性行业标准代号，推荐性行业标准的代号是在强制性行业标准代号后面加“/T”。

资料来源：http：//www.tech-food.com，2006-12-27，中国食品科技网。

3. 地方标准

对没有国家标准和行业标准而又需要在省、自治区、直辖市范围内统一的下列要求，可以制定地方标准：

（1）工业产品的安全、卫生要求；

（2）药品、兽药、食品卫生、环境保护、节约能源、种子等法律、法规规定的要求；

（3）其他法律、法规规定的要求。

地方标准由省、自治区、直辖市标准化行政主管部门统一编制计划、组织制定、审批、编号、发布。

地方标准的编号是由地方标准代号（DB）、省级行政区划代码前两位、标准顺序号和年代号所组成（见图7-3）。如北京市地方标准“DB11／T 209-2003 商业、服务业服务质量标准”。

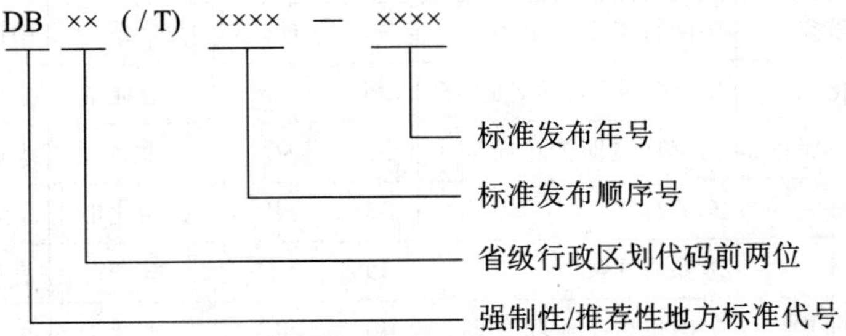

图7-3 地方标准编号的组成

各省级行政区划代码如表 7－2 所示。

表 7－2　　各省级行政区划代码

省、自治区、直辖市	省级行政区划代码	省、自治区、直辖市	省级行政区划代码	省、自治区、直辖市	省级行政区划代码	省、自治区、直辖市	省级行政区划代码
北京市	110000	天津市	120000	河北省	130000	山西省	140000
辽宁省	210000	吉林省	220000	黑龙江省	230000	上海市	310000
江苏省	320000	浙江省	330000	安徽省	340000	福建省	350000
江西省	360000	山东省	370000	河南省	410000	湖北省	420000
湖南省	430000	广东省	440000	海南省	460000	四川省	510000
贵州省	520000	云南省	530000	甘肃省	620000	陕西省	610000
青海省	630000	西藏自治区	540000	内蒙古自治区	150000	广西壮族自治区	450000
宁夏回族自治区	640000	新疆维吾尔自治区	650000	台湾省	71000		

资料来源：http：//www. tech－food. com，2006－12－27，中国食品科技网。

4. 企业标准

企业标准是对企业范围内需要协调、统一的技术要求、管理要求和工作要求所制定的标准。企业标准由企业制定，由企业法人代表或法人代表授权的主管领导批准、发布。企业产品标准应在发布后 30 日内向政府备案。

企业标准仅限于企业使用。对于没有国家标准、行业标准和地方标准的，企业可以制定标准；对于已有国家标准、行业标准和地方标准的，国家鼓励企业制定严于国家标准、行业标准和地方标准的企业标准。

企业标准代号由“Q”和斜线加企业代号组成（见图 7－4）。企业代号的规定分两种情况：一是凡中央所属企业的企业代号，由国务院有关行政主管部门规定；二是各地方所属企业的企业代号，由所在省、自治区、直辖市政府标准化主管部门规定。企业代号可用汉语拼

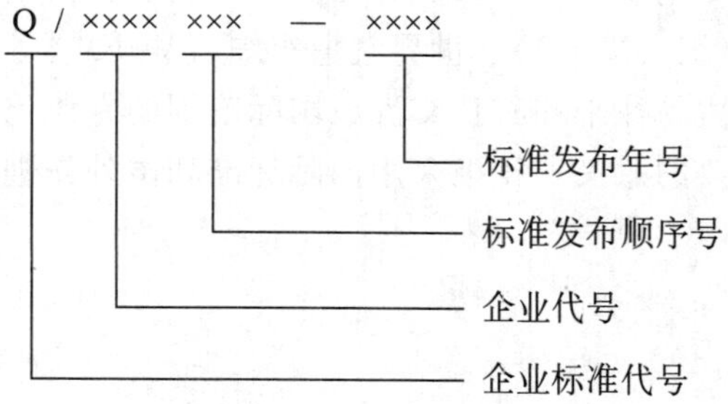

图 7－4　企业标准编号的组成

音或阿拉伯数字或两者兼用表示。由省、自治区、直辖市发布的标准，还要在其企业标准代号“Q”前加上本省、自治区、直辖市的简称汉字。如“京 Q/EGF024 - 1997”表示 1997 年发布的北京市某企业的第 024 号企业标准。

此外，为适应某些领域标准快速发展和快速变化的需要，于 1998 年规定的四级标准之外，增加一种“国家标准化指导性技术文件”，作为对国家标准的补充，其代号为“GB / Z”。指导性技术文件仅供使用者参考。符合下列情况之一的项目，可以制定指导性技术文件：

（1）技术尚在发展中，需要有相应的文件引导其发展或具有标准化价值，尚不能制定为标准的项目；

（2）采用国际标准化组织、国际电工委员会及其他国际组织（包括区域性国际组织）的技术报告的项目。

（二）国际商品标准的级别

1. 国际标准

国际标准是指国际标准化组织（ISO）、国际电工委员会（IEC）和国际电信联盟（ITU）制定的标准，以及国际标准化组织确认并公布的其他国际组织制定的标准。国际标准在世界范围内统一使用。

目前，被国际标准化组织确认并公布的其他国际组织是：国际计量局（BIPM）、国际人造纤维标准化局（BISFA）、食品法典委员会（CAC）、时空系统咨询委员会（CCSDS）、国际建筑研究实验与文献委员会（CIB）、国际照明委员会（CIE）、国际内燃机会议（CIMAC）、国际牙科联盟会（FDI）、国际信息与文献联合会（FID）、国际原子能机构（IAEA）、国际航空运输协会（IATA）、国际民航组织（ICAO）、国际谷类加工食品科学技术协会（ICC）、国际排灌研究委员会（ICID）、国际辐射防护委员会（ICRP）、国际辐射单位和测试委员会（ICRU）、国际制酪业联合会（IDF）、互联网工程特别工作组（IETF）、国际图书馆协会与学会联合会（IFTA）、国际有机农业运动联合会（IFOAM）、国际煤气工业联合会（IGU）、国际制冷学会（IIR）、国际劳工组织（ILO）、国际海底组织（IMO）、国际种子检验协会（ISTA）、国际电信联盟（ITU）、国际理论与应用化学联合会（IUPAC）、国际毛纺组织（IWTO）、国际动物流行病学组织（OIE）、国际法制计量组织（OIML）、国际葡萄与葡萄酒组织（OIV）、材料与结构研究实验所国际联合会（RILEM）、贸易信息交流促进委员会（TarFIX）、国际铁路联盟（UIC）、经营交易和运输程序和实施促进中心（UN / CEFACT）、联合国教科文组织（UNESCO）、国际海关组织（WCO）、国际卫生组织（WHO）、世界知识产权组织（WIPO）、世界气象组织（WMO）等。

国际标准对于国际的贸易往来和科技交流、国际范围的专业化合作、合理利用资源和保护生态环境都有着十分重要的意义。积极采用国际标准和国外先进标准早已成为我国重要的技术经济政策。

阅读材料

世界三大国际标准化机构简介

1. 国际标准化组织简介

国际标准化组织（ISO）是目前世界上最大、最有权威性的国际标准化专门机构。ISO 标志见图 7-5。1946 年 10 月 14 日至 26 日，中、英、美、法、苏等 25 个国家的 64 名代表集会于伦敦，正式表决通过建立国际标准化组织。1947 年 2 月 23 日，ISO 章程得到 15 个国家标准化机构的认可，国际标准化组织宣告正式成立。参加 1946 年 10 月 14 日伦敦会议的 25 个国家，为 ISO 的创始人。

图 7-5 ISO 标志

国际标准化组织的目的和宗旨是："在全世界范围内促进标准化工作的发展，以便于国际物资交流和服务，并扩大在知识、科学、技术和经济方面的合作。"其主要活动是制定国际标准，协调世界范围的标准化工作，组织各成员国和技术委员会进行情报交流以及与其他国际组织进行合作，共同研究有关标准化问题。

1978 年 9 月 1 日，我国以中国标准化协会（CAS）的名义重新进入 ISO，1988 年起改为以国家技术监督局的名义参加 ISO 的工作，现在以中国国家标准化管理局（SAC）的名义参加 ISO 的工作。1999 年 9 月，我国在北京承办了 ISO 第 22 届大会。

2. 国际电工委员会简介

国际电工委员会（IEC）成立于 1906 年，至今已有 100 多年的历史。IEC 标志见图 7-6。它是世界上成立最早的国际性电工标准化机构，负责有关电气工程和电子工程领域中的国际标准化工作。

IEC 的宗旨是，促进电气、电子工程领域中标准化及有关问题的国际合作，增进国际间的相互了解。为实现这一目的，IEC 出版包括国际标准在内的各种出版物，并希望各成员在本国条件允许的情况下，在本国的标准化工作中使用这些标准。

图 7-6 IEC 标志

我国 1957 年参加 IEC，1988 年起改为以国家技术监督局的名义参加 IEC 的工作，现在以中国国家标准化管理局（SAC）的名义参加 IEC 的工作。目前，我国是 IEC 理事局、执委会和合格评定局的成员。我国还于 1990 年和 2002 年分别在北京承办了 IEC 第 54 届和第 66 届年会。

3. 国际电信联盟简介

国际电信联盟是联合国的一个专门机构，也是联合国机构中历史最长的一个国际组织，简称“国际电联”“电联”或“ITU”。ITU标志见图7－7。该国际组织成立于1865年5月17日，是由法、德、俄等20个国家在巴黎会议上为了顺利实现国际电报通信而成立的国际组织，定名“国际电报联盟”。1932年，70个国家的代表在西班牙马德里召开会议，决议把“国际电报联盟”改写为“国际电信联盟”。

图7－7 ITU标志

1947年在美国大西洋城召开国际电信联盟会议，经联合国同意，国际电信联盟成为联合国的一个专门机构。总部由瑞士伯尔尼迁至日内瓦。另外，还成立了国际频率登记委员会（IFRB）。我国于1920年加入了国际电报联盟，1932年派代表参加了马德里国际电信联盟全权代表大会，1947年在美国大西洋城召开的全权代表大会上被选为行政理事会的理事国和国际频率登记委员会委员。中华人民共和国成立后，我国的合法席位一度被非法剥夺。1972年5月30日在国际电信联盟第27届行政理事会上，正式恢复了我国在国际电信联盟的合法权利和席位。我国积极参加了国际电信联盟的各项活动。

2. 区域标准

区域标准也称国际地区性标准，它是由国际地区性（或国家集团性）标准化组织制定和发布的标准。这种国际地区性（或国家集团性）标准化组织有的是由于地理原因，有的是由于政治原因而形成的，这些标准仅在这些地区（或国家集团）内发生作用。如欧洲标准化委员会（CEN）、非洲地区标准化组织（ARSO）、亚洲标准咨询委员会（ASAC）以及阿拉伯标准化与计量组织（ASMO）等所颁布的标准，都是区域标准。制定区域标准的主要目的在于促进区域性集团成员之间的贸易，便于该地区的技术交流与合作，协调该地区与国际标准化组织的关系。但是，这类标准也有弊端，弄不好容易造成贸易障碍。

3. 发达国家的国家标准

这类标准是指世界主要经济发达国家所制定的国家标准。如美国国家标准（ANSI）、英国国家标准（BSI）、法国国家标准（NF）、德国国家标准（DIN）、俄罗斯国家标准（GOST）、日本国家标准（JSA）等。

此外，还有其他国家的某些世界先进标准，如瑞士的手表材料国家标准、瑞典的轴承钢国家标准、比利时的钻石国家标准等。

4. 国际上通行的团体标准

该类标准是指某些国家的标准化组织团体所制定的有一定影响的标准。如美国石油学会

API 标准、美国材料和实验协会 ASTM 标准、美国电子工业协会 EIA 标准、英国劳氏船级社《船舶入级规范和条例》（LR）等。

第二节
商品标准识读

商品标准是对商品必须达到某些或全部要求所制定的标准。商品标准统一表达了生产、流通企业和消费者对商品质量的要求。商品标准对提高和保证商品质量，促进商品生产、流通、消费的顺利进行，维护消费者和用户的合法权益等方面具有重要作用。

一、商品标准的内容

商品标准是一种具有法规性的文件，为了便于使用和管理，国内外对其封面格式、内容安排以及符号和编号等都有统一规定。我国商品标准包含的内容很多，一般是由概述、正文、补充三个部分组成。

（一）概述部分

商品标准的概述部分，概括地说明标准的对象、技术特征和适用范围。其主要内容包括封面、目录、标准名称、引言等内容。

1. 封面与首页

封面列有标准的名称、编号、分类号、批准发布单位、发布和实施日期等。合订本内的标准设有首页，首页上的内容与封面相似。

2. 目录

当商品标准的内容较长、结构较复杂、条文较多时，一般会有目录。

3. 标准名称

标准名称一般是由标准化对象的名称和标准所规定的技术特征两部分组成。它可用商品名称作为标准名称，也可用“技术条件”或“规范”作为标准名称。

4. 引言

引言，主要阐述制定标准的必要性和主要依据，历次复审、修订的日期，修订的主要内容，废除和被代替的标准以及采用国际标准的程度。

（二）正文部分

商品标准的正文部分是商品标准的实质性内容，包括主题内容、适用范围、引用标准、术语、符号、代号、商品分类、技术要求、试验方法、检验规则、标志、包装、运输和储存等方面。

1. 主题内容与适用范围

该部分简要说明标准的主题内容与适用范围。有的商品标准在必要时还明确指出该标准不适用的范围。

2. 引用标准

引用标准主要说明标准中的直接引用的标准和本标准必须配套使用的标准，并列出标准的编号和名称。

3. 术语、符号和代号

标准中采用的术语、符号和代号，在现行国家标准、行业标准中尚无规定的，一般在标准中给出定义或说明。其定义或说明集中写在标准技术内容部分的前面，或分别写在有关章、条的前面。

4. 商品分类

商品分类是在商品标准中规定商品种类和型式，确定商品的基本参数和尺寸，作为合理发展商品品种、规格以及用户选用的依据。

商品分类的内容包括商品的种类、结构型式与尺寸、基本参数、工艺特征、型号与标记、商品命名和型号编织方法等。

在商品分类中，为了协调同类商品和配套商品之间的关系，常按一定数值规律排列成科学的系列标准化形式。

5. 技术要求

技术要求是保证商品使用要求而必须具备的技术性能方面的规定，是指导生产、流通、使用以及对商品检验的主要依据。

列入标准的技术要求，应当是决定商品质量和使用性能的关键性指标，对商品性能无重要影响的次要指标和要求一般不列入标准。列入标准的各项指标应该具有可以测定或鉴定的质量特性。

6. 试验方法

试验方法，是评定商品质量的具体做法，是对商品质量是否符合标准而进行检测的方法、程序和手段所做的统一规定。

试验方法一般包括试验原理、试样的采取或制备、所用试剂或标样、试验用仪器和设备、实验条件、试验步骤、试验结果的计算、分析评定、试验记录和试验报告等内容。

7. 检验规则

检验规则，是对商品如何进行验收而做的具体规定。它是商品制造厂将商品提交质量检验部门进行检验的规定，也是商品收购部门检查商品质量的依据，其目的是保证商品质量合乎标准要求。

检验规则一般包括检验的类别和项目、抽样或取样方法、检验方法、检验结果的评定和复检规则等。

8. 标志、包装、运输和储存

标志、包装、运输和储存是为了使商品从出厂到交付使用的过程中不致受到损失所做的规定。

(1) 标志。商品标准一般都有对商品标志的规定，特别是对消费品和涉及卫生、安全和环境保护的商品，要求更加严格。标志一般包括在商品及其包装上的位置、制作标志的方法、标志的内容和质量要求等内容。

(2) 包装。一切需要包装的商品，在商品标准中都有规定包装的要求。包装要求一般包括包装材料，包装技术与方法，每件包装中商品的数量、重量或体积以及包装试验方法等内容。

(3) 运输。在运输中有特殊要求的商品，经常规定运输要求。其内容主要包括运输方式、运输条件和运输中的注意事项。

(4) 储存。根据商品的特点，规定商品的储存场所、储存条件、储存要求以及储存期限等。

(三) 补充部分

商品标准的补充部分是对标准条文所做的必要补充说明和提供使用的参考资料。包括附录和附加说明两部分。

1. 附录

根据实际需要，一个标准可以有若干个附录，以其性质分为补充件和参考件两种。补充件是标准条文的补充，是标准技术内容的组成部分，与标准条文具有同等效力；参考件是用来帮助使用者理解标准的内容，如某些条文的参考资料或推荐性方法、标准中重要规定的依据等。它不是标准条文的组成部分，仅供参考。

2. 附加说明

附加说明是制定和修订标准中的一些说明事项，分段写在标准终结符号下面。其内容主要有：标准提出单位、归口单位、负责起草单位和标准主要起草人；标准首次发布、历次修订和重新确认的年月；标准负责解释单位以及其他附加说明等。

二、商品标准的识读

商品标准对提高和保证商品质量，促进商品生产、流通、消费的顺利进行，维护消费者和用户的合法权益等方面具有重要作用。近年来，商品标准的风波一浪接过一浪，商品标准不再仅仅是停留在纸面上的一些“死”的规定，而一跃成为人们视界中“鲜活”的焦点，成为人们争议的对象。

（一）欧盟出台打火机CR标准，中国企业受重大影响

2006年10月12日，商务部公平贸易局公布欧盟的一项最新决定，该决定称从2007年3月11日起，凡向欧盟市场出口的一次性打火机必须加装防儿童开启装置（即CR装置），新奇打火机将遭禁售。欧盟的这项决定称，2007年3月11日前投放欧盟市场的未加装防儿童开启装置的一次性打火机存货仍可继续销售，但欧盟今后将通过另外一项决定，规定存货必须销售完毕的最终期限。实际上，欧盟自2002年起曾数次试图推出其打火机CR标准，但均因我国相关部门及企业的据理抗争以及欧盟内部的巨大分歧而未果。受此安全标准的限制，年产5亿多只、占世界市场份额近70%的温州打火机，面临退出欧洲市场的危险。

（二）针对婴幼儿服装安全制定的《婴幼儿服装标准》开始实施

由三聚氰胺引发的“毒奶粉”事件引起全国人民对消费安全的高度关注，婴幼儿级的安全标准也成为人们关心的重点。2008年10月1日，首部针对婴幼儿服装安全制定的《婴幼儿服装标准》开始实施，其中规定：甲醛含量必须小于或等于每千克20毫克，PH值必须限定在4.0至7.5之间，禁用可分解芳香胺染料，并且不得存在异味。据了解，有关服装甲醛、苯酚残留方面国家早已颁布了强制性标准，这就是“GB18401－2003执行标准”，其对纺织品的各项安全指标做出了详细规定，并将纺织品与皮肤接触的安全程度分为A、B、C三类。其中，A类是婴幼儿用品要求，是最高的安全标准，一般正规内衣厂商都按国家规定的B类标准织造，只有少量的高端内衣会按A类的婴幼儿最高标准生产。

（三）如何看待电动车标准之争

原将于2010年1月1日起实施的《电动摩托车和电动轻便摩托车通用技术条件》（以下简称《电摩条件》）新国标，其中“40公斤以上、时速20公里以上的电动自行车，将称为轻便电动摩托车或电动摩托车，划入机动车范畴”的内容，在社会上引起了巨大波澜。“电摩”国标之争，其中要数摩托车行业和自行车（含电动车）行业之间的争端最具代表性和观察性。两大行业对“电摩”的极端关注，实质上是两大行业为了维护自身利益的博弈。

对摩托车行业而言，他们之所以急于将“电摩”纳入麾下，看中的正是“电摩”可观的市场前景和利益预期，在巨大利益的诱使下，于是才有了由摩托车行业主唱的《电摩条件》的出台。而自行车协会则直言不讳地说：“《电摩条件》是强势利益集团（摩托车）利用标准的手段设置技术壁垒和准入壁垒。”由此，不同利益集团围绕电动车市场这个大蛋糕，竞相博弈的大致轮廓浮出水面。

（四）限制商品过度包装的标准出台

因过度包装而造成的天价月饼、天价茶叶、天价保健品、天价化妆品等一直是市民声讨的对象。2010 年 4 月 1 日，由国家质量监督检验检疫总局和国家标准化管理委员会共同发布的《限制商品过度包装要求》标准正式实施，饮料、酒、糕点、粮食、保健食品、化妆品和其他食品的外包装都将面临“瘦身”，消费者的权益可得到有效保障。

该标准适用于市场销售的商品，不适用于出口商品，重点针对保健品、化妆品和饮料酒、糕点、茶叶、粮谷等食品。该标准规定了限制商品过度包装的一般原则和部分商品销售包装的限量要求，其中过度包装是指超出了保护商品、方便运输、介绍或说明商品的功能要求（即包装孔隙率、包装层数、包装成本超过必要程度）的包装。该标准严格规定了商品包装孔隙率及包装层数，并列为强制条款。

该标准要求，包装应以满足保护商品、方便运输、介绍和（或）说明商品的基本功能为前提。包装应选择适当的材料，确定合理的体积和层数，采用适当的型式和结构，减少包装材料用量和降低包装成本，有效地利用资源，维护消费者的利益，减少包装废弃物，降低对环境影响。同时，还要求包装材料的用量要尽量减少，材料选择要适当，结构要简单，层数空间应与内装物的质量和规格相适应，避免消费者产生误解。

第三节 商品标准的制定和复审

商品标准的制定和复审工作既是技术性工作，又是一项具有高度政策性的工作，所以要遵循一定的原则和相应程序。

一、商品标准制定的原则

（一）要充分考虑使用要求，维护消费者利益

制定商品标准必须面向市场，必须考虑广大消费者的实际需要，特别是要充分考虑商品的最终用途和实际使用条件，使商品尽可能做到品种规格对路、使用性能良好、寿命长、外形美观、节能安全、价格合理等。

（二）技术先进、经济合理和安全可靠

商品标准中规定的各种质量指标和要求要适应现代技术经济发展的先进水平，同时要通过全面的、经济的分析和论证，寻求经济上的合理性，此外，要达到能充分保障人身、财产安全、人体健康和环境保护方面的要求。

（三）要从全局出发，考虑全社会的综合效益

在商品标准的制定中，都会关系到各个方面的利益。商品标准的制定和实施，不可能使各个方面都获得同等的经济利益，这就要求标准制定要兼顾局部利益与全局利益，必要时要求局部利益服从全局利益。

（四）要结合自然条件，合理利用国家资源

在制定商品标准时，要密切结合我国的资源状况，提高资源的利用率，注意节约和做好稀缺资源的利用。

（五）要协调一致、完整配套

商品标准的制定要与我国现行法令、法规相一致，还要与其他商品标准之间相互衔接。

（六）积极采用国际标准和国外先进标准

这可以使我国的技术及商品质量进一步提高，可增强我国国际竞争力。采用国际标准和国外先进标准是我国一项重大的技术经济政策，是促进技术进步、提高产品质量、扩大对外开放、加快与国际惯例接轨的重要措施。2002 年 7 月，国家质量监督检验检疫总局、国家计委、国家经贸委、科学技术部、财政部、对外贸易经济合作部联合发文，推出优惠政策引导和鼓励企业积极采用国际标准和国外先进标准，同时《中华人民共和国标准化法》也做了“国家鼓励积极采用国际标准”的规定。

我国采用国际标准和国外先进标准主要遵循的原则是：

（1）要密切结合我国国情，有利于促进生产力发展；

（2）有利于完善我国标准体系，促进我国标准水平的不断提高，努力达到和超过世界先进水平；

（3）要合理安排采用的顺序，注意国际上的通行需要，还要考虑综合标准化的要求；

（4）采用国外先进标准要根据标准的内容区别对待。

（七）要掌握好制定标准的时机，并随着技术和经济的发展，适时制定

二、商品标准编写的要求

（一）贯彻国家法令与标准之间协调一致

商品标准要贯彻国家和地区的法令和法规。各级标准之间，统计不同商品标准之间应协调一致。商品标准与其他相关标准之间也应协调一致。

（二）文字表达简明准确

文字叙述必须简明、准确，逻辑严谨，通俗易懂。若文字、图表并用更易表达清楚时，

最好并用，这样既利于掌握和使用，又避免对标准条文产生不同的理解。

（三）技术内容正确无误

标准中所做的规定，必须具有严肃性和权威性，要经过严格的科学论证和精确的数字计算，使其建立在科学的基础上，避免一切技术上的错误。

（四）术语、符号、代号统一

商品标准的名词、术语、符号和代号前后要统一，并与其他有关标准相一致，以避免影响标准的执行和相互协调。

（五）条文编排符合规定

标准条文编排必须符合标准化工作的有关规定。一般按其内容繁简分为若干章、条的顺序来叙述。章一般有标题，条可以有标题，也可以无标题，但同一层次的条应一致。

三、商品标准制定的程序

商品标准的制定是一个复杂的过程，主要包括确定项目、制定工作方案、调查研究、试验验证、起草标准草案、征求意见、审查定稿和审批发布等步骤。

（一）确定项目

根据标准化对象的客观实际需要，制定标准化计划，确定编写标准的项目。

（二）制定工作方案

标准化制定工作组根据任务项目制定出具体工作方案。

（三）调查研究

标准化制定工作组的人员必须深入具有代表性的科研、生产、管理、流通和使用单位进行广泛的调查研究；同时，还应该了解国外同类商品的状况和发展方向，以及相应的国际标准和国外先进标准。

（四）试验验证

通过在不同环境条件、多种生产、使用条件下的测试，可使指标更具有科学性。

（五）起草标准草案

标准化制定工作组在对所获得资料和数据进行统计分析和综合研究的基础上编写标准草案征求意见稿。

（六）征求意见

标准草案征求意见稿经主管单位审核同意后，广泛征求生产、使用、科研和流通等方面的意见。通过对意见的处理，将征求意见稿改为标准草案送审稿。

（七）审查定稿

标准草案送审稿经过标准化技术组织和主管部门审理、审查后，由主持审查单位提出标准草案报批稿。

（八）审批发布

标准草案报批稿由标准化主管部门批准正式发布。

四、商品标准的复审

商品标准制订发布后，随着社会经济、技术的发展，还应及时对商品标准进行复审和修订，以防止因商品标准落后而阻碍生产的发展。《中华人民共和国标准化法》规定："标准实施后，制订标准的部门应当根据科学技术的发展和经济建设的需要适时进行复审，以确认现行标准继续有效或者予以修订、废止。"

商品标准每隔三到五年复审一次，分别予以确认、修改或补充、修订或废止。

（一）确认

经过复审认为，标准内容不做修改或仅做编辑性修改，仍符合当前科学技术水平、适应需要的，给予确认。经过确认的标准，不改变编号和年号。当标准重版时，在标准封面写明某年确认的字样。

（二）修改或补充

经过复审认为，标准内容不够完善和充实，或不完全切合实际和当前科学技术水平的，可对标准中局部不适应之处进行个别的、少量的修改或补充。标准的编号和年号不变，修改、补充的内容和开始实施的日期，采用标准修改通知单的形式发布，并在指定的刊物《中国标准化》上全文刊登。

（三）修订

经过复审认为，标准内容还不完全切合实际和当前科学技术水平，主要技术规定需要作较大的修改才能适应当前生产、流通和消费的需要及科学技术水平的，应作为修订项目列入标准化计划，按照标准的制定程序进行修订。修订后的标准编号不变，把年代号改为新修改的年代号。

（四）废止

经过复审认为，标准内容已不适应当前的需要，或已经为新的标准所代替以及无存在的必要的标准予以废止。

第四节
商品标准化

商品标准化是一项系统管理活动，涉及面广，专业技术要求高，政策性强，因此，必须遵循统一管理与分级管理相结合的原则，建立一套完善的标准化机构和管理体系，调动各方面的积极性，搞好分工协作，吸取国外标准化的先进经验，才能顺利完成商品标准化的任务。

一、商品标准化的概念

GB /T 2000.1 -2002 对标准化的定义是："在经济、技术、科学及管理等社会实践中，对重复性事物和概念通过制定、发布和实施标准，达到统一，以获得最佳秩序和社会效益。"标准化针对经济、技术、科学及管理等社会实践中的各个领域，所涉及的范围很广。商品标准化是其中一个非常重要的领域，也是我国标准化的主要内容。商品标准化是指在商品生产和流通的各个环节中制定、发布以及实施商品标准的活动。推行商品标准化的最终目的是达到统一，从而获得最佳市场秩序和社会效益。商品标准化是一个永无止境的循环上升的活动过程。它始于商品标准的制定，到商品标准的实施，到在实施过程中随着科学技术进步对原商品标准的修订，再到新一轮的实施、修订。每循环一周，商品标准就会上升到一个新的水平，从而不断地提高商品的质量，满足人们不断发展和丰富的需要。

商品标准化的目的是获得最佳秩序和社会效益。最佳秩序和社会效益可以体现在多个方面，如在生产技术管理和各项管理工作中，按照 GB / T 19000 建立质量保证体系，可保证和提高产品质量，保护消费者和社会公共利益；简化设计，完善工艺，提高生产效率；扩大通用化程度，方便使用维修；消除贸易壁垒，扩大商品出口和对外技术交流等。

二、商品标准化的内容

商品标准化的内容包括名词术语统一化、商品质量标准化、商品零部件通用化、商品品种规格系列化、商品质量管理与质量保证标准化、商品检验与评价方法标准化、商品分类编码标准化、商品包装标准化、储运标准化、养护标准化等。

（一）商品质量标准化

它指要求按照统一的技术标准进行商品生产和检验，并对同类所有商品进行质量评定。

（二）商品品种规格系列化

它指将同类商品，依据一定的规律、一定的技术要求，按照不同的规格、尺寸等进行合理分档，使之形成系列。

（三）商品零部件通用化

它指在相互独立的商品体系中，选择和确定具有功能互换性或尺寸互换性的标准零部件。即使同一类商品或不同商品零件、部件之间部分或大部分可相互通用。

（四）技术语言标准化

它指商品使用的名词、术语、符号、代号等必须统一、简化、明确，以利于提高工作效率，便于相互交流和正确理解。

三、商品标准化的意义和作用

商品标准化的水平是衡量一个国家或地区生产技术和管理水平的尺度，是现代化的一个重要标志。现代化水平越高就越需要商品标准化。

商品标准化的作用主要体现在以下几个方面：

（1）标准化是组织现代化商品生产和发展专业化协作生产的前提条件；

（2）标准化是实现现代化科学管理和全面质量管理的基础；

（3）标准化是提高商品质量和合理发展商品品种的技术保证；

（4）标准化是合理利用国家资源、保护环境和提高社会经济效益的有效手段；

（5）标准化是推广应用新技术，促进技术进步的桥梁；

（6）标准化是国际经济、技术交流的纽带和国际贸易的调节工具。

本章导入案例点评

问题：

1. 新的电动车标准较之前有哪些改变？

答：新的电动车标准较之以前主要是在电动车的时速和车的重量上做了改变，即新的标准规定电动车的重量不高于40公斤、时速不高于20公里，在此以上的电动自行车，将称为轻便电动摩托车或电动摩托车，划入机动车范畴。

2. 电动车标准为何成为大家争议的焦点？

答：一是成为电动车和摩托车生产厂家争议的焦点，二是成为社会公众争议的焦点。新的电动车标准使数千家电动车生产企业陷于无牌生产的境地，同时对于广大消费者来说，原来持有的电动车一下子成为机动车，而机动车需要办理机动车牌照和驾驶证。

延伸问题：

商品标准对商品生产有何意义？

答：商品标准是生产企业商品生产参照的技术依据和技术要求，也是企业质量控制的标准，更是社会和消费者进行质量监督的依据。

思考与练习

一、选择题（1—2 题为单项选择题、3—7 题为多项选择题）

1. 下述关于实物标准不正确的是(　　)。

A. 实物标准是一种标准样品　　B. 大多数商品标准都是实物标准

C. 实物标准是文件标准的补充　　D. 实物标准要经常更新

2. 下述关于企业标准不正确的是(　　)。

A. 企业标准是仅限于企业使用的标准

B. 在没有上级标准时，企业可以制定标准

C. 在有上级标准时，企业则不可以制定标准

D. 企业标准由企业制定

3. 商品标准复审的结果可以是(　　)。

A. 确认　　B. 修改或补充

C. 修订　　D. 废止

4. 商品标准的概述部分，概括地说明标准的对象、技术特征和适用范围，其主要内容包括(　　)。

A. 封面　　B. 目录　　C. 引言　　D. 附加说明

5. 商品标准的正文部分是商品标准的实质性内容，包括(　　)。

A. 引言　　B. 适用范围　　C. 引用标准　　D. 主题内容

6. 商品标准的补充部分是对标准条文所做的必要补充说明和提供使用的参考资料，包括(　　)。

A. 附录　　B. 附加说明　　C. 技术要求　　D. 试验方法

7. 商品标准编写的要求主要有（　　）。

A. 条文编排符合规定　　B. 文字表达简明准确

C. 技术内容正确无误　　D. 术语、符号、代号统一

二、简答题

1. 为什么我国鼓励企业积极采用国际标准和国外先进标准？

2. 商品标准化的地位和作用有哪些？

三、实务分析题

上网查找一种商品的国家标准，讨论一下商品标准对消费者有何意义？如何才能保障消费者的利益？

四、业务模拟训练题

电动车标准讨论与修订

1. 实训目的：进一步理解商品标准在商品生产和消费中的作用，训练学生分析问题和解决问题的能力。
2. 实训内容：电动车标准的讨论与制定。
3. 环境要求：多媒体教室（音像设备齐全）。
4. 实训流程：资料准备——讨论——总结。
5. 注意事项：①选定一名讨论会主持人，主持人要注意控制讨论会的节奏和气氛；②讨论会可以按照正反轮流发言形式举办。
6. 实训作业：制定电动车标准。

附：案例内容

于2010年1月1日起实施的《电动摩托车和电动轻便摩托车通用技术条件》新国标，其中“40公斤以上、时速20公里以上的电动自行车，将称为轻便电动摩托车或电动摩托车，划入机动车范畴”的内容，在社会上引起了巨大波澜。近日虽有国家标准委发布说明，称“符合标准规定的电动自行车属于非机动车，车主不存在需要考驾照、上机动车牌照等问题”，但仍让消费者一头雾水，不明白自己的“超标车”是否要考驾照，甚至连《人民日报》也载文发出了“‘超标电动车’到底算什么车?”的疑问。

电动车新国标一出台，立即引来严厉指责和强烈质疑，有人称是“为强势集团谋利”，也有人指出新国标的实施将让500万人失业，对电动自行车行业来说是灭顶之灾，中国自行车协会提出暂缓实施申请。而从公众影响面看，专家称现有1亿辆电动车不符合国家标准委新标准。那么，到底该如何看待电动车标准之争呢?

摩托车协会的主要观点：

国内不可能为时速20—50公里的电动车单独开个行车道，建议取消这个存在巨大争议的速度档次的电动车生产和销售，敦促现有电动车企业转向时速大于50公里的电动摩托车的生产和销售的同时，对既成事实的1.2亿“受害者”给予两三年的淘汰过渡期。以电动动力的大小为基础，以蓄电池容量、车身重量为基本参考，以最高时速为基本依据，来划定电动摩托车、电动轻便摩托车和电动自行车的界限。因为车身重量和车辆时速直接影响作为交通工具的电动车对其他交通参与人的危险性程度。从这个意义上讲，以车重和时速为主要标准来划定机动车和非机动车范围，是合理的、可行的。

自行车协会的主要观点：

对“取消时速 20 到 50 公里电动车的生产和销售”持保留意见。按照这个新标准，意味着如果今后电动自行车将“升级”为摩托车，上路需要和开汽车一样考驾照、上牌、买保险，然后进入机动车道行驶。照此新规，2000 多家企业都可能退出市场，超过 500 万工人将面临失业，按现有 1.2 亿电动自行车保有量计算，近亿人出行将受到影响。

标准修订参照欧美日电动车限速标准，即 30—35 公里时速被限定（不限定重量），这样，就与国际接轨了。而目前我国 20 公里的标准显然低了，因为骑自行车时速通常也会达到 25 公里/小时。整车质量（重量）不大于 40 公斤及一次充电后最大行驶里程不能超过 25 公里，这些数字显然需要再次商榷。

摩托车协会给出的结论：

赞同国家标准管理委员会此前公布的《电动摩托车和电动轻便摩托车安全要求》等 4 条关于电动摩托车和电动轻便摩托车的相关国家标准，同意“40 公斤以上、时速 20 公里以上的电动自行车，称为轻便电动摩托车或电动摩托车，划入机动车范畴”。

自行车协会给出的结论：

对“取消时速 20—50 公里电动车的生产和销售”持保留意见。电动车标准的制定迫在眉睫，但标准的制定需要结合行业现状和中国国情，同意对电动车的时速及限重有所规定，但数字的制定需要举办听证会综合听取专家、行业从业人员代表及电动车使用代表的意见，重新制定。

第八章

商品检验与分级

教学指南

单元名称	商品检验与分级	课时	课内6/课外0
单元内容	本章介绍了商品检验的概念、分类及其功能、依据，介绍了商品检验的内容、程序与方法，还介绍了商品品级的概念和品级划分等。		
学习目标	（1）了解商品检验概念及其分类； （2）掌握商品检验的功能及检验依据； （3）了解商品检验的内容和程序； （4）掌握商品检验的方法； （5）能利用不同检验方法对商品进行检验； （6）能进行商品品级划分。		
学习重点	（1）商品检验的功能和步骤； （2）商品检验的依据； （3）商品检验的内容； （4）商品检验的方法； （5）商品品级划分。		
实训内容	酒类商品质量检验		
课时分布	第一节　商品检验概述 一、商品检验的概念 ………… 0.25课时 二、商品检验的分类 ………… 0.25课时 三、商品检验的功能和步骤 ………… 0.25课时 四、商品检验的依据 ………… 0.25课时 第二节　商品检验的内容和程序 一、商品检验的内容 ………… 0.25课时 二、商品检验的程序 ………… 0.25课时		

续表

课时分布	第三节 商品检验的方法 一、感官检验法 ……………………………………… 0.5 课时 二、理化检验法 ……………………………………… 0.5 课时 三、生物学检验法 …………………………………… 0.25 课时 第四节 商品品级 一、商品品级的概念 ………………………………… 0.25 课时 二、商品品级划分方法 ……………………………… 0.25 课时 三、商品品级划分 …………………………………… 0.75 课时 实训（课内） ……………………………………………… 2 课时

导入案例

“望闻问切”四招慎选瓷砖

质检专家提醒消费者，在购买使用瓷砖等陶瓷产品过程中，并不是颜色越白、越耀眼的越好。要想挑选好的瓷砖，要做到“望闻问切”，缺一不可。

“望”：瓷砖的釉面均匀、平整、光洁、亮丽、色泽一致者为上品。质量好的瓷砖颜色一致，不存在偏色现象。

“闻”：以左手拇指、食指和中指夹瓷砖一角，轻松垂下，用右手食指轻击瓷砖中下部，如声音清亮、悦耳为上品，如声音沉闷、滞浊则为下品。

“问”：要注意货比三家，向卖者了解最新的信息，通过权衡，决定既经济又健康的瓷砖。

“切”：在挑选的时候，要注意瓷砖的重量。一般来说，质量好的瓷砖分量比较重、比较实，这主要是由于原材料的选择和配比不同，越好的瓷砖在加工时所受的机械压力越大，所以分量也较重。

问题：

在本案例中挑选瓷砖用到了哪些商品检验方法？

延伸问题：

商品检验对于商品生产和消费的作用是什么？

第一节 商品检验概述

商品检验一般是指在国际货物买卖过程中，对卖方交付的货物或拟予交付的合同规定的货物进行品质、数量和包装等方面的鉴定；对某些货物，还包括根据一国法律或政府法令的规定进行的安全、卫生、环境保护和劳动保护等条件的检验以及动植物病虫害检疫。此外，商品检验也是国家控制和提高商品质量，进行商品质量监督的一个重要形式。

一、商品检验的概念

商品检验是指商品的供货方、购货方或者第三方在一定条件下，借助某种手段和方法，按照合同、标准或国际、国家有关法律、法规、惯例，对商品的质量、规格、重量以及包装等方面进行检查，并做出合格与否或通过检验与否的判定；或为了维护买卖双方的合法权益，避免或解决各种风险损失和责任划分的争议，便利商品的交接结算而出具各种有关证书的业务活动。

商品质量检验是商品检验的中心内容，因此，狭义的商品检验指的就是商品质量的检验。

商品检验的目的是运用科学的检验技术和方法，正确地评定商品质量。商品检验的任务是从商品的用途和使用条件出发，分析和研究商品的成分、结构、性质及其对商品质量的影响，确定商品的使用价值；拟定商品质量指标和检验方法，运用各种科学的检测手段评定商品质量，并确定是否符合规定标准的要求；研究商品检验的科学方法和条件，不断提高商品检验的科学性、精确性、可靠性，使商品检验工作更科学化、现代化；探讨提高商品质量的途径和方向，促进商品质量的提高，并为选择适宜的包装、保管和运输方法提供依据。

二、商品检验的分类

（一）依据商品检验的目的分类

商品检验依据目的不同，可分为生产检验（第一方检验）、验收检验（第二方检验）和第三方检验三种。生产检验是商品生产者为了维护企业信誉、保证商品质量对原材料、半成品和成品进行检验的活动。生产检验合格的商品往往用“检验合格证”加以标识。验收检验是由商品的买方为了维护自身及其顾客利益，保证所购商品符合标准和合同要求所进行的检验活动，目的是及时发现问题，反馈质量信息，促使卖方纠正或改进商品质量。在实践中，商业或外贸企业还常派驻厂员对商品质量形成的全过程进行监控，对发现的问题及时要求厂方解决。而第三方检验是由处于买卖利益之外的第三方（如专职监督检验机构），以公正、权威的非当事人身份，根据有关法律、标准或合同所进行的商品检验活动，如公证鉴定、仲裁检验、国家质量监督检验等，其目的是维护各方面合法权益和国家权益，协调矛盾，促使商品交换活动的正常进行。

（二）依据检验有无破坏性分类

商品检验按有无破坏性可分为破坏性检验和非破坏性检验。破坏性检验是指为了取得必要的质量信息，经测定、实验后的商品遭受破坏性的检验。非破坏性检验是指经测定、实验后的商品仍能够正常使用的检验，也称无损检验。

（三）依据检验的相对数量分类

商品检验按检验商品的相对数量可以分为全数检验和抽样检验。全数检验是对被检批商品逐个（逐件）地进行检验，也称百分之百检验。其优点是能够提供较多的质量信息，给人一种心理上的放心感；缺点是由于检验量大，其费用高，易造成检验人员疲劳而导致漏检或错检。这种检验可以提供较多而准确的信息，但这种方法只适用于商品批量小、商品特性少、非破坏性的商品检验。实际工作中的全数检验只用于贵重、质量不够稳定商品的质量检验。

抽样检验是商品检验中的常见方式，它是按照事先确定的抽样方案，从被检批商品中随机抽取少量样品，组成样本，再对样品逐一测试，并将检验结果与标准或合同技术要求进行比较，最后由严格样本质量状况统计推断受检批商品的整体质量是否合格的检验。它具有占用人力、物力和时间少的优点，具有一定的科学性和准确性，是比较经济的检验方式；缺点是提供的质量信息少。它适用于批量大、价值低、质量特性多且质量较为稳定、具有破坏性的商品检验。

（四）依据商品内、外销售情况分类

商品检验按检验商品的内、外销售情况可以分为内销商品检验和进出口商品检验两种。内销商品检验是对于国内销售商品的检验，而进出口商品检验是指对于进口或出口商品的检验。进出口商品检验一般都是根据国家法令规定，对指定的重要进出口商品执行的强制性检验。其检验合格的商品给予签发检验证书，作为海关放行凭证，未经检验或检验不合格的商品，不准出口或进口。

三、商品检验的功能和步骤

（一）商品检验的功能

商品检验的主要功能有以下几个方面：

1. 鉴别功能

根据技术标准、产品图样、作业（工艺）规程或订货合同的规定，采用相应的检测方

法观察、试验、测量产品的质量特性，判定产品质量是否符合规定的要求，这是质量检验的鉴别功能。

2. “把关”功能

质量“把关”是质量检验最重要、最基本的功能。通过严格的质量检验，剔除不合格品并予以“隔离”，实现不合格的原材料不投产，不合格的产品组成部分及中间产品不转序、不放行，不合格的产品不交付，严把质量关，实现“把关”功能。

3. 预防功能

（1）通过过程能力的测定和控制图的使用起预防作用；

（2）通过过程作业的首检与巡检起预防作用；

（3）广义的预防作用。

4. 报告功能

质量报告的主要内容包括：

（1）原材料、外构件、外协件进货验收的质量情况和合格率；

（2）过程检验、成品检验的合格率、返修率、报废率和等级率，以及相应的废品损失金额；

（3）按产品组成部分或作业单位划分统计的合格率、返修率、报废率和等级率，以及相应的废品损失金额；

（4）产品报废原因的分析；

（5）重大质量问题的调查、分析和处理意见；

（6）提高产品质量的建议。

（二）商品检验的步骤

1. 检验的准备

熟悉规定要求，选择检验方法，制定检验规范。首先要熟悉检验标准和技术文件规定的质量特性和具体内容，确定测量的项目和量值。为此，有时需要将质量特性转化为可直接测量的物理量；有时则要采取间接测量方法，经换算后才能得到检验需要的量值；有时则需要有标准实物样品作为比较测量的依据。要确定检验的方法，选择精密度、准确度适合检验要求的计量器具和测试、试验及理化分析用的仪器设备。确定测量、试验的条件，确定检验实物的数量，对批量产品还需要确定批量抽样方案。将确定的检验方法和方案用技术文件形式做出书面规定，制定规范化的检验规程（细则）、检验指导书，或绘成图表形式的检验流程卡、共序检验卡等。在检验的准备阶段，必要时要对检验人员进行相关知识的培训和考核，确认能否适应检验工作的需要。

2. 测量或试验

按已确定的检验方法和方案，对产品质量特性进行定量或定性的观察、测量、试验，得到需要的量值和结果。测量和试验前后，检验人员要确认检验仪器设备和被检物品试样状态正常，保证测量和试验数据的正确、有效。

3. 记录

对测量的条件、测量得到的量值和观察得到的技术状态用规范化的格式和要求予以记载或描述，作为客观的质量证据保存下来。质量检验记录是证实产品质量的证据，因此，数据要客观、真实，字迹要清晰、整齐，不能随意涂改，需要更改的要按规定程序和要求办理。质量检验记录不仅要记录检验数据，还要记录检验日期、班次，由检验人员签名，便于质量追溯，明确质量责任。

4. 比较和判定

由专职人员将检验的结果与规定的要求进行对照比较，确定每一项质量特性是否符合规定要求，从而判定被检验的产品是否合格。

5. 确认和处置

检验有关人员对检验的记录和判定的结果进行签字确认。对产品是否可以“接收”“放行”做出处置。

四、商品检验的依据

为使检验结果更具有公正性和权威性，必须根据具有法律效力的质量法规、标准及合同等开展商品检验工作。

（一）商品质量法规

商品质量法规是国家组织、管理、监督和指导商品生产和商品流通，调整经济关系的准绳，具有足够的权威性、法制性和科学性，是各部门共同行动的准则，也是商品检验活动的重要依据。质量法规包括：商品检验管理法规、产品质量责任制法规、计量管理法规、生产许可证及产品质量认证管理法规等。

（二）标准

技术标准对产品的结构、规格、质量要求、实验检验方法、验收规则、计算方法等均做了统一规定，是生产、检验、验收、使用、洽谈贸易的技术规范，也是商品检验的主要依据。它对保证检验结果的科学性和准确性，具有重要意义。

（三）购销合同

供需双方约定的质量要求必须共同遵守。一旦发生质量纠纷，购销合同的质量要求即为仲裁、检验的法律依据。购销合同必须符合《中华人民共和国经济合同法》的要求。

第二节
商品检验的内容和程序

商品检验根据其检验的目的和作用不同，其检验的内容也不尽相同。一般来讲，商品检验主要有品质检验、规格检验、数量和重量检验、包装质量检验、安全和卫生检验等内容。商品检验工作通常要按照一定的程序来进行，其检验程序通常分为一般程序和进出口检验程序。

一、商品检验的内容

（一）品质检验

品质检验是根据合同和有关检验标准规定或申请人的要求，对商品的使用价值所表现出来的各种特性，运用人的感官或化学、物理等各种手段进行测试、鉴别。其目的就是判别、确定该商品的质量是否符合合同中规定的商品质量条件。品质检验包括外观品质和内在品质的检验。

1. 外观品质检验

外观品质检验指对商品外观尺寸、造型、结构、款式、表面色彩、表面精度、软硬度、光泽度、新鲜度、成熟度、气味等的检验，如对机械加工质量检验，如图8－1所示。

- 加工质量
  - 加工精度
    - 尺寸精度
    - 形状精度(通常形状误差限制在位置公差内)
    - 位置精度(通常位置公差限制在尺寸公差内)
  - 表面质量
    - 表面几何精度
      - 表面粗糙度
      - 波度
      - 纹理方向
      - 伤痕(划痕、裂纹、砂眼等)
    - 表面缺陷层
      - 表面加工硬化
      - 表层金相组织变化
      - 表层残余应力

图8－1　机械加工质量检验内容

2. 内在品质检验

内在品质检验指对商品的化学组成、性质和等级等技术指标的检验。

（二）规格检验

规格表示同类商品在量（如体积、容积、面积、粗细、长度、宽度、厚度等）方面的差别，与商品品质优次无关。如鞋类的大小、纤维的长度和粗细、玻璃的厚度和面积等规格，只表明商品之间在量上的差别，而商品品质取决于品质条件。商品规格是确定规格差价的依据。

由于商品的品质与规格是密切相关的两个质量特征，因此，贸易合同中的品质条款中一般都包括了规格要求。

（三）数量和重量检验

它们是买卖双方成交商品的基本计量和计价单位，直接关系着双方的经济利益，也是对外贸易中最敏感而且容易引起争议的因素之一。它们包括了商品个数、件数、双数、打数、令数、长度、面积、体积、容积和重量等。

（四）包装质量检验

商品包装本身的质量和完好程度，不仅直接关系着商品的质量，还关系着商品数量和重量。一旦出现问题，它是商业部门分清责任归属、确定索赔对象的重要依据之一。如检验中发现有商品数（重）量不足情况，包装破损者，责任在运输部门；包装完好者，责任在生产部门。包装质量检验的内容主要是内外包装的质量。如包装材料、容器结构、造型和装潢等对商品贮存、运输、销售的适宜性，包装体的完好程度，包装标志的正确性和清晰度，包装防护措施的牢固度等。

（五）安全和卫生检验

商品安全检验是指电子电器类商品的漏电检验、绝缘性能检验和 X 光辐射等。商品卫生检验是指商品中的有毒有害物质及微生物的检验，如食品添加剂中砷、铅、镉的检验，茶叶中的农药残留量检验等。

对于进出口商品的检验内容除上述内容外，还包括海损鉴定、集装箱检验、进出口商品的残损检验、出口商品的装运技术条件检验、货载衡量、产地证明、价值证明以及其他业务的检验。

二、商品检验的程序

（一）商品检验的一般程序

商品质量检验工作程序通常包括以下内容：定标、抽样、检查、比较、判定、处理。定标是指在检验前根据合同或标准的要求，确定检验手段和方法以及商品合格的判断原则，制定商品检验计划的工作；抽样是按上述计划，随机抽取样品以备检验的过程；检查是在规定的条件下，用规定的实验设备和检验方法检测样品的质量特性；比较是将检查的结果同要求进行比较，衡量其结果是否合乎质量要求；判定是指依据比较的结果，判定样品的合格数量或质量状况；处理是根据样本的质量进而判断商品总体是否合格，并做出是否接受的结论。

（二）进出口商品检验的程序

1. 接受报检

报检是指对外贸易关系人向商品机构报请检验。报检范围为属于法定检验和公证检验业务范畴的商品。报检时，外贸关系人需填写“报检申请单”，填明申请检验、鉴定工作项目和要求，同时提交对外所签买卖合同成交小样及其他必要的资料，如进口单据（国外发票、运单、提单、检验记录、进口到货情况单等）或出口单据（信用证、许可证）等。

2. 抽样与制样

样品的抽取工作是进出口商品检验的基础，必须按规定方法，在规定的场地，从整批完整的包件中或生产线上随机抽取，以保证样品的真实性和代表性。抽取的样品应妥善保管，以保证检验与复验的真实性。制样分别有物理制样、化学制样等方式，为使用设备仪器检测做准备。科学的制样是保证检验正确的一个重要环节。

3. 检验

商检机构应认真研究申报的检验项目，确定检验内容，仔细审核合同（信用证）对品质、规格、包裹的规定，弄清检验的依据，确定检验标准、方法。检验鉴定项目一般包括被检商品的外观和内在质量以及包装重量等，方法有感官检验（鉴定）、理化检验（鉴定）和生物检验等。

4. 签发证书

在出口方面，凡列入《进出口商品检验种类表》内的出口商品，经检验合格后签发放行单，或在“出口货物报关单”上加盖放行章，以代替放行单。凡合同、信用证规定由商检部门检验出证的，或国外要求签检证书的，根据规定签发所需封面证书；不向国外提供证书的，只发放行单。《进出口商品检验种类表》以外的出口商品，应由商检机构检验的，经检验合格发给证书或放行单后，方可出运。在进口方面，进口商品经检验后，分别签发“检验情况通知单”或“检验证书”，供对外结算或索赔用。

第三节 商品检验的方法

商品质量的检验方法是指获取商品质量检验结果所采取的检验器具、检验原理和检验条件的总称。商品质量的检验方法有很多，可将检验方法划分为感官检验法、理化检验法和生物学检验法三大类。

一、感官检验法

感官检验又称感官分析、感官检查和感官评价。它是利用人的感觉器官作为检验器具，对商品的色、香、味、形、手感、音色等感官质量特性，在一定条件下进行判定或评价的检验方法。其优点是简便易行，快速灵活，成本较低，而且适用范围广。感官检验特别适用目前还不能用仪器检验以及不具备组织昂贵、复杂仪器检验的企业、部门和消费者。它在食品、化妆品、艺术品等商品的检验中显得尤其重要，是其他检验法所替代不了的。感官检验通过运用统计学的方法分析和处理感官检验数据，将不易确定的商品感官检验的指标客观化、定量化，从而使感官检验更具有可靠性和可比性。

（一）按照人的感觉器官的不同，感官检验可分为视觉检验、嗅觉检验、味觉检验、触觉检验和听觉检验等

1. 视觉检验

视觉检验是用视觉来检查商品的外形、结构、颜色、光泽以及表面状态、疵点等质量特性。由于外界条件如光线的强弱、照射方向、背景对比以及检验人员的生理、心理和专业能力，会影响视觉检验效果，因此，视觉检验必须在标准照明条件下和适宜的环境中进行，并且应对检验人员进行必要的挑选和专门的训练。

视觉检验法是一种应用极为广泛的商品检验方法。如茶叶的外形、叶底；水果的果色、果型；棉花色泽的好坏，疵点粒数的多少；罐头容器外观情况和内容物的组织形态；玻璃罐的外观缺陷；食品的新鲜度、成熟度和加工水平等。

2. 嗅觉检验

嗅觉检验是通过嗅觉检查商品的气味，进而评价商品的质量。它广泛用于食品、药品、化妆品、日用化学制品等商品质量检验，并且对于鉴别纺织纤维、塑料等燃烧后的气味差异也有重要意义。在检验中应避免检验人员的嗅觉器官长时间与强烈的挥发物质接触，检验的顺序也应从气味淡向气味浓的方向进行，并注意采取措施防止串味等现象。

3. 味觉检验

味觉检验是利用人的味觉来检查有一定滋味要求的商品（如食品、药品等），通过品尝食品的滋味和风味来检验食品质量的好坏。为了顺利进行味觉检验，一方面要求检验人员必须具备辨别基本味觉特征的能力，并且被检样品的温度要与对照样品温度一致；另一方面要采取正确的检验方法，遵循一定的规程。如检验时不能吞咽物质，应使其在口中慢慢移动，每次检验前后必须用水漱口等。

味觉检验主要用来鉴定食品，如糖、茶、烟、调料等味觉食品。食品的滋味和风味是决定食品品质的重要因素。同一原料来源的食品，由于加工调制方法的不同，滋味和风味也不同。质量发生变化的食品，滋味必然变劣，产生异味。所以，味觉评定是检验食品品质的重

要手段之一。

4. 触觉检验

触觉检验是指利用人的触觉感受器官对于被检验商品轻轻作用的反应——触觉来评价商品质量的。触觉是皮肤感受到机械刺激而引起的感觉，包括触压觉和触摸觉，是皮肤感觉的一种。皮肤感觉除外，还有痛觉、热觉、冷觉的表面特性、强度、厚度、弹性、紧密程度等质量特性。

5. 听觉检验

听觉检验是利用听觉器官，通过对商品发出的声音是否优美或正常来评判商品质量的检验方法。听觉检验和其他感官检验一样，需要适宜的环境条件，即力求安静，避免外界因素对听觉灵敏度的影响。

听觉检验一般用来检验玻璃制品、瓷器、金属制品有无裂纹或其内在的缺陷；评价以声音作为质量指标的乐器、家用电器等商品；评定食品成熟度、新鲜度、冷冻程度等。此外，听觉检验还广泛地用于塑料制品的鉴别、纸张的硬挺性与柔韧性、颗粒状粮食和油料的含水量及罐头食品变质的检验。

（二）按照感官检验目的的不同，感官检验又可分为分析型感官检验与偏爱型感官检验两大类

1. 分析型感官检验（感官分析）

分析型感官检验（感官分析）又称Ⅰ型或A型感官检验（感官分析）。它是以经过培训的评价员的感觉器官作为“仪器”，来测定商品的质量特性或鉴别商品之间的差异等。例如质量检验、商品改进、商品评优等都属于此类型。这种检验（分析）要求评价员对商品做出客观评价，尽量避免人的主观意愿对评价结果的影响。为此在进行试验时，必须保证以下三点：①评价尺度和评价基准应统一化、标准化；②试验条件应该规范化；③评价员在经过适当的选择和训练后，应维持在一定的水平。

2. 偏爱型感官检验（感官分析）

偏爱型感官检验（感官分析）又称Ⅱ型或B型感官检验（感官分析）。它是以未经训练的消费者对商品的感觉判断来了解消费者对商品的偏爱程度，所以是一种主观评价方法。

二、理化检验法

理化检验法是在一定的实验室环境条件下，利用各种仪器、器具和试剂做手段，运用物理、化学的方法来测定商品质量的方法。理化检验主要用于商品的成分、结构、物理性质、化学性质、安全性、卫生性以及对环境的污染和破坏性等方面的检验。理化检验与感官检验相比，其结果可以用数据定量表示，较为准确客观，但要求有一定的设备和检验条件，同时对检验人员的知识和操作技术也有一定的要求。因其能用数字定量地表示测定结果，客观、

准确地反映商品质量情况，对于商品质量鉴定具有较强的科学性，较感官检验客观和精确，因此，理化检验法应用愈来愈广泛。理化检验方法可以分为物理检验法和化学检验法。

（一）物理检验法

物理检验法因其检验商品的性质和要求不同、采用的仪器设备不同可以分为一般物理检验法、力学检验法、光学检验法、电学检验法、热学检验法等。

1. 一般物理检验法

它是借助量具、量仪、天平、秤或专业仪器来测定商品的一些基本物理量的检验方法。如长度、细度、面积、体积、厚度、重量、密度、容重、表面光洁度等。这些基本的物理量指标往往是商品贸易中的重要交易条件。

2. 力学检验法

它是通过各种力学仪器测定商品的力学性能的检验方法。这些性能主要包括商品的抗拉强度、抗压强度、抗弯曲强度、抗冲击强度、抗疲劳强度、硬度、弹性、耐磨性等各方面的力学性能。

3. 光学检验法

它是通过各种力学仪器如显微镜、折光仪等检验商品光学性能方面质量指标的方法。

4. 电学检验法

它是利用电学仪器测定商品的电学方面质量特性的检验方法。当然通过有些电学性能的测定也可以测定商品的材质、含水等多方面性能。

5. 热学检验法

它是利用热学仪器测定商品的热学质量特性检验商品质量的方法。商品的热学特性主要包括熔点、凝固点、沸点、耐热性、导热性、热稳定性等。商品的很多热学性质与商品的使用条件及使用性能有很大的关系。

（二）化学检验法

化学检验法是用化学试剂或化学仪器对商品的化学成分及其含量进行测定，进而判定商品是否符合规定的质量要求的方法。依据操作方法的不同，化学检验法可分为化学分析法和仪器分析法。

1. 化学分析法

它是根据检验过程中商品再加入某种化学试样和试剂后所发生的化学反应来测定商品的化学组成成分及含量的一种检验方法。该方法不仅设备简单、经济易行，而且结果准确，是其他化学分析方法的基础。它适用于食品检验，包括营养素、食品添加剂、有毒有害物质及发酵、酸败、腐败等食品变质的成分变化指标测定；纺织品与工业品主要有效成分、杂质成分、有害成分的含量，以及耐水、耐酸碱、耐腐蚀等化学稳定性质方面的测定。

化学分析法分为定性分析法和定量分析法两种。

（1）定性分析法。这是根据反应结果所呈现的特殊颜色或组合，在化学反应中生成的沉淀、气体等来判定商品成分的种类及其性质的一种方法。在定性分析中，多使用灵敏度高的鉴定反应。为了能正确判断结果，往往还要做空白试验和对照试验，同时还应注意反应溶液的温度、浓度、酸度干扰物质等影响。

（2）定量分析法。定量分析法是在定性分析的基础上，准确测定试样中商品的成分含量的分析方法。按测定方法的不同，定量分析法分为容量分析和重量分析。重量分析是根据一定量的试样，利用相应的化学反应，使被测的成分析出或转化为难溶的沉淀物，再将沉淀物滤出，经洗涤、干燥或灼烧后，准确地称出其重量而计算出试样中某成分含量的分析方法。容量分析即用一种已知精确浓度的标准溶液与被测试样发生作用，由滴定终点测出某一种组分含量的分析方法。常用的分析方法有氧化还原法、综合滴定法、沉淀法、酸碱滴定法等。

2. 仪器分析法

它是采用光、电等方面比较特殊或复杂的仪器，通过测量商品的物理性质或物理化学性质来确定商品的化学成分的种类、含量和化学结构以判断商品质量的检验方法。它包括光学分析法和电化学分析法。

（1）光学分析法。它是通过被测成分吸收或发射电磁辐射的特性差异来进行化学鉴定的。常见的方法有：比色分析法、分光光度法、发射光谱法、色谱分析法等。

比色分析法是用比较有色物质溶液的颜色作为确定含量多少的分析方法。它包括目视比色法和光电比色法。目视比色法是用眼睛比较被测溶液与标准溶液颜色深浅差异的方法。该法可以在复合光下进行测定，但标准溶液不能久存，经常需要在测定时同时配制。光电比色法是采用光电比色计测试的，即利用光电效应测量光线通过有色溶液的强度的方法。这两种方法都是在可见光区内测定物质对光吸收强度进行分析的。

分光光度法包括原子吸收光谱、红外光谱等。原子吸收光谱法是一种基于物质所产生的原子蒸气对特定谱线（通常是待测元素的特征谱线）具有吸收作用而进行分析的方法。由于这种方法测定灵敏度高，特效性好，抗干扰能力强，稳定性好，适用范围广，加之仪器较简单，操作方便，因而应用日益广泛。

发射光谱法是根据原子所发射的光谱测定物质的化学组成的方法，即试样在外界能量的作用下转变成气态原子，并使气态原子的外层电子激发至高能态。当从较高的能级跃到较低的能级时，原子将释放出多余的能量而发射出特征谱线。对所产生的辐射经过摄谱仪进行色散分光，按波长顺序记录在感光板上，就可呈现出有规则的光谱线条，即光谱图，然后根据所得光谱图进行定性分析和定量分析。

色谱分析是一种分离技术。它的分离原理是，使混合物中各组分在两相间进行分配，其中一相是固定不变的，称为固定相；另一相是携带混合物流过此固定相的流体，称为流动相。当流动相中所含混合物流过固定相时，就会与固定相发生作用。由于各组分在结构和性质上的差异，流动相与固定相发生作用的大小、强弱也有差异，因此，在同一推力作用下，不同组分在固定相的停留是有长有短，从而按先后不同的次序从固定相中流出，达到分离的目的。试样中各组分被分离后，再分别检测，最后记录仪记录，得到色谱图。气相色谱仪应用相当广泛，但对于难挥发和热稳定性能差的物质，此法的应用仍受到一定限制。

近年来，随着基础理论研究和新技术的应用，还出现了许多其他新型的光学仪器法。如核磁共振波谱法、红外线检验法、紫外线检验法、X 射线检验法、质谱仪检验法、荧光光谱法等。它们大都用于测定商品的成分和构成，其特点是快速简便、准确、自动、灵敏。但由于样品处理费时，仪器价格昂贵，对操作人员要求高，故其应用受到一定的局限性。

（2）电化学分析法。它是根据溶液中物质的电化学性质及其变化规律，建立在以电位、电导、电流和电量等电学量与被测物质某些量之间的计量关系的基础之上，对组分进行定性和定量的仪器分析方法。

电化学分析法概括起来一般可以分为三大类：

第一类是通过试液的浓度在特定实验条件下与化学电池某一电参数之间的关系求得分析结果的方法。这类方法主要包括电导分析法、库仑分析法、电位法、伏安法和极谱分析法等。

第二类是利用电参数的变化来指示容量分析终点的方法。这类方法仍然以容量分析为基础，根据所用标准溶液的浓度和消耗的体积求出分析结果。这类方法根据所测定的电参数不同而分为电导滴定法、电位滴定法和电流滴定法。

第三类是电重量法，也称电解分析法。这类方法将直流电流通过试液，使被测组分在电极上还原沉积析出与共存组分分离，然后再对电极上的析出物进行重量分析以求出被测组分的含量。

电化学分析法主要具有以下特点：①灵敏度较高。最低分析检出限可达 10—12mol/L。②准确度高。如库仑分析法和电解分析法的准确度很高，前者特别适用于微量成分的测定，后者适用于高含量成分的测定。③测量范围宽。电位分析法及微库仑分析法等可用于微量组分的测定；电解分析法、电容量分析法及库仑分析法则可用于中等含量组分及纯物质的分析。④仪器设备较简单，价格低廉。仪器的调试和操作都较简单，容易实现自动化。⑤选择性差。除离子选择性电极法、极谱法及控制阴极电位电解法选择性较高之外，电化学分析的选择性一般都较差。

三、生物学检验法

生物学检验法是食品类、药类和日用工业品类商品质量检验常用的方法之一，一般运用于测定食品的可消化率、发热量和维生素的含量、细胞的结构与形状、细胞的特性、有毒物品的毒性大小等。它包括微生物学检验法和生理学检验法两种。

（一）微生物学检验法

微生物学检验法是采用微生物技术手段，检测商品中的有害生物的存在与否以及数量多少的方法。需要进行微生物学检验的商品有食品及其包装物、化妆品、卫生用品等。

（二）生理学检验法

生理学检验法是以特定的动物或人群为受试对象，测定食品的消化率、发热量以及某一成分对集体的作用、毒性等。

在实际生活中，影响商品质量变化的因素很多，商品质量的下降往往是很多因素作用的综合结果。无论是理化检验还是生物学检验，都是在特定条件下进行的，检验只是考虑了一个或几个因素。为了更好地模拟商品实际情况，对商品进行试用，以综合评定商品在实际使用中的质量表现也是一种常用的质量评价方法。

第四节 商品品级

商品品级又叫商品质量等级、商品质量分级，是商品质量检验活动中的一个重要环节。它是对商品内在质量和外在质量综合评判的结果。

一、商品品级的概念

商品品级（商品质量等级、商品质量分级）是指对同一品种的商品，按其达到商品质量标准的程度所确定的等级。它是表示商品质量高低优劣的标志，也是表示商品在某种条件下适合其用途大小的标志，是商品鉴定的重要内容之一。

商品品级是相对的、有条件的，有时会因不同时期、不同地区、不同使用条件及不同个性而产生不同的质量等级和市场需求。一般来说，工业品分三个等级，而食品特别是农副产品、土特产等多为四个等级，最多达到六七个等级，如茶叶、棉花、卷烟等。

二、商品品级划分方法

商品品级的划分方法很多，主要可归纳为百分记分法、限定记分法和限定缺陷法三类。

（一）百分记分法

百分记分法是按商品的各项质量指标的要求，规定为一定分数，其中重要的质量指标所占分数较高，次要的质量指标所占分数较低。各项质量指标完全符合标准规定的要求，其各项质量指标的分数总和为100分。如果某一项或几项质量指标达不到标准规定的要求，相应扣分，其分数总和就要降低。分数总和达不到一定等级的分数线，则相应降低等级。这种方法在食品商品评级中被广泛采用。

（二）限定记分法

限定记分法是将商品的各种质量缺陷规定为一定的分数，由缺陷分数的总和来确定商品的等级。商品的缺陷越多，分数的总和越高，则商品的品级越低。该方法主要用于工业品商品的分级。例如，棉色织布的外观质量主要决定于其布面疵点，标准中将布面各种疵点分为七项，分别为破损性疵点、油污疵点、边疵点、经向疵点、纬向疵点、整理疵点和其他疵点。按疵点对布影响程度确定各项疵点的分数，分数总和不大于 10 分为一等品，不大于 20 分的为二等品等。

（三）限定缺陷法

缺陷，是指产品存在危及人身、他人财产安全的不合理的危险。产品缺陷是指存在于产品的设计、原材料和零部件、制造装配或说明指示等方面的，未能满足消费或使用产品所必须合理安全要求的情形。产品缺陷多少直接会影响商品质量的好坏，根据其影响质量的程度产品缺陷可以分为致命缺陷、严重缺陷、一般缺陷和次要缺陷（见表 8－1）。

表 8－1　　产品缺陷分类

级别	严重性	加权分	功能影响	外观	包装
A 级	致命缺陷	100	肯定会影响产品主要功能，引起顾客申诉与索赔	缺陷很明显，顾客不能接受，一定申诉或索赔	产品错、漏装零部件，会导致产品损坏，顾客不能接受
B 级	严重缺陷	50	肯定会影响产品的一般功能，引起顾客的不满意	缺陷明显，一定引起顾客不满意，可能会申诉	导致产品损坏，如外观损坏、锈蚀等，引起顾客申诉
C 级	一般缺陷	10	可能轻微影响产品功能，但不明显，用户不会觉察与发现	缺陷可能被顾客发现，但不会申诉	可能影响有的产品功能，但顾客不会申诉
D 级	次要缺陷	1	不影响产品功能	顾客不会注意或不会发现	顾客不会注意与觉察

限定缺陷法是指通过在标准中规定商品的每个质量等级所限定的疵点种类、数量、不允许出现的疵点及成为废品的疵点限度来确定商品质量等级的方法。此种方法多用于工业品品级之中。如全胶鞋 13 个外观指标中，一级品不准有鞋面砂眼；二级品中的砂眼直径不超过 1.5 毫米，深不超过鞋面厚度等规定。

三、商品品级划分

（一）产品质量等级

产品质量等级是将我国工业产品的实物质量原则上按照产品标准水平的不同，将相应的工业产品质量划分为三个等级：优等品、一等品和合格品。目前，与目前我国企业在生产与经营过程中使用的产品标准对应如下：

1. 优等品

优等品对应第一个层次（国际标准和国外先进标准），判断依据如下：

（1）存在明确的产品标准，且产品标准采用现行有效的国际标准或国外先进标准；

（2）虽然不存在明确的产品标准，但在制造产品过程中所使用的主要技术标准（或产品分系统级的产品标准）属于现行有效的国际标准或国外先进标准；

（3）制造产品所使用的国家标准、地区标准、行业标准或企业标准本身属于等同或修改采用的现行有效的国际标准或国外先进标准；

（4）制造产品所使用的企业标准是根据需要选取若干国际标准或国外先进标准的主要性能指标而制定的企业产品标准，包括相应的检验方法；

（5）制造产品所使用的企业标准是通过测量国外先进产品（作为实物标准）性能所得指标制定的企业标准，并有相应的检验方法；

（6）制造产品所使用的企业标准是从有关技术资料中得到的国外先进产品主要性能指标制定的企业标准，并有相应的检验办法；

（7）具有我国自主知识产权的先进产品标准。

2. 一等品

一等品对应第二个层次（国家标准、地方标准和行业标准，且不属于第一层次类型标准的），判断依据如下：

（1）存在明确的产品标准，且产品标准属于现行有效的国家标准、地区标准或行业标准；

（2）虽然不存在明确的产品标准，但制造产品所使用的主要技术标准（或产品分系统级的产品标准）属于现行有效的国家标准、地区标准或行业标准。

3. 合格品

合格品对应第三个层次（企业标准和其他标准，且不属于第一、二层次类型标准的）和其他情形，判断依据如下：

（1）存在明确的产品标准，且产品标准属于现行有效的企业标准；

（2）虽然不存在明确的产品标准，但制造产品所使用的主要技术标准（或产品分系统级的产品标准）属于现行有效的企业标准；

（3）其他情形。

（二）产品质量等级品率

1. 产品质量等级品率的定义

产品质量等级品率是指企业按照不同层次标准组织生产与经营活动时，根据标准水平划分的加权产品产值之和与同期工业总产值的比率，用“G”表示。产品质量等级品率是全国工业产品质量指标体系中的一个主导指标，能够反映出企业工业产品的质量水平及变化情况，在行业、地区和企业之间具有横向和纵向的可比性，有利于促进企业技术进步，采用国际先进标准，有利于国家宏观调控、综合治理和对资源的优化配置。

2. 产品质量等级品率的公式

产品质量等级品率计算公式为：

$$G=\frac{\alpha_1\times P_1+\alpha_2\times P_2+\alpha_3\times P_3}{P}\times 100\%$$

式中：

（1）α_1、α_2、α_3分别为优等品、一等品和合格品的加权系数。为了鼓励我国各类企业优先采用国际标准和国外先进标准组织生产与经营活动，在现行工业产品质量指标体系中统一规定 $\alpha_1=1.0$，$\alpha_2=0.8$，$\alpha_3=0.6$。

（2）P_1、P_2、P_3分别为企业报告期的优等品、一等品和合格品的产值。

（3）P 为企业报告期的工业总产值。

（4）$P=P_1+P_2+P_3$。

另外，产品质量等级品率的计算公式也可以表示为：

$$G=\alpha_1\times G_1+\alpha_2\times G_2+\alpha_3\times G_3$$

式中，G_1、G_2、G_3分别为优等品、一等品和合格品产值率。计算公式分别为：

（1）优等品产值率（G_1）是报告期全部优等品产值与报告期工业总产值之比。

$$G_1=\frac{P_1}{P}\times 100\%$$

（2）一等品产值率（G_2）是报告期全部一等品产值与报告期工业总产值之比。

$$G_2=\frac{P_2}{P}\times 100\%$$

（3）合格品产值率（G_3）是报告期全部合格品产值与报告期工业总产值之比。

$$G_3=\frac{P_3}{P}\times 100\%$$

根据上述定义，产品质量等级品率的计算公式可以简化为：

$$G=60\%+40\%\times\frac{P_1}{P}+20\%\times\frac{P_2}{P}$$

或者

$$G=60\%+40\%\times G_1+20\%\times G_2$$

3. 产品质量等级品率的意义

产品质量等级品率直接描述了企业生产与经营过程中采用国际标准、国外先进标准、国家标准、行业标准和地区标准的情况，具有明确的物理意义。

（1）若 $G=60\%$，说明工业产品总体处在合格水平，企业完全采用自身标准或根据顾客要求组织生产。

（2）若 $60\% < G < 80\%$，说明工业产品总体处在合格水平与一等品水平之间，企业主要采用自身标准或基本根据顾客要求组织生产。随着企业国家标准、行业标准或地区标准的力度加大，产品质量等级品率将逐步提高，并接近80%。

（3）若 $80\% < G < 100\%$，说明工业产品总体处在一等品水平与优等品水平之间，企业主要采用国家标准、行业标准或地区标准组织生产。随着企业采用国际标准和国外先进标准的力度加大，产品质量等级品率将逐步提高，并接近100%。

（4）若 $G=100\%$，说明工业产品总体处在优等品水平，企业完全采用国际标准或国外先进标准组织生产。

例：A企业是B行业的一个中型企业，2014年1季度A企业的工业总产值为304216万元，生产的工业产品品种有38项，其中优等品12项，累计产值44421万元；一等品3项，累计产值32993万元；合格品23项，累积产值226802万元。B行业2014年1季度的工业总产值为4942660万元，生产的工业产品品种有333项，其中优等品120项，累计产值944210万元；一等品33项，累计产值1729930万元；合格品180项，累积产值2268520万元。

A企业1季度的产品质量等级品率计算步骤为：

（1）优等品产值率

$$G_1=\frac{P_1}{P}\times 100\%=\frac{44421}{304216}\times 100\%=14.602\%$$

（2）一等品产值率

$$G_2=\frac{P_2}{P}\times 100\%=\frac{32993}{304216}\times 100\%=10.845\%$$

（3）A企业1季度的产品质量等级品率

$$G=60\%+40\%\times 14.602\%+20\%\times 10.845\%=68.01\%$$

B行业1季度的产品质量等级品率计算步骤为：

（1）优等品产值率

$$G_1=\frac{\sum P_1}{\sum P}\times 100\%=\frac{944210}{4942660}\times 100\%=19.103\%$$

（2）一等品产值率

$$G_2=\frac{\sum P_2}{\sum P}\times 100\%=\frac{1729930}{4942660}\times 100\%=35.000\%$$

（3）B行业1季度的产品质量等级品率

$$G=60\%+40\%\times 19.103\%+20\%\times 35.000\%=74.64\%$$

A企业1季度的产品质量等级品率仅为68.01%，而B行业同期的产品质量等级品率达到74.64%。显然，A企业的产品质量等级品率大大低于B行业同期的平均水平，表明其在生产与经营过程中采用的标准水平偏低，属于B行业中研制与生产低端产品的企业。

阅读材料

珍珠品级划分

珍珠是人们比较喜欢的饰品。GIA的珍珠等级鉴定体系于1998年推出，该标准规定从光泽、圆度、光洁度、珠层（有核珍珠）、大小、颜色和匹配七个方面对珍珠进行品级划分。下面我们仅从光泽、圆度、光洁度、珠层来看一看是如何对珍珠进行品级划分的。

1. 光泽

所谓“珠光宝气”，光泽是珍珠的灵魂。珍珠品种多样，光泽度也大不一。光泽赋予珍珠以其独特的美感。珍珠的光泽是由于光线射在有许多碳酸钙形成的珍珠层表面反射生成的。人面向光源，如窗户，门口等，把珍珠放在自己的前面，而迎着光线看，好的珍珠可以看到发出七彩的虹光，层次丰富变幻，还可以看到如金属质感的球面，甚至可以映照出人的瞳孔，特别明亮的可列入A级，稍次之为B级，具体见表8－2。

表8－2　养殖珍珠光泽级别

光泽	等级	质量要求
极强	A	反射光特别明亮、锐利、均匀，表面像镜子，映像很清晰
强	B	反射光明亮、锐利、均匀，映像很清晰
中	C	反射光明亮，表面能见物体影像
弱	D	反射光较弱，表面能照见物体，但影像较模糊

2. 圆度

“珠圆玉润”，珍珠越圆越美，这是绝大部分人的审美习惯。珍珠有八种基本形状：圆形、近乎圆形、钮扣形、水滴形、梨形、椭圆形、巴洛克和扁圆形。以珍珠最长直径和最短直径差的百分比≤1%为正圆标准，1%≤直径差比≤5%为圆的标准，在5%和10%之间的为近圆。一般情况下，用自己的眼睛就可以看出圆度来了，具体见表8－3。

表8－3　养殖珍珠形状级别

形状	等级	质量要求（直径差百分比%）	备注
正圆	A1	≤1	海水珍珠
	A1	≤3	淡水珍珠

续表

形状	等级	质量要求（直径差百分比%）	备注
圆	A2	≤5	海水珍珠
	A2	≤8	淡水珍珠
近圆	A3	≤10	海水珍珠
	A3	≤12	淡水珍珠
椭圆	B	>10	海水珍珠
	B1	≤20	淡水珍珠
	B2	>20	淡水珍珠

3. 光洁度

GIA会对珍珠表面的瑕疵数量进行评估，以评判品质。如果珍珠的表面特征繁多或非常明显，则会影响其坚固性，并严重地降低其价值。如果表面特性不明显，或者极其细微且可以通过钻孔或镶嵌而掩饰，那么它对珍珠的外观与价值的影响则较少。珍珠表面螺纹、斑、印、坑、点越少越优质，一般在0.5米远外看不到瑕疵为可以接受的标准，具体见表8-4。

表8-4　养殖珍珠光洁度级别（海水珍珠为例）

光洁度	级别	质量要求
无瑕	A	肉眼观察表面光滑细腻，极难观察到表面有瑕疵
微瑕	B	表面有非常少的瑕疵，似针点状，肉眼较难观察到
小瑕	C	有较小的瑕疵，肉眼易观察到
瑕疵	D	瑕疵明显，占表面积的四分之一以下
重疵	E	瑕疵很明显，严重的占据表面积的四分之一以上

4. 珠层

珠层厚度是指从珠核外层到珍珠表面的垂直距离。光泽和珍珠层品质密切相关。另外，如果珍珠层很薄的话，珍珠的坚固性也会下降，时间久了珍珠可能就会出现脱皮的现象。目前检测珠层的方法有：X光照相法、OCT光学相干层析法、珠层厚度检测方法和直接测量法。养殖珍珠珠层厚度级别见表8-5。

表8-5　养殖珍珠珠层厚度级别

珠层	级别	质量要求（mm）
特厚	A	> =0.6
厚	B	> =0.5
中	C	> =0.4
薄	D	> =0.3
极薄	E	< =0.3

本章导入案例点评

问题：

在本案例中挑选瓷砖用到了哪些商品检验方法？

答：所用的检验方法是感官检验法。

延伸问题：

商品检验对于商品生产和消费的作用是什么？

答：在商品生产过程中可以通过商品检验方法来进行商品质量确定和控制。在社会消费环节中，商品检验是评价商品质量高低的方法和依据，从而保证流通到消费领域的商品不存在质量缺陷。

思考与练习

一、选择题（1—2 题为单项选择题、3—6 题为多项选择题）

1. 适用于批量大、价值低、质量特性多且质量较为稳定的检验是(　　)。

A. 全数检验　　B. 抽样检验　　C. 生产检验　　D. 验收检验

2. 对理化检验方法描述不正确的是(　　)。

A. 在一定的实验室环境条件下，利用各种仪器、器具和试剂作手段，运用物理、化学的方法来测定商品质量的方法

B. 这种方法可以得出精确数字，检验比较准确

C. 这种方法灵活、方便、简单，但受个人因素的影响

D. 这种方法设备要求高，对检验人员素质要求高

3. 商品检验依据目的不同，可分为(　　)。

A. 生产检验　　B. 验收检验　　C. 第三方检验　　D. 共同检验

4. 商检机构依法对进出口商品实施检验与管理的主要目的与任务是(　　)。

A. 把关　　B. 服务　　C. 验收　　D. 贴标

5. 为使检验结果更具有公正性和权威性，作为商品检验的依据是(　　)。

A. 质量法规　　B. 标准　　C. 合同　　D. 协议

6. 对感官检验方法描述正确的是(　　)。

A. 它又称感官分析、感官检查和感官评价

B. 它是利用人的感觉器官作为检验器具

C. 这种方法灵活、方便、简单，但受个人因素的影响

D. 这种方法比较准确，所以是常用的一种检验方法

二、简答题

1. 商品检验一般包括哪些检验内容？
2. 进出口商品检验的工作包括哪些流程？

三、实务分析题

1. 比较说明商品检验方法的优缺点。
2. 如何划分商品的品级？

四、业务模拟训练题

在本学习项目进行后在学校的商品学实验室进行酒类商品质量检验。

酒类商品质量检验

1. 实训目的：了解商品检验的基本知识，熟练商品的常规检验。
2. 实训内容：对酒类（白酒、啤酒、葡萄酒各三种品牌）进行商品质量检验。
3. 环境要求：商品学实验室。
4. 实训流程：选定检验商品——商品检验——总结。
5. 注意事项：①注意整个实习过程中的安全事宜；
   ②遵守试验相关要求纪律；
   ③严格遵守商品检验流程；
   ④严格遵守商品检验的作业纪律。
6. 实训作业：写出商品检验实训报告。

第九章

商品监督与认证

教学指南

单元名称	商品监督与认证	课时	课内6/课外0
单元内容	本章介绍了商品质量监督的概念、种类、形式和体系，介绍了商品质量认证的概念、意义、类型、条件和程序，还介绍了一些常用认证的申请。		
学习目标	（1）了解商品质量监督的概念、种类和形式； （2）掌握商品质量监督的形式和体系； （3）了解商品质量认证的概念、意义； （4）掌握商品质量认证的类型、条件和程序； （5）掌握我国的质量认证工作； （6）会填写相关认证申请书，为企业申请相关认证。		
学习重点	（1）商品质量监督的形式； （2）商品质量监督的体系； （3）产品质量认证的类型； （4）产品质量认证的条件和程序； （5）我国的质量认证工作； （6）一些常用认证申请。		
实训内容	认证申请书的填写		
课时分布	第一节　商品质量监督 一、商品质量监督的概念 ………………………… 0.25课时 二、商品质量监督的种类 ………………………… 0.25课时 三、商品质量监督的形式 ………………………… 0.25课时 四、商品质量监督体系 ……………………………… 0.25课时		

续表

课时分布	第二节　产品质量认证 一、产品质量认证的概念和意义 ………………………… 0.25 课时 二、产品质量认证的类型 ………………………………… 0.25 课时 三、产品质量认证的条件和程序 ………………………… 0.25 课时 四、质量管理体系认证 …………………………………… 0.25 课时 五、我国的质量认证工作 ……………………………… 0.5 课时 六、国外的一些知名认证 ……………………………… 0.25 课时 第三节　认证申请 一、CCC 和 CQC 质量认证的申请 …………………… 0.25 课时 二、ISO 认证与申请 ……………………………………… 0.25 课时 三、中国名牌与申请 ……………………………………… 0.25 课时 四、免检产品与申请 ……………………………………… 0.25 课时 五、绿色认证与申请 ……………………………………… 0.25 课时 实训（课内） ……………………………………………… 2 课时

导入案例

三聚氰胺“击溃”食品免检制度

“三鹿事件”发生后，国家质检总局公布的对全国婴幼儿奶粉三聚氰胺含量专项检查阶段性结果显示，22 个厂家 69 批次产品检出含量不同的三聚氰胺。在这份“黑名单”中，三鹿、伊利、蒙牛等几大知名企业所产奶粉竟都是“国家免检”产品。一时之间，食品免检制度备受抨击。

随后，国家质检总局发布公告，要求停止所有食品类生产企业获得的国家免检产品资格，相关企业要立即停止其国家免检资格的相关宣传活动，其生产的产品和印制的包装上已使用的国家免检标志不再有效。

问题：

什么是免检制度？

延伸问题：

免检制度的意义和初衷是什么？

第一节 商品质量监督

国家成立专门的商品质量监督机构，对商品生产和流通领域的商品质量和质量保证体系进行监督的活动是国家保证和提高商品质量主要的措施之一，也是维护市场经营秩序、保护广大消费者权益的主要形式。

一、商品质量监督的概念

商品质量监督，是指由国家指定的商品质量监督专门机构，按照国家的质量法规和商品质量标准的规定，对商品生产和流通领域的商品质量和质量保证体系进行监督的活动。

商品质量监督与商品质量管理不同。商品质量监督所要解决的问题，是企业生产经营的商品是否达到既定的法规和标准的要求，并在此基础上对企业的质量保证工作实行监督。履行商品质量监督的职能部门，是由国家授权的法定机构，而不是普通的群众团体和民间组织。履行商品质量监督的依据，主要是国家的质量法规和批准发布的正式标准，并属于强制性标准。商品质量监督是一个过程，它包括要求商品在符合标准的前提下所作出的连续性评价和促进改善的一系列工作。

商品质量监督的作用实质上是国家对生产和流通领域的商品进行宏观调控的一种手段，其作用在于：

(1) 它是贯彻实施质量法规和商品标准不可缺少的重要手段；

(2) 它是维护消费者权益，保障消费者人身健康和生命安全的需要；

(3) 它有利于解决存在的商品质量问题，维护市场经济的正常秩序；

(4) 它有利于商品质量管理和更好地实现国家计划质量目标；

(5) 它有利于提高我国商品的国际竞争力，提升我国商品的国际形象。

二、商品质量监督的种类

我国的商品质量监督可以分为国家质量监督、社会质量监督和用户质量监督三类。

(一) 国家质量监督

国家质量监督是国家授权指定第三方专门机构，以公正的立场对商品进行的质量监督检查。

国家质量监督是一种法定的质量监督，是以政府行政的形式，对可能危及人体健康和人身、财产安全的商品，影响国计民生的重要工业产品及其用户、消费者组织反映的有质量问题的商品，实行定期、不定期或经常性的监督、抽查和检验，公开公布商品质量抽查检验结果，并根据国家有关法规及时处理质量问题，以维护社会经济生活的正常秩序和保护消费者的合法权益。国家的质量监督由国家技术监督部门进行规划和组织实施。

（二）社会质量监督

社会质量监督是指社会团体、组织和新闻机构根据消费者和用户对商品质量的反映，对流通领域的某些商品质量进行监督检查。

社会质量监督，是从市场上一次抽样，委托第三方检验机构进行质量检验和评价，将检验结果特别是不合格的质量状况和生产企业名单予以公布，以造成强大的社会舆论压力，迫使企业改进质量，停止销售不合格商品，对消费者和用户承担质量责任，实行包修、包换、包退、赔偿经济损失。社会质量监督组织主要由中国质量管理协会用户委员会、中国消费者协会、中国质量万里行组织委员会等组成。

（三）用户质量监督

用户质量监督是指内外贸部门和使用单位为确保所购买商品的质量而进行的质量监督。

用户在购买大型成套设备和装置以及采购生产物资时，进驻承制单位和商品生产现场进行质量监督，发现问题有权通知企业改正或停止生产，及时把住质量关，确保商品质量符合规定要求。这种质量监督包括用户自已派人或委托技术服务部门进驻承制单位实行质量监督，内外贸部门派驻厂人员进行质量监督以及进货时进行验收检验。

三、商品质量监督的形式

商品质量监督的形式种类很多，可以归纳为抽查型质量监督、评价型质量监督和仲裁型质量监督三种。

（一）抽查型质量监督

抽查型质量监督是指国家质量监督机构通过对从市场或企业抽取的商品样品进行监督检验判定其质量，从而采取强制措施责成企业改进质量，直至达到商品标准要求的一种监督活动。抽查型质量监督形式，一般只抽检商品的实物质量，不检查企业的质量保证体系。抽查的主要对象是涉及人体健康和人身、财产安全的商品，影响国计民生的重要工业产品、重要的生产资料商品和消费者反映有质量问题的商品。

（二）评价型质量监督

评价型质量监督是指国家质量监督机构通过对企业的产品质量和质量保证体系进行检验和检查，考核合格后，以颁布产品质量证书、标志等方法确认和证明产品已经达到某一质量水平，并向社会提供质量评价信息，实行必要的事后监督，以检查产品质量和质量保证体系是否保持或提高的一种质量监督活动。评价型质量监督是国家干预产品质量、进行宏观管理的一种重要形式。产品质量认证、企业质量体系认证、评选优质产品、产品统一检验制度和生产许可证发放等都属于这种形式。

（三）仲裁型质量监督

仲裁型质量监督是指对于有质量争议的商品，通过质量监督机构进行检验和质量调查，分清质量责任，做出公正处理，维护经济活动正常秩序的一种质量监督活动。仲裁型质量监督具有较强的法制性，这项任务由质量监督管理部门承担，应选择省级以上人民政府产品质量监督管理部门或其授权的部门审查认可的质量监督检验机构作为仲裁检验机构。

四、商品质量监督体系

（一）技术监督系统和专业监督系统阶段

1. 技术监督系统

技术监督系统由国家质量技术监督机构和地方各级技术监督机构组成。全国的质量监督管理机构是国家质量技术监督局，负责管理全国商品质量监督工作，组织协调有关部门开展商品质量监督检验工作。2001 年，国务院决定将国家质量技术监督局与国家出入境检验检疫局合并，组建中华人民共和国国家质量监督检验检疫总局。县级以上地方质量技术监督部门负责本行政区内的商品质量监督工作，组织协调本地区承担质量技术监督检验任务的单位开展质量技术监督检验工作。

为了适应我国的商品质量监督检验工作的需要，国家在各省、自治区、直辖市等工业集中的城市都建立了质量监督检验机构，其任务是：根据标准进行商品质量监督检验，当产、销双方对商品质量有争议时执行仲裁检验，管理产品质量认证，组织生产许可证发放和参与优质产品审查工作等。

产品质量监督检验机构主要有四种形式，即：国家级产品质量监督检验测试中心，主要承担国家指定的商品质量监督检验；各部级（行业）产品质量监督检验测试中心，负责本行业内部企业的产品质量监督检验；全国各地方产品质量监督检验站、所，可代表国家行使商品质量监督检验权，承担地方商品质量监督抽查检验；各省、市综合检验所，负责各专业检验机构未包括的商品质量的监督检验工作。

2. 专业监督系统

我国专业监督系统的监督管理机构和质量监督检验机构包括外贸、卫生、兽药、船舶和锅炉等多个子系统。

（1）外贸子系统。国家出入境检验检疫局是我国主管进出口商品检验的行政执法机构。国家出入境检验检疫局以设在各地的进出口商品检验机构监督管理所在地区的进出口商品检验工作。

（2）卫生子系统。国务院卫生行政管理部门主管全国药品监督管理工作，药品检验所负责药品的质量监督检验工作。各级卫生行政管理部门负责所管辖范围内的食品卫生监督工作，卫生防疫站负责食品卫生监督检验工作。

(3) 兽药子系统。各级农牧行政管理机关主管兽药监督管理工作。各级兽药监察机构协助农牧行政管理机关，分别负责全国和本辖区的兽药质量监督检验工作。

(4) 船舶子系统。由国家船舶检验局及其在有关地区设立的船舶检验机构负责船舶的质量监督管理和检验工作。

(5) 锅炉子系统。由国家劳动人事部和地方劳动人事部门负责锅炉压力容器的安全监督工作。

此外，中国消费者协会、中国质量管理协会等社会团体，也在全国各地设立了质量监督机构。

（二）市场监管体系新阶段

2018年4月10日，国家市场监督管理总局正式挂牌成立，进一步集中监管职能，统一负责市场综合监督管理，有效实现了市场全流程监管，有力化解了监管职能交叉重叠、权限边界模糊等既有问题，转变了过去市场监管所呈现的“碎片化”样态，全面提升市场监管的层面和级别，同时也标志着我国进入了市场监管体系新阶段。

1. 监管能力大幅度提升

《深化党和国家机构改革方案》指出，改革市场监管体系，实行统一的市场监管，是建立统一开放、竞争有序的现代市场体系的关键环节。新成立的国家市场监督管理总局，将国家工商行政管理总局的职责、国家质量监督检验检疫总局的职责、国家食品药品监督管理总局的职责、国家发展和改革委员会的价格监督检查与反垄断执法职责、商务部的经营者集中反垄断执法以及国务院反垄断委员会办公室等职责整合，是完善市场监管体制，推动实施质量强国战略，营造诚实守信、公平竞争的市场环境，进一步推进市场监管综合执法、加强产品质量安全监管的国家重大战略。该方式有效地破解了之前市场监督管理方面的职能分散在不同部门的“九龙治水”现象，在市场监管方面握成了一个拳头，节约了人力资源和物力资源，从而提高了市场监管绩效。

2. 执法队伍的建设、优化将会大为加强

过去，只要各部门存在与市场监管相关的职能，就会设立自己的执法队伍。比如，质监部门有质监部门的执法队伍，工商部门有工商部门的执法队伍，食药监部门也有食药监部门的执法队伍。在国家市场监督管理总局的职责中有“组织市场监管综合执法工作”一项，可以预见国家市场监督管理总局成立后，执法队伍的建设、优化将会大为加强，对于实现市场监管职能、维护社会主义市场经济秩序、保护老百姓权益免受侵害、打击欺诈造假等违法违规现象有着很大好处。

第二节 产品质量认证

产品质量认证已经成为一种科学的商品质量监督制度，被世界各国普遍采用，并收到了明显的效果，其关键在于这种制度是由一个公证机构站在第三方的立场上，对认证对象作出正确客观与可靠的评价，从而使人们对商品质量建立了信心。产品质量认证标志已经成为人们选择商品的一个重要标志。

一、产品质量认证的概念和意义

（一）产品质量认证的概念

"认证"一词的英文原意是一种出具证明文件的行动。ISO/IEC 指南 2：1986 中对"认证"的定义是："由可以充分信任的第三方证实某一经鉴定的产品或服务符合特定标准或规范性文件的活动。"

产品质量认证也称产品认证、合格认证。我国《产品质量认证管理条例》第二条所下定义为：产品质量认证是依据产品标准和相应技术要求，经认证机构确认并通过颁发认证证书和认证标志来证明某一产品符合相应标准和相应技术要求的活动。

产品质量认证的定义包括以下几项基本概念：

（1）产品质量认证的依据是标准。标准是对重复性事物和概念所做的统一规定。它以科学、技术和实践经验的综合成果为基础，经有关方面协商一致，由主管机构批准，以特定形式发布，作为共同遵守的准则和依据。由于它是发展生产、提高质量、促进贸易的衡量准则，自然成为质量认证的基础。

（2）产品质量认证的对象是产品。按照国际标准化组织的规定，将产品分为两类，即有形产品（通常人们使用的产品或商品）和无形产品（包括工艺性作业，例如电镀、热处理、焊接以及各类形式的服务）。

（3）产品质量认证的批准方式是颁发认证证书和/或允许产品使用认证标志。

（4）产品质量认证是贯彻标准和相应技术要求的一项质量监督活动。

（5）产品质量认证活动是由认证机构领导并实施的。按照国际标准化组织的要求，认证机构必须具备不受第一方（生产方）和第二方（使用方）经济利益所支配的第三方公正地位。

（二）产品质量认证的意义

（1）通过产品质量认证标志指导消费者的购买方向。经过认证的产品，企业可以获得认证标志，并且有权在产品、包装物、产品合格证、产品使用说明书上使用认证标志，为消费者购买到满意的商品提供信誉指南和质量信息。

（2）获准认证的产品具有较强的市场竞争力，增加企业的知名度。因为获准认证的产品质量符合国家标准的严格要求，证明企业可以连续生产合格产品，自然会受到消费者的好评，更有利于企业参与激烈的市场竞争，获得较好的经济效益。

（3）享受免检的优惠待遇。经过认证的产品，不光是在国内市场上受到消费者的信赖，在国际市场上也会抬高身价。特别是经过国际认证的产品，它是经过了国际相互认可认证的产品，得到各个成员国的普遍认证，可以享受免检等优惠待遇。

二、产品质量认证的类型

国际标准化组织（ISO）出版的《认证的原则与实践》一书，将国际上通用的认证型式归纳为以下八种：

（一）型式试验

按照规定的试验方法对产品样品进行试验，来检验样品是否符合标准或技术规范。这种认证只发证书，不允许使用合格标志，只能证明现在的产品符合标准，不能保证今后的产品符合标准。

（二）型式检验加认证后监督——市场抽样检验

这是一种带监督措施的型式检验。监督的办法是从市场上购买样品或从批发商、零售商的仓库中抽样进行检验，以证明认证产品的质量持续符合标准或技术规范的要求。

（三）型式检验加认证后监督——工厂抽样检验

与第二种认证型式的区别在于，以工厂样品随机检验或成品库抽样检验代替市场样品的核查试验。

（四）型式检验加认证后监督——市场和工厂抽样检验

这种认证制是第二、三两种认证制的综合。从产品样品核查试验来看，样品来自市场和工厂两个方面，因而要求更加严格。

（五）型式检验加工厂质量体系评定加认证后监督——质量体系复查加工厂和市场抽样检验

这一型式的认证，既对产品作型式试验，又对与产品有关的供方质量体系进行评定。评定内容包括供方的质量体系对其生产设备、材料采购、检验方法等能否进行恰当的控制，能否使产品始终符合技术规范。

（六）评定供方的质量体系

这种认证类型，是对供方按既定标准或技术规范要求对提供产品的质量保证能力进行评定和认可，而不对最终产品进行认证，故又称质量保证能力认证。这一认证型式已逐渐被国际上所接受。

（七）批量试验

这是依据统计抽样试验的方法对某批产品进行抽样试验的认证，其目的在于帮助买方判断该批产品是否符合技术规范。这一认证型式，只有在供需双方协商一致后方能有效地执行。一般来说，这种型式的认证较少被采用。

（八）全数试验

对认证产品作百分之百的试验后发给认证证书，允许产品使用合格标志。在某些国家只有极少数与人民的身体健康密切相关的产品进行全数试验。

以上八种认证型式中，第六种是质量体系认证，第五种是最复杂、最全面的产品认证型式，这两种是各国普遍采用的。但是，上述八种类型的质量认证制度所提供的信任程度都是相对的，即使是比较完善的质量认证制度也会受到客观条件的限制。

三、产品质量认证的条件和程序

我国《产品质量认证管理条例》第十条规定，提出申请的企业应当具备以下条件：

（1）产品符合国家标准或者行业标准要求；

（2）产品质量稳定，能正常批量生产；

（3）生产企业的质量体系符合国家质量管理和质量保证标准及补充要求。

我国《产品质量认证管理条例》第十一条规定，企业按下列程序办理认证：

（1）中国企业向认证委员会提出书面申请；外国企业或者代销商向国务院标准化行政主管部门或者其指定的认证委员会提出书面申请；

（2）认证委员会通知承担认证检验任务的检验机构对产品进行检验；

（3）认证委员会对申请认证的生产企业的质量体系进行审查；

（4）认证委员会对认证合格的产品，颁发认证证书，并准许使用认证标志。

四、质量管理体系认证

质量管理体系认证是由西方的质量保证活动发展起来的。1959 年，美国国防部向国防部供应局下属的军工企业提出了质量保证要求，要求承包商“应制定和保持与其经营管理、规程相一致的有效的和经济的质量保证体系”，“应在实现合同要求的所有领域和过程（例如设计、研制、制造、加工、装配、检验、试验、维护、装箱、储存和安装）中充分保证质量”，并对质量保证体系规定了两种统一的模式：军标 MIL－Q－9858A《质量大纲要求》和军标 MIL－I－45208《检验系统要求》。承包商要根据这两个模式编制“质量保证手册”，并有效实施。政府要对照文件逐步检查、评定实施情况。这实际上就是现代的第二方质量体系审核的雏形。这种办法促使承包商进行全面的质量管理，取得了极大的成功。随着上述质量保证活动的迅速发展，各国的认证机构在进行产品质量认证的时候，逐渐增加了对企业的质量保证体系进行审核的内容，进一步推动了质量保证活动的发展。

到了20世纪70年代后期，英国一家认证机构BSI（英国标准协会）首先开展了单独的质量保证体系的认证业务，使质量保证活动由第二方审核发展到第三方认证，受到了各方面的欢迎，更加推动了质量保证活动的迅速发展。通过三年的实践，BSI认为，这种质量保证体系的认证适应面广，灵活性大，有向国际社会推广的价值，于是在1979年向ISO提交了一项建议。ISO根据BSI的建议，当年即决定在ISO的认证委员会的“质量保证工作组”的基础上成立“质量保证委员会”。1980年，ISO正式批准成立了“质量保证技术委员会”（即TC176）着手这一工作，从而导致了“ISO9000族”标准的诞生，健全了单独的质量体系认证的制度，一方面扩大了原有质量认证机构的业务范围，另一方面又导致了一大批新的专门的质量体系认证机构的诞生。

质量体系认证与产品质量认证既有联系又有区别。

（一）产品质量认证与质量体系认证的联系

产品质量认证与质量体系认证同属质量认证的范畴，都具质量认证的特征。产品质量认证与质量体系认证都要求企业建立质量体系，都要求对企业质量体系进行检查评定。产品认证进行质量体系审核时应充分利用质量体系认证的审核结果，质量体系认证进行质量体系审核时也应充分利用产品认证的质量体系审核结果，这不仅体现了认证工作的科学性，也保证了认证工作的质量。两者的联系具体如下：

（1）两种认证类型都有具体的认证对象；

（2）产品质量认证与质量体系认证都是以特定的标准作为认证的基础；

（3）两种认证类型都是第三方所从事的活动。

（二）产品质量认证与质量体系认证的区别

（1）认证对象不同。产品质量认证的对象是批量生产的定型产品，而质量体系认证的对象是企业的质量体系，确切地说，是企业质量体系中影响持续按需方的要求提出产品或服务的能力和某些要素，即质量保证体系。

（2）证明的方式不同。产品质量的认证的证明方式是产品认证证书及产品认证标志，证书和标志证明产品质量符合产品标准。质量体系认证的证明方式是质量体系认证证书和体系认证标记，证书和标记只证明该企业的质量体系符合某一质量保证标准，不证明该企业生产的任何产品符合产品标准。

（3）证明的使用的区别。产品质量认证证书不能用于产品，标志可用于获准认证的产品上。质量体系认证证书和标志都不能在产品上使用。

（4）实施质量体系审核的依据不同。产品质量认证一般按GB/T19002－ISO9002检查体系。质量体系认证依据审核企业要求，可能是GB/T19001－ISO9001、GB/T19002－ISO9002和GB/T19003－ISO9003其中之一。

（5）申请企业类型不同。要求申请产品质量认证的企业是生产特定的产品型企业。申请质量体系认证的企业可以是生产、安装型企业，可以是设计/开发、制造、安装服务型企业，也可以是出厂检查和检验型企业。

五、我国的质量认证工作

（一）我国质量认证工作的主要原则

（1）以国际指南为基础，同国际惯例接轨。我国认证工作发布的有关质量认证的法律、法规和规章都是以 ISO 和 IEC 联合发布的有关部门国际指南为基础制定的，符合《WTO 贸易技术壁垒协定》规定。我国并于 1998 年签署了国际互认协议。我国质量体系认证已达到国际水平，取得国际承认。

（2）坚持公正性。有关法律、规章明确规定认证机构的第三方公正地位。申请认证的条件，对任何企业不管是中国的还是外国的，都一样公平。

（3）国家对质量认证工作实施统一管理。《中华人民共和国认证认可监督管理条例》（征求意见稿）规定："国家认证认可监督管理部门负责统一管理、监督全国的认证认可工作，地方质量技术监督部门和出入境检验检疫机构按照职责分工，负责所管辖区域认证认可活动的监督管理工作。"

（4）自愿性认证和强制性认证管理相结合。自愿性产品认证，指企业可以根据国家统一认证工作规划，在统一标准和评定规则的基础上自愿向国家认可机构申请产品认证。强制性产品认证，指国家对涉及人类健康和安全、动植物生命和健康、环境保护和公共安全的产品以及相关的体系实行强制性认证制度，目前已颁发的第一批实施强制性产品认证的目录中公布了 19 类 132 种产品应进行强制性产品认证。

（二）我国强制性产品认证：CCC 认证

CCC 认证即中国强制认证，其英文名称为"China Compulsory Certification"，缩写为 CCC。

2001 年 12 月，国家质检总局发布了《强制性产品认证管理规定》，以强制性产品认证制度替代原来的进口商品安全质量许可制度和电工产品安全认证制度，即用国家强制性产品认证"CCC"标志取代原来实行的"长城"标志和"CCIB"标志。

中国强制性产品认证简称 CCC 认证或 3C 认证。CCC 认证的标志为"CCC"（见图 9－1）。它是一种法定的强制性安全认证制度，也是国际上广泛采用的保护消费者权益、维护消费者人身财产安全的基本做法。列入《实施强制性产品认证的产品目录》中的产品包括家用电器、汽车、安全玻璃、医疗器械、电线电缆、玩具等 20 大类 135 种产品。

图 9－1　CCC 与 CQC 认证标志

（三）我国自愿性产品认证：CQC认证

CQC针对强制性认证以外的产品类别，开展了自愿性产品认证业务，称为CQC标志认证（见图9－1），以加施CQC标志的方式表明产品符合有关质量、安全、环保、性能等标准要求，认证范围涉及500多种产品。它旨在保护消费者的人身和财产安全，维护消费者利益；提高国内企业的产品质量，增强产品在国际市场上的竞争力；使国外企业的产品能更顺利地进入国内市场。

六、国外的一些知名认证

世界上多数国家都是由经国家授权的民间机构负责质量认证的管理职能。下面具体介绍国外的一些知名认证标志，如图9－2所示。

英国的BS认证标志　美国的UL认证标志　加拿大的CSA认证标志

德国的GS认证标志　法国的NF认证标志　日本JIS认证标志

图9－2　国外的一些认证标志

（一）英国的BS认证标志

英国的BS认证标志（又称“风筝”标志）是英国标准学会BSI（British Standards Institution）特有的注册商标，国内外厂家均可申请使用。使用这种标志的企业不仅其产品必须符合有关的BS标准的要求，而且必须具有符合BS－5790的质量保证体系，在认证过程中还要对该体系进行评定。

英国标准学会是世界上第一个国家标准化机构，原为英国工程标准委员会，成立于1901年，1931年正式改名为英国标准学会。它虽为民间组织，但受国家委托，负责统一管理全国标准化工作。

（二）美国的 UL 认证标志

UL 是美国保险商试验所（Underwriter Laboratories Inc.）的缩写。UL 保险商试验所是美国最有权威的、也是世界上从事安全试验和鉴定的较大的民间机构。UL 始建于 1894 年，经过近百年的发展，已成为具有世界知名度的认证机构。

针对 UL 不同的服务种类，UL 标志可以分为三类，分别是列名、分级和认可标志。三种标志分别用于三种不同服务的产品上，不能混用，否则可认为是假冒产品。UL 的服务不仅依据美国 UL 标准，也依据加拿大标准（CUL）。

CUL 标志是用于在加拿大市场上流通产品的 UL 标志。CUL 标志普遍应用于家用电器、计算机设备、通风设备、家用防盗系统及其他类型的产品。

（三）加拿大的 CSA 认证标志

CSA 认证标志为目前世界上最知名的产品安全认可标志之一，即使非强制实施，很多地区之厂商都以取得此标志作为对客户推荐其产品安全性的重要依据，很多购买者甚至会指定要求购买已附加 CSA 标志的产品。加拿大标准协会 CSA（Canadian Standards Association）成立于 1919 年，是加拿大首家专为制定工业标准的非营利性机构。在北美市场上销售的电子、电器等产品都需要取得安全方面的认证。目前 CSA 是加拿大最大的安全认证机构，也是世界上最著名的安全认证机构之一。它能对机械、建材、电器、电脑设备、办公设备、环保、医疗、防火安全、运动及娱乐等方面的所有类型的产品提供安全认证。CSA 已为遍布全球的数千厂商提供了认证服务，每年均有上亿个附有 CSA 标志的产品在北美市场销售。

（四）德国的 GS 认证标志

GS（Geprufte Sicherheit）标志代表此产品经过足堪信任的独立机构，依据《德国设备安全法》进行测试，通过测试并证明其确实安全。GS 标志是一项标准试验合格标志，必须依照产品生产质量制度，定期进行工厂检验。法律规定必须定期查验（通常为每年或每两年，依验证规则而定）制造厂商是否能在大量生产下维持产品的规格。

GS 标志是以德国法律为基础的一种自愿性认证标志。它于 1977 年由德国劳工部颁布，是联邦劳工和社会组织部对检测实验室的认可。经过认可的实验室有权对《德国设备安全法》规定的范围开展检测认证，并且对已通过检测的技术设备发放 GS 标志。目前约有 80 个测试实验已获得认可。

（五）法国的 NF 认证标志

NF 标志是证明产品符合法国批准标准的一种法定质量符号。NF 是法国标准的代号，该标志始于 1938 年，其管理机构是法国标准化协会（AFNOR）。

法国标准协会 AFNOR（Association Francaise de Normalisation），成立于 1926 年，是法国政府工业部监管下的认证组织，是促进标准实施的权威机构。它是根据法国民法成立，并由政府承认和资助的全国性标准化机构。1941 年 5 月 24 日，法国政府颁布法令，确认 AFNOR 为全国标准化主管机构，并在政府标准化管理机构——标准化专署领导下，按政府指示组织和协调全国标准化工作，代表法国参加国际和区域性标准化机构的活动。

NF是由行业标准化局或AFNOR设立的技术委员会制定的。NF认证标志在法国注册，受法律保护。NF标志可单独使用于电器及非电器产品，也可与其他标志或单字母图案共同使用。该标志主要是显示产品符合法国标准或国际标准中的质量要求。

（六）日本的JIS认证标志

日本工业标准调查会JISC（Japanese Industrial Standards Committee）成立于1949年，总部设在首都东京，是根据日本工业标准化法建立的全国性标准化管理机构。

日本工业标准（JIS）是日本国家级标准中最重要、最权威的标准。JIS标志有两种标志图案：一种是用于产品的JIS标志，表示该产品符合日本有关的产品标准；另一种是用于加工技术的JIS标志，表示该产品使用的加工方法符合日本工业标准的要求。

第三节 认证申请

一、CCC和CQC质量认证的申请

（一）CCC质量认证的申请

1. 新申请的提交

目前中国质量认证中心受理CCC认证申请是通过网络在线和书面两种方式，主要以网络在线为主。第一次在线申请时需要在网站www.cqc.com.cn注册用户，成为合法用户。注册时，需要详细填写用户信息，这样可以简化以后再次申请所填信息。注册成功后网络将自动提供申请人所需认证有关公开性文件、申请指南和其他资料信息。

在进行申请时可根据申请的情况来填写申请书，具体如下：

（1）CCC证书是根据需要来选择中文、英文版本，因此需要用正确的简体中文、英文填写申请书；国内申请人需要英文的认证证书，境外申请人需要中文的认证证书时，要求申请人准确翻译有关内容。

（2）申请人同时申请CCC+GB或CQC+GB认证时，只要在CQC网络上选择CCC+GB或CQC+GB即可同时提交两份申请书。申请GB时需注意填写翻译准确的英文信息。

（3）请认真阅读各类产品的划分单元原则和指南，以保证在一个申请中申请多个型号规格产品时，这些型号为同一个申请单元。

（4）在一个申请中一个型号规格产品具有多个商标或多个型号规格产品具有多个商标时，应注意确保这些商标为已注册过或经过商标持有人的授权。

（5）在申请多功能产品时，确定产品的类别时应以产品的主要功能的检测标准来确定。

（6）初次申请。由于初次申请需要进行工厂审查，因此填写申请书时应选择“首次申请”，在备注栏中注明需要进行初次工厂审查、希望工厂审查的时间。

（7）再次申请。再次申请不需要进行工厂审查，因此填写申请书时应选择“再次申请”，在工厂编号栏中填上相应的编号。

（8）变更申请。变更申请是在获证基础上对产品进行改变，因此填写申请书时应填写原证书编号，获得新证书时需要退回原证书。

（9）派生产品申请。派生产品与已获证产品为同系列的、同一安全单元的产品，填写申请书时应注意在备注栏中填写与原产品的差异尤为重要，这样可以有助判断出是否需要送样进行型式试验。

填写申请信息中的申请人、制造商、生产厂名称应填写法人名称，不应填写个人名称。对于书面申请的，中国质量认证中心收到申请人提交CCC书面申请书后，将相应申请信息（厂家、产品）录入CQC网站，并将用户名和密码告知申请人，同时将网上的电子版本的认证有关公开性文件、申请指南、其他资料信息等转化成纸面形式传真或其他媒质通知给申请人。

2. 新申请的受理

申请人填写完申请信息后，根据产品的类别，就会被相应的产品处室的认证工程师所受理，该申请就会被赋予一个唯一的申请编号，即表示中国质量认证中心正式受理该申请。在该申请获证之前，申请人应及时、经常地进入自己的用户内查询该申请代码，就可以了解到该申请的全部信息和进程。申请人书面申请书提交后，产品认证工程师受理后，会将相应的申请编号通知申请人。新申请获得唯一的申请编号后，产品认证工程师通过网络会在申请人的注册用户内发给申请人一个该申请的“产品评价活动计划”，此项内容包括从提交申请到获证全过程的申请流程情况，具体如下：

（1）申请认证所需提交的资料（申请人、生产厂、产品等相关资料）；

（2）申请认证所需提供的检测样品型号和数量以及送交到的检测机构；

（3）认证机构进行资料审查及单元划分工作时间；

（4）样品检测依据的标准、预计的检测周期；

（5）预计安排初次工厂审查时间，根据工厂规模来制定工厂审查所需的时间和人员安排等；

（6）样品测试报告的合格评定及版发证的工作时间；

（7）预计的认证费用：申请费、批准与注册费、测试费（包括整机测试、随机安全零部件测试）、工厂审查费。

申请人按照“产品评价活动计划”规定提交技术资料和样品时应注意以下几点：

（1）多个型号规格产品申请，应提供各型号规格产品的差异说明，送样应是覆盖到全部的型号、规格的具有代表性型号，同时避免送样型号重复；

（2）需要进行整机和元器件随机试验时，除整机外还需提供元器件技术资料和样品；

（3）派生产品申请应提供与原型机之间的型号规格产品的差异说明，必要时提供原型机的试验测试数据；

（4）境外工厂需要初次工厂审查时，应填写《非常规工厂审查表》，提供产品描述，产品描述经实验室确认后即可在型式试验阶段进行工厂审查；

（5）变更申请应将变更申请书与原证书一同退回。

实验室验收样机，样机验收合格后，申请人应索取“合格样品收样回执”以便试验周期是否超期的查询；若样机不符合要求，实验室将“样品问题报告”发给申请人。申请人整改后重新补充送样，验收合格后发给申请人“收样回执”。

认证工程师收到寄送的申请资料，经审核合格后，并获知样品已送到指定实验室后，向实验室下达检测任务，样机的检测周期进入倒计时阶段。样机在进行检测过程中，若出现可整改的不合格项，实验室填写《产品检测整改通知》，描述不合格的事实，确定整改的时限，同时还向申请人发出《产品整改措施反馈表》，由申请人在落实整改措施后填写并返回检测机构。实验室对申请人提交的整改样品、相关文件资料和填写好的《产品整改措施反馈表》进行核查和确认，并对原不合格项目及相关项目进行复检。复检合格后检测机构继续进行检测。只有当全部不合格项整改合格，检测周期才重新开始计时。

申请人应及时登录网站 www. cqc. com. cn 了解到申请的信息、进程。申请人应配合认证工程师的工作，及时提交所需的认证资料和样品，申请过程中遇到问题时应和认证工程师联系。

书面方式申请的，认证工程师也会将上述提到的信息转化成纸面形式传真或其他媒质通知到申请人。

（二）CQC 产品认证的申请

CQC 产品认证的申请和 CCC 质量认证的申请基本相同，它的申请流程如图 9－3 所示。

二、ISO 认证与申请

（一）ISO 认证简介

ISO 是一个国际标准化组织，其成员由来自世界上 100 多个国家的国家标准化团体组成，代表中国参加 ISO 的国家机构是中国国家技术监督局（CSBTS）。

ISO9000 不是指一个标准，而是一族标准的统称。“ISO9000 族标准”指由 ISO/TC176 制定的所有国际标准。TC176 即 ISO 中第 176 个技术委员会，TC176 专门负责制定质量管理和质量保证技术的标准。ISO/TC176 早在 1990 年第九届年会上提出了《90 年代国际质量标准的实施策略》，对 1987 年版的 ISO9000 族标准分两个阶段进行修改：第一阶段在 1994 年完成，第二阶段在 2000 年完成。1994 年版 ISO9000 标准已被采用多年，有三个质量保证标准通常被用来作为外部认证之用。2000 年 12 月 15 日，2000 年版的 ISO9000 族标准正式发布实施，2000 年版 ISO9000 族国际标准的核心标准共有四个。

认证的内容涉及广泛，从基础的紧固件、轴承各种原材料到半成品和成品，其技术领域涉及信息技术、交通运输、农业、保健和环境等。每个工作机构都有自己的工作计划，该计

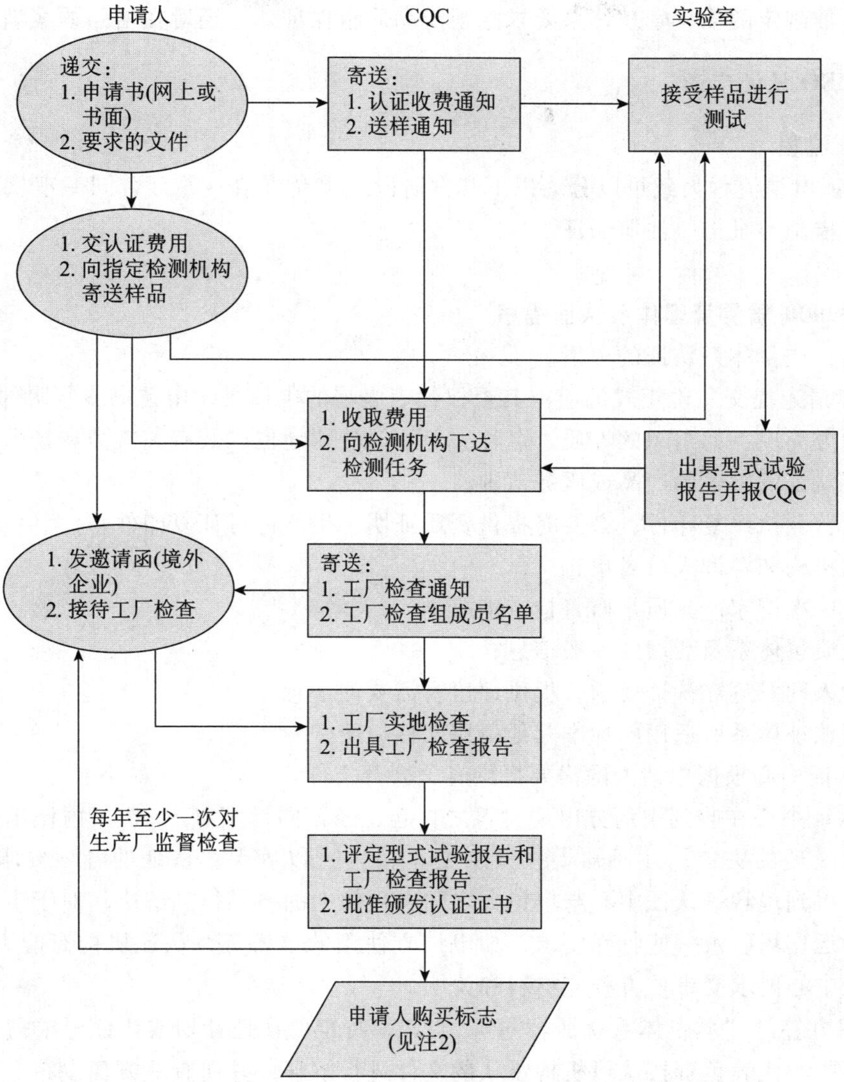

注 1：○代表申请人；□代表 CQC 或实验室。

注 2：3C 标志向认监委“3C 标志发放管理中心”申请。CQC 标志向 CQC 申请。

注 3：根据认证产品类别的不同，认证流程会有所不同。

图 9－3 CQC 申请流程

划列出需要制定的标准项目（试验方法、术语、规格、性能要求等）。

认证项目主要有：ISO9001、ISO14000、ISO14001、OHSAS18000、5HACCP、ISO/TS16949 等。

ISO9001:2008 标准是根据世界上 170 个国家大约 100 万个通过 ISO9001 认证的组织的 8 年实践，更清晰、明确地表达 ISO9001:2000 的要求，并增强与 ISO14001:2004 的兼容性。ISO9001 第四版（即 2008 版）取代第三版 ISO9001:2000，包括对这些文件的技术性修订。原已使用 ISO9001:2000 的组织只需按本标准的规定调整某些要求，仍可使用本标准。本标准是 ISO9000 族标准之一。标准中的“应”（Shall）表示要求，“应当”（Should）仅起指导作用。本标准规定的质量管理体系要求除了产品质量保证外，还旨在增强顾客满意。

（二）ISO认证申请

1. 认证流程

ISO认证申请流程大致可以分为以下几个阶段：提交申请→签订合同→审核文件→现场审核→纠正措施→批准→注册颁证。

2. ISO9000质量管理体系认证程序

第一步：质量体系认证的申请。

（1）申请人提交一份正式的应由其授权代表签署的申请书，申请书或其附件应包括：

①申请方简况，如组织的性质、名称、地址、法律地位以及有关人力和技术资源；

②申请认证的覆盖的产品或服务范围；

③法人营业执照复印件，必要时提供资质证明、生产许可证复印件；

④咨询机构和咨询人员名单；

⑤最近一次国家产品质量监督检查情况；

⑥有关质量体系及活动的一般信息；

⑦申请人同意遵守认证要求，提供评价所需要的信息；

⑧对拟认证体系所适用的标准其他引用文件说明。

（2）认证中心根据申请人的需要提供有关公开文件。

（3）认证中心在收到申请方申请材料之日起，经合同评审以后30天内做出受理、不受理或改进后受理的决定，并通知委托方（受审核方）以确保：认证的各项要求规定明确，形成文件并得到理解；认证中心与申请方之间在理解上的差异得到解决；对于申请方申请的认证范围、运作场所及一些特殊要求，如申请方使用的语言等，认证机构有能力实施认证；必要时认证中心要求受审核方补充材料和说明。

（4）双方签订“质量体系认证合同”。当某一特定的认证计划或认证要求需要做出解释时，由认证中心代表负责按认可机构承认的文件进行解释，并向有关方面发布。

（5）对收到的信息将用于现场审核评定的准备。认证中心承诺保密并妥善保管。

第二步：现场审核前的准备。

（1）在现场审核前，申请方的ISO9000标准建立的文件化质量体系，运行时间应达到3个月，至少提前2个月向认证中心提交质量手册及所需相关文件。

（2）认证中心准备组建审核组，指定专职审核员或审核组长作为正式审核的一部分进行质量手册审查，审查以后填写《质量手册审查表》通知受审核方，并保存记录。

（3）认证中心应准备在文件审查通过以后，与受审核方协商确定审核日期并考虑必要的管理安排。在初次审核前，受审核方应至少提供一次内部质量审核和管理评审的实施记录。

（4）认证中心任命一个合格的审核组，确定审核组长，组成审核组代表认证中心实施现场审核。

①审核组成员由国家注册审核员担任；

②必要时聘请专业的技术专家协助审核；

③审核组成员、专家姓名。

由认证中心提前通知受审核方并提醒受审核方对所指派审核员和专家是否有异议。如以上人员与受审核方可能发生利益冲突时，受审方有权要求更换人员，但必须征得认证中心的同意。

（5）认证中心正式任命审核组，编制审核计划，审核计划和日期应得到受审核方的同意，必要时在编制审核计划之前安排初访受审核方，察看现场，了解特殊要求。

第三步：现场审核。

审核依据受审核方选定的认证标准，在合同确定的产品范围内审核受审核方的质量体系，主要程序为：

（1）召开首次会议：

①介绍审核组成员及分工；

②明确审核目的，依据文件和范围；

③说明审核方式，确认审核计划及需要澄清的问题。

（2）实施现场审核。收集证据对不符合项写出不符合报告单。对不符合项类型评价的原则是：

①严重不符合项主要指：质量体系与约定的质量体系标准或文件的要求不符；造成系统性区域性严重失效的不符合或可造成严重后果的不符合；可直接导致产品质量不合格。

②轻微的或一般的不符合项主要指：孤立的人为错误；文件偶尔未被遵守造成后果不严重；对系统不会产生重要影响的不符合等。

（3）审核组编写审核报告做出审核结论，其审核结论有三种情况：

①没有或仅有少量的一般不符合，可建议通过认证；

②存在多个严重不符合，短期内不可能改正，则建议不予通过认证；

③存在个别严重不符合，短期内可能改正，则建议推迟通过认证。

（4）向受审核方通报审核情况、结论。

（5）召开末次会议，宣读审核报告，受审方对审核结果进行确认。

（6）认证中心跟踪受审方对不符合项采取纠正措施的效果。

第四步：认证批准。

（1）认证中心对审核结论进行审定、批准自现场审核后1个月内最迟不超过2个月通知受审核方，并纳入认证后的监督管理。

（2）认证中心负责认证合格后注册登记颁发由认证中心总经理批准的认证证书，并在指定的出版物上公布质量体系认证注册单位名录。公布和公告的范围包括：认证合格企业名单及相应信息（产品范围、质量保证模式标准、批准日期、证书编号等）。

（3）对不能批准认证的企业，认证中心要给予正式通知，说明未能通过的理由，企业再次提出申请，至少需经6个月后才能受理。

第五步：认证范围的扩大、缩小和认证标准的变更。

（1）获证企业若需扩大或缩小体系认证范围时，由获证方提出书面申请，提出以扩大或缩小认证范围相应的质量手册，由合同管理部审查接受后，需扩大认证范围的，签订扩大认证范围合同，需缩小认证范围的，办理原合同更改手续。现场审核时将负责审核扩大认证范围相关要素和部门、生产车间，具体实施按《质量体系认证（审核）实施与控制程序》进行。审核通过后，给予更换认证证书，证书内更改覆盖范围，注明换证日期，但证书有效期不变。

（2）获证企业需变更体系认证标准时须由获证方提出书面申请，并提供与认证标准相适应的质量手册。现场审核员审核认证标准变更的要素及相关部门，具体实施按《质量体系认证（审核）实施与控制程序》进行，审核通过后给予更换认证证书，更改认证标准，注明换证日期，但证书有效期不变。

三、中国名牌与申请

（一）中国名牌简介

中国名牌产品是指实物质量达到国际同类产品先进水平、在国内同类产品中处于领先地位、市场占有率和知名度居行业前列、用户满意程度高、具有较强市场竞争力的产品。

中国名牌的评价依据是国家质量监督检验检疫总局2001年12月29日发布施行的《中国名牌产品管理办法》。国家质检总局授权中国名牌战略推进委员会统一组织实施中国名牌产品的评价工作。中国名牌战略推进委员会是由有关全国性社团组织、政府有关部门、部分新闻单位以及有关方面专家组成的非常设机构，其秘书处设在国家质检总局质量管理司。

中国名牌战略推进委员会每年根据工作需要，聘任有关方面专家组成若干专业委员会，各专业委员会在中国名牌战略推进委员会的组织下，根据产品类别分别提出中国名牌产品评价实施细则和方案，进行具体评价工作。评价工作结束后，各专业委员会自动解散。

申请中国名牌产品称号应具备下列条件：符合国家有关法律法规和产业政策；实物质量在同类产品中处于国内领先地位，并达到国际先进水平；市场占有率、出口创汇率、品牌知名度居国内同类产品前列；年销售额、实现利税、工业成本费用利润率、总资产贡献率居本行业前列；企业具有先进可靠的生产技术条件和技术装备，技术创新、产品开发能力居行业前列；产品按照国际标准或参照国外先进标准制定的国家标准组织生产；企业具有完善的计量检测体系和计量保证能力；企业质量管理体系健全并有效运行，未出现过重大质量责任事故；企业具有完善的售后服务体系，顾客满意程度高。

中国名牌产品评价工作每年进行一次。每年一季度公布开展中国名牌产品评价工作的产品目录及受理中国名牌产品申请的开始和截止日期。企业在自愿的基础上填写《中国名牌产品申请表》、提供有关证明材料，按规定报经本省质量技术监督局，并形成推荐意见统一报送中国名牌战略推进委员会秘书处。秘书处据此组织有关部门和社会团体对企业的申报材料进行初审，确定初审名单，并将初审名单及其申请材料分送相应的专业委员会。各专业委员会按照评价细则对申请产品进行综合评价，形成评价报告，并向中国名牌战略推进委员会秘书处提交本专业的中国名牌产品建议名单。中国名牌战略推进委员会秘书处将各专业委员会提出的建议名单汇总分析后，提交全体委员会审议确定初选名单。初选名单通过新闻媒体向社会公示并在一定限期内征求社会意见。经过广泛征求意见确定的名单再次提交中国名牌战略推进委员会全体会议审议、确定并公布。以国家质检总局的名义授予“中国名牌产品”称号，颁发中国名牌产品证书及奖牌。中国名牌标志如图9－4所示。

中国名牌产品证书的有效期为3年。在有效期内，企业可以在获得中国名牌产品称号的产品及其包装、装潢、说明书、广告宣传以及有关材料中使用统一规定的中国名牌产品标志，并注明有效期。中国名牌产品在有效期内，免于各级政府部门的质量监督检查。对符合出口免检有关规定的，依法优先予以免检。国家免检标志如图 9－5 所示。中国名牌产品在有效期内，列入打击假冒、保护名优活动的范围；中国名牌产品生产企业应配合执法部门做好产品真假鉴别工作。对已经获得中国名牌产品称号的产品，如产品质量发生较大波动，消费者反映强烈，出口产品遭国外索赔，企业发生重大质量事故，企业的质量保证体系运行出现重大问题等，国家质检总局可以暂停或者撤销该产品的中国名牌产品称号。

图 9－4　中国名牌标志

图 9－5　国家免检标志

（二）中国名牌申请

1. 中国名牌产品申报程序

（1）中国名牌产品评价工作每年进行一次。每年一季度由中国名牌战略推进委员会公布开展中国名牌产品评价工作的产品目录及受理中国名牌产品申请的开始和截止日期。

（2）企业在自愿的基础上如实填写《中国名牌产品申请表》（另行制定）、提供有关证明材料，并按规定日期报本省（自治区、直辖市）质量技术监督局。

（3）各省（自治区、直辖市）质量技术监督局在规定的期限内组织本省（自治区、直辖市）有关部门及有关社会团体对申请企业是否符合申报条件、企业申报内容是否属实等有关方面提出评价意见，并形成推荐意见，统一报送中国名牌战略推进委员会秘书处。

（4）中国名牌战略推进委员会秘书处汇总各地方推荐材料后，组织有关部门和社会团体对企业的申报材料进行初审，确定初审名单，并将初审名单及其申请材料分送相应的专业委员会。

（5）各专业委员会按照评价细则对申请产品进行综合评价，形成评价报告，并据此向中国名牌战略推进委员会秘书处提交本专业的中国名牌产品建议名单。

（6）中国名牌战略推进委员会秘书处将各专业委员会提出的建议名单汇总分析后，提交全体委员会审议确定初选名单。

（7）中国名牌战略推进委员会将全体委员会审议确定的初选名单通过新闻媒体向社会公示并在一定期限内征求社会意见。

（8）经过广泛征求意见确定的名单再次提交中国名牌战略推进委员会全体会议审议、确定并公布。

（9）以国家质检总局的名义授予“中国名牌产品”称号，颁发中国名牌产品证书及奖牌。

2. 申报中国名牌需要提交的材料

（1）企业申报中国名牌产品综述。

（2）企业基本情况。

（3）企业申报及综合评价表。

（4）申报产品近三年销售量销售额基本情况表。

（5）省级质量技术监督局综合有关部门、社会团体意见。

（6）证明材料（原件、复印件或扫描件），包括以下材料：

①申报产品，申报产品生产线及企业全貌的照片2张，企业营业执照及注册商标证书。

②其他基本证书，包括3C认证证书、食品安全市场准入证书、生产许可证证书、计量器具许可证证书、出口质量许可证证书、出口食品卫生注册登记管理证书等。

③省级以上统计部门出具的销售量、销售额证明。

④海关或外汇管理部门出具的出口量、出口额证明。

⑤省级税务部门出具的纳税额证明。

⑥采标证书及采用标准首页复印件。

⑦申报产品主要性能指标检测报告。

⑧获国家质检总局质量管理先进企业证书。

⑨获省级质量管理奖证书。

⑩获省级名牌产品证书。

⑪获驰名商标证书。

⑫获质量体系认证和环境体系认证证书。

⑬获HACCP认证证书。

⑭获节能产品认证证书。

⑮获质量专业职业资格证书人数及编号。

⑯企业售后服务网点建设、“三包”情况以及对消费者意见的处理情况的说明材料。

⑰“测量管理体系”认证证书。

⑱“国家标准化良好行为企业”证书。

⑲会计师事务所出具的有关报表（“资产负债表”“损益表”“现金流量表”等报表）。

⑳新产品证书（省级以上）。

㉑专利证书及清单。

㉒国家级或省级企业技术中心认定证书。

㉓国家级或省级科技进步奖证书。

㉔企业建立博士后流动站的证明。

㉕企业参加行业、国家以及国际标准制修订的证明。

3. 中国名牌产品申请表

（封面）

编号：□□□□□□□□□□□□□□□

20 ____年中国名牌产品申请表

产品名称：________________________________

品　　牌：________________________________

产品规格型号：________（可另附页说明）________

企业名称：（盖公章）______________________

企业代码：□□□□□□□□□□□□

企业所在地：____________省____________市

填表日期　　　　年　　　　月

20____年中国名牌申报材料制作及填写说明

一、基本版式要求

1. 一个产品对应一份材料，材料不要分上下册。

2. 所有申报材料一律使用统一的申请表。使用70克以内的纸张，幅面A4（210mm×297mm），双面打印。申请表不另制作封面及封底，不采用硬皮材质，沿长边装订。整册的厚度不得超过1cm。

3. 在材料侧脊由上到下打印申报产品的名称、品牌和企业名称。

4. 材料内容采用四号字体，页码用阿拉伯数字连续编页，位于页脚的外侧。

5. 提供的有关证明材料复印件或图形扫描件，请在保证内容清楚的前提下紧凑排版，建议两份证书占用一页。

二、填写要求

1. 规格型号填写齐全，如果表中位置不够，可以另附详细材料。

2. "编号"由各省质量技术监督局填写。12位数字中前4位为年号，第5、6位为省、自治区、直辖市代码编号，7—9位为中国名牌战略推进委员会发布的开展中国名牌产品评价的产品类别代号，第10—12位为各省质量监督部门为申请企业配发的顺序号。

各省代码编号为：北京（11）、天津（12）、河北（13）、山西（14）、内蒙古（15）、辽宁（21）、吉林（22）、黑龙江（23）、上海（31）、江苏（32）、浙江（33）、安徽（34）、福建（35）、江西（36）、山东（37）、河南（41）、湖北（42）、湖南（43）、广东（44）、广西（45）、海南（46）、重庆（50）、四川（51）、贵州（52）、云南（53）、西藏（54）、陕西（61）、甘肃（62）、青海（63）、宁夏（64）、新疆（65）。

3. 以总公司名义申报的，可以包含子公司或分公司以及委托加工贴牌产品的有关指标，但申报企业必须在表3中予以具体填报。

4. 表1、表2、表3由企业填写。表2中"顾客满意度""品牌知名度"等栏目企业不需要填写。

5. 表4推荐意见包括：公示情况，申报产品实物质量状况，最近三年监督抽查和出口商品检验情况，用户对申报产品投诉情况，申报企业的质量管理状况，新产品开发情况等。

6. 有关指标解释

a. 工业成本费用利税率（%）=（利润总额+税金总额）/成本费用总额×100%

b. 总资产贡献率（%）=（利润总额+税金总额+利息支出）/平均资产总额×100%

c. 新产品产值率（%）=当年新产品产值/当年工业总产值×100%

目 录

一、申报中国名牌产品综述 …………………………………… 第 页
二、表1——企业基本情况 …………………………………… 第 页
三、表2——企业申报及综合评价表 ……………………………… 第 页
四、表3——申报产品生产企业基本情况表 ………………………… 第 页
五、表4——省级质量技术监督局综合有关部门、社会团体意见 ……… 第 页
六、证明材料（原件、复印件或扫描件） …………………………… 第 页
1. 申报产品，申报产品生产线及企业全貌的照片 …………………… 第 页
2. 企业营业执照及注册商标证书 ………………………………… 第 页
3. 其他基本证书（包括3C认证证书、生产许可证证书、计量器具许可证证书、出口质量许可证证书） ……………………………………… 第 页
4. 申报中国名牌产品销售统计证明 ……………………………… 第 页
5. 申报中国名牌产品实缴国税证明 ……………………………… 第 页
6. 申报中国名牌产品实缴地税证明 ……………………………… 第 页
7. 海关出具的出口量、出口额证明 ……………………………… 第 页
8. 环保部门出具的环保情况证明 ………………………………… 第 页
9. 采标证书及执行标准首页 …………………………………… 第 页
10. 申报产品主要性能指标检测报告 ……………………………… 第 页
11. 获国家质检总局质量管理先进企业证书 ………………………… 第 页
12. 获省级质量管理奖证书 …………………………………… 第 页
13. 获驰名商标证书 ………………………………………… 第 页
14. 获环境体系认证证书 ……………………………………… 第 页
15. 获节能产品认证证书 ……………………………………… 第 页
16. 获得职业健康安全认证证书 ………………………………… 第 页
17. 获质量专业职业资格清单及证书复印件 ………………………… 第 页
18. 企业售后服务网点建设、“三包”情况以及对消费者意见的处理情况的说明材料 ……………………………………………… 第 页
19. 《测量管理体系》认证证书 ………………………………… 第 页
20. 《国家标准化良好行为企业》证书 …………………………… 第 页
21. 近三年会计师事务所出具的有关报表（“资产负债表”“损益表”“现金流量表”等报表） ………………………………………… 第 页
22. 新产品证书（省级以上） …………………………………… 第 页
23. 有效期内的专利清单及证书复印件 …………………………… 第 页
24. 国家级或省级企业技术中心认定文件 ………………………… 第 页
25. 国家级或省级科技进步奖证书 ……………………………… 第 页
26. 企业建立博士后流动站的证明 ……………………………… 第 页
27. 企业参加行业、国家以及国际标准制修订的证明 ………………… 第 页
28. 子公司或分公司与母公司关系证明 …………………………… 第 页
29. 委托加工合同 ………………………………………… 第 页

申报中国名牌产品综述

（限4000字以内）

（介绍企业基本情况，近几年生产经营、开拓国际市场、品牌建设、技术创新、产品质量、人才队伍建设等情况；分别按行业、产品、地区说明近三年企业主营业务产品的销售额及销售量。）

表 1　　企业基本情况

企业名称			
详细地址			
企业法人代表		邮政编码	
联系人		联系电话	
申报产品名称		企业网址	
注册商标名称			
首次注册地		首次注册时间	
是否属于安全认证（3C）管理产品		产品获安全认证时间	
是否属于生产许可证管理产品		获生产许可证时间	
是否属于制造计量器具许可证管理产品		获制造计量器具许可证时间	
是否属于特种设备制造许可证管理产品		获特种设备制造许可证时间	
是否属于出口质量许可证管理产品		获出口质量许可证时间	
是否属于《首批入网产品目录》		加入产品电子监管网时间	
其他		其他	
其他		其他	

表 2　　企业申报及综合评价表

<table>
<tr><td colspan="3">评价指标及评价内容</td><td>20____年</td><td>20____年</td><td>20____年</td></tr>
<tr><td rowspan="8">一
市
场
评
价</td><td rowspan="2">国内市场占有水平</td><td>申报品牌产品销售量（不包括出口）</td><td></td><td></td><td></td></tr>
<tr><td>申报品牌产品销售额（不包括出口）</td><td>万元人民币</td><td>万元人民币</td><td>万元人民币</td></tr>
<tr><td rowspan="4">出口创汇水平</td><td>申报品牌产品出口量</td><td></td><td></td><td></td></tr>
<tr><td>申报品牌产品出口额</td><td>万美元</td><td>万美元</td><td>万美元</td></tr>
<tr><td>申报企业为其他品牌同种产品贴牌生产的出口量</td><td></td><td></td><td></td></tr>
<tr><td>申报企业为其他品牌同种产品贴牌生产的出口额</td><td>万美元</td><td>万美元</td><td>万美元</td></tr>
<tr><td rowspan="2">顾客满意水平</td><td>品牌知名度</td><td></td><td></td><td></td></tr>
<tr><td>顾客满意度</td><td></td><td></td><td></td></tr>
<tr><td rowspan="2">二
质
量
评
价</td><td rowspan="2">实物质量水平</td><td>申报产品执行的标准及标准水平</td><td colspan="3">（填写执行标准的标号，附标准首页，附采标证书）</td></tr>
<tr><td>申报产品的实物质量指标</td><td colspan="3">（按各类产品实物质量指标要求另附检测报告）</td></tr>
</table>

续表 2

企业申报及综合评价表

<table>
<tr><td colspan="4">评价指标及评价内容</td><td>20 ____年</td><td>20 ____年</td><td>20 ____年</td></tr>
<tr><td rowspan="13">二质量评价</td><td rowspan="13">质量保证能力</td><td colspan="2">获国家级质量管理奖励情况</td><td colspan="3">（指国家质量管理卓越企业、全国质量管理先进企业）</td></tr>
<tr><td colspan="2">获省级质量管理奖励情况</td><td colspan="3"></td></tr>
<tr><td colspan="2">获中国驰名商标荣誉年份</td><td colspan="3"></td></tr>
<tr><td colspan="2">通过环境体系认证的年份</td><td colspan="3"></td></tr>
<tr><td colspan="2">获节能产品认证的年份</td><td colspan="3"></td></tr>
<tr><td colspan="2">通过职业健康安全认证的年份</td><td colspan="3"></td></tr>
<tr><td colspan="2">企业员工获质量专业技术人员职业资格证书的人数</td><td colspan="3">（附质量工程师证书编号、姓名、身份证号、获证时间、供职部门等内容列表）</td></tr>
<tr><td colspan="2">专职从事质量工作的人数</td><td colspan="3"></td></tr>
<tr><td colspan="2">企业职工总人数</td><td colspan="3"></td></tr>
<tr><td colspan="2">企业售后服务网点建设、“三包”及对用户意见的处理情况</td><td colspan="3"></td></tr>
<tr><td colspan="2">是否加入中国产品质量电子监管网并激活上市</td><td colspan="3"></td></tr>
<tr><td colspan="2">《测量管理体系》认证情况</td><td colspan="3"></td></tr>
<tr><td colspan="2">获得《国家标准化良好行为企业》情况</td><td colspan="3"></td></tr>
<tr><td rowspan="7">三效益评价</td><td rowspan="5">企业纳税状况</td><td colspan="2">纳税信用等级</td><td colspan="3"></td></tr>
<tr><td rowspan="2">企业实缴税额</td><td>国 税</td><td>万元人民币</td><td>万元人民币</td><td>万元人民币</td></tr>
<tr><td>地 税</td><td>万元人民币</td><td>万元人民币</td><td>万元人民币</td></tr>
<tr><td rowspan="2">申报产品实缴税额</td><td>国 税</td><td>万元人民币</td><td>万元人民币</td><td>万元人民币</td></tr>
<tr><td>地 税</td><td>万元人民币</td><td>万元人民币</td><td>万元人民币</td></tr>
<tr><td>成本费用效益水平</td><td colspan="2">工业成本费用利税率</td><td></td><td></td><td></td></tr>
<tr><td>总资产贡献水平</td><td colspan="2">总资产贡献率</td><td></td><td></td><td></td></tr>
<tr><td rowspan="9">四发展评价</td><td rowspan="7">技术开发情况</td><td colspan="2">新产品产值率（附新产品证书）</td><td></td><td></td><td></td></tr>
<tr><td colspan="2">企业研发费用占销售收入比重</td><td></td><td></td><td></td></tr>
<tr><td colspan="2">申报产品获得专利名称、项数</td><td colspan="3">（附专利号、专利类型、获得日期、专利简单描述等内容列表）</td></tr>
<tr><td colspan="2">申报产品获得科技进步奖情况</td><td colspan="3"></td></tr>
<tr><td colspan="2">企业参加标准制修订情况</td><td colspan="3"></td></tr>
<tr><td colspan="2">企业技术中心（国家级、省级）</td><td colspan="3"></td></tr>
<tr><td colspan="2">企业博士后科研工作站</td><td colspan="3"></td></tr>
<tr><td rowspan="2">企业规模水平</td><td colspan="2">企业总资产规模</td><td>万元人民币</td><td>万元人民币</td><td>万元人民币</td></tr>
<tr><td colspan="2">企业总销售额</td><td>万元人民币</td><td>万元人民币</td><td>万元人民币</td></tr>
</table>

表3　　申报产品生产企业基本情况表

<table>
<tr><td colspan="2">企业名称</td><td colspan="2">（盖章）</td><td>企业地址</td><td colspan="2"></td></tr>
<tr><td colspan="2">品牌</td><td></td><td>年份</td><td>20　年</td><td>20　年</td><td>20　年</td></tr>
<tr><td colspan="4">申报品牌产品总销售量</td><td></td><td></td><td></td></tr>
<tr><td colspan="4">申报品牌产品总销售额</td><td></td><td></td><td></td></tr>
<tr><td rowspan="24">生产厂家基本情况</td><td rowspan="12">生产厂家1</td><td colspan="2">厂名</td><td colspan="3"></td></tr>
<tr><td colspan="2">厂址</td><td colspan="3"></td></tr>
<tr><td colspan="2">生产线情况</td><td></td><td></td><td></td></tr>
<tr><td colspan="2">申报品牌产品销售量（不含出口）</td><td></td><td></td><td></td></tr>
<tr><td colspan="2">申报品牌产品销售额（不含出口）</td><td></td><td></td><td></td></tr>
<tr><td colspan="2">申报品牌产品出口量</td><td></td><td></td><td></td></tr>
<tr><td colspan="2">申报品牌产品出口额</td><td></td><td></td><td></td></tr>
<tr><td colspan="2">贴牌产品出口量</td><td></td><td></td><td></td></tr>
<tr><td colspan="2">贴牌产品出口额</td><td></td><td></td><td></td></tr>
<tr><td rowspan="2">企业上缴税额</td><td>国税</td><td></td><td></td><td></td></tr>
<tr><td>地税</td><td></td><td></td><td></td></tr>
<tr><td rowspan="2">申报产品上缴税额</td><td>国税</td><td></td><td></td><td></td></tr>
<tr><td>地税</td><td></td><td></td><td></td></tr>
<tr><td rowspan="12">生产厂家2</td><td colspan="2">厂名</td><td colspan="3"></td></tr>
<tr><td colspan="2">厂址</td><td colspan="3"></td></tr>
<tr><td colspan="2">生产线情况</td><td></td><td></td><td></td></tr>
<tr><td colspan="2">申报品牌产品销售量（不含出口）</td><td></td><td></td><td></td></tr>
<tr><td colspan="2">申报品牌产品销售额（不含出口）</td><td></td><td></td><td></td></tr>
<tr><td colspan="2">申报品牌产品出口量</td><td></td><td></td><td></td></tr>
<tr><td colspan="2">申报品牌产品出口额</td><td></td><td></td><td></td></tr>
<tr><td colspan="2">贴牌产品出口量</td><td></td><td></td><td></td></tr>
<tr><td colspan="2">贴牌产品出口额</td><td></td><td></td><td></td></tr>
<tr><td rowspan="2">企业上缴税额</td><td>国税</td><td></td><td></td><td></td></tr>
<tr><td>地税</td><td></td><td></td><td></td></tr>
<tr><td rowspan="2">申报产品上缴税额</td><td>国税</td><td></td><td></td><td></td></tr>
<tr><td>地税</td><td></td><td></td><td></td></tr>
</table>

表 4 省级质量技术监督局综合有关部门、社会团体意见

省（自治区、直辖市）质量技术监督局公章 年 月 日

四、绿色认证与申请

在本书第二章中，介绍了有关绿色认证的内容，现就绿色食品的申请做一下说明。

（一）绿色食品与绿色标志

绿色食品是指经专门机构认定，许可使用绿色食品标志的无污染的安全、优质、营养食品。由于与环境保护有关的事物国际上通常都冠以“绿色”，为了突出这类食品出自最纯真的生态环境，因此定名为绿色食品，但此类食品外观并非都是绿色的。

绿色食品标志作为一种产品质量证明商标，其商标专用权受《中华人民共和国商标法》（以下简称《商标法》）保护。它注册在以食品为主的共九大类食品上，并扩展到肥料等绿色食品相关类产品上。绿色食品标志旨在提醒人们要保护环境和防止污染，通过改善人与环境的关系，创造自然界新的和谐。

（二）可申请使用绿色食品标志的产品

绿色食品已经在国家工商总局注册，按《商标法》有关规定，具备条件可申请使用绿色食品标志的产品有以下五类：

（1）肉、非活的家禽、野味、肉汁、水产品、罐头食品、腌渍、干制水果及制品、腌制、干制蔬菜、蛋品、奶及乳制品、食用油脂、色拉、食用果胶、加工过的坚果、菌类干制品、食物蛋白。

（2）咖啡、咖啡代用品、可可、茶及茶叶代用品、糖、糖果、南糖、蜂蜜、糖浆及非医用营养食品、面包、糕点、代乳制品、方便食品、面粉等五谷杂粮、面制品、膨化食品、豆制品、食用淀粉及其制品、饮用冰、冰制品、食盐、酱油、醋、芥末、味精、沙司等调味品、酵母、食用香精、香料、家用嫩肉剂等。

（3）未加工的林业产品、未加工的谷物及农产品、花卉、园艺产品、草木、活生物、未加工的水果及干新鲜蔬菜、种子、动物饲料等。

（4）啤酒、不含酒精饮料、糖浆及其他供饮料用的制剂。

（5）含酒精的饮料（除啤酒外）。

（三）绿色食品具备的条件

（1）产品或产品原料产地必须符合绿色食品生态环境质量标准。

（2）农作物种植、畜禽饲养、水产养殖及食品加工必须符合绿色食品生产操作规程。

（3）产品必须符合绿色食品质量和卫生标准。

（4）产品外包装必须符合国家食品标签通用标准，符合绿色食品特定的包装、装潢和标签规定。

（四）申请绿色食品标志的程序

凡具有绿色食品生产条件的单位与个人均可作为绿色食品标志使用权的申请人。在申请绿色食品标志时应按如下程序办理：

（1）申请人填写《绿色食品标志使用申请书》，一式两份（含附报材料），报所在省（自治区、直辖市、计划单列市）绿色食品管理部门。

（2）省绿色食品管理部门委托通过省级以上计量认证的环境保护监测机构，对该项产品或产品原料的产地进行环境评价。

（3）省绿色食品管理部门对申请材料进行初审，并将初审合格的材料报中国绿色食品发展中心。

（4）中国绿色食品发展中心会同权威的环境保护机构，对上述材料进行审核。合格的，由中国绿色食品发展中心指定的食品监测机构对其申报产品进行抽样，并依据绿色食品质量和卫生标准进行检测；对不合格的，当年不再受理其申请。

（5）中国绿色食品发展中心对质量和卫生检测合格的产品进行综合审查（含实地核查），并与符合条件的申请人签订“绿色食品标志使用协议”；由农业部颁发绿色食品标志使用证书及编号；报国家工商行政管理局商标局备案，同时公告于众。

（五）绿色食品标志使用申请书

绿色食品

绿色食品标志使用申请书

申请单位

申请日期　　　　年　　月　　日（盖章）

说　明

1. 随申请书须报以下材料

(1)《企业及生产情况调查表》。

(2) 产品或产品原料产地的《农业环境质量监测报告》(附监测分布图) 及农业环境质量现状评价。

(3) 由省级或省级以上食品质量监督检验部门出具的一年之内的《产品质量检验报告》，执行企标的附报企业标准。

(4)《商标注册证》的复印件。

(5) 企业生产技术规程及质量管理手册。

(6) 省绿办考察报告。

2. 申请书及附报材料 (1)、(2) 复印无效。

3. 填写材料时须字迹整洁、术语规范、印章清晰。

4. 所有表格的栏目不得空缺，不填写的须说明理由。

5. 填表人须亲自签名盖章，对所填内容负法律责任。

<table>
<tr><td colspan="2">申请单位全称</td><td colspan="3"></td></tr>
<tr><td colspan="2">英 文 名 称</td><td colspan="3"></td></tr>
<tr><td colspan="2">详细地址</td><td colspan="3"></td></tr>
<tr><td colspan="2">产品名称</td><td></td><td>英文名称</td><td></td></tr>
<tr><td colspan="2">包装方式</td><td></td><td>包装规格</td><td></td></tr>
<tr><td colspan="2">注册商标名称</td><td></td><td>注册商标编号</td><td></td></tr>
<tr><td>产品
特点
简介</td><td colspan="4"></td></tr>
<tr><td>原料
生产
环境
简介</td><td colspan="4"></td></tr>
</table>

省级绿色食品办意见	年　月　日
中国绿色食品发展中心审批结论	年　月　日
绿色食品证书编号及使用期限	
年度抽检记录	
备注	

绿色食品

企业及生产情况调查表

申请单位

申请日期　　　　年　　月　　日

说　明

1. 表一系为统计绿色食品生产能力而设，并不影响使用绿色食品标志的资格，请如实填写。

2. 表二由农作物（产品或产品的原料）种植单位按当年实际情况填写。如加工产品的原料来自于其他单位，须附报原料供应合同。

3. 表三由（禽、水产品）饲养（养殖）企业按当年情况填写。

4. 表四由食品加工企业按当年情况填写。

表一

生产企业概况

填表日期： 年 月 日（盖章）

企业情况	企业全称		法人代表	
	邮政编码		联系电话	
	省内主管部门		经济性质	
	领取营业执照时间		执照编号	
	职工人数		技术人员数	
	流动资金		固定资产	
	经营范围 主营			
	经营范围 兼营			
	年生产总值		年利润	
申请使用标志产品情况	产品名称		商标	
	设计年生产规模		实际年生产规模	
	平均批发价		当地零售价	
	年销售量		年出口量	
	主要销售范围			
	获奖情况			
原料供应单位情况	单位名称		生产规模	
	经济性质		年供应量	
	原料供应形式			

填表人：

表二 农药、肥料使用情况

填表日期： 年 月 日（盖章）

<table>
<tr><td colspan="3">作物（饲料名称）</td><td colspan="2"></td><td>种植面积</td><td colspan="2"></td></tr>
<tr><td colspan="3">年生产量</td><td colspan="2"></td><td>收获时间</td><td colspan="2"></td></tr>
<tr><td colspan="3">主要病虫害</td><td colspan="5"></td></tr>
<tr><td rowspan="2">农药使用情况</td><td>农药名称</td><td>剂型规格</td><td>目的</td><td>使用方法</td><td>每次用量（或浓度）</td><td>全年使用次数</td><td>末次使用时间</td></tr>
<tr><td></td><td></td><td></td><td></td><td></td><td></td><td></td></tr>
<tr><td rowspan="2">肥料使用情况（千克／亩）</td><td>肥料名称</td><td>类别</td><td>使用方法</td><td>使用时间</td><td>每次用量</td><td>全年用量</td><td>末次使用时间</td></tr>
<tr><td></td><td></td><td></td><td></td><td></td><td></td><td></td></tr>
</table>

附报：作物种植规程，对主要病虫害及其他公害控制技术及措施

填表人： 种植单位负责人：

表三　　畜（禽、水）产品饲养（养殖）情况表

填表日期：　年　月　日（盖章）

畜（禽、水）产品		饲养（养殖）规模	
饲料构成情况			
成份名称	比　例	年用量	来　源

药剂（含激素）使用情况					
药剂名称	用　途	使用时间	使用方法	使用量	备　注

附报：畜（禽、水）产品主要病害的防疫措施。

填表人：

表四　　加工产品生产情况

填表日期：　年　月　日（盖章）

<table>
<tr><td>产品名称</td><td colspan="2"></td><td>执行标准</td><td colspan="2"></td></tr>
<tr><td>设计年产量</td><td colspan="2"></td><td>实际年产量</td><td colspan="2"></td></tr>
<tr><td colspan="6">原料基本情况</td></tr>
<tr><td>名称</td><td colspan="2">比例</td><td>年用量</td><td colspan="2">来源</td></tr>
<tr><td></td><td colspan="2"></td><td></td><td colspan="2"></td></tr>
<tr><td colspan="6">添加剂、防腐剂使用情况</td></tr>
<tr><td>名称</td><td colspan="2">用途</td><td>用量</td><td colspan="2">备注</td></tr>
<tr><td></td><td colspan="2"></td><td></td><td colspan="2"></td></tr>
<tr><td colspan="6">加工工艺基本情况</td></tr>
<tr><td colspan="6">工艺流程简图</td></tr>
<tr><td colspan="6">主要设备名称、型号及制造单位：</td></tr>
</table>

填表人：

阅读材料

农产品“三品一标”概念与标志含义

无公害农产品、绿色食品、有机农产品和农产品地理标志统称“三品一标”，如图9－6所示。“三品一标”是政府主导的安全优质农产品公共品牌，是当前和今后一个时期农产品生产消费的主导产品，是农业发展进入新阶段的战略选择，是传统农业向现代农业转变的重要标志。

无公害农产品，是指产地环境符合无公害农产品的生态环境质量，生产过程必须符合规定的农产品质量标准和规范，有毒有害物质残留量控制在安全质量允许范围内，经专门机构认定，许可使用无公害农产品标志的产品。

绿色食品，是指在无污染的生态环境中种植及全过程标准化生产或加工的农产品，严格控制其有毒有害物质含量，使之符合国家健康安全食品标准，并经专门机构认定，许可使用绿色食品标志的食品。

有机食品，来自于有机农业生产体系，根据国际有机农业生产要求和相应的标准生产加工的，通过独立的有机食品认证机构认证的食品。

农产品地理标志，是指标示农产品来源于特定地域，产品品质和相关特征主要取决于自然生态环境和历史人文因素，并以地域名称冠名的特有农产品标志。

无公害农产品标志，主要由麦穗、对勾和无公害农产品字样组成。麦穗代表农产品，对勾表示合格，橙色寓意成熟和丰收，绿色象征环保和安全。

绿色食品标志，由特定的图形表示。绿色食品标志图形由三部分构成：上方的太阳、下方的叶片和蓓蕾，象征自然生态；标志图形为正圆形，意为保护、安全；颜色为绿色，象征着生命、农业、环保。AA级绿色食品标志与字体为绿色，底色为白色。A级绿色食品标志与字体为白色，底色为绿色。

有机食品标志，由两个同心圆、图案以及中英文文字组成。内圆表示太阳，其中的既像青菜又像绵羊头的图案泛指自然界的动植物；外圆表示地球。整个图案采用绿色，象征着有机产品是真正无污染、符合健康要求的产品以及有机农业给人类带来了优美、清洁的生态环境。

农产品地理标志，实行公共标志与地域产品名称相结合的标注制度。全国可追溯防伪加贴型农产品地理标志由农业部农产品质量安全中心统一设计、制作，农产品地理标志使用人可以根据需要选择使用。公共标识基本图案由中华人民共和国农业部中英文字样、农产品地理标志中英文字样和麦穗、地球、日月图案等元素构成。

图9－6　“三品一标”标志

（资料来源：https：//www. sohu. com/a/194309560_ 660408。）

本章导入案例点评

问题：

什么是免检制度？

答：为鼓励企业提高产品质量，扶优扶强，引导消费，国家质检总局按照《国务院关于进一步加强产品质量工作若干问题的决定》（国发［1999］24号）要求，制定了《产品免于质量监督检查管理办法》，规定对质量长期稳定在较高水平，执行的产品标准达到或者严于国家标准要求，经省级以上质量技术监督部门连续三次以上监督检查均为合格，具备完善的质量保证体系，生产经营符合国家法律法规的要求和国家产业政策，经济效益在本行业排名前列等条件的产品授予免检资格。

延伸问题：

免检制度的意义和初衷是什么？

答：国家免检制度以引导消费、促进出口、服务经济为中心，紧紧围绕国务院确定的经济工作主旋律，为国民经济持续、快速、健康发展做贡献。免检工作坚持扶优扶强、宁缺毋滥、保持权威性和含金量、简化手续、不向企业收费等五项原则。同时，还坚持做到减轻企业负担与促进完善企业自律机制相结合，严格事前审查与加强事后监督相结合。

思考与练习

一、选择题（1—5题为单项选择题、6—10题为多项选择题）

1. 产品质量认证的依据是(　　)。

A. 质量　　B. 协议　　C. 法规　　D. 标准

2. 产品质量认证活动是由认证机构领导并实施的。按照国际标准化组织的要求，认证机构必须是(　　)。

A. 生产方　　B. 使用方　　C. 第三方　　D. 政府部门

3. 八种认证型式中，(　　)认证型式是最复杂、最全面的产品认证型式，这两种是各国普遍采用的。

A. 第三种　　B. 第五种　　C. 第六种　　D. 第八种

4. CSA 认证标志是(　　)知名认证。

A. 英国　　B. 美国　　C. 加拿大　　D. 德国

5. 在申请中国名牌时，应向(　　)申请。

A. 中国商标局　　B. 国家质检总局

C. 法院　　D. 中国名牌战略推进委员会

6. 目前中国质量认证中心受理 CCC 认证申请是通过(　　)。

A. 网络在线方式　　B. 书面方式　　C. 中介方式　　D. 直接申请方式

7. 我国的商品质量监督可以分为(　　)。

A. 国家质量监督　　B. 社会质量监督　　C. 用户质量监督　　D. 舆论质量监督

8. 商品质量监督的形式种类很多，可以归纳为(　　)。

A. 抽查型质量监督　　B. 评价型质量监督

C. 仲裁型质量监督　　D. 评优型质量监督

9. 我国质量认证工作开展的主要原则是(　　)。

A. 以国际指南为基础，同国际惯例接轨　　B. 坚持公正性

C. 国家对质量认证工作实施统一管理　　D. 自愿性认证和强制性认证管理相结合

10. 目前我国的“CCC”认证标志分为(　　)。

A. 安全认证标志　　B. 消防认证标志

C. 安全与电磁兼容认证标志　　D. 电磁兼容类认证标志

二、简答题

1. 为什么我国质量认证坚持自愿性认证和强制性认证管理相结合的原则？

2. 企业取得 ISO 等国外一些知名认证标志的意义是什么？

三、实务分析题

“三聚氰胺事件”后政府为何叫停食品免检制度？

四、业务模拟训练题

实习与实训

在本学习项目进行过程中，安排 ISO 标准、中国名牌、国家免检申请书的填写实训，要

求学生掌握ISO标准、中国名牌、国家免检的申请流程，并能准确规范填写认证申请书。

认证申请书的填写

1. 实训目的：掌握ISO标准、中国名牌、国家免检的申请流程，能准确规范填写认证申请书。

2. 实训内容：填写ISO标准、中国名牌、国家免检、绿色食品的申请书。

3. 环境要求：具有网络连接的机房，打印的申请书样本。

4. 实训流程：上网登录相关网站——查阅申请资料——阅读研究申请事宜和填表要求——填写申请书。

5. 注意事项：①注意研读申请材料；
②注意研读填表要求。

6. 实训作业：提交填写的ISO标准、中国名牌、国家免检、绿色食品的申请书。

模块四　提升篇

第十章

商品选购与介绍

教学指南

单元名称	商品选购与介绍	课时	课内 6/课外 6
单元内容	本章介绍了一些常见商品的基本常识和食品、香烟、酒类、茶叶、服装、化妆品等商品的选购技巧，还介绍了商品介绍的一些方法和技巧。		
学习目标	(1) 了解一些常见商品的基本常识; (2) 掌握食品、酒类、茶叶、服装、化妆品等商品的选购技巧; (3) 掌握商品介绍的一些方法; (4) 能合理选购商品; (5) 会口头介绍商品; (6) 会写作食品说明书; (7) 会写作网店商品介绍文案。		
学习重点	(1) 食品商品、服装商品、化妆用品的基本常识; (2) 食品、酒类、茶叶、服装、化妆品、首饰类的选购常识; (3) 商品的口头介绍; (4) 商品说明书的写作; (5) 网店商品介绍文案写作。		
实训内容	商品介绍会/营业员实习		
课时分布	第一节 商品了解 一、食品商品……1 课时 二、服装商品……0.25 课时 三、化妆品……0.25 课时 第二节 商品选购 一、食品选购……0.5 课时 二、酒类和茶叶类选购……0.25 课时 三、服装商品选购……0.25 课时 四、化妆品选购……0.25 课时 五、首饰类商品选购……0.25 课时 第三节 商品介绍 一、商品口头介绍……0.25 课时 二、商品说明书的写作……0.25 课时 三、网店商品介绍文案写作……0.5 课时 实训（课内）……2 课时 实训（课外）……6 课时		

导入案例

怎么挑选西瓜？

一、挑选西瓜的误区

听声音：一般人认为，听声音就可以挑出好西瓜。各种类型的西瓜都可以通过听来选择。其实，不同的西瓜因为皮地厚薄、韧脆而会有不同的声音。

看瓜底子：一般人认为，瓜底黄了就一定是熟瓜。其实，有时种地的时候因为瓜底不见光，所以，可能在三、四分熟的时候，瓜底就已经黄了。

二、西瓜挑选四招：看、摸、掂、听

看：花皮瓜类，要纹路清楚，深淡分明；黑皮瓜类，要皮色乌黑，带有光泽。无论何种瓜，瓜蒂、瓜脐部位向里凹入，藤柄向下贴近瓜皮，近蒂部粗壮青绿，是成熟的标志。

摸：用拇指摸瓜皮，感觉瓜皮滑而硬则为好瓜，瓜皮粘或发软为次瓜。

掂：成熟度越高的西瓜，其分量就越轻。一般同样大小的西瓜，以轻者为好，过重者则是生瓜。

听：将西瓜托在手中，用手指轻轻弹拍，发出“咚、咚”的清脆声，托瓜的手感觉有些颤动，是熟瓜；发出“突、突”声，是成熟度比较高的反映；发出“噗、噗”声，是过熟的瓜；发出“嗒、嗒”声的是生瓜。

问题：

生活中你是如何选购西瓜的？

延伸问题：

举例说明购买商品时你所积累的选购常识。

第一节 商品了解

生活离不开商品，商品是企业经营的主要对象，更是人们消费中不可或缺的重要资源。了解一些商品的知识和消费的常识对于人们的生活和消费是非常有用的。商品的种类繁多，本节以生活中常见的一些商品做以下介绍。

一、食品商品

人类为了维持生命，必须从外界获得营养。食物既是人体生长发育、更新细胞、修补组织、调节机能必不可少的营养物质，又是产生热量以保持体温、进行体力活动的能源。为了适应人们的饮食习惯和爱好，工厂利用各种动物、植物、食物为原料，经过不同的加工处理，制成形态、风味、营养价值不同的加工品。经过加工制作的食物统称为食品。《中华人民共和国食品卫生法》第五十四条规定：食品指各种供人食用或者饮用的成品和原料以及按照传统既是食品又是药品的物品，但是不包括以治疗为目的的物品。

我国食品分类目前有 16 大类、300 多个小类。16 大类是：乳与乳制品，脂肪、油和乳化脂肪制品，冷冻饮品，水果、蔬菜（包括块根类）、豆类、食用菌、藻类、坚果以及籽类等，可可制品、巧克力和巧克力制品（包括类巧克力和代巧克力）以及糖果，粮食和粮食制品，焙烤食品，肉及肉制品，水产品及其制品，蛋及蛋制品，甜味料，调味品，特殊营养食品，饮料类，酒类，其他类。

（一）食品营养与食品安全

1. 食品营养

食品营养是指人体从食品中所能获得的热能和营养素的总称。食品中含有的营养素有糖类、脂肪、蛋白质、膳食纤维、维生素、无机盐、水等七大类。供给人体能量的蛋白质、糖类、脂肪称为三大营养素。有一些人体不能合成，或合成速度较慢，不能满足肌体需要，必须由外界供给，这些小分子物质称为必需营养素，如必需氨基酸、必需脂肪酸、维生素、无机盐和水等。所以，它们是维持人体的物质组成和生理机能不可缺少的要素，也是生命活动的物质基础。

食品营养价值指食品中所含的热能和营养素能满足人体营养需要的程度。对食品营养价值的评价，主要根据以下几个方面：

（1）食品所含热能和营养素的量，对蛋白质还包括必需氨基酸的含量及其相互间的比值，对脂类尚应考虑饱和与多不饱和脂肪酸的比例。

（2）食品中各种营养素的人体消化率，主要是蛋白质、脂类和钙、铁、锌等无机盐和微量元素的消化率。

（3）食品所含各种营养素在人体内的生物利用率，尤其是蛋白质、必需氨基酸、钙、铁、锌等营养素被消化吸收后，能在人体内被利用的程度。

（4）食品的色、香、味、型，即感官状态，可通过条件反射影响人的食欲及消化液分泌的质与量，从而明显影响人体对该食物的消化能力。

（5）食品的营养质量指数。食品价格不一定反映食品的营养价值。食品营养价值的高低是相对的。同一类食品的营养价值可因品种、产地、成熟程度、碾磨程度、加工烹饪方式等不同而有很大区别。

各类食品的营养价值按食品对人体的营养意义将食品分为八类。

（1）谷类食品。它指禾本科作物的种子，主要有稻米、面粉、玉米、小米、高粱米等，占中国人热能来源的70%左右。谷类含6%—10%的蛋白质，但生物利用率较低；含70%—80%的碳水化合物，主要是淀粉，消化率很高；含一定量的膳食纤维；磷、钙、铁等无机盐类生物利用率低；含维生素B1和烟酸较多，但必须经加碱处理才能被人体利用；含维生素B2少。玉米、小米含少量胡萝卜素。谷类种子碾磨过细将损失较多的维生素和无机盐，糙米的出米率以92%—95%为宜、小麦的出粉率以81%—85%为宜。过分洗米、弃米汤、不适当加碱等也可损失营养素。

（2）豆类食品。它指豆科作物种子及其制品，也包括其他油料作物。大豆含蛋白质35%—40%，为营养价值较高的优质蛋白质。特别是赖氨酸较多，是弥补各类蛋白营养缺欠的理想食品。大豆含17%—20%的油脂，其中含人体必需脂肪酸亚油酸约50%，是任何其他油脂所不能比拟的。大豆约含30%的碳水化合物，其中人体不能利用的占一半，所以考虑大豆的营养价值时，碳水化合物以折半计算为宜。大豆中还含钙、铁、锌、维生素B1、维生素B2和烟酸。大豆中也含有抗营养因素，对人有不良的生理作用，但经适当处理（如湿热、发酵、发芽等）后可基本消除。大豆加工成豆制品后，消化率可由整大豆的60%提高到90%左右。其他豆类如小豆、绿豆、花生、葵籽等也与大豆相似，但其蛋白质营养价值稍低。

（3）蔬菜、水果。它是人体胡萝卜素、维生素C和钙、铁、钾、钠等元素的重要来源，所含的膳食纤维、有机酸、芳香物质等也有益于增进食欲，促进消化。含维生素C较多的蔬菜主要是叶菜类，如花椰菜、甘蓝等，特别是蔬菜代谢旺盛部分，如嫩叶、幼芽和花部含量较多。水果中则以柑橘、山楂、鲜枣及猕猴桃等含量最多。深绿和黄红颜色的蔬菜、水果含胡萝卜素较多，如苋菜、韭菜、胡萝卜、甘薯和芒果、杏等。蔬菜、水果常因加工烹饪不当而损失营养素，如切洗流失、加热氧化、金属离子触媒破坏等，应引起注意。有些野菜、野果常含丰富的维生素和无机盐类，是大有开发利用前途的食物资源。某些蔬菜习惯上废弃的部分，如萝卜缨、芹菜叶中分别含有较多的钙、胡萝卜素、维生素B1、B2和C等，应注意充分加以利用。

（4）畜禽肉类食品。它可供给人体优质蛋白质和部分脂肪，无机盐含量不多但易于吸收利用，也是维生素A和B2的重要来源。猪肉含蛋白质量较低，而且所含较多饱和脂肪对人体健康不利，而鸡肉或草食动物肉的蛋白质含量高，所以营养学家、畜牧学家与食品生产经营部门均主张用鸡肉代替猪肉。

（5）鱼类等水产食品。它在蛋白质营养价值方面可与畜禽肉类媲美，所含脂肪70%—80%为多不饱和脂肪酸，胆固醇含量也较低，所以远比畜禽肉类脂肪为优。含铁、钙等无机盐和微量元素比畜禽肉类高几倍至十几倍，含丰富的碘和较多的维生素B2和烟酸。鱼肝富含维生素A和D。鱼类以外的海产动物，营养价值与鱼类相似。海产植物如海带、紫菜等含有10%—30%的蛋白质，也含较多的钙、铁、碘和维生素。海产品中的砷均是有机砷形式，对人体无害。有的含粗纤维较多，影响消化。

（6）蛋类食品。鸡、鸭、鹅蛋的化学组成基本相似。鲜蛋含蛋白质约为13%—15%，其营养价值最高，为营养学实验研究中的理想蛋白质。含维生素A、D和B2较多。鲜蛋含有抗生物素蛋白和抗胰蛋白酶因素，又易受微生物污染，故不宜生食。

（7）奶类食品。人和各种动物奶分别对其各自的初生子代营养价值最高，对异己子代的营养价值较低，所以对婴儿应强调母乳喂养。用牛奶时应仿人奶组成调整其营养成分，主要是加水稀释酪蛋白，补充乳（蔗）糖和维生素 A、D 等。牛奶含蛋白质和钙较多，也是维生素 A、B2 的良好来源，但含铁少，若不补铁，易引起缺铁性贫血。奶粉和炼乳的营养成分与鲜奶基本相同。

（8）食品的加工品。除上述提及者外，主要有罐头、食用油脂、酒类、饮料、调味品和糖果糕点等，其营养价值主要取决于其原料组成，对人类营养素来源不占重要位置。

2. 食品安全

食品安全指食品无毒、无害，符合应当有的营养要求，对人体健康不造成任何急性、亚急性或者慢性危害。食品安全的含义有三个层次：第一层是食品数量安全，即一个国家或地区能够生产民族基本生存所需的膳食需要。要求人们既能买得到又能买得起生存生活所需要的基本食品。第二层是食品质量安全，指提供的食品在营养、卫生方面满足和保障人群的健康需要。食品质量安全涉及食物的污染、是否有毒、添加剂是否违规超标、标签是否规范等问题，需要在食品受到污染之前采取措施，预防食品的污染和遭遇主要危害因素侵袭。第三层是食品可持续安全，这是从发展角度要求食品的获取需要注重生态环境的良好保护和资源利用的可持续。

食品安全标准主要有以下九个方面：

（1）食品相关产品的致病性微生物、农药残留、兽药残留、重金属、污染物质以及其他危害人体健康物质的限量规定；

（2）食品添加剂的品种、使用范围、用量；

（3）专供婴幼儿的主辅食品的营养成分要求；

（4）对于营养有关的标签、标志、说明书的要求；

（5）与食品安全有关的质量要求；

（6）食品检验方法与规程；

（7）其他需要制定为食品安全标准的内容；

（8）食品中所有的添加剂必须详细列出；

（9）食品中禁止使用的非法添加的化学物质。

世界上所有国家对于食品安全都很重视，一般都会实施生产许可证和强制检验制度。对符合条件的食品生产企业，发放食品生产许可证，准予生产获证范围内的产品；未取得食品生产许可证的企业不准生产食品，未经检验或经检验不合格的食品不准出厂销售。

（二）食品商品举例

鉴于食品商品种类繁多，在这里我们仅对奶粉、酒类、茶叶等商品进行介绍。

1. 奶粉

奶粉是将牛奶除去水份后制成的粉末，它适宜保存。奶粉是以新鲜牛奶或羊奶为原料，用冷冻或加热的方法，除去乳中几乎全部的水分，干燥后添加适量的维生素、矿物质等加工而成的冲调食品。

我们常见的奶粉一般有六大类：

（1）全脂奶粉。它基本保持了牛奶的营养成分，适用于全体消费者，但最适合于中青年消费者。

（2）脱脂乳粉。牛奶脱脂后加工而成，口味较淡，适于中老年、肥胖和不适于摄入脂肪的消费者。

（3）速溶奶粉。和全脂奶粉相似，具有分散性、溶解性好的特点，一般为加糖速溶大颗粒奶粉或喷涂卵磷脂奶粉。

（4）加糖奶粉。由牛乳添加一定量蔗糖加工而成，适于全体消费者，多具有速溶特点。

（5）婴幼儿奶粉。一般来说，婴儿是指年龄在12个月以内的孩子，幼儿是指年龄在1—3岁的孩子，因此这种奶粉一般分阶段配制，分别适于0—6个月、6—12个月和1—3岁的婴幼儿食用。它根据不同阶段婴幼儿的生理特点和营养要求，对蛋白质、脂肪、碳水化合物、维生素和矿物质等五大营养素进行了全面强化和调整。

（6）特殊配制奶粉。适于有特殊生理需求的消费者，这类配制奶粉都是根据不同消费者的生理特点，去除了乳中的某些营养物质或强化了某些营养物质（也可能二者兼而有之），故具有某些特定的生理功能，如中老年奶粉、低脂奶粉、糖尿病奶粉、睡眠奶粉、低乳精奶粉、双歧杆菌奶粉等。

2. 酒类商品

（1）酒的分类。我国是酒的故乡，也是酒文化的发源地，是世界上酿酒最早的国家之一。酒的品种十分繁多，酒的分类方法也很多，常用的分类方法有以下两种。

酒按制造方法可以分为酿造酒、蒸馏酒和配制酒。酿造酒是用含糖或淀粉的原料，经过糖化、发酵、过滤、杀菌后制成的酒，属低度酒，如黄酒、啤酒、葡萄酒和果酒等；蒸馏酒是以含淀粉的原料，经糖化、发酵、蒸馏制成的酒，大多为高度酒，如白酒、威士忌、白兰地、伏特加等；配制酒是用酿造酒或蒸馏酒（或食用酒精）为酒基，配加植物性药材、动物性药材或花果类等物质，经过调味配制而制成的酒，如竹叶清、五加皮等。用花果类芳香原料配置的酒一般称为露酒，如青梅酒、橘子酒、玫瑰酒等。配置酒大多为中度、低度酒。

酒按酒精含量可以分为高度酒、中度酒和低度酒。酒精含量在40%以上的酒类为高度酒，如白酒、白兰地等；酒精含量在20%—40%之间的酒类为中度酒，如大多的露酒和药酒；酒精含量在20%以下的酒类为低度酒，如啤酒、葡萄酒、黄酒、果酒等。

（2）白酒。白酒为中国特有的一种蒸馏酒，是世界八大蒸馏酒（白兰地 Brandy、威士忌 Whisky、伏特加 Vodka、金酒 Gin、朗姆酒 Rum、龙舌兰酒 Tequila、日本清酒 Sake、中国白酒 Spirit）之一，由淀粉或糖质原料制成酒醅或发酵后经蒸馏而得，又称烧酒、老白干、烧刀子等，新中国成立后称为白酒。酒质无色（或微黄）透明，气味芳香纯正，入口绵甜爽净，酒精含量较高，经贮存老熟后，具有以酯类为主体的复合香味。

白酒的主要成分是乙醇和水（占总量的98%—99%），而溶于其中的酸、酯、醇、醛等种类众多的微量有机化合物（占总量的1%—2%）作为白酒的呈香呈味物质，却决定着白酒的风格（又称典型性，指酒的香气与口味协调平衡，具有独特的香味）和质量。乙醇化学能的70%可被人体利用，1克乙醇供热能5千卡。酸、酯、醇、醛等这些并没有多少有营养的，只是香味而已。

在1979年全国第三次评酒会上首次提出，白酒的香型分为五种（酱香型、浓香型、清香型、米香型和其他香型），1993年国家又颁布了两种香型（兼香型和凤香型）。事实上，在食品中，植物中的香味是多种多样的，酒的香味也会不断发展，不少好酒具有自己的特点，其香气、口味、工艺不同于已定型的香型酒，因而对白酒香型的划分并没有最后定论。

阅读材料

白酒的十种香型

（1）酱香型白酒酒色微黄而透明，酱香、焦香、糊香配合谐调，口味细腻、优雅，空杯留香持久。以茅台酒、郎酒、武陵酒为代表。

（2）浓香型白酒窖香浓郁，口味丰满，入口绵甜干净，纯正。如以泸州特曲、五粮液、剑南春、全兴大曲、沱牌曲酒为代表的四川派，以洋河、双沟、古井、宋河粮液为代表的纯浓派。

（3）清香型白酒酒色清亮透明，口味特别净，清香纯正，后味很甜。以汾酒、黄鹤楼酒和宝丰酒为代表。

（4）米香型白酒口味柔和，蜜香清雅，入口绵甜，后味怡畅。以桂林三花酒为代表。

（5）凤香型白酒无色透明，醇香秀雅，醇厚丰满，甘润挺爽，诸味协调，尾净悠长。如西凤酒。

（6）董香型白酒清澈透明，药香舒适，香气典雅，酸度较高，后味较长。如贵州董酒。

（7）豉香型白酒玉洁冰清，豉香独特，醇和甘滑，余味爽净。如广东玉冰烧酒。

（8）芝麻香型白酒芝麻香突出，幽雅细腻，甘爽协调，尾净具有芝麻香特有风格。如山东景芝白干酒。

（9）特型白酒酒色清亮，酒香芬芳，酒味醇正，酒体柔和，诸味协调，香味悠长。以江西四特酒为代表。

（10）兼香型白酒目前国内有两种类型：一是酱中带浓型，表现为芳香，舒适，细腻丰满，酱浓协调，余味爽净悠长。如湖北白云边酒。二是浓中带酱型，主要表现在浓香带酱香，诸味协调，口味细腻，余味爽净。如黑龙江的玉泉酒等。

我国是最早酿酒的国家，早在2000多年前就发明了酿酒技术，并不断改进和完善。据汉夫《杜康造酒》所述，酒由夏代第五个君王少康（又名杜康）所发明。杜康也就当然地成为中华民族的酒祖、酒圣、酒仙等。中国名酒很多，最为出名的还是传统上的中国八大名酒。

阅读材料

中国名酒

第一届：1952年在北京举行，共评出四大名酒，白酒有：茅台酒、汾酒、泸州大曲酒、西凤酒；

第二届：1963年在北京举行，共评出八大名酒：五粮液、古井贡酒、泸州老窖特曲、全兴大曲酒、茅台酒、西凤酒、汾酒、董酒；

第三届：1979年在大连举行，共评出八种名酒：茅台酒、汾酒、五粮液、剑南春、古井贡酒、洋河大曲、董酒、泸州老窖特曲；

第四届：1984年在太原举行，共评出十三种名酒：茅台酒、汾酒、五粮液、洋河大曲、剑南春、古井贡酒、董酒、西凤酒、泸州老窖特曲、全兴大曲酒、双沟大曲、特制黄鹤楼酒、郎酒；

第五届：1989年在合肥举行，共评出十七种名酒：茅台酒、汾酒、五粮液、洋河大曲、剑南春、古井贡酒、董酒、西凤酒、泸州老窖特曲、全兴大曲酒、双沟大曲、特制黄鹤楼酒、郎酒、武陵酒、宝丰酒、宋河粮液、沱牌曲酒。

（资料来源：http：//baike. baidu. com/view/579634. htm？ fr = ala0_1_1）

①茅台酒（见图10－1）。该酒尊为中国国酒，以独特的色、香、味为世人称颂。以清亮透明、醇香回甜而名甲天下。茅台酒一般52—54度，产于贵州省仁怀市茅台镇，因产地而得名。

茅台酒始于清康熙四十三年（公元1704年），那时茅台村是食盐的中转站，商盐大都是山西巨贾，这些人思念家乡的汾酒，特雇一些山西的酿酒工在茅村进行私酿，反复摸索试验，终于研制出一套独特工艺，酿制出与汾酒风味截然不同的好酒，这就是茅台酒。

②汾酒（见图10－2）。该酒产于山西省汾阳县杏花村，是我国名酒的鼻祖，距今已有1500多年的历史。汾酒酒清亮透明，气味芳香，入口绵绵，落口甘甜，回味生津，一直被推崇为“甘泉佳酿”和“液体宝石”。汾酒酿造有一套独特的工艺，“人必得其精，粮必得其实，水必得其甘，曲必得其明，器必得其洁，缸必得其湿，火必得其缓”，形成了独特的品质风味。虽为60度高度酒，却无强烈刺激的感觉，有色、香、味“三绝”的美称，为我国清香型酒的典范。

唐代大诗人李白曾咏汾酒为："琼怀绮食青玉案，使我醉饱无归心。时时出问城西曲，晋词流水碧如玉。"杜牧的名句"借问酒家何处是，牧童遥指杏花村"也是赞赏汾酒的佳作。

③五粮液（见图 10－3）。该酒产于四川宜宾市五粮液酒厂，因以五种粮食（高粮、大米、糯米、玉米、小麦）为原料而得名。五粮液为大曲浓香型，以喷香为酒中举世无双的妙品。开瓶时喷香，浓郁扑鼻，饮用时满口溢香，宴席间四座皆香，饮后余香不绝，满室留芳。

图 10－1　茅台酒

图 10－2　汾酒

图 10－3　五粮液

④泸州老窖（见图 10－4）。该酒产于四川泸州，明末清初以"温永盛"和"天成生"两家酒厂最为著名。泸州老窖特曲具有浓香、醇和、味甜、回味长的特色，饮后苹果回香，心神愉快，已成为浓香型白酒的典型。其中该酒最老的窖已有 370 多年的历史，筑窖时对泥质要求必须黏性好，磷、氮丰富的肥沃土壤，适宜细菌的繁殖。窖愈老，菌越多，采用老窖发酵续槽配料因此酒香很浓。

⑤剑南春（见图 10－5）。唐代以"春"命酒，绵竹是当年剑南道上一大县，由此得名。相传唐代李白曾在绵竹"解貂续酒"，有"士解金貂，价重洛阳"的佳话。剑南春为大曲清香型，特点为酒液无色透明，芳香浓郁，醇和回甜，清冽净爽，余香悠长，并有独特的曲酒香味。

⑥古井贡酒（见图 10－6）。该酒产于安徽亳县古井贡酒厂，酒液清澈透明，香如幽兰，粘绸挂杯，余香悠长。厂内一口古井已有 1400 年历史，当地多盐碱，水味苦涩，独此井之水清澈甜美，用以酿酒，酒香浓郁，甘美醇和，该井被称为"天下名井"。

图 10－4　泸州老窖

图 10－5　剑南春

图 10－6　古井贡酒

⑦洋河大曲（见图10－7）。洋河大曲产于江苏省泗洋县洋河镇洋河酒厂，清初已闻名于世。酒液无色透明，醇香浓郁，余味爽净，回味悠长，是浓香型大曲酒，有色、香、鲜、浓、醇的独特风格。曾有诗称颂该酒：“闻香下马，知味停车；酒味冲天，飞鸟闻香化凤；糟粕入水，游鱼得味成龙；福泉酒海清香美，味占江南第一家”。

⑧董酒（见图10－8）。产地为贵州省遵义市董酒厂，以混合特有的香味和因产地董公寺而得名。该酒为复合香型，酒液晶莹透亮，浓郁扑鼻，浓郁香气，饮用时甘美、清爽、满口醇香，饮后回味香甜优绝。

图10－7 洋河大曲

图10－8 董酒

董酒的工艺非常独特，它用小曲酒串蒸大曲酒，使董酒既具有大曲酒的浓香，又具有小曲酒的柔绵、醇和、回甜的特点，在我国的白酒香型中独成一型。董酒的下窖发酵是用酒糟再发酵，发酵较长，酸度偏高，窖底香持久，回味中微含爽口的酸味。从原料上看，大曲、小曲中都配入品种繁多的珍贵中药材，酒味略带使人心旷神怡的药栈香。

（3）啤酒。啤酒是人类最古老的酒精饮料，是水和茶之后世界上消耗量排名第三的饮料。啤酒于20世纪初传入中国，属外来酒种。啤酒是根据英语Beer译成中文“啤”，称其为“啤酒”，沿用至今。啤酒以大麦芽、酒花、水为主要原料，经酵母发酵作用酿制而成的饱含二氧化碳的低酒精度酒。

啤酒含酒精度最低，营养价值高，成分有水分、碳水化合物、蛋白质、二氧化碳、维生素及钙、磷等物质。啤酒有“液体面包”之称，经常饮用有消暑解热、帮助消化、开胃健脾、增进食欲等功能。

啤酒在色泽方面，大致分为淡色、浓色和黑色3种，不管色泽深浅，均应清亮、透明，无浑浊现象；注入杯中时形成泡沫，应洁白、细腻、持久、挂杯；有独特的酒花香味和苦味，淡色啤酒较明显，且酒体爽而不淡，柔和适口，而浓色啤酒苦味较轻，具有浓郁的麦芽香味，酒体较醇厚；含有饱和溶解的CO_2，有利于啤酒的起泡性，饮用后有一种舒适的刺激感觉；应长时间保持其光洁的透明度，在规定的保存期内，不应有明显的悬浮物。

在古代中国，也有类似于啤酒的酒精饮料，古人称之为醴。大约在汉代后，醴被酒曲酿造的黄酒所淘汰。清代末期开始，国外的啤酒生产技术引入中国，新中国成立后，尤其是20世纪80年代以来，啤酒工业得到了突飞猛进的发展，中国已成为世界第一啤酒生产大国。国内较为出名的啤酒有雪花啤酒、青岛啤酒、燕京啤酒、金星啤酒、哈尔滨啤酒等。

（4）葡萄酒。葡萄酒是指以葡萄或葡萄汁为原料，经全部或部分发酵酿制而成，酒精度（体积分数）大于或等于7%的酒精饮品。医学研究表明：葡萄的营养很高，而以葡萄为原料的葡萄酒也蕴藏了多种氨基酸、矿物质和维生素，这些物质都是人体必须补充和吸收的营养品。所以，适量饮用葡萄酒是对人体健康有益的，可以保护血管，防止动脉硬化，降低胆固醇。

葡萄酒的品种很多，因葡萄的栽培、葡萄酒生产工艺条件的不同，产品风格各不相同。

葡萄酒按酒的颜色可以分为：①白葡萄酒：用白葡萄或皮红肉白的葡萄分离发酵制成。酒的颜色微黄带绿，近似无色或浅黄、禾秆黄、金黄。②红葡萄酒：采用皮红肉白或皮肉皆红的葡萄经葡萄皮和汁混合发酵而成。酒色呈自然深宝石红、宝石红、紫红或石榴红。③桃红葡萄酒：用带色的红葡萄带皮发酵或分离发酵制成。酒色为淡红、桃红、橘红或玫瑰色。红、白葡萄酒按一定比例勾兑也可算是桃红葡萄酒。

葡萄酒按含糖量可以分为：①干葡萄酒：含糖量低于4克/升，品尝不出甜味，具有洁净、幽雅、香气和谐的果香和酒香；②半干葡萄酒：含糖量在4—12克/升，微具甜感，酒的口味洁净、幽雅、味觉圆润，具有和谐愉悦的果香和酒香；③半甜葡萄酒：含糖量在12—45克/升，具有甘甜、爽顺、舒愉的果香和酒香；④甜葡萄酒：含糖量大于45克/升，具有甘甜、醇厚、舒适、爽顺的口味，具有和谐的果香和酒香。

我国知名葡萄酒品牌有张裕、长城、王朝、华东、威龙、龙徽、通化、夜光杯、丰收、新天、云南红、华鲁等。国际知名葡萄酒品牌有盖洛（Gallo）、哈狄（Hardy's）、孔卡伊特罗（Conchay toro）、罗伯特·蒙大维（Robert mondavi）、黄尾（Yellowtail）、杰卡斯克里克（Jacob's creek）、利达民（Lindemans）、苏特家园（Sutterhome）、布劳森希尔（Blossom-hill）、玫瑰山庄（Rosemount）等。

3. 茶叶商品

茶叶属于嗜好性食品，与茶叶质量有关的化学成分主要是影响茶叶色、香、味的成分，即多酚类、生物碱、芳香油和色素物质，还有氨基酸、糖类等。

根据茶叶制造阶段不同，可分为初制茶和精制茶。初制茶又称毛茶。毛茶集中到精制厂加工后的成品，就叫精制茶。毛茶按采制季节，又可分为春茶、夏茶和秋茶。一般来讲，春茶品质最好，芽叶细嫩，茶味醇和；秋茶次之，香高味浓；夏茶品质较差，因夏日温高，茶叶易老化，外形粗松，香低味涩。精制茶在毛茶进厂后经拼堆，统一加工，就无春、夏、秋茶之分了。一般是以茶叶制造方法不同，结合品质特征和外形差异分类，分为基本茶类（绿茶、红茶、青茶、白茶、黄茶、黑茶六大茶类）和再加工茶类（花茶、紧压茶、萃取茶、果味茶、保健茶及含茶饮料等）。

（1）绿茶。又称不发酵茶（发酵度为零），其特点是色绿汤青。以适宜茶树新梢为原料，经杀青、揉捻、干燥等典型工艺制成。按其干燥和杀青方法不同，一般分为炒青、烘青、晒青绿茶，绿茶形成了清汤绿叶、滋味收敛性强等特点。绿茶是历史最早的茶类，距今3000多年，也是我国产量最大的茶类，产区主要分布于浙江、安徽、江西等省。代表茶有西湖龙井、碧螺春、信阳毛尖。

（2）红茶。又称全发酵茶（发酵度为80%—90%），其特点是红汤红叶。以适宜制作本品的茶树新芽叶为原料，经萎凋、揉捻、发酵、干燥等典型工艺过程精制而成。其汤色以红色为主调，故得名。红茶可分为小种红茶、工夫红茶和碎红茶，为我国第二大茶类。代表茶有滇红、宜兴红茶。

（3）乌龙茶。又称青茶，半发酵茶（发酵度为30%—60%），特点是绿叶红镶边，汤色金黄、橙黄，是我国几大茶类中独具鲜明特色的茶叶品类。乌龙茶综合了绿茶和红茶的制法，其品质介于绿茶和红茶之间，既有红茶的浓鲜味，又有绿茶的清芬香，并有绿叶红镶边的美誉。乌龙茶的药理作用，突出表现在分解脂肪、减肥健美等方面，在日本被称之为美容茶、健美茶。代表茶有文山包种茶、安溪铁观音、冻顶乌龙茶、武夷大红袍。

（4）白茶。白茶属轻度发酵茶（发酵度为20%—30%），其特点是白茸浅汤，是我国茶类中的特殊珍品。因其成品茶多为芽头，满披白毫，如银似雪而得名。主要产区在福建省（台湾省也有少量生产）建阳、政和、松溪等县。白茶的制作工艺，一般分为萎凋和干燥两道工序，而其关键是在于萎凋。白茶制法的特点是既不破坏酶的活性，又不促进氧化作用，且保持毫香显现，汤味鲜爽。主要品种有白牡丹、白毫银针。

（5）黄茶。又称后发酵茶（发酵度为10%—20%），其特点是黄汤黄叶。人们从炒青绿茶中发现，由于杀青揉捻后干燥不足或不及时，叶色即变黄，于是产生了新的品类——黄茶。黄茶的制作与绿茶有相似之处，不同点是多一道闷堆工序。这个闷堆过程是黄茶制法的主要特点，也是它同绿茶的基本区别。黄茶按鲜叶的嫩度和芽叶大小，分为黄芽茶、黄小茶和黄大茶三类。代表茶有蒙顶黄芽、霍山黄芽。

（6）黑茶。又称后发酵的茶（发酵度为100%），其特点是黑叶褐汤，是我国生产历史十分悠久的特有茶类。在加工过程中，鲜叶经渥堆发酵变黑，故称黑茶。黑茶既可直接冲泡饮用，也可以压制成紧压茶（如各种砖茶）。主要产于湖南、湖北、四川、云南和广西等省、自治区。因以销往边疆地区为主，故以黑茶制成的紧压茶又称边销茶。代表茶有普洱茶。

（7）花茶。又名香片，为我国独特的一个茶叶品类。由精制茶坯与具有香气的鲜花拌和，通过一定的加工方法，促使茶叶吸附鲜花的芬芳香气而成。利用茶善于吸收异味的特点，将有香味的鲜花和新茶一起闷，茶将香味吸收后再把干花筛除，制成的花茶香味浓郁，茶汤色深，深得偏好重口味的北方人喜爱。最普通的花茶是用茉莉花制的茉莉花茶，根据所用的鲜花不同，还有玉兰花茶、桂花茶、珠兰花茶、玳玳花茶等。普通花茶都是用绿茶制作，也有用红茶制作的。

（8）紧压茶（见图10－9）。为了长途运输和长时间保存方便，将茶压缩干燥，压成方砖状或块状。为了防止途中变质，一般紧压茶都是用红茶和黑茶制作。紧压茶一般都是销往蒙藏地区，这些地区牧民多肉食，日常需大量消耗茶，但居无定所，因此青睐容易携带的紧压茶。

图10－9 紧压茶

阅读材料

中国茶叶历史悠久，各种各样的茶类品种，万紫千红，竞相争艳，犹如春天的百花园。

（1）西湖龙井，产于浙江杭州西湖区。龙井茶外形挺直削尖、扁平俊秀、光滑匀齐、色泽绿中显黄。冲泡后，香气清高持久，香馥若兰；汤色杏绿，清澈明亮，叶底嫩绿，匀齐成朵，芽芽直立，栩栩如生。品饮茶汤，沁人心脾，齿间流芳，回味无穷。

（2）碧螺春，产于江苏吴县太湖的洞庭山碧螺峰。碧螺春茶条索纤细，卷曲成螺，满披茸毛，色泽碧绿。冲泡后，味鲜生津，清香芬芳，汤绿水澈，叶底细匀嫩。尤其是高级碧螺春，可以先冲水后放茶，茶叶依然徐徐下沉，展叶放香，这是茶叶芽头壮实的表现，也是其他茶所不能比拟的。

（3）信阳毛尖，产于河南信阳车云山。信阳毛尖外形条索紧细、圆、光、直，银绿隐翠，内质香气新鲜，叶底嫩绿匀整，青黑色，一般一芽一叶或一芽二叶，假的为卷曲形，叶片发黄。

（4）君山银针，产于湖南岳阳君山。君山银针茶香气清高，味醇甘爽，汤黄澄高，芽壮多毫，条真匀齐，着淡黄色茸毫。冲泡后，芽竖悬汤中冲升水面，徐徐下沉，再升再沉，三起三落，蔚成趣观。

（5）六安瓜片，产于安徽六安和金寨两县的齐云山。六安瓜片为绿茶特种茶类，采自当地特有品种，经扳片、剔去嫩芽及茶梗，通过独特的传统加工工艺制成的形似瓜子的片形茶叶。

（6）黄山毛峰，产于安徽歙县黄山。黄山毛峰的品质特征是：外形细扁稍卷曲，状如雀舌披银毫，汤色清澈带杏黄，香气持久似白兰。

（7）祁门红茶，产于安徽祁门县。祁红外形条索紧细匀整，锋苗秀丽，色泽乌润；内质清芳并带有蜜糖香味，上品茶更蕴含着兰花香，馥郁持久；汤色红艳明亮，滋味甘鲜醇厚，叶底红亮。

（8）都匀毛尖，产于贵州都匀县。都匀毛尖又名“白毛尖”“细毛尖”“鱼钩茶”“雀舌茶”，是贵州三大名茶之一。

（9）铁观音，产于福建安溪县。铁观音条索肥壮紧结，质重如铁，芙蓉沙绿明显，青蒂绿，红点明，甜花香高，甜醇厚鲜爽，具有独特的品味，回味香甜浓郁，冲泡7次仍有余香；汤色金黄，叶底肥厚柔软，艳亮均匀，叶缘红点，青心红镶边。

（10）武夷岩茶，产于福建崇安县。武夷岩茶具有绿茶之清香，红茶之甘醇，是中国乌龙茶中之极品。

（资料来源：摘自豆瓣网 http：//www. douban. com/note/200663585/）

二、服装商品

服装，泛指衣服、鞋、包、玩具、饰品等的总称，多指衣服。在国家标准中对服装的定义为：衣裳，穿于人体起保护和装饰作用的制品，又称衣服。人说“三分长相，七分打扮”，穿戴得体是种学问。衣裳是文化的表征，衣裳是思想的形象，服装只有表现了人的风度、气质，才会顿然生辉，展示出特有的风采。

（一）服装的分类

服装的种类很多，由于服装的基本形态、品种、用途、制作方法、原材料的不同，各类服装也表现出不同的风格与特色，变化万千，十分丰富。不同的分类方法，导致我们平时对服装的称谓也不同。大致有以下几种分类方法。

1. 根据服装的基本形态分类

（1）体形型。体形型服装是符合人体形状、结构的服装，起源于寒带地区。这类服装的一般穿着形式分为上装与下装两部分。上装与人体胸围、项颈、手臂的形态相适应；下装则符合于腰、臀、腿的形状，以裤型、裙型为主。体形型服装的裁剪、缝制较为严谨，注重服装的轮廓造型和主体效果，如西服类多为体形型。

（2）样式型。样式型服装是以宽松、舒展的形式将衣料覆盖在人体上，起源于热带地区的一种服装样式。这种服装不拘泥于人体的形态，较为自由随意，裁剪与缝制工艺以简单的平面效果为主。

（3）混合型。混合型结构的服装是寒带体形型和热带样式型综合、混合的形式，兼有两者的特点，剪裁采用简单的平面结构，但以人体为中心，基本的形态为长方形，如中国旗袍、日本和服等。

2. 根据服装的穿着组合、用途、面料、制作工艺分类

（1）按穿着组合分类，大致有如下几种分类：整件装，上下两部分相连的服装，如连体服、连衣裙等因上装与下装相连，服装整体形态感强；套装，上衣与下装分开的衣着形式，有两件套、三件套、四件套；外套，穿在衣服最外层，有大衣、风衣、雨衣、披风等；背心，穿至上半身的无袖服装，通常短至腰、臀之间，为略贴身的造型；裙，遮盖下半身用的服装，有一步裙、A字裙、圆台裙、裙裤等，变化较多；裤，从腰部向下至臀部后分为裤腿的衣着形式，穿着行动方便，有长裤、短裤、中裤。

（2）按用途分类，分为内衣和外衣两大类。内衣紧贴人体，起护体、保暖、整形的作用；外衣则由于穿着场所不同，用途各异，品种类别很多。又可分为：社交服、日常服、职业服、运动服、室内服、舞台服等。

（3）按服装面料与制作工艺分类，分为中式服装、西式服装、刺绣服装、呢绒服装、丝绸服装、棉布服装、毛皮服装、针织服装、羽绒服装等。

（二）服装面料

面料就是用来制作服装的材料。面料不仅可以诠释服装的风格和特性，而且直接左右着服装的色彩、造型的表现效果。

在服装大世界里，服装的面料五花八门，日新月异。但是从总体上来讲，优质、高档的面料，大都具有穿着舒适、吸汗透气、悬垂挺括、视觉高贵、触觉柔美等几个方面的特点。

常见的服装面料有以下几种：

1. 棉布

棉布，是各类棉纺织品的总称。它多用来制作时装、休闲装、内衣和衬衫。它的优点是轻松保暖，柔和贴身，吸湿性、透气性甚佳。它的缺点则是易缩、易皱，外观上不太美观，在穿着时必须时常熨烫。

2. 麻布

麻布，是以大麻、亚麻、苎麻、黄麻、剑麻、蕉麻等各种麻类植物纤维制成的一种布料。一般被用来制作休闲装、工作装，目前也多以其制作普通的夏装。它的优点是强度极高，吸湿、导热、透气性甚佳。它的缺点则是穿着不甚舒适，外观较为粗糙、生硬。

3. 丝绸

丝绸，是以蚕丝为原料纺织而成的各种丝织物的统称。与棉布一样，它的品种很多，个性各异。它可被用来制作各种服装，尤其适合用来制作女士服装。它的长处是轻薄、合身、柔软、滑爽、透气、色彩绚丽，富有光泽，高贵典雅，穿着舒适。它的不足则是易生折皱，容易吸身，不够结实，褪色较快。

4. 呢绒

呢绒，又叫毛料，它是对用各类羊毛、羊绒织成的织物的泛称。它通常用以制作礼服、西装、大衣等正规、高档的服装。它的优点是防皱耐磨，手感柔软，高雅挺括，富有弹性，保暖性强。它的缺点主要是洗涤较为困难，不大适用于制作夏装。

5. 皮革

皮革，是经过鞣制而成的动物毛皮面料。它多用以制作时装、冬装。它又可以分为两类：一是革皮，即经过去毛处理的皮革；二是裘皮，即处理过的连皮带毛的皮革。它的优点是轻盈保暖，雍容华贵。它的缺点则是价格昂贵，储藏、护理方面要求较高，故不宜普及。

6. 化纤

化纤，是化学纤维的简称。它是利用高分子化合物为原料制作而成的纤维的纺织品。通常它分为人工纤维与合成纤维两大门类。它们共同的优点是色彩鲜艳、质地柔软、悬垂挺括、滑爽舒适。它们的缺点则是耐磨性、耐热性、吸湿性、透气性较差，遇热容易变形，容易产生静电。它虽可用以制作各类服装，但总体档次不高，难登大雅之堂。

7. 混纺

混纺，是将天然纤维与化学纤维按照一定的比例，混合纺织而成的织物，可用来制作各种服装。它的长处是既吸收了棉、麻、丝、毛和化纤各自的优点，又尽可能地避免了它们各自的缺点，而且在价值上相对较为低廉，所以大受欢迎。

（三）服装辅料

服装辅料是与面料相依存的配用材料，起衬托、填充、装饰等作用。运用得当不仅可以提高服装质量，还能使服装增添美感，起画龙点睛的作用。一件质量上乘的高档服装不仅对面料有较高要求，还要求辅料质量能与之相配。

1. 服装衬料与垫料

服装衬料与垫料是附在服装面料与里料之间起加固、造型、支撑和保暖作用的衬料。衬料和垫料的合理选择是做好服装的关键之一，因此二者被称为服装的“骨骼”。

在服装衣领、袖口、袋口、裙裤腰、衣边及西装胸部加贴的衬料为衬布，一般含有胶粒，通常称为粘合衬，有纺衬布（梭织与针织）与无纺衬布两大类。在肩部为了体现肩部造型使用的垫肩及胸部为增加服装挺括饱满风格使用的胸衬均属垫料，一般没有胶。衬料和垫料能够增强服装的强力，并使服装饱满美观。另外，衬布的使用还可以增强服装的可缝纫性能，易于缝纫操作。

2. 服装里料

服装里料是部分或全部覆盖服装里面的材料，俗称夹里。当前除夏季服装外，一般服装均使用里料。使用里料的目的在于：使面料具挺括感及保护服装面料；增加服装滑爽度使之便于穿脱；遮盖服装内面，增加服装美感，提高服饰档次；增强中厚服装保暖性，覆盖服装填料；对一些轻薄型、镂空型面料，起衬托花型的作用；对于絮料服装来说，作为絮料的夹里，可以防止絮料外露；作为皮衣的夹里，它能够使毛皮不被玷污，保持毛皮的整洁等。

适合做里料的纺织品很多。如天然纤维中的各种棉布、纯棉羽纱，一些素色绸缎类，化学纤维中的各种轻薄型长丝织物，各种较厚重的混纺、交织织品等。使用最普遍的为羽纱、美丽绸、各种涤纶绸、锦纶绸等。

选择里料的时候应注意：里料的色牢度要好，以免洗涤时褪色；里料的透气性、吸湿性要好，要有一定的保暖性；里料要光滑，易于穿脱；里料的缩水率应与面料大体相当；应根据面料的档次，选择相应档次的里料；里料的颜色应与面料相协调，里料颜色一般不应深于面料。

3. 服装填料

服装填料指服装面料与里料之间的填充材料，主要用于冬季服装的防寒保暖，也有防辐射、降温、卫生保健等功能。用于保暖的填料有棉絮、丝绵、化纤絮、羽绒、驼绒等絮类填料。絮类填料是指未经过纺织的散状纤维和羽绒等絮片状材料，它没有一定的形状，使用要有夹里，并且要求面里料有一定的防穿透性能。另外，有毛皮、人造毛皮等材料填料，还有用于发挥一些特殊功能的防护型新型填料，如防辐射填料、降温填料、导温填料、杀菌除臭填料等。

近年来，冬季服装趋向轻便、薄爽，各种质轻、保暖、易定型的化纤喷胶棉大量使用，这些填料与面料合为一体，用其加工服装不但工艺简便快捷，而且成型后的服装体积小，外形美观、俏丽。

4. 其他辅料

其他辅料有纽扣、拉链、挂钩、环、尼龙搭扣、绳带等各种服装紧固材料；有花边、珠边等各种装饰材料；有尺码带、商标、吊牌等标志材料。这些辅料虽在服装整体中所占比例不大，但就其功能来说样样不可或缺。如果这些小字号的辅料在选择使用上与服装整体不协调，会因小失大，功亏一篑。

（四）服装的吊牌

服装的吊牌，就是指附着在服装等商品上有着该商品的品牌、产地等信息的小卡片。服装的吊牌上面有品牌名称、认证标志、使用说明、洗涤要求、各身高参考型号、生产地址、联系电话、价格等。这里主要介绍一下服装上常见认证标志和使用说明的一些常见标志。

1. 服装上常见认证标志

（1）纯羊毛标志。这是由国际羊毛局为保持天然优质羊毛纤维身价，于 1964 年推出的标志，由 3 个绒线团构成（见图 10 - 10）。

（2）真皮标志。这是国家对中高档优质皮革制品的认证。凡佩挂真皮标志的皮衣、皮鞋及皮件产品符合以下三个条件：①天然皮革制作；②做工精细，是中高档产品；③具有良好的售后服务。所以，真皮标志是真皮优质的保证。

图 10 - 10　纯羊毛标志

真皮标志的注册商标是由一只全羊、一对牛角、一张皮形组成的艺术变形图案。整体图案呈圆形鼓状，图案中央有 GLP 三个字母，是真皮产品的英文缩写，图案主体颜色为白底黑色，只有三个字母为红色。图案寓意为牛、羊、猪，是皮革制品的三种主要天然皮革原料，图案呈圆形鼓状，一方面象征着制革工业的主要加工设备转鼓，另一方面象征着皮革工业滚滚向前发展（见图 10 - 11）。

图 10 - 11　真皮标志

真皮标志挂牌为纸质标牌，标牌正面在白色底面上印有天蓝色特制防伪版纹，标牌上方为真皮标志商标图案，中间印有红色“真皮标志”中英文字样，下方是黑色“中国皮革工业协会”中英文字样。标牌反面为白色底面，上方复合一枚全息防伪商标，标牌中间是“天然皮革、优质精品、良好服务”字样，它概括了真皮标志证明商标的三个证明内容，标牌下方印有浅红色编号。

2. 使用说明

服装使用说明的主要内容有：商标和制造单位；服装号型规格；采用原料成分，必要时还应标明特殊辅料的成分；产品的特殊使用性能，如阻燃性、防蛀、防火、防缩等；洗涤条件，包括说明能否水洗、水洗的方法及水温；洗涤剂的选择及脱水的方法；是否干洗和干洗剂的选择；熨烫方法和温度；穿用或使用时的注意事项；储藏条件、方法等。

下面是我们日常生活中比较常见的一些服装洗涤标志，见图10－12。

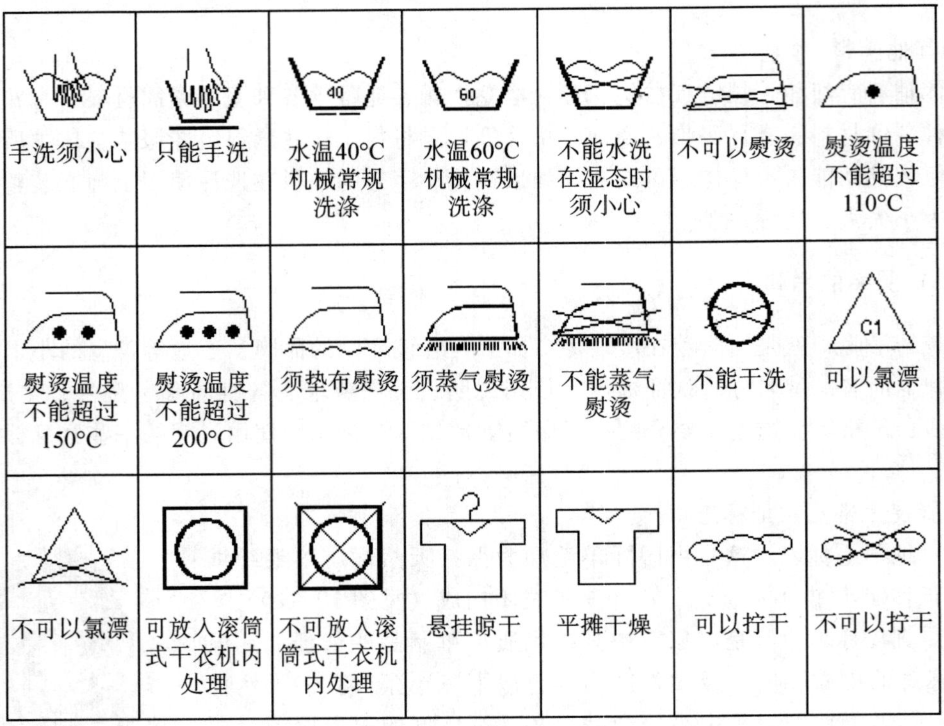

图10－12　常见的服装洗涤标志

（五）服装号型标准

号型标准是为适应服装工业化生产的要求和消费者需要而制定的服装尺寸统一标准。我国现通用的服装号型系列，依据的是1992年4月1日实施的GB 1335－91《服装号型系列标准》（以下简称《标准》）。《标准》是在对全国各类消费者体形进行大量抽样调查基础上，将我国消费者的体形规律进行科学分析而制定的。标准内容主要有服装号型定义、号型标志、号型系列和号型应用。号型标准分男子、女子、儿童三部分。

1. 号型定义

号指人体的身高，以厘米为单位，是设计和选购服装长短的依据；型指人体的胸围或腰围，以厘米为单位表示，是设计和选购服装胖瘦的依据。

2. 号型标志

《标准》规定，服装上必须标明号型。表示方法是号与型之间用斜线分开，后附体型分类代号，如170/88A。

3. 号型系列

服装号型系列以各体型中间体为中心，向两边递增或递减组成。《标准》规定，身高以

5 厘米分档组成号系列，胸围和腰围可分别选择以 4 厘米、3 厘米、2 厘米分档组成型系列，由身高和胸围、腰围搭配分别组成 5.4、5.3、5.2 号型系列，以适应不同地区人们穿着习惯的需要。服装的尺寸规格也以号型系列为基础，根据服装的用途、款式需要，加放量设计。

4. 号型应用

由于每个人的身体尺寸与服装号型划分的档次不完全吻合，这就存在靠档问题。消费者对服装号型的选择应向接近自己总体高、净体胸围和腰围的服装号型靠档。例如，总体高 163—167 厘米的人就向 165 号靠档，168—172 厘米的人就向 170 号靠档，胸围 86—89 厘米可向 88 号靠档；再由胸围、腰围之差确定体型，消费者即可买到适体的服装。

5. 针织服装的规格

针织服装除有男、女、儿童之分外，还有内衣、外衣之分。针织外衣规格一般参照服装号型规定。针织内衣、羊毛衫、运动衫一般以胸围、臀围作为规格依据。我国采用公制规格以圆筒形计算，每档相差 5 厘米。例如，50、55、60 厘米为儿童规格，65、70、75 厘米为少年规格，80 厘米以上为成人规格。

阅读材料

一、认识服装的型号和规格

服装的“型”是表示穿着者的胖瘦程度，上装表示胸围，下装表示腰围，一般以偶数分档，如上装的 80 型，即表示适合于胸围在 79—81 厘米的人穿。

服装的“号”是以厘米来表示穿着者高矮的，以 5 厘米为一档，每档的适用范围为该号值加减 2 厘米所得出的范围，如 160 号，即表示适合于身高在 158—162 厘米的人穿。

“型”与“号”组合在一起，中间用一个斜线隔开。如上装的“165/84”即表示适合于身高在 163—167 厘米、胸围在 83—85 厘米范围内的人穿。

近几年，市场上常常出售一些进出口服装。一般情况下，在这些服装的衣领内侧、衣下摆里边或裙、裤腰内嵌有小标签，标有英文字母或阿拉伯数字，以表示服装的大小和适合的体形，请记住下面这些符号所代表的含义，这对选购会有帮助。

1. “L”（Large）表示大号，“M”（Middle）表示中号，“S”（Small）表示小号，“XL”表示特大号。

2. “1”表示适合身高 150 厘米的人穿用，“2”表示适合身高 155 厘米的人穿用，以此类推，“3”代表 160 厘米，“4”代表 165 厘米，“5”代表 170 厘米，“6”代表 175 厘米，“7”代表 180 厘米，“8”代表 185 厘米。

3. “Y”表示胸围与腰围相差 16 厘米，“YA”表示两者相差 14 厘米，“A”表示两者相差 12 厘米，“AB”表示两者相差 10 厘米，“B”表示两者相差8厘米，“BE”表示两者相差4厘米，“E”表示两者相差无几。例如，标有“B6”字样的衣服，可供身高175厘米、胸围与腰围相差8厘米的人穿用。

目前服装市场大约有4种型号标法。一是传统的S（小）、M（中）、L（大）、XL（加大）；二是用身高加胸围的形式，比如160/80A、165/85A、170/85A等；三是欧式型号，用34—42的双数表示；四是北美型号，这一种比较少见，用0—11的数字表示。

一般来说，男式衬衣上的标码表示脖围，而女式衬衣则表示衣长；针棉织品如羊毛衫、汗衫、秋裤等，上衣类的标码表示胸围，裤子类的标码表示裤长；夹克衫、休闲衫类，其标码上多标“L、M、S”字样，分别表示“大、中、小”型，“XL”是“加大”型，“XXL”则为“特大”；西服上的标码一般为两位数，前者表示衣长，后者表示胸围；现在的裤子类的标码，多指裤长。

衣裤上的尺码规格不尽相同，给我们选购商品带来了一些麻烦。但是，市场上正在推行国家标准的服装型号，服装上标有区分人体型的新标志。如上衣，由三组数码组成：人的身高、胸围和体型。人体的型号用字母“Y、A、B、C”表示，Y型指肩宽、胸大腰细的体型，A型表示较标准的一般体型，B、C型分别代表微胖和微瘦的体型。如一件上衣的标码为170/88A，则表示这种服装适合身高170厘米、胸围88厘米的一般体型人穿。裤子则由两组数字组成，分别代表裤长和腰围，如“76A”，则表示适合腰围76厘米的标准型人穿。

童装只由身高和胸围组成，无体型分类代号。如“140—60”，即为身高140厘米左右、胸围约60厘米的儿童适宜。

二、服装型号及规格的测量方法

1. 胸围：从腋下通过胸部最丰满处水平测量一周，再根据服装类型加放一定尺寸。

2. 身高：由头骨顶点垂直量至与脚跟平齐。

3. 腰围：绕腰部最细处水平测量一周，另加放松度。

4. 衣长：从后颈点到上衣的底摆线的距离。

5. 裤长：从髋骨以上6厘米处量至离地面3厘米处。短裤从腰部最细处量起，向下至膝盖上10—13厘米处。

三、化妆品

根据2007年8月27日国家质检总局公布的《化妆品标识管理规定》，化妆品是指以涂抹、喷、洒或者其他类似方法，施于人体（皮肤、毛发、指趾甲、口唇齿等），以达到清洁、保养、美化、修饰和改变外观，或者修正人体气味，保持良好状态为目的的产品。化妆品从不同的角度分析有多种分类。

(一) 按使用部位和目的分类

1. 护肤化妆品

用于清洁皮肤，补充皮脂不足，滋润皮肤，促进皮肤的新陈代谢等。

2. 毛发化妆品

用于使头发保持天然、健康、美观的外表以及修饰和固定发型，包括护发、洗发和剃须用品。

3. 口腔卫生用品

用于清洁口腔和牙齿，防龋消炎，祛除口臭。

4. 美容化妆品

用于修饰容貌，发挥色彩和芳香效果，增进美感。

5. 特殊用途化妆品

用于育发、染发、烫发、脱毛、丰乳、健美、除臭、祛斑、防晒等。

(二) 按适用部位和用途分类

日本学者垣原高志根据化妆品适用部位和用途将其分为 8 类，即皮肤用化妆品、头发用化妆品、指甲用化妆品、口腔用化妆品、清洁化妆品、基础化妆品、美容化妆品、芳香化妆品。

(三) 按专业性特点分类

1. 生活化妆品

生活化妆品用于日常生活的皮肤、毛发护理或美容的化妆品。相对于专业化妆品，国外有人称之为商业性化妆品。生活化妆品品种繁多，根据其性质、功能、用途可分为多个种类。

2. 文艺化妆品

文艺化妆品也称专业化妆品，是专为专业化妆师刻画戏剧、电影、电视人物形象生产的。文艺化妆品与生活化妆品在用途和品种上有很大区别。文艺化妆品最主要的功能是塑造人物形象，而生活化妆品用途繁多。两者品种也有很大差异。油彩是文艺化妆品最主要的品种，而生活化妆品无此品种。

(四) 按原料加工程序分类

1. 天然化妆品

它指以自然界植物、水果等提取物为原料制成的化妆品。其有两种含义：

（1）相对天然化妆品，即相对于含有多种工业化学成分的人工化妆品而言，在制作过程中主要使用天然原料。但在其制造过程中，需加入香料和防腐剂，故很难称其为绝对的天然化妆品。

（2）纯粹天然化妆品，在人工化妆品还没有问世以前，人们便直接用一些水果、蔬菜或其他食品来保养皮肤，于是人们称它们为天然化妆品。因此，这些直接在家庭里被用作化妆美容的植物、药草、水果才为天然化妆品。常被选用的有：番茄、黄瓜、西瓜、蜂蜜、橘子、篙苣、鸡蛋、无花果等。

2. 药物化妆品

它是一类具有美容作用和治疗效果的化妆品，主要是根据皮肤组织的生理需要和病理状况，加入有关物质和药物，既有护肤作用，又有治疗功能。

（1）按加入的成分药物化妆品可分为：天然滋补品类，如银耳、珍珠、人参、花粉、灵芝、奶制品；蛋白类，主要用动物或植物水解蛋白；维生素类；中草药类，如当归、红花、首乌、丹参、黄芪、补骨脂等；其他，如胆固醇、磷脂、硅油、微量元素。

（2）按功能或作用药物化妆品可分为：消斑类；消退粉刺类；养发生发类；丰乳类；增白类；减肥类；其他。

（五）按化妆品存在形态分类

1. 膏类化妆品

膏类化妆品也称雪花膏，是以油脂、甘油、水、香精为原料，以钾皂为乳化剂，经过乳化，使油脂和水形成洁白的乳化体，构成一种非油性的“水包油”型乳剂，能使皮肤不受外界湿度、温度变化影响，从而保护皮肤健康和防止皮肤衰老。适合在夏季或油性皮肤者选用。

2. 霜类化妆品

霜类化妆品也称冷霜、护肤脂、香脂，为一种“油包水”型的乳剂，是保护和滋润皮肤的油性护肤品，能防止皮肤的干燥与冻裂。冷霜起源于希腊，当时用蜂蜡、橄榄油以及玫瑰水溶液等制成，由于乳化不稳定，敷在皮肤上有水分分离出来，水分蒸发时吸热，使皮肤有清凉感觉，故称冷霜。霜类化妆品的特点是含有较多的油脂成分，擦用后乳剂中的水分逐渐挥发，在皮肤上留下一层油脂薄膜，能阻隔皮肤表面与外界干燥、寒冷的空气相接触，保持皮肤的水分，防止皮肤干燥皱裂，具有柔软和滋润皮肤的作用，适合冬季和干性皮肤者使用。

3. 蜜类化妆品

蜜类化妆品又称奶液，为一种略带油性的半流动状的液态乳剂。大多数属于“水包油”型的乳剂。此类化妆品有清洁蜜、润肤蜜、杏仁蜜、柠檬蜜等，主要原料是硬脂酸、单硬脂酸、油脂、蜂蜡、羊毛脂、白油、甘油、三乙醇胺、水、香精和防腐剂等。皮肤擦抹蜜类化妆品后，随着水分逐渐挥发，在皮肤表面留下一层脂肪物和甘油形成的薄膜，使皮肤表面保持相当的润湿程度，防止皮肤干燥开裂。同时，由于甘油具有吸湿性能，能减缓皮肤水分蒸发，使皮肤表面保持滋润、滑爽，所以一年四季皆可使用。

4. 气压化妆品

气压化妆品也称气溶胶化妆品，是20世纪60年代以来发展起来的新型包装的化妆品。它是利用气压容器的原理，启动气阀，将内容物压出的一类化妆品的总称。气压化妆品可分5大类：

（1）空间喷雾制品：能喷出细雾，有香水、古龙水等。

（2）表面成膜制品：能附着在物质表面成连续的薄膜，有香水、古龙水、发油、祛臭剂等。

（3）泡沫制品：压出后立即膨胀，产生泡沫，有剃须膏、防晒膏、润肤膏等。

（4）气压溢流制品：用压缩气体使产品压出，形态不变，有牙膏、冷霜等。

（5）粉末制品：有爽身粉、足粉和古龙香粉。

（六）按化妆品的PH性分类

1. 酸性化妆品

酸性化妆品含有酸性成分，使化妆品呈酸性，使用于皮肤可使皮肤呈正常弱酸性反应。强酸性尤其可起收敛皮肤，抑制汗液与皮脂的分泌作用，故适合于夏季或油性皮肤者使用。但常用于分泌作用微弱的干性或老化皮肤者，可使皮肤日渐干燥，以致产生小皱纹或松弛。在皮肤分泌不旺盛的冬季使用，也可能带来同样的不良后果。

2. 碱性化妆品

碱性化妆品含有碱性成分，使化妆品呈碱性，具有软化皮肤，提高皮肤含水率，使有效成分易于渗透的作用，还有溶解老化皮肤角质，使其易于脱落的功能。因其有促进新陈代谢的机能，故适合老化或干燥皮肤使用。用于碱度过高或碱性中和能力较弱的皮肤时，可能会引起皮肤过敏或发炎。

（七）按适用人群分

1. 女性化妆品

女性化妆品为针对女性皮肤特点而研制的化妆品。此类化妆品油脂含量较低，因此，女性绝不可选用适合油性皮肤用的男性化妆品。

2. 男性化妆品

男性化妆品为针对男性皮肤特点所设计的化妆品。男性皮肤与女性不同，皮肤较粗，毛孔较大，毛孔上的皮脂腺分泌出的皮脂较多。所以，男性化妆品的主要特点是能吸收较多的油脂，使皮脂膜的状况趋于平衡，保持脸部的洁净。

第二节
商品选购

商品选购是我们日常生活中极其普通的消费行为，要使这种消费行为获得令人满意的结果，需具备必要的商品知识、一定的选购技巧和注意积累相应的购物经验。商品琳琅满目，品种繁多，在本节我们仅介绍几种常见的商品。

一、食品选购

（一）识别食品标签的基本常识

食品标签是指在食品包装容器上或附于食品包装容器上的一切附签、吊牌、文字、图形、符号等说明物。

1. 查看标签的内容是否齐全

食品标签必须标示的内容有：食品名称、配料清单、净含量和沥干物（固形物）含量、制造者的名称和地址、生产日期或包装日期和保质期、产品标准号。

2. 查看标签内容是否清晰、完整

食品标签的一切内容应清晰、醒目，易于消费者在选购食品时辨认和识读，不得在流通环节中变得模糊甚至脱落，更不得与包装容器分开。

3. 查看标签内容是否科学规范

食品标签上的语言文字、图形、符号必须准确、科学。标签上必须标示的文字和数字的高度不得小于1.8毫米；食品标签的汉字必须是合格规范的汉字，不得使用不规范的简化和淘汰的异体字；可以同时使用汉语拼音，也可以同时使用少数民族文字或外文，但必须与汉字有严密的对应关系，外文不得大于相应的汉字；净含量与食品名称必须标注在包装物或包装容器的同一视野，便于消费者识别和阅读。

4. 查看标签的内容是否真实

食品标签的所有内容，不得以错误的、容易引起误解或欺骗性的方式描述或介绍食品。《中华人民共和国食品卫生法》及其相关法律明确规定食品不得加入药品，食品不得宣传疗效，而一些产品标签上违法标注对某些疾病有预防或治疗作用，如返老还童、延年益寿、抗癌等虚假内容。还有食品标签上的厂址标志不详：厂址只有“××省××地”或干脆只标注“××（国家）出品”，电话号码或手机号码根本打不通。

（二）食品名称的识别

食品名称必须反映食品的真实属性，所以通过食品标签上标明的食品名称可以区别食品的内涵和质量特征。如“甜牛奶”和“甜牛奶乳饮料”，是完全不同属性的两种产品，营养价值和生产成本也不相同。前者的真实属性是“牛奶”，应该是指牛奶中加糖的产品；而后者的真实属性是“乳饮料”，在牛奶中加水、加糖，水的比例多于奶，蛋白质含量大于1%即可。目前，市场上销售的食品中不规范的食品名称标注方法主要是：故意不标注反映食品真实属性的名称或将该名称写得很小，并放在消费者不易看见的地方，如“甜牛奶乳饮料”，将“甜牛奶”标得非常醒目，而“乳饮料”却不标注或标在难以发现的地方。

（三）配料表的识别

通过查看配料表或成分表可以识别食品的内在质量及特殊效用，主要可通过下列几个方面对食品质量加以鉴别：

（1）配料表中的各种配料是按照制造或加工食品时加入量的递减顺序一一排列的，故查看配料表不仅可以了解该食品由哪些原料组成，还能大致了解各种原料加入量的多少。

（2）对一些决定产品质量的重要指标，相关标准上要求标注其在成品中的含量，如：特殊膳食用食品（如婴儿食品、糖尿病人食品）必须标示营养成分如热量、蛋白质含量及钙、钠、锌含量等，罐装类必须标注淀粉含量，果汁及果汁饮料类必须标注果汁含量，酱油必须标注氨基酸态氮含量。查看这些含量可以进一步了解食品的内在质量及特殊效用。

（3）了解食品中加入的添加剂种类，如甜味剂、防腐剂、着色剂等，可了解到产品中添加剂的具体名称。

（四）生产日期和保质期的识别

从生产日期和保质期上可识别食品新鲜程度。因此，在选购食品时应注意查看标签上的生产日期和保质期是否清晰，是否为过期产品；购买散装食品时也应查看销售时标注的生产日期及保质期限。

（五）进口食品标签的识别

（1）查看进口食品上是否有中文标签。

（2）注意查看所选购的进口商品是否贴有激光防伪的“CIQ”标志。“CIQ”是“中国检验检疫”的缩写，基本样式为圆形，银底蓝色字样为“中国检验检疫”，背面注有九位数码流水号。该标志是辨别“洋食品”真伪的最重要手段。

（3）可以向经销商索要查看《进口食品卫生证书》。该证书是检验检疫部门对进口食品检验检疫合格后签发的，证书上注明进口食品包括生产批号在内的详细信息。

（六）食品安全十二条守则

国家食品药品监督管理局联合八大部委实施的食品药品放心工程，推出了“食品安全十二条守则”，是广大消费者日常饮食安全的指导原则。

（1）尽量选择到正规的商店、超市和管理规范的农贸市场购买食品。

（2）尽量选择有品牌、有信誉、取得相关认证的食品企业的产品。

（3）立即食用做熟的食品。

（4）不买比正常价格过于便宜的食品，以防止上当受害。

（5）不买、不吃有毒有害的食品，如河豚、毒蘑菇、果子狸等。

（6）不买来历不明的死动物。

（7）不买畸形的、与正常食品有明显色彩差异的鱼、蛋、瓜、果、禽、畜等。

（8）不买来源可疑的反季节水果、蔬菜等。

（9）不宜多吃以下食物：松花蛋、臭豆腐、味精、方便面、葵花籽、猪肝、烤牛羊肉、腌菜、油条等。

（10）购买时查看食品的包装、标签和认证标志，查看有无注册和条形码，查看生产日期和保质期。对怀疑有问题的食品，宁可不买不吃。购买后索要发票。

（11）买回的食品应按要求进行严格的清洗、制作和保存。

（12）厨房以及厨房内的设施、用具要按要求进行清洁管理。

二、酒类和茶叶类选购

（一）酒类商品选购

1. 白酒选购

白酒是中国的国酒，与世界其他酒种相比具有独特的东方风味。目前市场上白酒品种繁多，质量良莠不齐，消费者在购买时应该审慎选购。

（1）瓶装白酒。①看酒色是否清澈透亮。白酒必须是无色透明的。可将同一牌子的两瓶酒猛地同时倒置，气泡消失得慢的那瓶酒质量好。气泡消失得慢，说明酒浓度高，存放时间长，喝时味道醇香。②把酒瓶倒过来，朝着光亮处观察，如果瓶内有沉淀物，酒的质量就有问题。③不少酒厂都用铝皮螺旋形“防盗盖”封口，这样的瓶盖比较保险。再查看酒瓶上的商标标志，一般真酒的商标标志印制比较精美，颜色也十分鲜明，并有一定的光泽。

（2）散装白酒。①取一滴酒置于手心中，然后两手心接触摩擦半分钟，酒生热后发出的气味清香，则为上等酒；若气味发甜，则为中等酒；若气味苦，

必为劣酒。

②将酒倒置，看瓶中酒花的变化，若酒花密集上翻且立即消失，即为劣质酒；若酒花分布均匀，上翻密度间隙明显，且缓慢消失，酒液清澈，则为优质酒。③取食用油一滴，置于酒中，若发现油在酒中不规则扩散，下沉速度变化明显，则为劣质酒；若发现油在酒中较规则扩散、均匀下沉，则为优质酒。

2. 葡萄酒选购

葡萄酒集营养、文明、时尚于一身，是人们生活水平提高后的首选酒种，也是国际贸易中交易额最大的酒种。时下，市场上销售的葡萄酒，可以说品种繁多，这里不乏真正的、优质的葡萄酒，但也有许多劣质的、虚假的葡萄酒，其产品的属性与葡萄酒相差甚远：有的加入了大量的水、酒精；有的根本不用葡萄或用少量的葡萄；有的添加了人工色素等化学添加剂；有的没经任何发酵只靠勾调；有的酒精度在4%左右甚至更低。

葡萄酒的质量可从三个主要方面进行判别，即理化指标、卫生指标和感官指标。其中的理化指标是对葡萄酒最基本的特征予以规定，即它应达到的最起码的成分含量，例如酒精、糖度、酸度、二氧化硫等；卫生指标是衡量葡萄酒受微生物或重金属污染的程度；感官指标是判断葡萄酒质量好坏的一个重要方法，是对葡萄酒质量的综合评价。

面对琳琅满目的葡萄酒产品，消费者需要认真、科学地选购与消费。

（1）从执行标准上判断质量。按照我国食品标签标准的规定，葡萄酒的标签上应该标注该产品所执行的标准。目前葡萄酒行业执行的标准有三种：第一种是国家标准GB/T 15037—94《葡萄酒》，该标准要求产品是以葡萄或以葡萄汁为原料，以全部或部分发酵酿制而成的，酒精度大于或等于7%（v/v），并规定了其他一些要求。按照此标准生产出的葡萄酒是真正意义上的葡萄酒。第二种是行业标准QB/T 1980—94《半汁葡萄酒》，它所限定的产品是以大于或等于50%葡萄原酒经调配而成的非原汁葡萄酒，这类产品中掺入了数量不等的水、酒精和添加剂。第三种是以Q开头的企业标准，目前执行这类标准的产品的质量相差非常悬殊，有些企业的标准制定得高于国家标准，而有些企业特别是一些小企业，制定的标准则远远低于国家标准和行业标准的要求，根本就是为劣质酒“量体裁衣”而制定的。

所以，仅从企业执行的标准上，就可大致判断出葡萄酒的质量水平。一般来说，执行国标的产品，应该是质量较好的葡萄酒；执行行标的产品，其质量水平一般低于执行国标的；执行企标的产品，除个别大企业制定了高于行业或国家推荐性标准的企标，所生产的产品质量很好以外，一般质量都较差甚至低劣，特别是在标准条文中，有些企业将“干浸出物”一项指标定得远远低于国标或行标，有的甚至回避这项指标，对它根本没有规定，这类酒肯定是人工勾兑的，是假葡萄酒。另外，一些进行无标生产的企业的产品，更不能列入选购行列。

（2）从酒精度的高低上判断质量。酒精度是葡萄酒标签中必须标注的内容。按照葡萄酒标准的规定，葡萄酒酒精度不应低于7%（v/v），正常工艺加工的葡萄酒的酒精度应该在11%（v/v）左右，一些特殊的产品可在7%—24%（v/v）之间。当葡萄酒中的酒精度小于7%（v/v）时，一个原因可能是葡萄原料质量太差，另一个原因就是根本没有用葡萄进行发酵，这两个原因都是导致葡萄酒质劣的原因。另外，酒精度太低，使葡萄酒的保质期受到影响，很难保证质量。

（3）从感官特征上判断质量。①外观。好的葡萄酒的外观应该澄亮透明（深颜色的酒可以不透明），有光泽，其颜色与酒的名称相符，色泽自然、悦目；质量差的葡萄酒，或混浊无光，或颜色与酒名不符，没有自然感，或色泽艳丽，但有明显的人工色素感。②香气。葡萄酒是一种发酵产品，它的香气应该是葡萄的果香、发酵的酒香、陈酿的醇香，这些香气应该平衡、协调、融为一体，香气幽雅，令人愉快；质量差的葡萄酒则不具备这些特点，或有突出暴烈的水果香（外加香精），或酒精味突出，或有其他异味，使人嗅而生厌。③口感。任何一种好的葡萄酒其口感应该是舒畅愉悦的，各种香味应细腻、柔和，酒体丰满完整，有层次感和结构感，余味绵长；质量差的葡萄酒，或有异味，或异香突出，或酒体单薄没有层次感，或没有后味。

（二）茶叶选购

茶叶的好坏，主要从色、香、味、形四个方面鉴别，但是对于普通饮茶之人，购买茶叶时，一般只能观看干茶的外形和色泽，闻干香，使得判断茶叶的品质更加不易。

1. 新茶选购技巧

新茶要注意一看色泽、二观外形、三闻香气、四品茶味、五捏干湿。

（1）看色泽。新茶色泽一般都较清新悦目，或嫩绿或墨绿。绿茶以颜色翠碧，鲜润活气为好；炒青茶色泽灰绿，略带光泽。若干茶叶色泽发枯、发暗、发褐，表明茶叶内质有不同程度的氧化，这种茶往往是陈茶；如果茶叶片上有明显的焦点、泡点（为黑色或深酱色斑点）或叶边缘为焦边，说明不好，不是好茶；若茶叶色泽花杂，颜色深浅反差较大，说明茶叶中夹有黄片，老叶甚至有陈茶，这样的茶也谈不上是好茶。

（2）观外形。各种茶叶都有特定的外形特征，有的像银针，有的像瓜子片，有的像圆珠，有的则像雀舌，有的叶片松泡，有的叶片紧结。炒青茶的叶片则紧结、条直。名优茶有各自独特的形状，如午子仙毫的外形特点是微扁、条直。一般说新茶外形条索明亮，大小、粗细、长短均匀者为上品；条索枯暗，外形不整，甚至有茶梗、茶籽者为下品。细实、芽头多、锋苗锐利的嫩度高；粗松、老叶多、叶肪隆起的嫩度低。扁形茶以平扁光滑者为好，粗、枯、短者为次；条形茶以条索紧细、圆直、匀齐者为好，粗糙、扭曲、短碎者为次；颗粒茶以圆满结实者为好，松散块者为次。

（3）闻香气。新茶一般都有新茶香。好的新茶，茶香格外明显。如新绿茶闻之有悦鼻高爽的香气，其香气有清香型、浓香型、甜香型。质量越高的茶叶，香味越浓郁扑鼻。口嚼或冲泡，绿茶发甜香为上，如闻不到茶香或者闻到一股青涩气、粗老气、焦糊气则不是好新茶。若是陈茶，则香气淡薄或有一股陈气味。

（4）品茶味。茶汤入口后甘鲜，浓醇爽口，在口中留有甘味者最好。通常取少量样品冲泡观察，好的绿茶，汤色碧绿明澄，茶叶先苦涩，后浓香甘醇，而且带有板栗香味。

（5）捏干湿。用手指捏一捏茶叶，可以判断新茶的干湿程度。新茶要耐贮存，必须要足干。受潮的茶叶含水量都较高，不仅会严重影响茶水的色、香、味，而且易发霉变质。判断新茶足不足干，可取一两片茶叶用大拇指和食指稍微用劲捏一捏，能捏成粉末的是足干的茶叶，可以买；若捏不成粉末状，说明茶叶已受潮，含水量较高，这种新茶容易变质，不宜购买。同时，要防止以次充好，特介绍以下几种名优茶的特色，以作选购新茶时参考。午子仙毫：外形微扁条直，像一片兰花瓣，色泽翠绿，嫩香持久，泡于汤中，嫩芽成朵，直立于杯中，交错相映，清汤碧液，回味幽香。午子绿茶：外形紧细重实、匀齐、有锋苗，色绿润，香气嫩鲜，高爽持久显板栗香，滋味醇爽，汤色嫩绿亮，叶底嫩绿明亮。

2. 干茶选购技巧

干茶的外形，主要从五个方面来看，即嫩度、条索、色泽、整碎和净度。

（1）嫩度。嫩度是决定品质的基本因素，所谓“干看外形，湿看叶底”，就是指嫩度。一般嫩度好的茶叶，容易符合该茶类的外形要求，如龙井之“光、扁、平、直”。此外，还可以从茶叶有无锋苗去鉴别。锋苗好，白毫显露，表示嫩度好，做工也好。如果原料嫩度差，做工再好，茶条也无锋苗和白毫。但是不能仅从茸毛多少来判别嫩度，因各种茶的具体要求不一样，如极好的狮峰龙井是体表无茸毛的。再者，茸毛容易假冒，人工做上去的很多。芽叶嫩度以多茸毛做判断依据，只适合于毛峰、毛尖、银针等“茸毛类”茶。这里需要提到的是，最嫩的鲜叶也得一芽一叶初展，片面采摘芽心的做法是不恰当的。因为芽心是生长不完善的部分，内含成分不全面，特别是叶绿素含量很低。所以，不应单纯为了追求嫩度而只用芽心制茶。

（2）条索。条索是各类茶具有的一定外形规格，如炒青条形、珠茶圆形、龙井扁形、红碎茶颗粒形等。一般长条形茶，看松紧、弯直、壮瘦、圆扁、轻重；圆形茶看颗粒的松紧、匀正、轻重、空实；扁形茶看平整光滑程度和是否符合规格。一般来说，条索紧、身骨重、圆（扁形茶除外）而挺直，说明原料嫩，做工好，品质优；如果外形松、扁（扁形茶除外）、碎并有烟、焦味，说明原料老，做工差，品质劣。以杭州地区绿茶条索标准为例：一级，细紧有锐锋；二级，细紧有锋；三级，紧细尚有锋；四级，尚紧实；五级，尚紧；六级，粗实。

（3）色泽。茶叶色泽与原料嫩度、加工技术有密切关系。各种茶均有一定的色泽要求，如红茶乌黑油润、绿茶翠绿、乌龙茶青褐色、黑茶黑油色等。但是无论何种茶类，好茶均要求色泽一致，光泽明亮，油润鲜活。如果色泽不一，深浅不同，暗而无光，说明原料老嫩不一，做工差，品质劣。茶叶的色泽还和茶树的产地以及季节有很大关系。如高山绿茶，色泽绿而略带黄，鲜活明亮；低山茶或平地茶色泽深绿有光。在制茶过程中，由于技术不当，也往往使色泽劣变。

购茶时，应根据具体购买的茶类来判断。比如龙井，最好的狮峰龙井，其明前茶并非翠绿，而是有天然的糙米色，呈嫩黄。这是狮峰龙井的一大特色，在色泽上明显区别于其他龙井。因狮峰龙井卖价奇高，茶农会制造出这种色泽以冒充狮峰龙井，其方法是在炒制茶叶过程中稍稍炒过头而使叶色变黄。真假之间的区别是，真狮峰匀称光洁、淡黄嫩绿、茶香中带有清香；假狮峰则角松而空，毛糙，偏黄色，茶香带炒黄豆香。不经多次比较，确实不太容易判断出来。但是一经冲泡，区别就非常明显了。炒制过火的假狮峰，完全没有龙井应有的馥郁鲜嫩的香味。

（4）整碎。整碎就是茶叶的外形和断碎程度，以匀整为好，断碎为次。比较标准的茶叶审评，是将茶叶放在盘中（一般为木质），使茶叶在旋转力的作用下，依形状大小、轻重、粗细、整碎形成有次序的分层。其中，粗壮的在最上层，紧细重实的集中于中层，断碎细小的沉积在最下层。各茶类都以中层茶多为好。上层一般是粗老叶子多，滋味较淡，水色较浅；下层碎茶多，冲泡后往往滋味过浓，汤色较深。

（5）净度。主要看茶叶中是否混有茶片、茶梗、茶末、茶籽和制作过程中混入的竹屑、木片、石灰、泥沙等夹杂物的多少。净度好的茶，不含任何夹杂物。

此外，还可以通过茶的干香来鉴别。无论哪种茶都不能有异味。每种茶都有特定的香气，干香和湿香也有不同，需根据具体情况来定，青气、烟焦味和熟闷味均不可取。

三、服装商品选购

（一）服装选购常识

要想买到称心如意的服装，消费者必须具备以下常识：

1. 要懂一点面料知识

不同面料，其质感、用途、价格不同。如能懂得一点面料知识，既能根据自身的需求选择相应面料的服装，又能防止不法商贩以次充好、以假乱真的欺骗行为，避免上当。

2. 要懂一点服装制作知识

知道控制服装整体质量的一些关键部位是什么地方，尺寸如何把握。要会查看做工，局部要仔细检查服装针脚是否均匀、细密；整体要查看领、袖、口袋是否对称；衣袖、裤脚长短肥瘦是否一致；要看整体熨烫是否平整等。

3. 要检查各种质量标志、标签

正规的厂家产品应有商标，一般附在上衣领下和下装的腰间。随商标应说明服装规格、厂名、厂址等。在上装的摆缝处还应缀有标签，注明服装面料的成分、服装洗涤保养方法等。可以根据商标标签的有无及其标明内容的可信度、与服装实际情况的相符度来辨别服装真伪。

4. 要会定号型

统一服装号型，不可能一人一型，一人一号，还存在靠档的问题。因此，要自己买衣服，若是外衣，一定得试穿；若为内衣，得清楚自己的号型，选准规格。

5. 要问准价格

目前服装价格不统一，这属于正常现象。选购时最好能“货比三家”，慎重挑选。在小商品市场和集贸市场要能把自己掌握的服装与面料方面的知识综合起来加以运用，在“砍

价”中争取主动权。

6. 要有主见

穿衣戴帽，各有所好。选购服装要根据消费者的自身条件，全面周到地考虑。自身条件如体形、肤色、气质、爱好以及经济承受能力等，是决定服装规格、色彩、款式、档次等的主要因素。总之，选购服装是“系统工程”。

（二）服装选购的技巧

1. 看款式及颜色

大家均会选购自己看上的款式，所以不必多讲。在选购时要注意颜色的牢度，很多商家注重颜色和款式的成衣效果，并未从健康的方面着想。我们在购买深色的衣服时要注意先用手指来回地擦试，最好在买衣服时随身带一块白色的布，观察擦试后是否留下颜色的痕迹。

2. 闻气味

闻衣服是否有刺鼻的气味。有的朋友购买衣服穿后，皮肤起红色的小颗粒并且发痒，这是因为布料染料不环保所致，一般出现在红色和深咖啡色服装中。这种刺鼻的气味就是我们所讲的甲醛，对人体有致癌副作用。所以，新的内衣或长裙、裤必须先洗后再穿，因为甲醛具有较强的挥发性。

3. 看成分

现在最流行的成分是粘胶纤维、涤丝等人造系列，不但柔软，而且环保，不会引起不良反应。另外，还有全棉、毛、真丝、棉麻、棉丝等混纺系列，能体现高档。

4. 看做工

所有的外线止口压线大小一致，左右对称，长短一致。走线要均匀、平伏、少接线，无断线跳、线现象。

5. 看布次

当你在购买时不要购买有破洞、纱结、细纱、织次等问题的服装。如果发现污渍要更换，因大量的成衣污渍是无法在家处理好的。

6. 看布边

布边整齐，则料子本身的织法也整齐。较好的织物的纵横纹路应呈垂直交叉。对光照，可以清楚地看出线结的多少及有没有脱线处，用此法观察毛料最为可靠。一般衣料正面较平整、光滑、细致；反面较暗淡，布边较粗糙，纹路不清。平布颜色、花型清晰，色泽鲜明的是正面。提花布织得精致细密的是正面，有长条挑纱的一面是反面。斜纹织物可看其纹路斜势。华达呢、双面卡、涤卡等布正面的斜纹是从右向左下方倾斜，称“撇纹”。纱卡、哔叽、涤棉等布正面斜纹是从左向下方倾斜，称“捺纹”。毛织品或有些化纤品是双层折合的，折在里面的是正面。

7. 试穿

不同的服装款式有不同的穿着效果，内衣要求紧身，外套要求宽松，背心要求袖夹稍紧、胸稍小一点的，而长袖内衣则稍比背心松1—2厘米。一定要注意尺寸，因不同的面料缩水不同，一般内衣面料缩水在10%左右，而梭织的面料在2%—5%。

8. 根据自己的身材、体型和肤色进行选择

如体型较胖的女性，在服饰搭配上，不能穿太紧身的衣服，以宽松随意些为好，以低矮的v型衣服为最佳，不宜裤或裙穿在衣服外边，更不能穿戴太夸张的腰带，这样更加容易显出粗大的腰围。在服装的色彩上以冷色调为好，忌穿横条纹、大格子或大花的衣服。再如皮肤黝黑的人，宜穿暖色调的衣服，以白色、浅灰色、浅红色、橙色为主，也可穿纯黑色衣着，以浅杏、浅蓝作为辅助色；黄棕色或黄灰色会显得脸色明亮；若穿绿灰色的衣服，脸色会显得红润一些；不宜与湖蓝色、深紫色、青色、褐色搭配。

四、化妆品选购

化妆品是保持皮肤健康、增进美容的日常用品。面对种类繁多的化妆品，许多消费者感到无所适从，不知如何选用。

（一）正品、水货、仿货、行货、港货的区别

消费者在网上购买化妆品时，经常会看到一些正品、水货、行货等“字眼”的说明，这些字眼到底是什么意思呢？

1. 正品

正品可能是水货也可能是行货，说法没有统一，但一定是真货。

2. 水货

水货其实也是真货，只是进货渠道不正规，没有经过关税，没有中文说明书。比如你到外国买到兰蔻，带回来以后卖掉，这就属于水货，价格比正规渠道的便宜。

3. 仿货

仿货就是假货，做得比较好的仿货化妆品不会伤皮肤，可能也有些效果，但是效果微乎其微。

4. 行货

行货是正规渠道的真货，经过关税、国家检验，有中文说明书。

5. 港货

港货分两种，一种是指从香港正规商场带回来的；还有一种就是香港生产的，也叫港货，这种港货要注意它的真假性，有的高档化妆品在香港并没有设厂，那么所谓港货就一定是假货。

（二）化妆品选购的常用方法

正确地选用化妆品，应该根据自己皮肤的性状、年龄、性别、生理条件、不同的季节、不同的用途来挑选适用的化妆品。在挑选化妆品时首先要注意产品的质量，同时注意产品的有效期或生产日期，检查包装是否密封良好。

1. 按皮肤性状选用化妆品

具有油性皮肤的人，要用洗净力较强的洁肤用品和具有收敛性的化妆水类用品，可选用水质的膏霜类护肤用品。干性皮肤的人，应该使用含有油脂成分的洁肤用品，以及含油量高的冷霜之类的护肤品，不宜使用甘油，因甘油吸水性较强，使用后会使皮肤更加干燥。中性皮肤的人，则可选用洗净力较弱的洁肤用品以及奶液、润肤霜之类的护肤品。油性皮肤的人宜选用弱酸性（PH6）的香皂、洗面奶、“水包油”的面霜，抹香气浓郁的香水。干性皮肤的人宜选用中性（PH7）的香皂、洗面奶、“油包水”的面霜和抹清淡的香水。混合性皮肤的人在化妆品上相对随意些。

2. 按季节选用化妆品

一年四季气候条件不同，人的皮肤状态也随之发生不同的变化。夏天气温较高，皮脂腺功能旺盛，常分泌较多的汗液和皮脂，此时以使用含油量较少的化妆品为好。为防止阳光中紫外线对皮肤的损伤，可选用防晒油等护肤用品。另外，爽身粉、花露水也是夏季常用的化妆品。冬季气候寒冷干燥，汗液和皮脂分泌减少，皮肤往往会变得干燥，有时会产生皲裂，此时应使用油脂含量高并且内含保湿成分的雪花膏、润肤霜等用品。春秋季节风沙较大，则可选用含油量中等的奶液类护肤用品。

3. 按性别、年龄选用化妆品

人的皮脂不仅因年龄、气候而不同，和性别也有关系。对于男性，特别是年轻男子，他们的皮脂分泌量较多，皮肤更是强烈地偏于“油性”。男用化妆品的主要作用就是可以吸取分泌旺盛的油分，保持皮脂的平衡。因此，中性或干性皮肤的妇女使用了这些化妆品，反会使皮肤干得更厉害。在女用化妆品中，有分别适用于少女、孕妇及中老年妇女的各类化妆品，但即使是女用化妆品，老年人用的某些营养润肤化妆品也是不适用于年轻人的。这些营养化妆品中为防止皮肤的进一步老化，常加入激素类药品，这些药品的添加，有防止皮肤萎缩的作用，但对于激素分泌正常的年轻人来说，不仅不会起到上述作用，反而会刺激皮肤，甚至罹患某些皮肤病。婴幼儿皮肤细嫩，皮脂分泌较少，可选用专供婴幼儿使用的各种化妆品。老年人皮肤较为干燥，应选用油脂含量较高及含有维生素 E 等营养成分的化妆品。

（三）化妆品选购的技巧

1. 看包装

真的化妆品包装精美、考究、盒面光滑、色泽鲜亮，烫金字体工整、清晰。假的化妆品的外包装大都印制粗糙，色泽不正，字体不清。

2. 看内膏体

真的、质量好的化妆品内膏体细腻、柔滑，色泽柔和纯正。假的、质量次的化妆品，膏体粗涩，色泽不正。

3. 闻香型

真的、优质的化妆品香味雅致、绵绵悠长、淡雅清新，给人以心旷神怡的享受。而假冒的化妆品，不是香味浓得刺鼻，就是腻得令人作呕。

五、首饰类商品选购

（一）黄金首饰选购

1. 看首饰上的标识

我们国家对金饰上的标识、吊牌是有明确规定的，一般都要有生产企业的代号、材料名称、含量印记等，若没有这些就是不合格的产品。在选购金饰时，大家最关心的应该就是它的“成色”，也就是金饰里金元素的含量（含金量）。

（1）看分数标识。分数标识是将黄金首饰里的含金量用百分比、千分比来表示。例如标注G990或者AU990，就表示这件金饰的含金量为99%；标注G586或者AU586，就表示它的含金量是58.6%。前者的含金量更高、成色更好，所以在选购的时候一定要看清标识。

（2）看文字标识。除了分数标识外，有些黄金制品上还会有文字标识，更加简单明了，只有两个字——足金（含金量不低于99.0%的黄金）。

另外，以前还有“千足金”“万足金”之类的标记，指的是含金量不少于99.9%或者99.99%的金饰。目前我国已经取消了千足金、万足金的命名，现在的金饰上不会再出现这两种标识了。

2. 手颠金重和听声韵

黄金的密度为19.32g/cm^3，比铜的密度高出两倍多，用手掂黄金有坠手的感觉，而手掂铜虽然重但没有坠手的感觉。

足金、纯金首饰的纯度非常高，实在沉稳，首饰落地或者互相碰撞的声音也会低闷沉稳，是“吧嗒”的声音，并且落地即不动了；而成色差、纯度低甚至假黄金落地或者互相磕碰时，会发出“当当”的金属声音，有时落地后还会跳动。千万别用力磕碰黄金，小心变形。

3. 观察颜色和做工

一是看颜色和光泽。赤黄色为佳品，还要注意观察商品外观颜色，成色不好的颜色发暗发青色。有些装饰品颜色太暗淡就像喷出来的油漆色。

二是一定要用手摸一摸，看看是不是封边良好，有没有焊接不牢，有没有断口、毛边，另外，容易掉下来的扣子也要检查。同时，纯金首饰容易变形，一定要看整体形状有无变形。黄金首饰表面的质感也不能忽略，要选择表面清晰、光亮度好、纹理均匀细腻的首饰。购买时还要注意首饰边缘是否光滑，好的首饰做工都很精细。

4. 分清楚包裹金、镀金、包金、鎏金、锻压金

（1）包裹金首饰。纯金首饰任何部位金属的成份都是相同的，而包裹金首饰则是两种或两种以上的金属附生或锻压在一起相互包裹，在不同的部位金属成份不同，其表面都是黄金而内部是铜和银。

（2）镀金首饰。在银或者铜制作的首饰表面镀上一层超薄的黄金，然后这样的首饰被称为“镀金首饰”。镀金首饰的标记是“GP”或者“KP”。我国规定，镀金层不能小于0.5微米（1微米=0.001毫米），这种镀金首饰光泽明亮、柔和，但不耐久，就象镀金表带一样容易磨损，会露出黄铜的坯胎，呈现暗淡的黄色。这种镀金首饰比较容易识别，仔细观察在首饰的结合处或棱角的凹陷处会有没有镀上金的地方；再者它的密度小，用手掂比较轻、无坠手感，垂落在地面有清脆的“当啷”声，弹性好会跳动。

（3）包金首饰。包金首饰是在铜或银片上压上一层金箔，金箔的厚度为10—50μm。包金首饰金箔的厚度比镀金厚，外表与黄金首饰相似。包金在美国也称为填金，这种包金首饰在美国都打有KF的印记，如果金箔是ISK金，就在首饰内侧打上18KF的印记。

（4）锻压金。锻压金和包金类似，就是将金箔锻压在其他金属制品的毛坯表面上。金箔的含金量不能小于10K，重量不能低于首饰总重的5%，它的标记为“GF”或者“KGF”。锻压金耐磨，硬度也高，还有黄金的质感，所以受人欢迎。

5. 选择规模较大、质量有保障的金店购买

在选购黄金首饰时，建议消费者挑选规模较大、信誉较好和有质量保证的大型商场或品牌专卖店，尽量不要在个人手中或旅游地区购买。

（二）钻戒的选购

“钻石恒久远，一颗永流传”，可见钻石已成为爱情的信物，故情侣订婚、结婚都会送对方一枚钻戒来见证这样一个隆重的仪式。但是钻石有好坏，作为消费者应如何进行选购呢？

1. 看色泽

一颗优质的钻石必然是色泽晶莹的。一般的钻石都是无色透明的，只有极少数钻石是有

色彩的，而色彩越是艳丽则钻石价值越高，越让人痴迷。完全无色的透明钻石十分罕见，也是极其珍贵的，杂色越多的钻石价值越低。钻石的色泽由优至劣共分为D—Z等多个级别，D级别的最为珍稀。

2. 看重量

钻石的重量以克拉为计量单位，1克拉=0.2克，在色泽、纯净度等条件相同的情况下，重量越大的钻石价值越高。钻石比黄金更具有收藏价值，故越大则越能保值增值。大钻石更成为收藏家们狂热追捧的对象，是身份和地位、财富的象征。

3. 看净度

一般来说，钻石内部都或多或少存在一些杂质，一般是肉眼看不见的小颗粒，如果肉眼可见，则证明钻石纯净度太低，不具备太大的收藏价值。在10倍放大镜下观察钻石，如果钻石内部完美无瑕，不含杂质，则纯净度极高，是最高的FL级别纯净度，这种钻石非常稀有。一般含有极为细小杂质的钻石就已经十分不多见了，纯净度越高的钻石价格也就越高。

4. 看工艺

再好的钻石也需要精湛的加工工艺来释放其本来的光泽，而钻石工艺主要指的就是切割工艺。完美的切工能够让钻石从各个角度反射光线，散发出夺目绚丽的光彩，让其魅力发挥到极致，只有极少部分的切工才能达到这种极高水平。而不成功的切割技术不仅会让钻石无法发挥其本来的光泽，还会让钻石失去其价值。故精湛的切割技艺是赋予钻石生命力的重要一步。

阅读材料

钻石等级划分

钻石是一种标准化产品，它的价值由钻石等级决定，即钻石的重量、切工、颜色和净度。只有经过严格的4C标准评价的钻石才知道其真正价值，而GIA无疑是世界最权威的钻石鉴定证书。

1. 重量（Carat）

钻石重量以克拉（CT）计算。1克拉=0.2克=100分，0.75克拉又称为75分。钻石的价值随着钻石重量的增大呈现不规则的几何级数增长，消费者可根据个人喜好和购买能力确定。一般而言，只有重量超过50分的钻石才开始有收藏投资价值。

2. 净度（Clarity）

FL指在10倍宝石放大镜下观察钻石洁净，即宝石内部和外部均不见内含物。

IF指在10倍宝石放大镜下观察钻石内部无任何瑕疵，但表面或许有一点点瑕疵，重新抛光即可除去。

VVS 指在 10 倍宝石放大镜下观察钻石可见到局部或表面有极小的瑕疵。VVS1 和 VVS2 的区别是后者有极微小的棉状点和小毛茬等。

VS 指在 10 倍宝石放大镜下观察钻石可见非常微小的瑕疵。VS1 和 VS2 的区别在于后者可能有微小的棉状点或小毛茬。

SI 指在 10 倍宝石放大镜下观察钻石很容易见到瑕疵，但肉眼看不见。

I1、I2、I3 指在 10 倍宝石放大镜下观察钻石易于见到小瑕疵，肉眼刚刚能够看见，个别有明显的解理和裂隙。

所有钻石都是用 10 倍放大镜观察净度，只有 I3 级可用肉眼毫不费力地看出瑕疵。

3. 颜色（Color）

D 级：完全无色。最高色级，极其稀有。

E 级：无色。仅仅只有宝石鉴定专家能够检测到微量颜色，是非常稀有的钻石。

F 级：无色。少量的颜色只有珠宝专家可以检测到，但是仍然被认为是无色级，属于高品质钻石。

G—H 级：接近无色。当和较高色级钻石比较时，有轻微的颜色。但是这种色级的钻石仍然拥有很高的价值。

I—J 级：接近无色。可检测到轻微的颜色，价值较高。

K—M 级：颜色较深，火彩差。

N—Z 级：颜色较深，火彩差。

4. 切工（Cut）

理想切工（Excellent）：代表只有 3% 的一流高质量钻石才能达到的标准。这种切工使钻石几乎反射了所有进入钻石的光线，是一种高雅且杰出的切工。

非常好切工（Very Good）：代表大约 15% 的钻石切工。钻石反射出标准等级切工的光芒，但是价格稍低。

好切工（Good）：代表大约 25% 的钻石切工。钻石反射了大部分进入钻石内部的光，比 VG 级便宜得多。

一般切工（Fair）：代表粗糙度为 35% 的钻石切工。仍然是优质钻石，但是一般切工加工的钻石反射的光线不及 G 级切工。

差切工（Poor）：这包含所有不符合一般切工标准的钻石。这些钻石的切工要么深而窄，要么浅而宽，易于让光线从边部或底部逸出，从而使钻石失去光彩。

（资料来源：http：//www. ilovezuan. com/article－15570. html。）

第三节 商品介绍

商品介绍有两个方面：一是面对顾客推销时的口头介绍；二是以文字形式的文案介绍和文字说明。商品的口头介绍是指商店里的营业员或促销员向顾客推介商品时的面对面的对于商品的说明和展示，是促进顾客做出购买决策的一种很主要的影响因素，也是商店里营业员或促销员的一项很重要的基本功。文案介绍和文字说明是指用于促进顾客了解商品的产品说明书或网上商店的网店商品的介绍文字和图案。文案介绍和文字说明犹如无声的推销员，对于产品的推介也是非常重要的。

一、商品口头介绍

当顾客站在商品面前呈现出疑问的样子，或是开口问价时，营业员该如何介绍商品呢？

（一）遵循介绍商品的原则

介绍商品时要非常简明、扼要、清晰易懂，争取一句话就能让顾客知道商品的优点。而且，在柜台销售中介绍商品一定要循序渐进，要有选择性地介绍商品。比如在介绍商品时可以说“您看我认为这款机器比较适合您的家庭”。千万不要在第一次推荐时就说得非常具体，让顾客没有选择的余地。

（二）按照一定的步骤

人的情绪都是可以相互影响和感染的，销售人员在推荐商品时如果对所销售的商品充满了感情和热爱，往往可以通过语言来吸引顾客，让顾客对商品产生更多的兴趣和欲望。在柜台销售过程中，介绍商品要分为三个层次：首先要介绍公司和品牌，其目的是让顾客信任商品是货真价实的；接下来再去介绍商品，包括介绍商品的一些功能和组成材料；最后再用获取利益的方法来说服顾客购买商品。

（三）在说明时，先说缺点，再说优点

在向客人介绍商品时，你就应该像一位媒人一样。当你说“这位姑娘的脸蛋虽然差一些，但脾气可是很好”和“这位姑娘脾气虽然很好，脸蛋就稍微差一些”时，虽然内容相同，但听者的感受就大不相同了。所以，推荐商品时，你不妨这样强调：“这东西虽然稍微

贵一些，但东西完全是手工做的，其他商品就没有这种特色。”

（四）针对不同的商品采取不同的介绍

1. 对名牌产品的介绍

各种名牌产品都有其独特风格，其中有的是历史悠久的传统名牌产品或后起之秀，有的是名师制作、工艺高超，有的是用料精细、质量优良。因此，在介绍与展示商品时一定要突出其特点，着重介绍其质量、产地的特点、信誉，必要时还可介绍其悠久的历史和特殊的制作工艺，从而吸引顾客，激发其慕名而购的动机。

2. 对工艺品、装饰品的介绍

任何工艺品、装饰品，往往都独树一帜，别具风格。在介绍这些商品时要着重介绍其风格特点、艺术价值。

3. 对有特殊效能商品的介绍

应从其成分结构讲起，再转到其效能。如介绍药物牙膏，除了会有普通牙膏的漂白与清香剂外，还加入了某种中草药，因此有消炎止痛、预防牙病的作用。

4. 对一般日常用品、食品介绍

要从好处讲起，再讲商品的特性，突出其优点。例如，介绍某种衬衫，要先讲它穿起来很舒服，夏天透气良好，冬天保温，因为它是纯棉制品。

5. 对连带商品的介绍

有些商品与其他商品之间在用途上是有关联的，如录音机与磁带、香烟与打火机等。有的顾客在买商品时，一时没有想到关联商品，营业员与顾客成交某一种商品后，要不失时机地向顾客推荐关联商品。但介绍连带商品时，语言要婉转亲切，最好用提醒式的语言，诸如：“您是不是还需要点别的？”根据顾客的心理状态，有的放矢地进行商品介绍。有些商品之间虽有关联，但消费者不一定需要，如买了枕巾、枕套不一定需要枕芯。因此，介绍连带商品要灵活掌握，不要勉强，要顺从其心意。

6. 对代用商品的介绍

每个商店的经营品种都不可能做到百分之百的齐全。当顾客提出需要某一种商品而商店暂时没有时，营业员应热情地向顾客介绍某种可以代用的商品，以满足其需要。如果简单的一句“没有”，虽是实事求是的答复，但并没有表现出热情周到的服务来。可以用遗憾的态度说：“真抱歉，您需要的东西刚刚卖完”或“暂时无货”之类的话，同时热情地介绍代用品。介绍代用品与否，其效果是截然不同的。

营业员介绍代用品，可以采用以下途径：当某产地的商品缺货时，介绍另一产地的同类商品；某种规格的商品缺货时，介绍可以通用的另一规格商品；某种花色商品缺货时，介绍另一种近似花色的商品；某种特别用途的商品缺货时，介绍另一种用途相同的商品；某种特

定的商品缺货时，可以介绍加工、改制后的另一种商品；某种整件商品缺货时，可以介绍用零件装配成套的商品。

7. 对新产品的介绍

新产品开始上市时，不容易被顾客了解和接受，营业员应积极向顾客推荐，以打开销路。如有的新产品是在老产品的基础上改进而成的，就要把新老产品作比较；有的是从国外引进并加以改进的，就要把二者进行对比介绍；有的产品是创新的，就要介绍其特点，使顾客接受这种新产品，以引导消费，促进新产品打入市场。

8. 对滞销商品的介绍

某些商品滞销，一般是因季节的变化、消费习惯的变化、群众生活水平的变化等原因造成的，也有的因商品残次、质量下降所致。但由于顾客消费水平不一、爱好各异，只要分析顾客的心理变化，有针对性地做好推荐工作，就有可能变滞销为平销。在介绍滞销商品时，要讲明滞销原因，有的是式样过时，但仍能使用；有的是包装较差，但质量完好；有的是商品有缺陷，但仍有使用价值；有的是出口不对路，但适合国内销售等，还要向顾客讲清原价多少、处理价多少。

9. 对进口商品的介绍

介绍进口商品应将其商标、主要部件和使用说明译成中文交给顾客，并着重介绍其辨识的商标、使用和保养方法。

二、商品说明书的写作

（一）商品说明书的概念与作用

商品说明书是一种以说明为主要表达方式，用平易、朴实、易懂的语言向用户等消费者通俗地介绍商品（包括服务等）的性能、特征、用途、使用和保养方法等知识的文书材料。商品说明书有时也叫使用说明书。其写作目的是教人以知，教人以用。它可以用文字、图表、照片等形式进行说明，是业务员必须掌握的商业文书之一。

商品说明书的直接作用是指导消费。通过阅读简单明了的介绍，消费者了解了商品的功能与特点，掌握了使用与保养等方法，实际上也使该商品增加了信誉，扩大了影响，客观上起到了推销作用。当然，商品说明书是用于售后服务的，与介绍和推销产品的广告不同。不过，二者往往有相似之处，一般广告也要说明商品的性能、功用等，不少商品说明书也带有广告性质。例如，广州的“潘高寿蛇胆川贝液”，除了在外面的包装盒上印有“全国首创”字样，并排列了所获得的几次奖外，在文字说明部分还有“深受国内外患者欢迎”的宣传。尽管如此，商品说明书绝不是广告，决不能一味想到销售，而是要突出为消费者服务的特点。那些“数量有限”“良机勿失”“欲购从速”之类的语言，是说明书中不能写入的。

（二）商品说明书的结构

商品说明书的结构一般由标题、正文、落款三部分组成。

商品说明书常见的标题有三种：一是直接以文种作标题，例如《商品说明书》《产品说明书》《使用说明书》《使用指南》等；二是以商品名称作标题，例如《三九胃泰》《紫光扫描仪》等；三是以商品名称加文种作标题，例如《盖中盖口服液产品说明书》《步步高DVD使用说明书》等。

正文是商品说明书的核心部分。各种商品不同，需要说明的内容也不同，有的说明商品的用法，有的说明商品的功能，有的说明其构造，有的说明其成分等，千差万别，各有侧重。例如食品说明书重在说明其成分、使用方法及保质期限；药物说明书重在说明其构成成分、基本效用及用量；电器说明书重在说明其使用和保养方法等。

正文一般情况下包括以下几个方面的内容：产品的概况（如名称、产地、规格、发展史、制作方法等）；产品的性能、规格、用途；安装和使用方法；保养和维修方法；附件、备件及其他需要说明的内容。

落款要写明产品的制造厂家的名称、地址、邮编、E-mail地址、电话、传真及产品的批号、生产日期、优质级别等。不同的商品说明书，落款的项目有所不同，应根据实际需要落款。

（三）商品说明书的写作角度

从包装看，商品说明书有包装式和内装式两种。将说明书直接印在包装物上，就是包装式；将说明书单列，封在包装里，就是内装式。另外，还有两者兼用的，例如，前面所举的“潘高寿蛇胆川贝液”，除了两层包装盒上都印有说明外，每瓶都附了一张说明书。

从篇幅长短看，商品说明书有简单与复杂两种。简单的商品说明书，文字比较简略，篇幅较短。药品说明书大多属于这一类。复杂的说明书，往往单列一本，项目繁多，许多工业用品和家用电器的说明书往往如此。例如日本松下彩色电视接收机的说明书，销往中国的，使用中、英两种文字，目录列了13项，共30页。

从形式布局看，商品说明书有概述式、短文式、条款式、图文综合式。①概述式，一般只有一两段文字，简明扼要地对商品作概括介绍。②短文式，对商品的性质、性能、特征、用途和使用方法作简要介绍，多用于介绍性的内容说明，常用商品多采用这种方法。③条款式，这是详细介绍商品的说明书的写法。它分成若干个部分，将有关商品的规格、构造、主要性能和指标参数、保养方法、维修保修方式逐一列项介绍给消费者。常用的家用电器说明书多采用这种方式。④图文综合式，即图文并茂地介绍商品。既有详尽的文字说明，又有照片和图示解说，辅之以电路图、构造图、分子式（医药）等。这种商品的说明书往往印成小册子作为商品附件。

（四）商品说明书的写作要求

1. 真实实用

所谓真实，就是要如实介绍商品的作用、性能等，不能夸大，否则，一旦出事，后果严重。所谓实用就是要便于理解。商品说明书是售后服务，消费者阅读时往往都很认真，因为直接关系到使用、保养。因此，不仅要说明商品的性能、特点、作用、保养方法等，而且要尽量通俗易懂，避免使用行话术语。

2. 简洁清楚

简洁，不能冗长，可以用小标题列成条条杠杠，并配之以图画或表格。清楚，即不能模棱两可。有的商品说明书滥用不规范的字或是语句不通，读来难懂，更有的说明书内容前后矛盾，让人无所适从。例如，有一种“双宝素口服液”，其服用时间在包装盒上是“饭前”，盒内说明书是“清晨空腹或临睡前”，让人莫衷一是。

总而言之，对商品进行科学、准确的说明，可以使用户了解商品，正确使用商品；说明简略，为的是强调特征，突出重点和关键。

阅读材料

×××洗衣粉说明书

×××洗衣粉为上海合成洗涤剂厂最新推出的高效衣物洗涤剂。

性能：本品采用上等原料及合成蛋白酶微生物的最新配方，能浸洗除净一般洗衣粉所难于洗脱的血渍、尿渍、肉汁渍等混合污渍。

特点：质地柔和，香味芬芳，不伤皮肤，去污力强，泡沫适中，易于漂清。衣物洗后，洁白鲜艳。适合丝、毛、棉、麻及其他各种合成纤维等织物，不伤衣料，安全可靠。

使用方法：能浸洗，也能搓洗，用量与一般洗衣粉相同。衣物在45℃左右的温水中浸泡15分钟以上，去污效果更佳。禁忌直接用热水（高于75℃）冲泡溶解洗衣粉，以免影响洗涤效能的最大限度发挥。

×××洗化用品有限公司

地址：××× 电话：×××

网址：××× E-mail：×××

三、网店商品介绍文案写作

（一）网店商品介绍文案的概念与作用

网店商品介绍文案是对于在网上出售的商品，在网络平台展示时所做的介绍说明的一种说明文字。网店商品介绍文案往往以文字、图表、照片等形式进行说明，其目的是诱导顾客，促进顾客消费。它兼有商品说明书和产品推销广告的功能。

（二）网店商品介绍文案写作结构与要素

网店商品介绍文案的结构比较随意，没有固定的格式和结构。但一般情况下网店商品介绍文案写作要包括以下要素（见图 10－13）：

（1）商品属性，包括品牌介绍、规格、质地、颜色、套餐价格等；

（2）商品图片，包括模特效果图、细节图、关联推荐图等；

（3）促销活动介绍；

（4）顾客必读，包括物流运费、售后服务、尺寸量法、付款方式、联系方式等。

（三）网店商品介绍文案写作步骤

1. 整体布局

很多超市或商场的商家会对消费者的购物路线的设计、货架的摆放进行研究。例如顾客在进门处可能会看到一些海报或者堆头，接着可以去逛百货，然后再去逛副食品、食品、果蔬，最后在收银台的地方还可以看到放置的一些口香糖、饮料等容易拿的货品。其实这一切都是为了让顾客多逛、多买单。网店商品介绍文案就类似一个卖场，虽然只有一种商品，但整体怎么布局，让顾客先看什么、后看什么，都是有讲究的。

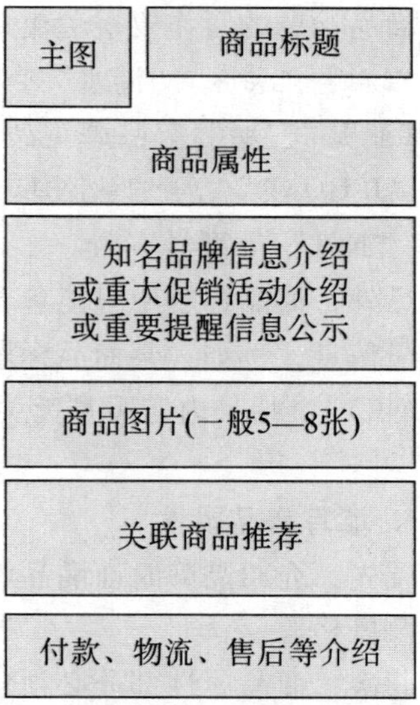

图 10－13　网店商品介绍整体布局图

网店商品介绍文案包括商品属性、商品图片、促销活动介绍、顾客必读等要素，需要根据网店实际需要进行逻辑布局。对于网店商品介绍文案整体布局一般有以下几个原则：

第一，系统自动标记的属性肯定是在最前面的，往往是店主不能决定的；但这里的属性设置也是最重要的，特别诸如品牌、颜色、尺码等属性一定要注明清楚。如果是知名品牌而且是正品，则应给顾客一个强化提醒。

第二，顾客必读中的付款方式、售后、物流、尺寸量法等信息一般可以放在详情的最底部，当然如果有特别重要的提醒，可以放在“商品属性”和“图片”之间；这里的信息固然重要，但它不是让顾客产生购买欲望的信息，反而是在产生购买欲望后决定购买前的一些参考信息和提醒信息，因此可以放在详情偏后的位置。

第三，店铺重大促销活动，则可以视具体情况放置在详情偏顶部的位置。这与进入超市看到的堆头是一样的，要让顾客一进入就能感受到促销的巨大拉力。另外，可在底部介绍些与此款商品搭配的相关商品，再次刺激消费。

2. 确定商品标题

商品标题一般包括两大要素：第一大类是顾客最想知道的信息，如（知名）品牌名称、是否促销、特征（款式、颜色、图案等）、货品种类、特殊信息（是否缺货）等；第二大类是非必要信息，如店铺名称、（自创）品牌名称、货号等。

商品标题就是最佳广告资源，一般情况下网店商品介绍文案的商品标题都有字数限制，但在撰写商品标题时要尽可能涵盖多个关键字，同时把商品表达清楚。所以，商品标题要做到“两手抓”，一手“抓”搜索引擎，一手“抓”顾客的眼球。写作时尽可能涵盖多个关键字，使顾客在搜索商品时能够“中标”。

商品标题的写作要避免滥用关键字。以手机类商品为例，标题中禁止添加“仿”“韩版”“1:1”“水货”“港水”“欧水”“山寨机”“台湾版”这些字眼。国产手机禁止使用与“诺基亚”“三星”等品牌正品手机相同、相似的关键字，例如“诺基亚”“三星”“三星伯爵”“IPHONE”等，禁止国产手机的商品标题使用该类品牌字眼，但可以使用如“国产N95”“N81”等型号字眼。

另外，商品标题中只能包含一个品牌的一个型号信息，禁止添加与所售商品无关的品牌及型号信息，例如：某商品标题为“［××通讯］特价诺基亚N73（另售N95、V8、I908、IPHONE)”，括号内字眼是无关信息，禁止发布。

3. 填写商品属性

首先，介绍品牌时商品品牌是最有力的形象说明，一定程度上诠释了商品的质量、售后服务及风格等。

其次，商品属性部分必须包括规格、质地、颜色、产地、有效期等，内容越详细越好。这样不仅有利于顾客了解商品减少沟通成本，也便于在交易纠纷时提供有利证据。

最后，对于商品价格可以列出市场价、现价以及搭配配件后的套餐优惠价格等。

4. 选择商品图片

有了好的标题、清晰的商品属性说明，顾客才会进一步地浏览商品详情，而商品详情里面最能够直接刺激到顾客的就是图片。下面以女装商品为例为大家讲解如何选择商品图片。

（1）图片的数量。在选择图片数量时要把握一个度。图片一味地求多，会直接影响顾客打开网页的速度，网页打开慢，顾客很容易因为没有耐心等待而流失掉；如果图片太少，则顾客感受不到全面的信息，也很容易流失。

（2）图片的排布。图片一般应包括效果图（模特图）、平铺图、细节图、对比图等。有经验的卖家一般都会先用1—2张效果图去告诉顾客，穿上这件衣服的整体感觉，包括正面、侧面、背面整体效果，再用4—5张图片去告诉顾客这件衣服的局部是什么样子的，包括口袋、衣领、吊牌等地方。

当然这些图片可以用模特来渲染效果，但需要注意的是：①要清晰地注明尺寸与模特的“参数”，包括体重、身高、胖瘦、三围等；②在模特图旁边务必要注明：“以上是模特效果图，仅供参考!”表明这些的目的则是避免因顾客心理落差导致的售后争议。因为某件衣服穿在模特身上是很漂亮，顾客看到模特穿着的效果往往就会开始幻想自己穿着也是那么漂亮和高雅，顾客会保持这种幻想直到拿到实物。如果顾客跟模特的穿着效果差别较大的话，那顾客自然就很有心理落差了。

（3）图片的质量。图片的质量也很关键。一要做到图片本身要清晰，包括画面清晰、主次分明。有的图片很模糊，看不清楚，顾客当然不会产生购买欲望。当然，图片的清晰度跟图片大小也有关系。在保证一定质量的情况下，图片不要太大，否则会影响顾客浏览时的下载速度。二要把握图片渲染的度。图片不要喧宾夺主，本来是卖衣服的，结果模特身上背的包比衣服更突出，这就得不偿失了。图片不要太漂亮，这需要卖家对自己的衣服有一个把握，如果图片过于漂亮，而商品本身质地、做工都较差，则顾客收到衣服后的心理落差一定很大，自然也就不满意了。

5. 写好顾客必读

顾客通过标题进到商品详情，通过对商品属性的了解以及对商品图片的观摩，这时如果顾客有购买兴趣，则会细看购物必读等文字信息。

（1）商品补充介绍。通过图片，尤其是服装、鞋包的图片，不能实际感受商品的面料、做工、尺寸、厚薄、品牌等信息，此时文字就是最好的传递工具。有时卖家可以把自己或其他顾客拿到实物后“摸”到衣服的实际感受通过文字描述的形式传递给顾客。

（2）商品使用说明。向顾客提示商品的使用方法，如窗帘可以介绍挂钩用法，食品可以介绍烹调方法，服装可以介绍尺寸测量方法等。

（3）物流运费信息。物流运费信息往往也是顾客很关注的，买家一定要充分利用商品描述，把物流配送等信息及时地传达给客户。最好采用列表方式将常用物流公司、配送区域、各地运费、到货天数以及快递跟踪查询方法等都一一列出，方便顾客了解配送信息。为了避免顾客觉得运费太高，还要注意合理设置运费。

关于收货问题，在收到货时应检查货品后再签收，发现问题时应及时联系卖家，拒绝签收等都应注明清楚。

（4）售后服务说明。好的售后服务是卖家成功的保障，对于承诺的事情就一定要履行，所以，一定要说明售后服务情况，这样有利于在遇到交易纠纷问题时提供证据。

售后服务具体包括：退、换、修具体期限；退、换、修范围以及不予退换修的情况说明；退、换、修来回邮费等。

（5）联系方式。将卖家的手机、办公座机、QQ/MSN、电子邮件等联系方式列出，便于顾客在遇到问题时取得联系。

事实证明，人们并不愿意一次性接受太多的文字，所以，为了准确地传达以上信息给顾客，卖家可以在需要特别引起顾客注意的地方，加大字体或者是改变字体颜色，从而突出重点，并做到言简意赅、整齐明了、主次分明。

6. 开展关联营销

一位资深卖家，一定会借助对顾客购物行为和心理的判断，做好商品之间的关联推荐工作。所以，在商品详情的底部（即在顾客可能要离开的时候），进行一些关联推荐，可以是品种关联、风格关联、促销关联、搭配关联等，让顾客在即将离开的时候眼前一亮，找到自己需要的东西。

阅读材料

10种写好网络购物商品文案的要诀

1. 九宫格思考法。拿一张白纸，用笔先分割成9宫格。中间那格填上你的商品名，接下来开始在其他8格填上可以帮助此商品销售的众多可能优点。这是强迫创意产生的简单练习法，这种方式很常用，也很实用。

2. 型录要点衍伸法。把该商品型录上的商品特点照抄下来，然后每个要点后面加以延伸。如果你真的很懒，照抄型录商品卖点也可，但文字会比较没有人情味，说服力会稍差。

3. 三段式写作法。这是仿新闻学中“倒三角写作法”。第一段，请精要地浓缩全文的销售话术，因为多数人都没耐心看全文。第二段，请依照型录要点衍伸法，逐一说明该商品的众多特色。到底是点列还是一段长文章较好，要看你的文字功力。文字功力欠佳就点列式写出卖点即可。最后一段是“钩子”，主要任务是要叫人“Buy Now”，所以一般是强化商品USP（Unique Selling-Point，独特销售卖点）、价格优势或赠品。

4. 写网购商品文案时注重SEO友好性。不会写商品文案的人，文案是写给自己看；会写商品文案的人，文案是专门写给目标对象看；最会写商品文案的人，文案同时写给目标对象与搜索引擎蜘蛛（Spider）看。因此，你的文章中出现的商品名称要完整（包含品牌/中文/英文/正确型号），方便Google、百度等搜索引擎蜘蛛读取，且完整商品名的出现频率可以至少2—3次。

5. 好的商品文案需要搭配出色图片。再动人的文案不如一张有说服力的照片。长篇大论不如图文并茂地解说。商品文案不是写作，你可以把它理解成“单页的电子型录”来思考。图片底下可斟酌加上一小排图片说明小字。新闻学研究已经证明，图片与图片底下的图说阅读率远胜过内文许多倍。另外，还请记得要用小标题提纲挈领，阅读效果更佳。

6. 用文案诱导消费者照“你的建议”购买。优秀的实体音响店销售员会用精彩的话语改变你刚进店里时心中预设的目标商品与预算。他会把顾客“洗”向高利润与他最想要销售的商品，而非你想要买的商品。你要不要挑战看看，你也可以此境界为目标，操控消费者的心智：要他加购配件、买某种颜色、买更高等级的规格、接受你的预购项目等。

7. 最犀利的商品文案是说出有利的事实。这个商品曾得什么奖？源自哪个知名品牌？是目前哪个通路的销售冠军？是哪个网站网友口碑最佳的商品？哪个当红名人代言这个商品？或凸显这个商品的绝对价格优势（比如全国最低价）。不管你的文案功力如何，如果你的商品有这些优势，记得把这些事实强调出来，你就等着数钞票吧。

8. 好的文案可以防御竞争对手的攻击。竞争对手的攻击包括耳语攻击、文案攻击以及价格攻击。如果你觉得已经影响你的销售力道而必须有所动作，那请在文案里“四两拨千金”地还击，有技巧地化解对方的攻势，不必指名道姓地正面冲突。比如某知名竞争对手说他的精品包价格比你的卖价便宜许多，那你可以强调你的商品货源纯正、质量优异、服务口碑良好，并在文案中指出，“目前网络上有店家推出价格低于行情却来路可疑的同款商品，已有消费者吃亏上当了，提醒您千万要注意”。这样可以反将他一军，轻松化解你的价高窘境。

9. 谨慎地写每一篇文案。写网购商品文案等同建一个销售页面数据库，等同录一段推销该商品的影片。如果写的一篇文案可以帮你卖1年以上、帮你卖出几百件商品，那你就知道这篇商品文案的投资报酬率有多高了。想到如此，就不是单纯的上架（Listing）动作，何不投资一小时用心写每一篇文案？

10. 商品文案可以随季节及销售数字修改。可能你从不知道，文案就像电视广告可以有不同时机的版本。在商品销售之前、全新上市时、商品热销时、商品销量衰退时、商品清仓时的文案都可以不同。这些差异化的文案都会让你的卖场销售气氛十分到位，优化每一段的商品销售结果。既然如第9点所述投资报酬率如此之高，为何不在不同的销售时机将文案略作修改，反正你只要把文案的头或尾调一下就好，帮消费者找出为何要在此时机购买的好理由，就这么简单。

本章导入案例点评

问题：

生活中你是如何选购西瓜的？

答：一看西瓜模样和瓜皮颜色；二闻西瓜味道；三听弹拍西瓜的声音等。

延伸问题：

举例说明购买商品时你所积累的选购常识。

答：例如在购买茶叶时，一看色泽，二观外形，三闻香气，四品茶味，五捏干湿。

思考与练习

一、选择题（1—3题为单项选择题、4—10题为多项选择题）

1. 相传唐代李白“解貂续酒”是指(　　)。

A. 汾酒　　B. 泸州老窖　　C. 古井贡酒　　D. 剑南春

2. 相传康熙皇帝感觉名称不雅，遂题名的茶是(　　)。

A. 西湖龙井　　B. 黄山毛峰　　C. 安溪铁观音　　D. 碧螺春

3. 供给人体能量的(　　)称为三大营养素。
A. 蛋白质　B. 维生素　C. 糖类　D. 脂肪
4. 食品中可能存在的有害因素按来源有(　　)。
A. 食品污染物　B. 食品中天然存在的有害物质
C. 食品添加剂　D. 食品加工、保藏过程中产生的有害物质
5. 被称为服装的“骨骼”是(　　)。
A. 服装面料　B. 服装里料　C. 服装衬料　D. 服装垫料
6. 商品说明书的写作要求主要有(　　)。
A. 真实实用　B. 通俗易懂　C. 使用行话术语　D. 简洁清楚
7. 写作商品说明书不宜使用的词语有(　　)。
A. 全国首创　B. 数量有限　C. 良机勿失　D. 欲购从速
8. 网店商品介绍文案应包括(　　)等要素。
A. 商品属性　B. 商品图片　C. 促销活动介绍　D. 顾客必读
9. 化妆品选购的技巧是(　　)。
A. 看包装　B. 看内膏体　C. 闻香型　D. 试用

二、简答题

1. 向顾客展示说明商品时应注意哪些问题？
2. 网店商品介绍文案写作有哪些步骤？
3. 白酒选购小常识有哪些？
4. 茶叶选购小常识有哪些？
5. 服装选购小常识有哪些？

三、实务训练题

1. 两人一组，进行商品介绍训练。
2. 在课堂上就一种商品进行模拟推销训练。
3. 请就某一商品写一篇商品说明书。
4. 请就某一商品写一篇网店商品介绍文案。
5. 依据相关标准和方法测量一下你所穿服装的型号。
6. 收集不少于10条商品选购小常识。

实习与实训

在本学习项目进行过程中，让学生任选商品制作介绍PPT，以班级为单位开商品介绍会。也可以利用周末时间开展当一天营业员活动，让学生到学校周边商店应聘，体验营业员工作。实训后，让学生提交实训感悟报告。

一、商品介绍会

1. 实训目的：增加对商品的认识，训练商品介绍能力。
2. 实训内容：搜集商品知识，制作商品介绍 PPT，以班级为单位开商品介绍会。
3. 环境要求：多媒体教室（音像设备齐全）。
4. 实训流程：选取商品——准备材料——制作 PPT 介绍课件——展示介绍。
5. 注意事项：①注意选取商品的新颖性、趣味性、知识型、便于介绍性；
   ②注意课件制作的丰富、美观、规范。
6. 实训作业：提交商品介绍 PPT。

二、营业员实习

1. 实训目的：体验营业员工作，训练推销介绍能力。
2. 实训内容：利用周末时间到学校周边商店应聘，体验一天营业员工作。
3. 环境要求：具有一定规模的商店（超市），营业面积在 100 平方米以上，营业员在 5 人以上。
4. 实训流程：联系商店——体验工作——实习总结。
5. 注意事项：①注意整个实训过程的安全性；
   ②以学校周边或离校园不超过 5 公里为半径的超市、商店来选择对象。
6. 实训作业：提交实训感悟报告。

第十一章

假冒伪劣商品的识别和消费者权益保护

教学指南

单元名称	假冒伪劣商品的识别和消费者权益保护	**课时**	课内 6/课外 6
单元内容	本章介绍了假冒伪劣商品的识别方法，还介绍了消费者的权利、经营者的义务以及消费者如何保护自身消费权益。		
学习目标	(1) 了解假冒伪劣商品的特点及危害； (2) 掌握假冒伪劣商品的鉴别要点； (3) 知道消费者的权益和经营者的义务； (4) 掌握消费者权益保护的实现途径； (5) 能够识别假冒伪劣商品； (6) 权益受损时能够进行消费维权。		
学习重点	(1) 假冒商品和伪劣商品的区别与联系； (2) 假冒伪劣商品特征和假冒伪劣商品的危害； (3) 假冒伪劣商品的鉴别方法； (4) 消费者权益保护法规； (5) 消费者权益和经营者的义务； (6) 消费者权益保护的实现途径。		
实训内容	校园“3·15”晚会/校园打假宣传活动		
课时分布	第一节　假冒伪劣商品的识别 一、假冒伪劣商品……………………………… 0.5 课时 二、假冒伪劣商品的识别……………………… 0.5 课时 第二节　消费者权益保护 一、消费者权益 ……………………………… 0.25 课时 二、经营者的义务 …………………………… 0.25 课时 三、消费者权益保护…………………………… 0.5 课时 实训（课内） ………………………………… 4 课时 实训（课外） ………………………………… 6 课时		

导入案例

低档劣质涂料产品傍上"名牌"

假冒伪劣现象在装饰材料行业非常严重，以次充好的建材产品对名优产品构成了巨大威胁。例如在内墙涂料市场，就出现了很多"傍名牌"现象。以立邦为例，有些涂料产品在"立邦"商标上加前缀、后缀——"新时代立邦""新一代立邦"等，此类名称经统计居然多达100多种；又如，有些厂商恶意注册以"立邦"为字号的企业名称，导致消费者的混淆、误认。这些不合格产品在外观上与知名品牌非常相似，普通消费者稍不注意就会上当受骗，而且损害了正规名牌的声誉，干扰了涂料市场的正常发展。

问题：

说一说你生活中遇见假冒伪劣商品的事情。

延伸问题：

如何识别假冒伪劣商品？

第一节 假冒伪劣商品的识别

一、假冒伪劣商品

（一）什么是假冒伪劣商品

假冒伪劣商品，是指那些含有一种或多种可以导致普通大众误认的不真实因素的商品。假冒伪劣商品可以分为假冒商品和劣质商品两种类型。

1. 假冒商品

商品在制造时，逼真地模仿别人的产品外形，或未经授权，对已受知识产权保护的产品进行复制和销售，借以冒充别人的产品。在当前市场上主要表现为：冒用、伪造他人商标、标志；冒用他人特有的名称、包装、装潢、厂名厂址；冒用优质产品质量认证标志和生产许可证标志的产品。

2. 伪劣商品

它是指生产、经销的商品，违反了我国现行法律、行政法规的规定，其质量、性能指标达不到我国已发布的国家标准、行业标准及地方标准所规定的要求，甚至是无标生产的产品。

（二）假冒商品与伪劣商品的区别和联系

假冒商品和伪劣商品，既有区别又相互联系，是可以互相转化或相互包含的相同类型的商品。假冒商品，如前所述，是指非常逼真地模仿某个商品的外观，从而使用户、消费者误认为该商品就是真商品。假冒商品的生产者和销售者是在未经授权、许可（或认可）的情况下，对受知识产权保护的商品进行复制和销售。复制一般是指对商品的商标、包装、标签或具有其他重要的特性进行复制。所谓假冒，就是指行为人违反国家法律、法规的规定，以假借名牌或名家旗号的手法，生产销售其产品（商品），坑害用户、消费者的行为。因此，从广义上讲，假冒商品的内容与名称不相符，也属于伪劣商品的一种。但从狭义的角度看，伪劣商品主要是指质量低劣或者失去了使用价值，与假冒商品也有区别。如上述所指的假冒产地、厂名或认证标志、名优标志、他人注册商标的，属于假冒商品，不属于伪劣商品。伪劣商品有时也假冒其他名牌商品进行销售，则此时它既是伪劣商品，又是假冒商品。

伪劣商品和正品有严格区别。正品是指符合质量标准的商品，有时可分一等品、二等品、三等品等。相反，达不到质量标准的产品，有明显的外观瑕疵或影响使用价值的次品以及不符合技术标准而不能正常使用的废品等，如果进行销售都属于伪劣商品。

（三）常见的假冒伪劣商品

（1）假冒他人注册商标的商品；
（2）假冒他人商品的产地、企业名称或代号的商品；
（3）虚构企业名称的商品；
（4）过期、失效、变质的商品；
（5）危及人身和财产安全的商品；
（6）名称与质地不符、所标明的指标与实际不符或者主要指标不符合国家标准的商品；
（7）冒用优质或认证标志，冒用许可证标志的商品；
（8）掺杂使假、偷工减料的商品；
（9）以次充好、以假充真、以旧充新的商品；
（10）法律法规明令禁止生产、销售的商品；
（11）无标准、无检验合格证的商品；
（12）实施生产许可证管理而未标明许可证标志和编号的商品；
（13）未按有关规定标明规格、等级、主要技术指标或成分含量的商品；
（14）处理商品（含次品、副品、等外品）而未在商品或其包装的显著部位标明“处理品”（或“次品”“副品”“等外品”）字样的商品；
（15）生产、经销剧毒、易燃、易爆等危险品而未标明有关标志或未按规定提供使用说明的商品；

（16）限期使用的商品而未标明或未如实标明生产日期和失效时间的商品；

（17）未按规定标明产地、企业名称、企业地址和其他项目的商品。

（四）假冒伪劣商品的危害

1. 扼杀自主创新

创新是社会进步的动力，然而造假却是创新的天敌。制假售假挫伤了企业研究、开发新产品的积极性和创造性。创新的企业会觉得研发新产品投入越多，受到的伤害越深、损失越大。

2. 危害百姓健康

消费者买到假冒伪劣产品，不仅是上当受骗，而且自身的健康、安全也可能遭受到很大的危害。如前些年谈“红”色变的“苏丹红”，屡打不绝的“吊白块”，导致大头娃娃的“空壳奶粉”……屡屡对消费者的健康和生命构成威胁。

3. 破坏诚信建设

象征美好与团圆的月饼里装上往年冷冻的剩馅，鲜红光亮的大枣里注满了造假的颜料，花色缤纷的小狗却是被人们强行染色的结果；更有甚者，假药以及有害的造假食物已经严重危胁百姓的生命。

假冒伪劣事件不仅伤害着人们的身体，严重影响广大消费者正常的生活与工作，而且还大大破坏了诚信建设，有悖道德规范。同时，如果假冒伪劣泛滥、坑害百姓的情况非常普遍，势必对城乡居民消费造成消极的心理影响。

4. 导致税收流失

地下造假行为不仅危害工农业生产，危害消费者健康安全，而且会导致国家税收大量流失。据不完全统计，我国每年制售假冒伪劣产品的总产值高达2000亿—3000亿元，每年因假冒伪劣商品造成国家税收损失高达250亿元以上。

5. 扰乱市场秩序

假冒伪劣产品多使用劣质原材料，没有售后服务，不仅破坏市场经济秩序，而且破坏投资环境。正规企业面对假货，几乎不可能有公平的竞争环境。如果假冒伪劣商品泛滥，一些国外有名望的产品的生产企业就不愿意投资或转移投资，停止新技术、新产品的输入，影响企业扩大再生产，也让国内失去引进新技术、新产品的机会。

6. 败坏商品信誉

假冒伪劣商品不仅败坏国内市场商品的声誉，而且败坏出口商品的信誉，危害企业品牌声誉，造成国外市场萎缩、外汇流失，危及企业生存。

二、假冒伪劣商品的识别

（一）假冒伪劣商品的特点

1. 假冒商品和劣质商品相伴

在我国老百姓的眼里，假冒商品就是伪劣商品。事实上，这种情况并非在所有的国家存在。在一些发达国家，一般的生产技术较为普及，设备和技术都能够轻易得到，因而假冒商品与正牌商品的品质差距不是很大，假冒者的利润主要在对正牌商品商标、商誉的侵占上。而在多数发展中国家，由于整体的生产技术水平低，假冒者为获取更高的利润，以劣质商品假冒正牌商品，假冒商品所导致的消费者受伤害的事例往往较多。回顾我国假冒伪劣的历史可以发现，20世纪80年代末和90年代前期，所查处的假冒伪劣商品，多数质量极其低下，甚至完全是假货。而近几年，随着社会生产技术水平的提高，假冒商品的质量也有所提高，甚至出现了大量与正牌商品质量相当的假冒商品。这其实就是生产技术发展对假冒商品的改变作用。尽管这样，目前的假冒商品中的大部分还是生产技术水平低下的作坊式小厂的伪劣商品，并且这种情况还要持续相当一段时间。

2. 商品假冒和防伪标志物假冒相伴

假冒伪劣的泛滥刺激了防伪产业的发展，但几乎市场销售好、市场定位较高的商品或多或少都在使用防伪商品。造假和防伪始终就在相互斗争中存和发展。当前的假冒商品中，身披激光防伪标识等防伪外衣的比比皆是，这成了我国假冒商品的一大特点。

3. 仿造品和仿冒品并存

在商品市场上，除假冒商品之外还有大量的仿造品和仿冒品存在（见图11－1）。这些仿冒品突出的特征是，在商标标志和包装上使用与名牌商品相同或极为相似的图案和风格，在商品的品牌上取与名牌商品相近的名称。

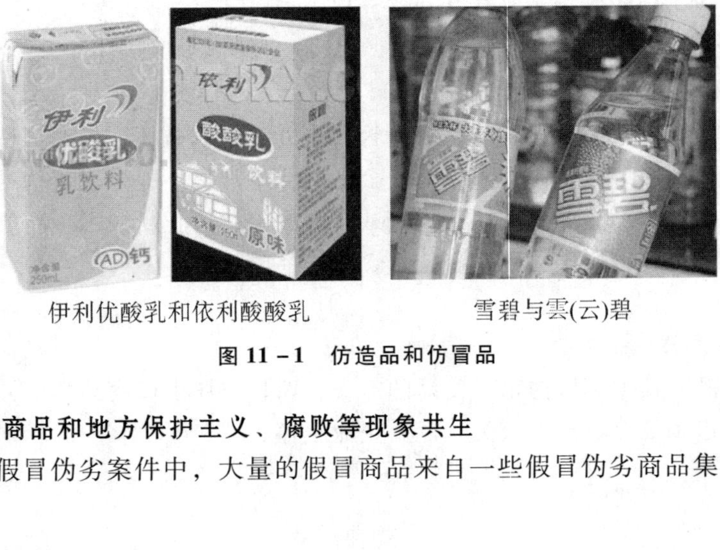

伊利优酸乳和依利酸酸乳　　雪碧与雲(云)碧

图11－1　仿造品和仿冒品

4. 假冒伪劣商品和地方保护主义、腐败等现象共生

在查处许多假冒伪劣案件中，大量的假冒商品来自一些假冒伪劣商品集散地。这些集散地市场周围是大量的从事假冒伪劣商品生产加工、运输和销售的个人、专业户和生产厂家，造假达到了明目张胆的地步。当地政府对此不闻不问，甚至暗中支持。另外，造假售假的大量存在还有腐败作为支持。许多被查处的造假案件背后都有行贿、受贿等腐败相伴。假冒伪劣生产呈现出专业化和分散化特点。

近些年，在我国政府的严厉打击下，造假也趋向分工细化、地点分散，每一个造假窝点往往只负责生产、销售的某一环节。造假者之所以这样，是因为这样能增加打假难度。

（二）假冒伪劣商品的鉴别要点

1. 认准商标标志

假冒名优商品在外包装上多数没有商标标志，或“注册商标”“注”或“R”等字样，往往纸质较差，印刷粗糙，线条、花纹、笔画模糊，套色不正，光泽差，色调不分明，图案、造型不协调，版面不洁，无防伪标记。

2. 查看商品标志

假冒伪劣商品的标志一般不是正规企业生产，外包装标志或残缺不全，或乱用乱写，或假冒优质奖标记，欺骗消费者。

3. 检验商品特有标记

部分名优商品在其特定部位还有特殊标记，如飞鸽、凤凰、永久三大国产名牌自行车，在车把、车铃、车座、衣架、车圈等处均有特殊标记。部分名优烟、酒包装上的商品名称用凹版印刷，用手摸有凹凸感，而假冒商品名称在包装上字体较平，无凸凹感。

4. 检查原产地域命名商品的生产地域

原产地域命名商品，指的是用一特定地域的名称来命名的商品，以标明该商品产自该特定区域，而且商品的质量、特色或声誉取决于该地域以内的自然因素和人文因素所构成的地理特征。我国《原产地域产品保护规定》已于 1999 年 7 月 30 日实施。这一规定，对保护我国民族历史精品具有重要意义。我国的西湖龙井茶、绍兴黄酒等均已正式申请原产地域保护。一些具有地方特色的传统名优商品，以地域命名商品名称的，往往同一种商品生产厂家很多，但正宗传统名优商品只此一家，因而要认准厂名。如正宗名优“德州扒鸡”，厂家是中国德州扒鸡总公司，注册商标是德州牌。正宗名优“金华火腿”，上有“浙江省食品公司制”和“金华火腿”印章，而虽有“金华火腿”印章，生产厂家并非浙江省食品公司的，多为冒牌货。

5. 检查商品包装

名优商品包装用料质量好，装潢印刷规范，有固定颜色和图案，套印准确，图案清晰，形象逼真。伪劣商品一般包装粗糙，图案模糊，色彩陈旧，包装用料材质差。用真假商品对比，可以辨认。

大多数名优商品包装封口，均采用先进机械封口，平整光洁，内容物不泄漏。而假冒伪劣商品无论是套购的真品包装，还是伪造、回收的包装，封口多手工操作，不平整，常有折皱或裂口，仔细检查封口处，大都能发现破绽。如假冒名酒，将酒瓶倒置，往往会有酒液流出，用鼻嗅闻，能觉察到酒味。对包装封口有明显拆封痕迹的商品要特别注意，很可能是“偷梁换柱”。使用回收真酒瓶装假酒，酒瓶常有污垢，封口不圆整，在同一包装箱内的酒出厂日期、生产批号不一。

许多名优商品包装上有中国物品编码中心统一编制的条形码，经激光扫描器扫描，电脑可以识别。冒牌货往往无此标志，或胡乱用粗细不等的黑色直线条纹以及数字欺骗消费者，用激光扫描器扫描，没有正常反应，电脑不能识别。

6. 检查液体商品的透明度

除黄酒和药酒允许有正常的瓶底聚集物外，其他酒在常温下均为清亮透明，无悬浮物，无沉淀。

用肉眼观察兑水的白酒，酒液浑浊不透明；兑水的啤酒颜色暗淡，不清亮透明。

乳剂农药在正常情况下不分层，不沉淀。

7. 看商品的色泽

对农作物的种子和谷物，可看颜色是否新鲜而有光泽，籽粒大小是否均匀。

卷烟烟丝应色泽油润而有光泽，受潮的烟丝失去光泽、发暗。

优质禽畜生肉的肌肉颜色鲜艳、有光泽，脂肪为白色；劣质品肌肉的颜色灰暗、无光泽，脂肪发灰、呈褐色。

8. 看商品的烧灼情况

粉剂农药取10克点燃后，如冒白烟，说明有效；若极易燃烧，且冒浓黑烟，说明是假农药。

香烟烟支点燃后，能自燃40毫米以上者为正常，否则是受潮，或烟丝质量差。

9. 看商品的发霉、潮湿、杂质、结晶、形状、结构情况

药品和食品有发霉情况的应禁止销售和使用。粉状商品（如面粉、药粉、水泥等）出现团块的，表明受潮失效或变质。

10. 手感

手握饱满干燥的谷物及农作物的种子，应感到光滑顶手，插入种子堆（包）时阻力小，感觉发凉；如手握感到松软，插入时阻力大的，则籽粒不饱满，含水量大。

检查香烟时，可用手捏。名牌条装烟从外面轻捏会感觉很硬，冒牌条装名烟里面往往是纸包装的杂牌次烟，轻捏就觉得纸软。检查烟支时可用手捏，感到烟丝有弹性的为正常；手感疲软、容易弯曲是受潮，发脆的则是干燥。

11. 听感

罐头有漏听或胖听的不能食用。胖听罐头盖部凸起，用手叩击能听到空虚鼓音。

手搓香烟烟支，能听到轻微沙沙声是正常的表现；如果柔而无声表明香烟已受潮，沙沙作响的是过于干燥了。

12. 嗅感

凡食品、药品鼻嗅有霉味、酸败味、异味的，马口铁罐头有金属味的，均不能再食用或服用。

13. 味感

名牌香烟吸入后气味醇正，口感舒适；劣质烟有苦、辣、霉味、土腥味，杂气重。

名酒香气突出，醇厚丰满，回味悠长，大多能空杯留香。

兑水的白酒品尝时口感香味寡淡，尾味苦涩。

兑水的啤酒品尝时口感香味、滋味淡薄，感觉不到酒花香气，味道欠纯正。

第二节 消费者权益保护

一、消费者权益

《中华人民共和国消费者权益保护法》第二章规定了消费者的九项权利：安全权、知情权、自主选择权、公平交易权、求偿权、结社权、获得有关知识权、人格尊严和民族风俗习惯受尊重权、监督权。

（一）安全权

消费者的安全权分为人身安全权和财产安全权。消费者在购买、使用商品和接受服务时，首先考虑的便是商品和服务的卫生、安全因素，不希望因卫生安全方面存在问题，导致生病、身体受到伤害，甚至产生生命危险。财产安全不仅指购买、使用的商品或接受的服务是否安全，更重要的是指购买、使用的商品或接受的服务以外的其他财产的安全，只要是在购买、使用商品或接受服务过程中，消费者的人身、财产安全受到损害，消费者就有权要求赔偿。

（二）知情权

作为经营者，诚实信用是交易双方应遵守的基本准则，不得隐瞒实情，不得作虚假承诺，否则就构成消费者知情权的侵犯，一旦发生争议或造成损害，消费者有权要求经营者给予赔偿。

（三）自主选择权

消费者选购商品或接受服务的行为必须是自愿的，不必以经营者的意愿为自己的意志，主动权在自己手中。同时，消费者自主选择商品和服务的行为必须合法，不能把自主选择权建立在侵害国家、集体和他人合法权益之上。此外，自主选择权通常只能限定在购买商品或接受服务的范围内，不能扩大到使用商品上。

（四）公平交易权

经营者在提供商品或服务时，必须保证质量、价格合理、计量正确，不得违反平等自愿、公平交易的市场准则，违背消费者的意愿强制交易。

（五）求偿权

对于商品的购买者、商品的使用者、接受服务者以及在别人购买、使用商品或接受服务的过程中受到人身或财产损害的其他人而言，只要其人身、财产损害是因购买、使用商品或接受服务而引起的，都享有求偿权；商品的生产者、销售者或服务者均要承担赔偿责任，而不论其是否有过错；除非是出于受害者自己的过错，如违反使用说明造成的损害，则商品的制造者、经销者不承担责任。

（六）结社权

消费者组织起来依法成立消费者社会团体，形成对商品和服务的广泛社会监督，及时处理侵害消费者权益的行为，指导消费者提高自我保护意识和能力，通过调解、仲裁等方式，及时解决消费纠纷。

（七）获得有关知识权

所谓消费知识，包括消费态度知识，使消费者科学地指导自己的消费行为；有关商品和服务的基本知识及有关市场的基本知识，以指导自己做出正确的消费选择。所谓消费者权益保护方面的知识，包括有关消费者权益保护的法律、法规和政策，消费者权益保护机构，以及消费者和经营者发生争议时的解决途径等。

（八）人格尊严和民族风俗习惯受尊重权

尊重消费者在消费活动中的人格尊严是消费者享有的最起码权利，任何人都无权加以污辱和诽谤。对于侵犯消费者人格尊严的行为，法律视情节轻重予以相应的民事制裁。情节特别严重构成犯罪的，还应予以刑事制裁。

（九）监督权

消费者享有对商品和服务以及保护消费者权益工作进行监督的权利。有权检举、控告侵害消费者权益的行为和国家机关及其工作人员在保护消费者权益工作中的违法失职行为，有权对保护消费者权益工作提出批评、建议。

二、经营者的义务

（一）经营者保障人身和财产安全的义务

为了有效实现消费者的保障安全权，经营者应当保证其提供的商品或服务符合保障人身、财产安全的要求；对于可能危及人身、财产安全的商品或服务，应当向消费者做出真实的说明和明确的警示，并说明和表明正确使用商品或服务的方法以及防止危害发生的方法。经营者发现其提供的商品或服务存在严重缺陷，即使正确使用商品或接受服务仍然可能对人身、财产安全造成危害的，应当立即向有关部门报告和告知消费者，并应采取防止危害发生的措施。

（二）经营者不得作虚假宣传的义务

为了保证消费者的知悉真情权，经营者应向消费者提供有关的商品或服务的真实信息，不得作引人误解的虚假宣传，否则就构成侵犯消费者权益的行为和不正当竞争行为。经营者对消费者就其提供的商品或服务的质量和使用方法等具体问题提出询问时，应当作出真实、明确的答复。在价格标示方面，商店在提供商品时，应当明码标价。

（三）经营者出具相应的凭证和单据的义务

经营者在提供商品或服务时，应当按照国家有关规定或商业惯例向消费者出具购货凭证或服务单据；消费者索要购买凭证或服务单据的，经营者必须出具。由于购货凭证或服务单据具有重要的证据价值，对于界定消费者和经营者的权利义务也具有重要意义，因此，明确经营者出具相应的购货凭证和单据的义务，有利于保护消费者权益。

（四）经营者不得从事不公平、不合理的交易的义务

为了保证消费者的公平交易权，经营者不得以格式合同、通知、声明、店堂告示等方式对消费者做出不公平、不合理的规定，或减轻、免除其损害消费者合法权益应当承担的民事责任。经营者在格式合同、声明、店堂告示等含有对消费者做出不公平、不合理的规定或减轻、免除经营者损害赔偿责任等内容的，其内容无效。

三、消费者权益保护

（一）消费者权益保护的意识

1. 自我防范意识

自我防范意识，不仅要求消费者在购买商品或接受服务时，要注意考虑自己的利益，而且要求消费者在购买商品后，在商品的使用消费过程中，也要注意保护自己。尽管我们可以说，社会主义生产的目的就是为了满足人们日益增长的物质文化生活需求，但是，不能否认，在具体的交易过程中，经营者与消费者的利益是冲突的。因此，每一个消费者在进行消费交易过程中，都应对自己的利益给予高度的注意。例如，购买商品的消费者，首先应对销售者进行必要的了解，选择自己信得过的商店或其他经营者购买商品。在选购商品时，对于商品的种类、规格、性能、原材料、结构、合格证、出厂日期、消费期限、使用说明、售后服务等有关商品自身的情况以及商标、厂家、生产地、经销者等关于商品生产经营者的情况应尽可能地了解；在交易成立后，应尽可能要求销售者出具发票、收据或其他书面的证明材料，以便在受到侵害时能够有效地进行索赔。在使用、消费过程中，应严格按照规定的使用、消费方法进行消费，发生消费事故，应及时与经营者取得联系，并提出索赔要求。消费者应当在日常的消费生活中不断注意培养和提高自我防范意识，国家和消费者组织应当通过宣传消费知识，提醒消费者时刻注意保护自己的利益。

2. 权利意识

为了保护消费者的利益，法律对消费者赋予了各种权利。这里所说的消费者权利，不仅包括《中华人民共和国消费者权益保护法》规定的消费者法定的一般权利，也包括消费者根据其他法律或与经营者签订的合同而享有的权利。一个对自己和社会负责的消费者，应当知道自己享有哪些权利，如果在自己的合法权益受到侵害时，依法维护自己的权利，与侵害消费者利益的行为进行斗争。这不仅是他个人的权利，也是其对社会的责任。权利是受法律保护的利益，当法律对消费者的权利进行界定后，对这种受法律保护的利益的侵害，便是违法行为。如果消费者对于自己的权利漠不关心，听任经营者侵害而不进行维护，则消费者不仅是对自己的失职，也是对社会的不负责任。消费者对自己权利的放弃，便是对经营者违法行为的怂恿和奖励，此时，受到损害的不仅仅是消费者自身的利益，还包括社会的公共利益，法律秩序将会因消费者对权利的放弃而受到破坏，经营者会因消费者的软弱而变得更加肆无忌惮。因此，每一个消费者要尊重自己的权利，每一个消费者都有义务维护自己的权利。权利意识的提高依赖于法律意识的提高，要使每一个消费者具有高度的权利意识，必须使消费者知道在法律上他有哪些权利。在我国，强化消费者的权利意识还存在一个比较棘手的障碍，这就是传统农业经济条件下形成的“和为贵”的旧思想观念。诚然，消费者与经营者和平相处、礼貌相待，当然是消费者渴求的理想状态，但是，为了和平相处而放弃权利，对于社会和消费者本人来说都是不可取的。消费者要改善自己的地位，必须为权利而斗争。当每一个消费者都能认真对待自己的权利，并且能不畏不法经营者的势力而为维护自己的权利进行斗争时，当每一个社会成员都能理解并帮助消费者为争取和维护自己的权利而斗争的行为时，不法经营者便失去藏身之地，消费者与经营者之间才能在更平等的基础上实现更加永久的和平共处，才能在更高的、更符合人类一般理性的层次上达成更加稳定的理解、协调与合作。

3. 文明消费意识

消费者在进行消费的过程中，也应当对自己的行为进行约束，注意培养文明消费的意识，杜绝愚昧消费的行为。我们说，消费者应当为自己的权利而斗争，并不意味着消费者可以无法无天、无理取闹。消费者应当以一个文明的现代消费者的标准要求自己。首先，文明消费最基本的要求是合法，决不能以消费为名，行偷盗、诈骗之实。在购买商品或接受服务时，应当尊重经营者的人格，爱护经营者的商品。其次，在消费时应当遵守经营者规定的各项合理的管理规章，接受消费场所工作人员的管理。再次，要注意礼貌，言辞举止适度，行为合法并符合礼仪规范。在与经营者发生纠纷时，应当尽量心平气和地在协商的基础上解决；在协商不成时，应通过合法的渠道谋求解决，如向经营者设立的投诉机构、管理人员或消费者协会投诉，向经营者上级主管部门或国家有关管理部门申诉，申请仲裁或提起诉讼。不论采取哪一种方式解决争议，都应当注意保持文明消费者的形象。

挑选商品，轻拿慢放

4. 消费者群体保护意识

消费者群体的普遍利益与单个消费者的具体利益是相互依赖、相辅相成的。现代消费者不仅应当关心自身的利益，还应当关心消费者的共同利益和其他消费者的利益。现实生活中，持“事不关己，高高挂起”思想观念的消费者仍相当普遍。由于受传统观念的影响，一些消费者认为，一些蝇头小利，不必过于计较，对其他消费者主张权利不仅漠不关心，有时甚至冷嘲热讽。殊不知，每一个消费者在主张自己权利的同时，也为他人获得公平的交易环境做出了贡献。消费者的群体保护意识，不仅消费者组织及其工作人员应当具备，每一个消费者也应当具备。

（二）消费者权益保护的实现途径

我国为保护消费者的合法权益，先后颁布了一系列保护消费者权益的法律、法规。例如《中华人民共和国产品质量法》《中华人民共和国消费者权益保护法》《部分商品修理更换退货责任规定（国家新“三包”规定）》《中华人民共和国反不正当竞争法》《中华人民共和国价格法》《中华人民共和国商标法》《中华人民共和国广告法》《中华人民共和国食品卫生法》《中华人民共和国药品管理法》等。尤其是《中华人民共和国消费者权益保护法》已经成为消费者保护自身合法权利的坚强后盾，特别是《中华人民共和国消费者权益保护法》中维护消费者合法权益的五种途径，给消费者指出一条如何保护自我合法权益的清晰思路。该五种途径主要有：协商和解、调解、申诉、仲裁、诉讼。

1. 协商和解

协调和解是指消费者与经营者双方在平等自愿的基础上，通过友好协商的形式分清责任，取得彼此谅解，最后达成公平合理的解决消费者争议协议的一种方式。协商和解在实际生活中最普遍。

协商和解具有简便、高效、经济的特点，且涉及的消费者争议大多数是标的不大，案情比较简单的争议。这种方式一旦被接受，消费者的合法权益将会受到保护，同时经营者在利润和商誉上也不会受到损害，而且程序简单、节省时间和精力。这种方式对于市场经济发展和社会秩序稳定都不会产生任何消极的影响，与其他的途径相比成本最低，无论是对消费者或经营者，它都不失为一种理想的途径。

但是协商和解的缺点在于缺乏国家强制力。消费者与强大经营者相比处于弱势地位，无法与具有优势地位的经营者抗衡。如果经营者以消费者的利益为重，就会为消费者解决问题。如果经营者不讲信用，就可能会推诿、逃避责任，那样的话消费者不仅消耗精力、时间，而且问题仍得不到解决，消费者的利益就会得不到保障。

2. 调解

调解指在第三方的支持下，由当事人就有关问题自愿协商，达成协议解决纠纷的一种方式。

调解不同于消费者与经营者协商解决。协商和解只有消费者与经营者参加，而调解是消费者、经营者、消费者协会三方参加，由消费者协会居中调解，此时消费者协会不代表任何一方利益，它必须公正的调解；另外，消费者协会在调解过程中应当充分尊重当事人的意见，无论调解是否达成协议或怎样达成协议，应当由双方当事人自己协商。如果达成调解协议，即由双方当事人自动履行协议，消费者协会不得强迫履行。消费者协会受消费者委托时，是代表消费者利益的，是消费者的代理人。

但是消费者协会也存在一些弊端。由于消费者协会等民间组织没有法律强制力，实际工作起来没有威慑力度，常常力不从心，使它的作用在很大程度上受到了限制。所以，往往只有依托于行政机关或者司法机关，来解决那些对不讲诚实信用、生产假冒伪劣产品的经营者投诉。

3. 申诉

行政申诉是指公民或者法人认为自己的合法权益受到损害而向行政机关提出的、要求行政机关予以保护的请求。

行政机关的经济监督，在国家经济监督体系中居于主体地位。工商、物价、卫生、质检等行政部门实际履行着保护消费者合法权益的职能，促使其成为保护消费者权益的重要途径的主要因素有如下：

（1）从市场经济发展的角度来看。经营者为了追求最高的经济利益，有时会损害社会利益，也包括损害消费者的利益。如果仅靠市场自身的力量是无法解决的，这就需要政府以“裁判员”的身份出面去维护市场竞争秩序，才能保证市场经济迅速健康的发展。而行政机关对消费申述的解决就是一种对市场经济竞争的维护。

（2）从社会利益的角度来看。通过消费者向行政部门申述，行政部门能够利用强制的执行力及时地打击那些坑害消费者、生产假冒和伪劣产品的经营者。行政部门在保护消费者合法权益的同时，也提高了行政机关的工作效率。

（3）从消费者利益的角度来看。一是以申述的方式解决与协商、调解相比较，申诉的程序比较正规，对于消费者来说可靠性会更强些；二是以申诉方式解决消费纠纷会更经济；三是申诉还有高效、快捷的特点。

4. 仲裁

解决消费者争议的另一种方式就是由仲裁机构仲裁。仲裁也称“公断”，是指发生纠纷的当事人，自愿将他们之间的争议提交仲裁机构进行裁决的行为。它是一种准司法活动，并具有公正性、权威性、经济性、快速性、保密性强的优点。

因仲裁机构只在设区的市设立，对于其他地区的消费者如果要想以这种方式解决纠纷将会非常的不便利。而且，只要有一方不愿意选择仲裁的方式，仲裁机构将不受理。所以，这种途径在我国并不被争议当事人看好，现在选择仲裁方式做解决消费纠纷的消费者不太多。

5. 诉讼

在我国消费者还可以向人民法院起诉，要求解决争议。诉讼是解决争议最有力的方式。法院代表国家行使审判权，其判决具有强制力。另外，法院可以依自身职权强制执行生效判决。消费者的诉讼可分为民事诉讼、行政诉讼、刑事诉讼三种。我们一般讲的是民事诉讼。虽然这种途径十分有力度也最有效，但存在一定的不便：

（1）从社会利益的角度来看。消费者在寻求诉讼途径解决纠纷时，不仅自身要花掉一定的费用，还要花费法院的司法成本费。如果所有的消费纠纷都交由司法机关解决，那么司法机关必然会不堪负重，社会的公共利益也将会受到损害。所以，从考虑社会利益的方面看，分散消费纠纷解决渠道，将会更有利于社会的发展和稳定。

（2）从经济的角度来看。虽然我国市场经济制度已经有一些完善，但尚未完全走上正轨，大量侵犯消费者权益的不正当竞争行为充斥着市场，所以，必须靠效率高、效果显著的方式调控市场，显然实现这一目标靠行政保护途径要比司法途径更可行些。

（3）从消费者的利益角度来看。在我国，一般消费者的权利意识差，当权利受到侵害时往往听之任之，不到万不得已不愿到法院打官司。而且，按照《中华人民共和国消费者权益保护法》第49条的规定，打赢官司最多能得到增加一倍的赔偿金额。因而，打官司后，不仅受到的损害得不到补偿，而且会造成更大的人力、财力的浪费。因此，对于那些小金额的消费纠纷，消费者要以诉讼方式维护自己的合法权益就得不偿失。显然，诉讼成本高已经成为消费者选择民事诉讼方式维护其合法权益的绊脚石。

本章导入案例点评

问题：

说一说你生活中遇见假冒伪劣商品的事情。

答：略。

延伸问题：

如何识别假冒伪劣商品？

答：认准商标标志；查看商品标志；检验商品特有标记；检查原产地域命名商品的生产地域；检查商品包装；检查液体商品的透明度；看商品的色泽；看商品的烧灼情况；看商品的发霉、潮湿、杂质、结晶、形状、结构情况；手感；听感；嗅感；味感等。

思考与练习

一、简答题

1. 什么是假冒伪劣商品？
2. 常见的假冒伪劣商品有哪些？
3. 假冒伪劣商品的鉴别方法要点有哪些？
4. 消费者有哪些权益，经营者有哪些义务？
5. 消费维权有哪些途径？
6. 消费者应该具有哪些权益保护意识？

二、实务分析题

1. 制作一期校园打假宣传版面。
2. 结合赵本山的小品《卖拐》，分析一下消费者应该如何保护自身的消费权益？

实习与实训

在本学习项目进行后，举办一场校园“3·15”晚会。由学生分角色扮演接待人员、主持人、消协工作人员、商品质量鉴定人员等，前期先面向全校师生发出“有消费问题，请找我投诉”的倡议，接受商品质量、侵犯消费者权益问题的投诉，然后选取典型案例在校园“3·15”晚会现场，由主持人邀请当事人进行讲述，由学生扮演的专业人士进行鉴定和评述，最后由主持人倡导大家行动起来，增强维权意识，学会正当维权。另外，在本学习项目进行后，联系当地消费者协会，与他们共同举办一场校园打假宣传活动。

一、校园“3·15”晚会

1. 实训目的：了解消费者所拥有的权利内容和维权的正确方式，培养消费维权意识。
2. 实训内容：校园“3·15”晚会。
3. 环境要求：演播厅或多媒体教室（音响设备）。
4. 实训流程：活动策划——组织宣传——实施晚会——总结。
5. 注意事项：①注意整个实训过程的安全性；
   ②注意整个过程中的成本核算；
   ③注意主持人、演员遴选。
6. 实训作业：活动策划方案等。

二、校园打假宣传活动

1. 实训目的：加深对假冒伪劣商品及其危害的认识，了解更多的识别假冒伪劣商品的常识，训练学生大型活动的组织能力。

2. 实训内容：校园打假宣传活动。

3. 环境要求：广告宣传材料、音响设备等。

4. 实训流程：设计宣传材料——宣传——活动总结。

5. 注意事项：①注意整个实训过程的安全性；
②注意整个实训过程中的成本核算。

6. 实训作业：制作一份用于本次活动的宣传传单。

参考文献

1. 陆羽，百度百科，http：//baike. baidu. com/view/29370. htm？ fr = ala0_1_1。

2. 商品学基础与实务精品课程网站，http：//jingpin. sqzy. edu. cn/ec2006/C125/。

3. 手机，百度百科，http：//baike. baidu. com/view/1455. htm？ fr = ala0_1。

4. 数码相机，百度百科，http：//baike. baidu. com/view/13650. htm？ fr = ala0_1_1。

5. 商品热卖秘籍——写好商品详情，拍拍大讲堂，http：//promote1. paipai. com/help2009/1215auction/index. htm。

6. 商品说明书，百度百科，http：//baike. baidu. com/view/2528168. htm。

7. 可持续发展理论，MBA 智库百科，http：//wiki. mbalib. com/wiki/% E5% 8F% AF% E6% 8C% 81% E7% BB% AD% E5% 8F% 91% E5% B1% 95。

8. 商品条码注册流程，中国物品编码中心网站，http：//www. ancc. org. cn/manage/barcode. aspx。

9. 超市商品分类管理，财知百科，http：//www. wiseivr. com/firm/2009/200911/firm_46360. shtml，2009 - 11 - 30。

10. 商品包装技术与设计要求，字典博客，http：//ad. dictblog. com/news/main_article_view. php？ id = 1338，2008 - 07 - 22。

11. 商标设计，百度百科，http：//baike. baidu. com/view/552012. htm。

12. 商标申请指南，中国商标网，http：//www. ctmo. gov. cn/sbsq/，2009 年 2 月 5 日。

13. 仓储管理，百度百科，http：//baike. baidu. com/view/1367069. htm。

14. CCC 产品认证，中国质量认证中心网站，http：//www. cqc. com. cn/chinese/cprz/CCCcprz/A010309index_1. htm。

15. ISO 认证，中国质量认证中心网站，http：//www. cqc. com. cn/chinese/txrz/zl-gltx/A010410index_1. htm。

16. 中国名牌，百度百科，http：//baike. baidu. com/view/330214. htm？ fr = ala0_1_1。

17. 国家免检产品，百度百科，http：//baike. baidu. com/view/857356. htm？ fr = ala0_1。

18. 假冒伪劣商品鉴别的一般方法和防伪标签，新华网，http：//news. xinhuanet. com/zhengfu/2003 - 07/07/content_957806. htm，2003 - 07 - 07。

19. 怎样才能保护消费者权益，找法网，http：//china. findlaw. cn/xfwq/xiaofeizhede-quanyi/xfzqy/3079. html，2009 - 11 - 19。

20. 商店商品分类，百度文库，https：//wenku. baidu. com/view/58ef3a2b48d7c1c708a145dd. html。

21. 超市商品分类的三大方法与三大原则，360doc 个人图书馆，http：//www. 360doc. com/content/16/1115/18/35176809_ 606803347. shtml。

22. 组建国家市场监督管理总局意义：市场监管进入新阶段，新华网，http：//www. xinhuanet. com/2018 –04/02/c_ 1122622753. html。

23. 新时期完善市场监管体系的三个维度，人民网，http：//theory. people. com. cn/n1/2018/0509/c40531 –29973499. html。

24. 2017 年我国环境污染治理行业发展现状分析及发展趋势预测，中国报告网，http：//free. chinabaogao. com/gonggongfuwu/201710/10232b01H017. html。

25. 联合国粮农组织发布 2015 年世界森林资源评估报告，文档库，http：//www. wendangku. net/doc/3cce7f026bec0975f565e221. html。

26. 《IUCN 濒危物种红色名录》，科学网，http：//news. sciencenet. cn/htmlnews/2016/9/355567. shtml。

27. 中国环境污染形势严峻 2018 年环保攻坚战怎么打，中国环境网，http：//www. cenews. com. cn/xwzx2013/201801/t20180103_863238. html。

28. 2017 年中国环保十大事件，贤集网，https：//www. xianjichina. com/news/details_ 59192. html。

29. 2017 年中国环保社会组织十大事件发布，凤凰网，http：//gongyi. ifeng. com/a/20171218/44808385_ 0. shtml。

30. 2017 年中国环保十大事件点评，贤集网，https：//www. xianjichina. com/news/details_ 59192. html。

31. 黄金首饰选购最强省钱技巧，搜狐网，http：//www. sohu. com/a/212190532_99909922。

32. 钻石等级怎么分　钻石等级划分对照表，佐卡伊官网，http：//news. zocai. com/czbzs/201506190005. html。

33. 怎样挑选钻石，乐维斯官网，http：//www. lovenus. com. cn/article –126. html。

34. 教你认识珍珠的质量等级划分标准，珍珠美人官网，http：//www. yespearl. com/news/detail –668. html。

35. 万后芬：《绿色营销（第2版）》，高等教育出版社 2006 年版。

36. 《六个西格玛是什么》，载《中国经济时报》，2002 年 9 月 12 日。

37. 周玉萍：《消费者权益保护法的价值及其实现途径》，《重庆职业技术学院学报》，2007 年第 16 卷第 6 期。

38. 孙参运：《商品学基础》，武汉理工大学出版社 2008 年版。

39. 张智清、王其中：《商品学基础》，电子工业出版社 2007 年版。